U0113864

中华文脉
SINIC
CONTEXT

从 中 原 到 中 国

王战营 / 主编

中华文脉
SINIC CONTEXT

从中原到中国

王战营 / 主编

天地沙鸥

杜甫的人生地理

聂作平 著

中州古籍出版社
·郑州·

图书在版编目（CIP）数据

天地沙鸥：杜甫的人生地理／聂作平著 .—郑州：中
州古籍出版社，2022.4
（中华文脉：从中原到中国）
ISBN 978-7-5738-0181-4

Ⅰ.①天⋯　Ⅱ.①聂⋯　Ⅲ.①杜甫（712-770）-人
物研究　Ⅳ.①K825.6

中国版本图书馆CIP数据核字（2022）第033242号

天地沙鸥：杜甫的人生地理

聂作平　著

出　版　人：许绍山

策划编辑：郑　雄　高林如

责任编辑：高林如

责任校对：岳秀霞　苏晓园

美术编辑：曾晶晶

封面设计：张　胜

出版发行：中州古籍出版社

（地址：郑州市郑东新区祥盛街27号6层　邮政编码：450016

电话：0371-65788693）

经　　销：河南省新华书店发行集团有限公司

印　　刷：河南新华印刷集团有限公司

开　　本：710mm×1000mm　1/16

印　　张：27

字　　数：438千字

版　　次：2022年4月第1版

印　　次：2022年4月第1次印刷

定　　价：78.00元

目 录

飘飘何所似，
天地一沙鸥。

第一章　黄土

千秋万岁名，寂寞身后事。

——杜甫

我知道这日子终将来临，尘世渐渐消失，生命渐趋衰竭，拉下最后的帷幕盖上我的双眼。但星辰仍会在夜中守望，晨曦仍会降临，时光像翻腾的海浪，激荡着欢乐与哀伤。

——泰戈尔

1

我想给一个诗人敬酒。

三十年来，我曾经给数不清的人敬过酒，其中自然也有不少诗人——大大小小的诗人，男男女女的诗人，真真假假的诗人。

但这个诗人不同。

我甚至觉得我的想法有点荒唐而矫情。

因为这个诗人已经去世一千二百多年了。

几岁时起，我开始阅读、背诵他的作品，直到后来，他的全集成为案头的常备书。他留下的一千四百多首诗，虽不敢说都有多么熟悉，至少，通读过。

不同年龄阅读他的诗篇，有不同的心得。就像走进一座大山，远近高低，前后左右，各有各的风景。

作为一名职业写作者，我当然有自己的文学偶像。

这位我想给他敬酒的诗人，便是我心中的第一偶像：杜甫。

2015 年，我在天水、陇南、汉中、广元一带，重访了杜甫从秦州（治今天水）到同谷（治今成县），从同谷到蜀中的诸多遗址遗迹，之后写成长文《逃向成都：杜甫的入川之路》。

2019 年，我在川中考察了杜甫生活过或旅行过的几个地方——这些地方其实大多数从前都去过，甚至不止一次——新津、崇州、青城山、三台、阆中、绵阳、盐亭等，之后写成长文《几人相忆在江楼：杜甫的川中岁月》。

2020 年，我从景德镇探望友人老范回川时，绕道平江、长沙、衡阳、岳阳、宜昌等地，溯三峡归蓉，之后写成长文《天地沙鸥：杜甫的晚岁漂泊路》。

这三篇长文，先后刊发于《南方周末》，随后被众多新媒体和纸媒转载，反响热烈。从那时起，我开始设想为杜甫写一部专著。

古人早有断言："不行万里路，不读万卷书，看不得杜诗。"我想，跟随杜诗的指点，到杜甫足迹所至处重新走一遭，在此基础上，结合杜甫的人生历程和杜诗本身写一部传记，应该别具一番风味。它将是一本杜甫传，也是一本杜诗传，同时还是一本杜甫地理志。

很巧的是，杜甫的老家河南，虽然也曾去过两次并多次路过，但和杜甫有关的遗址旧迹，却仅仅去过开封古吹台。至于杜甫故里、杜甫墓地均未拜谒。

所以，在这本书正式动工前，我首先要做的是再去一趟河南。

那里是杜甫的根，也是杜甫的安息之地。

十三个世纪前，这个艰难苦恨的诗人，从河南出发，在江山大地上转悠了几十年，苦吟了几千首诗后，终于如他所愿，回到故乡，沉睡于温暖潮湿的黄土中。

我想，我必须向他敬一杯酒。

这杯酒，将代表作为后来者的我们，深入草根下的黄土，也深入尘埃下的历史。

2

在给杜甫敬酒前，我想找一种最适合的酒。

根据杜甫的诗和他同时代其他人的记载，杜甫是好酒且能饮的。虽然不一定像他平生以兄事之的李白那样"百年三万六千日，一日须倾三百杯"，但他对酒的热爱总是溢于言表。当他晚岁流落他乡时，最为伤心的莫过于"潦倒新停浊酒杯"。

不过，杜甫和他的朋友们所喝的酒，与我们今天喝的酒有很大区别。

唐人李肇在《唐国史补》中列举了唐代名酒，计有："郢州之富水，乌程之若下，荥阳之土窟春，富平之石冻春，剑南之烧春，河东之乾和蒲萄，岭南之灵溪、博罗，宜城之九酝，浔阳之湓水，京城之西市腔，虾蟆陵郎官清、阿婆清。又有三勒浆酒，法出波斯。三勒者，谓庵摩勒、毗梨勒、诃梨勒。"

这些五花八门的酒，从类型上说，不外乎黄酒、果酒和葡萄酒。就其度数而言，都是低度的发酵酒。

这样的低度酒，酒量高的，不喝上十碗八碗或几十杯，没法尽兴。

最初，我想敬杜甫一杯我母亲酿制的米酒。因为与唐时的各种酒相比，可能只有这种用糯米混杂稻米发酵的米酒，酒精度与其最为接近。并且，米酒也和蒸馏酒发明之前的发酵酒一样，酒液里常有一些杂质，杜甫和其他诗人称之为浊酒。

二十年前，我家还在农村，那时父母还只是我如今的年龄。每年冬天，母亲总会酿一大瓮米酒。整个腊月和正月，米酒和腊肉是川南农家待客的必备。

只是，父亲于四年前驾鹤西去，母亲年过七旬，移居县城，既无力量也无场地酿米酒了。

退而求其次，那就用杜甫没见过的白酒敬他吧。

如今占据酒类市场大半壁江山的白酒，系蒸馏酒。蒸馏技术发明于元代。蒸馏酒酒精度高，易醉。"会须一饮三百杯"的李白，能喝三十杯就算他狠。

　　那么多有名无名的白酒，我该选哪一种敬杜甫才相称相宜呢？

　　显然，价格高昂的茅台之类，与杜甫身份不合。如果唐朝也有茅台，以杜甫中晚年的经济能力，他是喝不起的——除非在"朝扣富儿门，暮随肥马尘"的辛酸追随中，才会偶尔在达官贵人府邸敬陪末座时喝几口。

　　《唐国史补》所列的大唐名酒中，赫然有剑南之烧春。剑南，大体相当于今天的四川，那是杜甫度过几年相对安闲日子的地方。并且，今天有一种名酒，名为剑南春，产地绵竹。杜甫草堂前种的那些青青的竹子，就叫绵竹，是他写信向当时在绵竹做官的朋友讨要的。

　　还有没有比剑南春更适合杜甫的呢？比如，这种酒就叫子美酒、子美液、杜甫酒、杜甫春、杜甫液，或是少陵烧春、工部大曲、拾遗原浆？

　　我忽然想起我的一个朋友。此人早年在媒体，近年跻身酒业，在绵竹收购了一家酒厂，酒厂的名字，好像就与杜甫有关。

　　急忙电话。原来不仅有杜甫酒业，而且他厂子出产的酒，居然就叫杜甫酒。

　　敬杜甫一杯杜甫酒，这简直是天作之合。

　　次日，我驱车赶往一百余公里外的绵竹。绵竹地处成都平原与川西高原交会地带，得名于一种禾本科植物——绵竹。作为植物的绵竹，身长直立，高可达十多米，当它们迎风轻舞，别是一番韵味。作为地名的绵竹，则是群山之下、平原尽头的一座精致小城。

　　乾元三年（760），四十九岁的杜甫在锦官城外的浣花溪畔营建草堂时，给时任绵竹县令的韦续写了一封信。那信，是一首七绝。杜甫希望，韦续能赠送一些绵竹特产：绵竹。

　　　　　华轩蔼蔼他年到，绵竹亭亭出县高。
　　　　　江上舍前无此物，幸分苍翠拂波涛。

今天的成都杜甫草堂里，仍然有绵竹旺盛生长，至于是不是杜甫所种，恐怕无从考证。而成都西北的绵竹市区公园里，也有绵竹生长旺盛，一如千年以前。

绵竹郊外，我循着浓烈的酒香摸进了朋友的酒厂。

令我意外的是，酒厂生产车间另一侧，辟出偌大一座园子，园子正前方，立着一尊高大的杜甫像。埋藏在花草丛中的音箱，传出一个男声朗诵的杜诗：好雨知时节，当春乃发生。随风潜入夜，润物细无声……

半个小时后，杜甫像前，我打开一瓶杜甫酒，滴了一些酒在食指上，然后，把手举到面部位置，再将酒轻轻弹出。

这是唐人的饮酒礼仪，称为蘸甲，用来表达敬意。杜甫的本家杜牧有

作者祭拜杜甫

诗为证：为君蘸甲十分饮，应见离心一倍多。

又过了半个小时，我带着一箱杜甫酒离开了绵竹。

此后一段时间里，我在不同地方不断打开后备厢，不断取出杜甫酒，小心拧开瓶盖，让浓郁的酒液渗入大地，把它敬献给杜甫。

呜呼诗圣，伏惟尚飨。

3

正式向杜甫敬酒前，容我略花笔墨，向读者解释一下关于他的各种称谓。

杜甫的各种称谓——有些是他称，有些是自称——可谓眼花缭乱：杜子美、杜二、杜陵布衣、杜少陵、少陵野老、杜拾遗、杜工部、老杜、杜文贞、诗圣……

杜甫姓杜名甫，字子美。古人的名与字之间，往往有对应关系。有的是意思相同或相近，有的是意思相反。比如宰予，字子我，予和我，意思相同；曾巩字子固，巩和固意思相近；朱熹字元晦，熹是天亮，晦是黑夜，意思相反。

甫是名，子美是字。甫的意思，按《说文解字》解释："甫，男子之美称也。"所以，甫和子美是意思相近的对应关系。

另外，按古人习惯，名用于自称，字用于他称。比如李白只能呼杜甫为子美，而不会直呼杜甫。当然也有一种例外，如官方文书，就会用其名。

唐人，尤其是友朋之间，喜欢以排行相称。比如元九、刘十九、高二十五，以及杜甫被朋友们称为杜二。

要注意的是，今天的排行是以同一对夫妇的孩子为序，古代却是以同一对夫妇的孙子为序。高三十五，并不表示他是他父亲的第三十五个孩子，而是表示他是他爷爷的第三十五个孙子。

杜甫是他父亲杜闲的长子，下面有四个弟弟和一个妹妹，却被人称为杜二，那仅仅因为，他有一个堂兄。

讲究尊卑秩序的古代中国，器物、建筑均有等级之分，甚至命名也如此。比如：普通人死了，他葬身的地方，称为坟或墓；帝王这样的天潢贵胄死了，他埋骨的地方，就得称为陵。

西安号称十三朝古都，断续做过一千多年国都，死后埋在西安的帝王数不胜数，就留下不少称为陵的地方。最初，它专指某个帝王的坟墓；后来，则成了包括坟墓在内的那一带的地名。

杜甫姓杜，但沉睡在杜陵的人并不姓杜，姓刘，叫刘病已，后改名刘询，即汉宣帝。杜陵，也就是汉宣帝陵。

杜陵位于西安市东南。在陕西，把黄土沉积而成的四面是沟壑，中间突起呈台状的地貌称为塬，也写作原。原的边缘陡峭，顶部平坦，如白鹿原。

杜陵所在位置，原名鸿固原。汉宣帝少时，常到原上游玩，即位后，他把自己的陵址选在这里。

今天的杜陵前，立有清代陕西巡抚毕沅所书的一通碑：汉宣帝杜陵。远远望去，封土堆是一座长满杂树野草的小山。

杜甫自称杜陵布衣，原因在于他的祖籍便是京兆杜陵。从杜甫上溯十五代，他的第十五世祖杜畿为杜陵人。

汉宣帝刘询是汉武帝刘彻的曾孙，太子刘据的孙子，皇孙刘进的儿子。当刘询——那时还叫刘病已尚在襁褓中时，因巫蛊之祸，曾祖父逼得祖父造反，祖父兵败自杀，父母在长安遇害。尽管他还是一个嗷嗷待哺的婴儿，也被曾祖父下令投进监狱。后来，遇上大赦，他才从狱中被放出来，由其外祖母家抚养。

刘病已少时寒微，生长于草莽。他与后来成为其皇后的许平君乃贫贱之交，两人一生恩爱。许皇后去世后，葬于杜陵附近，因其陵墓稍小，故称少陵。杜甫在长安时，一度居于少陵旁边，故自称少陵野老，后世则称之为少陵或杜少陵。

杜拾遗和杜工部，源于杜甫乏善可陈的仕途生涯中，出任过的两个稍值一说的职务。这一点，后面再讲。

老杜，那是后人对杜甫的爱称、昵称和敬称。它原本是为了与唐代另一位著名诗人杜牧相区别——李白和杜甫合称李杜，李商隐和杜牧合称小李杜。

按理，人们把杜甫称为老杜，把杜牧称为小杜，那也应该把李白称为老李，把李商隐称为小李，但事实上并无老李与小李之说。

这一点非常奇怪，数遍中国文人，后人称为老某的，仅杜甫一例。比如王维，没人称他老王；比如欧阳修，没人称他老欧阳。苏洵倒是被称为老苏，但那是为了区别大苏、小苏，纯从年龄和辈分而言。

而老杜，却明显包含着一种亲切、亲昵和亲热。窃以为，或许正是杜甫悲悯众生的情怀和安于人间烟火的个性，使人觉得他不是高高在上的中国古典诗歌集大成者，而是和蔼可亲的多年老邻居。

对普通读者来说，可能很少有人知道杜文贞、杜文贞公竟然就是杜甫。

通俗地说，文贞是杜甫的谥号。所谓谥号，起源于周朝，乃是帝王、贵族、大臣及其他重要人物去世后，依据其生前事迹给予的带有总结性的称号。帝王的谥号一般由礼官议上，比如周穆王的穆、汉孝武帝的孝武；大臣的谥号由朝廷赐与，比如范仲淹的文正、李鸿章的文忠。此外，还有非官方的民间谥号，一般是门徒和追随者所给予的，称为私谥，比如陶渊明的靖节。

一般而言，谥号在被谥的人死后不久就有了。但还有一种情况，称为追谥，即隔了许多年乃至许多朝代，给予前人进行追加性的谥号。

对于追谥，清人赵翼说："累朝有追崇前代名贤者，如唐初加号老子为玄元皇帝，明皇加号庄子南华真人、文子通元真人、列子冲虚真人、庚桑子洞虚真人，宋神宗封马援忠显王，徽宗时封庄子微妙元通真君、列子致虚观妙真君……"

文贞，也属追谥。当时，杜甫已经去世近六百年了。

清朝学者、《杜诗详注》编纂者仇兆鳌在该书的《杜诗凡例·少陵谥法》条下说："考元顺帝至正二年，尝追谥文贞，此实褒贤盛事，增韵文坛。公所谓'千秋万岁名，寂寞身后事'者，其亦差不寂寞矣。"

元顺帝至正二年（1342），一个叫纽璘的官员，上疏请求把汉代蜀郡守文翁办学的石室、西汉辞赋家扬雄的墨池和杜甫的草堂均列入国家祭祀之列——三者均在成都。此外，他又奏请追谥杜甫。元顺帝批准了他的建议，杜甫遂被赐谥曰文贞。

去世近六百年后，杜甫又多了一个称呼。只是，如同诗圣这个崇高的赞美一样，早已化为泥土和腐殖质的杜甫无法知道了。

其情其景，恰似白居易怀念友人的诗句一样苍凉而忧伤："君埋泉下泥销骨，我寄人间雪满头。"

如同说到诗仙人们就知道是李白一样，一说诗圣，人们就知道是杜甫。或者说，诗仙与诗圣，原本就是交相辉映的两颗恒星。

那么，是谁在什么时候，开始以诗圣称杜甫呢？

我们把李杜并称，认为李白和杜甫是同等量级的伟大诗人。但是，很遗憾，和李白活着时就名满天下，并被老一辈著名诗人贺知章赞为谪仙人，从而有了诗仙之美誉不同，杜甫在生前以及去世后三四十年里，虽不能说藉藉无名，但的确没得到应有的承认。

王维、高适、岑参、储光羲都是杜甫的朋友，与杜甫有着或深或浅的交往，且都是唐代杰出诗人。就成就而言，俱在杜甫之下。不过，一个意味深长的现象是，对这些诗友，杜甫都为他们写过诗，并在诗里赞美他们的成就。这些诗友虽然也有诗回赠杜甫，却没有一个对杜甫的诗给予相应评价。

至于李白，杜甫一生把他视为兄长，哪怕自己正处于人生的最低谷时，依然在替李白的命运担心。杜甫一生中为李白写了十多首诗，李白尽管也赠了杜甫三首诗，但这三首诗，同样也没有一句评价杜甫的作品。

杜甫去世前一年，漂泊于湖湘之间时，曾写过一首题为《南征》的五律，他自叹时运不济，才华被遮蔽：百年歌自苦，未见有知音。

杜诗得到重视，是在中唐时期，也就是杜甫去世三四十年后。最初，给予杜诗高度评价的是元稹和白居易。

元稹认为："诗人以来，未有如子美者。"白居易认为："杜诗贯穿古今，尽工尽善，殆过于李。"与元稹同时代的韩愈则说："独有工部称全美，当日诗人无拟伦。"

到了宋代，杜甫的诗坛地位进一步提升。苏轼称："古今诗人众矣，而杜子美为首。"秦观提出，杜甫是集诗文之大成者。这也是我们现在常说的杜甫是唐诗的集大成者的根源。

至于把杜甫称为诗圣，那是明代的事。其发明权，有两说。一说归于明代状元、有明一代著述最丰富的学者杨慎。他在《升庵诗话》中说："李白神于诗，杜甫圣于诗。"一说归于《杜臆》作者王嗣奭。王毕生研究杜诗，对杜诗浸淫甚深。据说，有一晚他梦见与杜甫饮酒，醒来后写了一首《梦杜少陵作》，其中有云："青莲号诗仙，我翁号诗圣。"

4

要向一个业已作古的古人敬酒，最合适的地方自然是他的长眠之地。这样的敬酒，便隐然有一种缅怀与祭祀的意思。

对杜甫，我也希望如此。

不过，比较特殊的是，杜甫有四座墓。

一个人不可能死四次，也不可能有四具尸体。那么，四座杜甫墓中，有且只有一座的黄土下面，真正掩埋着诗圣的骨骸；而另外三座，要么是衣冠冢，要么是纪念墓，甚至，可能是穿凿附会。

四座墓，两座在湖南，两座在河南。

5

湘江是湖南最大的河流，耒水则是湘江最大的支流。古人以山南水北为阳，耒阳县城位于耒水之北，因而得名。作为古县，耒阳设县已有两千多年了。后来撤县建市，属湖南衡阳市管辖。

耒阳城区的主体，仍然在耒水北岸。耒水在城东南绕了一个大圈子，继续北上，继续画出一个接一个的蛇曲。距耒阳市区三十公里的耒水边，有一座古镇，叫新市镇。新市镇是一个业已废弃的古县新城县的县治所在。杜甫时代，它因镇上的驿站而得名方田驿。

杜诗里，有一首和方田驿有关。大历五年（770），五十九岁的杜甫舟次方田驿，为洪水所困，船上的粮食吃完了，以致饿了五天肚子。狼狈不堪之际，耒阳县令聂某闻讯派人送上酒肉，解了老杜燃眉之急。那首诗的诗题颇长：《聂耒阳以仆阻水，书致酒肉，疗饥荒江，诗得代怀，兴尽本韵。至县，呈聂令，陆路去方田驿四十里，舟行一日，时属江涨，泊于方田》。

这是杜甫生命中的最后一年。其时，他因潭州（治今长沙）发生臧玠之乱，只得坐船由潭州逃到衡州（治今衡阳），打算经由衡州赶往湖南南部的郴州，投奔在那里以录事身份暂摄郴州事的舅氏崔伟。

谁知，抵达耒阳境内后，连日大雨，江水暴涨，老杜一家困在船上，食物耗尽，一家人望着总也不肯退去的洪水呆若木鸡。

耒阳一中校园里，有一座杜甫墓。

耒阳一中是一所历史悠久的学校。据校方资料介绍，它的前身是杜陵书院，建于唐哀帝天祐四年（907）。那一年，杜甫毕生尽忠的唐王朝灭亡了。

杜陵书院，就是为纪念杜甫兴建的。

校园一角有几道矮墙，绿树掩映，墙内，便是小小的杜甫墓园。墓园前，有一尊杜甫半身像。像后，即杜甫墓。墓园里，附有杜甫陈列室，四围墙壁上，镶嵌着纪念杜甫的碑刻。

新、旧《唐书》在简短的《杜甫传》里，都认为杜甫死于耒阳。至于死因，颇有些不堪。

《旧唐书》说："……旬日不得食……啖牛肉白酒，一夕而卒于耒阳，时年五十九。"

《新唐书》说："……涉旬不得食……令尝馈牛炙白酒，大醉。一夕卒，年五十九。"

两部正史都认为，饿了多日的杜甫，在得到我那位本家县令送来的酒肉后，大吃大喝，以致暴死。

这种说法很不靠谱。因为有杜甫收受了聂县令的酒肉后写给聂的诗为证。如果他大吃大喝后一夕暴死，又如何写这两首诗呢？再者，此后杜甫还有《回棹》等诗，证明他平安地离开了洪水围困的方田和耒阳，重又回到潭州。

耒阳城外的耒水中，有两座沙洲，靠近城区那一座，名为花洲，又名靴洲。当地父老口耳相传，杜甫从这里坐船前往郴州时，掉了一只靴子，人们打捞起来后安葬洲上，原本无名的沙洲自此得名。

这座据说埋有杜甫靴子的小岛，如今已开发为公园，公园自然以杜甫命名。公园里，魔幻迷宫、水上乐园之类的游乐设施一个接一个，成为当地人消遣娱乐的好去处。岛上一角，同样有一尊杜甫半身像，清瘦的面容，忧郁的眼神，直勾勾地看着来来往往的游人。

耒阳还是另一个著名人物——造纸术发明者蔡伦的故乡。纪念蔡伦的蔡伦祠和蔡伦纪念园，与杜甫公园只相隔三四百米。

偶然的巧合恰似精心设计的隐喻：在蔡伦发明的纸上，杜甫写下那些沉郁顿挫的诗篇，尔后，蔡伦和杜甫俱不朽。

尽管杜甫并没有死在耒阳，而所谓饱食牛炙白酒暴死的说法尤为不经，耒阳杜甫墓几乎可以肯定只是一座衣冠冢，但它仍然是一道被后人追怀的人文景观。

晚唐及五代，不少途经耒阳的诗人都前往拜谒，并多有诗篇。如晚唐诗人郑谷诗云："耒阳江口春山绿，恸哭应寻杜甫坟。"晚唐另一位诗人罗隐的诗题即为《经杜工部墓》。五代诗僧齐己在《次耒阳作》中点明了杜甫由长江而湘江，由湘江而耒水的行踪："绕岳复沿湘，衡阳又耒阳。"

文人墨客的凭吊追怀，使得耒阳杜甫墓名声在外。文献记载，有宋一代，先后四次修缮。我看到的杜甫墓，墓周砌有一圈条石，上堆封土。校园里，孩子们追逐嬉戏，欢快的声音淹没了夏日尖利的蝉鸣。

罗隐在他的诗里感叹说："屈原宋玉邻君处，几驾青螭缓郁陶。"意思是说，屈原和宋玉的墓与杜甫墓相邻，坟前石碑林立，或许可以缓解杜甫毕生的抑郁吧。

宋玉墓在湖南临澧县望城乡，距耒阳足有四百多公里；屈原墓在汨罗市，距耒阳也有三百公里。说是相邻，实系夸大之词，乃是文辞需要。不过，屈原墓、宋玉墓和杜甫墓的确都在湖南，都在温暖苍凉的湖湘大地。

6

杜甫去世九年后，一个有着北魏皇室血统的男婴出生于杜甫生活过多年的洛阳。

等上三十四年，当这个男婴成长为文坛知名的重要人物时，他应杜甫的孙子杜嗣业之请，为杜甫写下了一篇情真意切——更重要的是第一次高度评价杜诗——的墓志。

这就是元稹和他的《唐故工部员外郎杜君墓系铭并序》。

墓志里，元稹讲述了杜甫之死和死后情况，总结起来，他只用了几句话："扁舟下荆楚间，竟以寓卒，旅殡岳阳，享年五十九。"

既然是应杜甫之孙所请为杜甫作墓志，显而易见，元稹关于杜甫的记载应该是最真实，当然也是最可信的。

就是说，杜甫的确客死于湖湘，并安葬在岳阳，直到四十多年后，才由其孙子将其遗骸运回故乡河南，并请元稹撰写了墓志。

初秋的一个下午，我来到了平江小田村。在一处竹林后面，我走进了杜甫祠。这座墓祠合一的建筑，始建于唐。不过，我看到的，已是清末重修后的样子。

平江杜甫祠中的杜甫像

元稹在墓志中所说的"旅殡岳阳"，就是指这个地方。

平江是岳阳下属县，唐时称昌江，位于长沙东北方。曲曲折折的汨罗江自东向西横穿，在下游的汨罗境内注入湘江。

原本漂泊于潭州一带的杜甫，为什么会出现在偏远的平江呢？

我找来大比例尺的地图计算了一下，两地直线距离约八十公里，高速公路一百公里，而杜甫行进的水路，由湘江而下，再溯汨罗江而上，要超过两百公里。

合理解释是这样的：老病孤舟的杜甫决定回故乡河南，于是离开潭州，顺湘江北上。在抵达今天的汨罗时，沉疴在身。前往平江，乃是为了求医。没想到，这一去，竟死在了平江。

当然，这只是一种猜测。除非起杜甫及家人于地下，恐怕我们永远无法窥见真相。

2020 年夏秋之交，我从景德镇返蓉。途中，我在江西西部的修水探访了黄庭坚故里后，沿刚竣工不久的修平高速跑了一段；然后，在汨罗江上游一个叫大桥互通的地方下了高速，顺着省道进入湖南。进入湖南的第一个县，就是平江。

小田村在省道旁边。从省道过去后，还要经行一段乡道。乡道两旁，是南方青翠的树木，间或有村落人家，一切都是平凡而安静的模样。

小田村杜甫墓，因是墓祠合一，又称杜甫墓祠。从远处看，墓祠是一片白墙青瓦的古建筑，掩映在葱郁的林木深处。

四十多年前，萧涤非带领山东大学《杜甫全集》校注组成员，分别于 1979 年和 1980 年两次在全国寻访杜甫行踪，并留下了《访古学诗万里行》一书。这大约是关于杜甫及杜诗的最早的田野调查了。

据《访古学诗万里行》记载，当时，萧涤非一行看到的小田村杜甫墓祠，隔壁有一座尼姑庵，但尼姑庵早没了尼姑，改建为小学；至于杜甫墓顶，尚有"文革"时挖出的洞。

几十年后的今天，杜甫墓祠经过了所谓修旧如旧的整治。停车场、售票中心、检票口，一切都使它看上去更像一个景点——唯一遗憾的是缺少游客。那天下午的两个小时里，我是唯一的拜访者。我的脚步声回荡在空寂的庭院，有如梦游。

懒洋洋的工作人员验完票，我进入了阴郁的院子。院内的一间屋子，陈列着关于杜甫的图文，极其简单地介绍了我早就烂熟的杜甫生平。不过，这不是重点。重点在于强调，小田村——也就是此刻距我只有十米的院子后面的那座坟，埋葬的的确是杜甫。列举的最重要理由有两个：一是国家文物局主编的《中国名胜词典》在"杜甫墓"词条下明确指出，杜甫墓"在湖南平江县小田村（唐代昌江县治）近郊"。至于耒阳一中校园的杜甫墓，这部书称其为衣冠冢。二是平江小田村一带，有杜姓上千，他们都自称是杜甫后裔，已经繁衍了五十多代。

简单的图文看上去经历了好些岁月。图文旁，我注意到墙上的一块砖，砖上刻有文字：杜文贞公祠。按墓祠内一块碑上的文字介绍，光绪九年（1883）曾进行过修缮。这些砖，应该就是那次修缮的材料。

屋子潮湿，有一股轻微的霉味——我很熟悉这种味道，大凡年久失修或人迹罕至的老建筑，多半有相同的霉味。

穿过左侧一道月亮门，是一个小小的天井。天井里，一株罗汉松虬劲盘空，据说已有五百多岁了。树上，挂着无数红色长条带，上面写满文字。看了几条，多是来这里游览的学生写的，期望杜甫保佑他们金榜题名。不过，这些年轻人可能不知道，杜甫并非学霸。相反，他参加过的大多数考试，都名落孙山。

天井后方是官厅，也就是昔年接待前来拜谒、祭祀的官员的场所。大门正上方的匾额上写着：杜文贞公祠。

门廊下，有一个用玻璃罩保护起来的石磉，那就是唐代覆盆式莲花柱础，即用来支撑建筑物柱子的基座。文字介绍说，它已经有一千三百年了。一千三百年前，正好是杜甫时代。但这恐怕也难以说明，在唐代，杜甫墓祠就有了如此宏大的规模。因为，与杜甫墓祠相邻的还有一座尼姑庵，这柱础很可能是尼姑庵的遗存。

官厅后便是杜甫墓。我穿过官厅进入坟墓所在的小园时，几只大鸟被脚步声惊起，扑打着翅膀飞上了墓旁的柏树。

鸟儿的啼鸣空荡荡地回响，在这个暮云四合的初秋黄昏，显得更加空寂，惆怅。

杜甫墓坐北朝南，封土一米多高，红石、青砖砌成的墓围，像风中的母亲搂紧自己的孩子，紧紧搂住坟墓。墓前，有三通石碑，一高两低，排列有序，正中主碑上，文字略显模糊，仍可辨识：唐左拾遗工部员外郎杜文贞公之墓。

据落款可知，这就是光绪九年修缮时所立。

杜甫墓附近，有一座砖瓦结构的房子，石头的大门上方隶书大字：铁瓶诗社。

杜甫墓祠里，怎么会钻出一个诗社呢？

说起来，诗社的组织者，和平江杜甫墓祠的修建有极大关系。

这个组织者叫李元度。

李元度，字次青，平江人，举人出身，曾在曾国藩手下任幕僚。曾国藩在湖口战败后，他回平江募兵增援。守卫徽州时，被太平天国侍王李世贤所败，论罪发往军台效力。因得左宗棠、李鸿章等人联名奏保获免，放归乡里。其后，李元度东山再起，先后任贵州按察使及布政使，颇有政声。

在李元度三百多年前的明朝弘治年间，平江知县黄华主持修纂《平江县志》。访求文献时，他听人说小田村的杜昂乃是杜甫后裔。找来杜家家谱一看，上面记载说，杜预、杜审言和杜甫这些杜姓牛人，都是杜昂远祖。

黄华是一个严谨的人。他认为，家谱这种民间自行修撰的东西未必靠得住，必须找到更有力的证据才能采信。因此，他把杜家家谱放在一旁，并没有特别重视。

不料，时过不久，小田村杜家一个叫杜富的人前来求见，并带来了有力证据：两份祖传文件。

两份文件都是诰敕，即朝廷封官授爵的文书，相当于民间所说的委任状。两份委任状，一份是唐至德二载（757）授杜甫为左拾遗，一份是宋绍兴三十二年（1162）授杜邦杰为承务郎。

黄华仔细阅读后，发现确系"前朝织锦"，"墨迹甚古，御宝犹新，题唐肃宗至德二载及宋绍兴三十二年杜甫暨其裔孙杜邦杰诰敕二通"，"读之令人起敬"。

其中，朝廷给杜甫的那道诰敕是这样写的："襄阳杜甫，尔之才德，朕深知之。特命尔为宣义郎、行在左拾遗。授职之后，宜勤是职，毋怠。命中书侍郎、平章事张镐赍符告谕。故敕。"其下是年月日及御宝。所谓御宝，就是天子的印章。

黄华把此事详细记录在弘治版《平江县志》中，如今，这一版县志已失传，幸好黄华此文还收录于乾隆版《平江县志》中，我们才得以知道曾有这样一个有趣的插曲。

黄华之后几十年，明朝嘉靖年间，一个叫陈垲的官员，从县志上读到这一记载后，专门找到杜富后人，借观了杜家作为传家宝的两份敕书。陈垲见到的杜甫诰敕，书写在一种厚如铜钱的品质很好的黄纸上——这也就解释了为什么能保存如此长的时间。诰敕正方形，边长约四尺，上面的字，两寸见方，"倔而劲"，字体正是唐朝最推崇的"肥古"。为此，他写了一篇《跋杜氏诰敕》。过了两百多年，清朝乾隆、同治年间的《平江县志》都收录了此文。

李元度作为平江人，又是饱学之士，自然对历代《平江县志》均有所了解。于是，他写了一篇《杜墓考》，认为元稹所说的"旅殡岳阳"就是旅殡于小田村。尔后，由他发起，通过向平江官绅募捐，在小田村重修了杜甫墓，新建了杜甫祠。

这就是我看到的杜甫墓祠。

至于铁瓶诗社，乃是在杜甫墓祠竣工次年，在官厅后面扩建的，用来作为诗人们的雅聚之地。铁瓶诗社的主导者除李元度外，另有曾任按察使的张岳龄。诗社尚在修建期间，张岳龄不幸去世，因其自号铁瓶道人，故以铁瓶命名诗社，以志纪念。

走进空无一人的铁瓶诗社，屋子里的灰尘表明，许久没有人进来过了。墙壁上，贴着铁瓶诗社社员的作品——不是一百多年前晚清时的铁瓶诗社，而是前些年新成立的铁瓶诗社。

我看到的便是一些似是而非的蹩脚诗句。

我对县志中记载的两份敕书非常感兴趣，尤其是任命杜甫为左拾遗那一份。可惜，据《访古学诗万里行》说，早在1980年他们到平江时，访问过一位八十多岁的老人。老人说，两份敕书一直收藏在杜富嫡系子孙手里，不过，大概在民国初年就丢失了。

杜甫墓祠外，是一个不大的停车场。一些旁逸斜出的树把茂密的枝叶伸到了车顶上。天色已晚，作为景点的墓祠下班了，工作人员正在关门。一墙之隔的小学校早已放学，透过铁门，校园同样空荡荡的，只有晚风在漫不经心地吹。

我倚在车头前抽了一支烟。我想起了一千二百五十年前发生在平江的令人泣下的往事：

大历五年（770），当杜甫在洞庭湖流域的某个我们无法知晓的某条小船上去世时，跟随他的，除了老妻杨氏，便是两个儿子宗文和宗武；另外，还可能有他的幼弟杜占及家人杜安。这贫困交集的一家，彷徨江湖，朝不保夕，显然无法实现杜甫归葬故乡的心愿。

之后，更令人唏嘘的是，杜甫长子宗文早死。按《岳阳府志》的说法，宗文就死于耒阳。宗文生于天宝九载（750），此时刚二十出头。

杜甫的次子宗武生于天宝十三载（754），即便按古人虚岁计算方法，也才十八。放到现在，还是一个上中学的懵懂少年，唇上才长出第一缕细细的胡须。

终其一生，曾被杜甫寄托厚望的宗武并无多大出息，他甚至一辈子也没有力量把父亲的遗骸运回老家。这遗愿，最终由他的儿子杜嗣业完成。这也可以解释，为什么平江会有那么多的杜甫后裔。

因为，杜宗武在这里度过了他的大半生。嗣业之外，他还有另一个儿子嗣绍。我猜，平江杜氏多半出自嗣绍这支。

抽完烟，天空飘起细若游丝的小雨。当我重新上路时，回头望去，小小的杜甫墓祠淹没在越来越浓的暮色里。

7

七月底，一年中最炎热的日子，中原大地气温飙升到37℃以上。在酒店吃过早餐并退房后，我从洛阳出发东行。为了顺路看看汉魏洛阳城和苏秦墓，我没走高速。因此，当我来到偃师市区时已是中午。

阳光炽烈，街道两旁的行道树投下粗短的影子。行道树旁的绿化带里，隔三岔五地立着电杆，电杆上横出广告牌、标语和指路牌。在"穿村路段 减速慢行"的旁边，是一个叫西花厅的小区的广告："实景现房，即买即住。"再往前几十米，指路牌上标示的地方我从没去过，却又无比熟悉：前杜楼。

前杜楼曾经是一座村庄的名字，不过，随着城市扩张，昔日的村庄已经变成了街道。在前杜楼的指路牌前百余米外，导航指引我转入一条小巷，进入小巷几十米后，再左转，导航说，目的地到了。

我看到的是一座围墙圈起来的学校。

偃师是一个承载了太多过往的地方，即便是在以历史深厚著称的中原，它仍然是其中的佼佼者。偃师名字的来源，要追溯到遥远的西周初年。其时，周武王灭商后，筑城池而息偃戎师，差不多就是铸剑为犁的意思。

如果再往前追溯的话，在商朝，这里曾是商汤所建的都城西亳。几个小时后，我在平旷的田野上找到了一座土堆，土堆前的碑表明，那就是商朝建立者成汤的陵墓。

如果再往前追溯的话，在夏朝，这里是夏朝中后期的王城，名为斟鄩。从夏朝第三任君主太康起，直到最后一任君主桀都定都于此。偃师城郊的二里头遗址就是证据。

杜甫墓就在偃师，就在前杜楼，就在我看到的那所学校校园内。

学校原名偃师城关三中，现名偃师杜甫中学。

学校放暑假，大门紧闭。尽管大门右侧就是门卫室，但我拍打着金属大门叫了半天，里面悄无应答——或者说，除了树上的蝉鸣，再没有其他声音。这时，一辆三轮车从旁边驶过，我向司机询问，司机用带着浓重地方口音的普通话回答说，放假了，没人呢。问杜甫墓是否在里面，他点头称是。问能否从后面绕进去看看，他摇头说不能。

我非常失望，只好隔着铁门缝隙观察校园。是一座普通学校应有的样子。正对大门的是一栋三层楼房，当是教学楼。教学楼前有一个椭圆形花园，栽种着女贞和小叶黄杨，一方低矮的红色照壁，上书：过一种幸福完整的教育生活。

校园的围墙用白色瓷砖砌成基座，上面是镂空的铁制栏杆，相隔不远，便有一座白瓷砖的立柱。几株高大的柳树，把树枝从校园里伸到外面的人行道上，让人想起"春色满园关不住"的诗句。

没想到，两天后一个同样炎热的下午，我再次来到了杜甫中学门前。这一次，我如愿以偿地进入校园，并来到杜甫墓前。

在郑州期间，通过朋友帮忙，我联系上了杜甫研究会会长刘先生。刘先生说，杜甫中学的前任校长赵宪章是研究会副会长，并且，杜甫研究会的办公地，就在杜甫中学内。

我来到杜甫中学校门前时，刘会长已经到了。一会儿，赵校长也来了。他打开校门，带我穿过操场和花园，从教学楼侧面走进去。

偃师杜甫中学，杜甫墓曾围在校园内

围墙刷得粉白，上面是有关杜甫生平的文字和图画。当然，一个重点是谈杜甫与偃师的关系。其中有几个小标题，不容置疑地说：洛阳是杜甫的出生地；偃师的土楼旧庄是最重要的杜甫故居；偃师杜甫墓是最可靠的杜甫墓。

校园并不大，除了三层的教学楼，便只有教学楼左侧一栋两层小楼，那是办公区。教学楼背后，有一个不大的操场，立着单杠、双杠，被几十株叶片肥阔的梧桐树包围。

操场尽头是一堵围墙，开有一道小门。穿过小门，便进入了杜甫墓园。赵校长说，以前，杜甫墓就在校园内，近年，为了方便管理，也为了方便游人参观，在学校和墓园之间新建了围墙。

进入墓园，眼前显得颇为凌乱：砖砌的小径上堆放着大量瓷砖，新种的树苗还很孱弱，几个工人正蹲在树下的黄土上，忙着栽一些看上去像是某种草的植物。

如果更准确一些的话，我以为，杜甫墓园应该叫三杜墓。因为，在这片占地十几亩的园子里，除了杜甫墓外，还有杜预墓和杜审言墓。

三座墓，墓土都是一色赤黄，哪怕是在多风多雨易于草木生长的夏季，上面也只有稀稀拉拉的几茎野草。

这表明，三座墓都是最近才重新修缮过的。

年过七旬的赵宪章看上去很精神，六十多岁的样子。他是土生土长的偃师人，多年来，教学之外，主要精力就是研究杜甫。用刘会长的话来说，他是一个研究杜甫的专家。

赵校长告诉我，杜楼分为前杜楼和后杜楼，分别是两座村庄，如今几乎都成了偃师城区的一部分。前杜楼和后杜楼，就以杜甫墓北边的围墙为界。

杜楼原名土楼，1950年，偃师县农工部长张千岭为了纪念杜甫，将土楼改名杜楼。

改名杜楼，最重要的原因自然是杜甫墓就在这座小村庄的地盘上。

杜甫临终的遗嘱是请求亲人们将他归葬老家河南。但是，儿子宗武"病不克葬，殁"——还没有实现父亲的遗愿，宗武就去世了。幸好，宗武此时已有两个儿子。这一重任就落到了杜甫的孙子头上。

令人伤感的是，杜甫的孙子嗣业，也是一个无所作为的穷苦人，按元稹说法，他无以给丧，以至于"收拾乞丐，焦劳昼夜"。为了将祖父运回故里安葬，杜嗣业竟然做过乞丐。历尽千辛万苦，才终于在杜甫去世四十多年后，将他的遗骸千里迢迢从岳阳运回河南。对此，元稹感叹："（杜嗣业）卒先人之志，亦足为难矣。"

杜甫归葬老家河南的具体地点，元稹在墓志中说得很清楚："合窆我杜子美于首阳之山前。"

偃师地处洛阳盆地东部，南北高，中间低，大多地方海拔仅一百余米。偃师城区位于洛河北岸，是一块由洛河冲积而成的小平原。城区以北，是一列三百余米的小山，即首阳山。首阳山北麓，黄河滔滔流过，逝者如斯，不舍昼夜。

作为邙山在偃师境内的最高峰，首阳山因清晨的第一缕阳光总是率先照射其上而得名。

前杜楼村的杜甫墓园，距首阳山南麓的直线距离不超过两公里。

自唐代以来，历代文献都有杜甫墓在偃师首阳山前的记载。宋人称："后余四十年，其孙嗣业，始克归葬于偃师。"明人《寰宇通志》称："甫，唐人。元稹作志。甫卒，旅殡耒阳，后返葬祖坟，彼葬其一履耳。"《大明一统志》称："杜甫墓，在偃师县首阳山。甫，唐人，能诗者，卒耒阳。"

令人疑惑的是，尽管自唐至清近一千年间，杜甫墓在偃师首阳山前的记载时见典籍，但乾隆十一年（1746），偃师知县朱续志寻访杜甫墓时，好不容易于"偃之西偏土楼村"找到了一座只有几间房子的小庙。父老告诉他，这是当阳侯杜预祠，已被乡民改为土神庙。庙后，即杜预墓。杜预墓西南，则是杜甫墓，"微址尚存"，只能依稀看出一座古坟的样子。

朱续志说，杜预墓已成当地人马现习的耕地，杜甫墓则为当地人田方禾的耕地。这两个很可能目不识丁的农民，因朱续志的寻访和记载，得以在历史上留下名字。作为耕地的结果，封土被平毁，地表全无遗迹。

朱续志很感慨，杜预、杜甫都是前代名贤，没想到他们身后竟如此凄凉，墓冢湮没若斯。于是，他把两座墓从耕地中区分出来，堆积封土，加以标识，并隆重地祭祀了一番。祭祀完毕，还把保甲长招来，令他们多加保护，不许村民再行破坏。

过了四十多年，乾隆五十五年（1790），杜甫墓再次遭到一定程度毁坏。偃师知县汤毓倬便向村民购买了与杜甫墓相邻的土地，计二亩六分多，用围墙把墓保护起来，在大门前新建了墓道，并立了一块碑。

这块碑，至今还立在杜甫墓前。我见到它时，时间已经过去了二百三十余年，大概才经过修补，看上去字迹非常清晰，宛如初刻：唐工部拾遗少陵杜文贞公之墓。碑右上角题：乾隆五十五年岁在上章阉茂之如月河南尹张松孙书。左下角题：偃师县知县渤海汤毓倬修墓后勒石。

顺便说，工部与拾遗是杜甫生前所任职务，乃唐朝皇帝所封，而文贞则是元朝皇帝追谥，把不同朝代的实任官职与后人追谥混在一起，颇有些不伦不类。这一点，萧涤非也明确表示不满，认为"殊非杜意"。

整座杜甫墓园，如果走马观花的话，大概五分钟就可以走一个来回。杜甫墓右后方，是他的两位先人之墓——他毕生都以这两位先人为傲。这一点，我留到第二章详述。

三杜墓中，杜甫墓是真墓，杜预墓界于真墓与衣冠冢之间，杜审言墓连衣冠冢也说不上，只能说是纪念墓。

杜审言是杜甫的祖父，他的墓地，从杜甫为其祖母所撰的《唐故范阳太君卢氏墓志》中可以找到蛛丝马迹："归葬于河南之偃师。以是月三十日庚申，将入著作之大茔，在县首阳山之东原。"意思是说，杜甫的祖母卢氏去世后，杜甫将她与祖父合葬；而祖父的墓，在首阳山东原。文中的著作，指杜审言，因其曾任著作佐郎。

尽管杜审言墓就在首阳山中，却一直没有被发现。2005年，偃师重修杜甫墓，只好在杜甫墓后侧新建了纪念性的杜审言墓。墓前，由偃师市人民政府新立墓碑，碑文曰：唐国子监主簿加修文馆直学士杜公审言之墓，河南省偃师市人民政府，公元二〇〇五年端阳佳节复立。

杜审言墓的右后侧，即靠近杜甫墓北边围墙的地方是杜预墓。由地方文献和赵宪章的现场介绍可知，杜预墓其实也是一座空墓，只不过，墓碑是古迹。

偃师杜甫墓

杜预乃西晋名将，生前留有遗嘱，希望死后安葬在"东奉二陵，西瞻宫阙，南观伊洛，北望夷叔"的地方。

乾隆年间，朱续志寻访杜甫墓时，也找到了杜预墓。在修缮杜甫墓时，顺带修缮了杜预墓。如今，杜预墓前那块斑驳的墓碑，就是朱续志所立。

漫漶不清的碑文很难辨识，幸好，文献有记载，碑文乃是：晋当阳侯杜公预之墓。

这块碑，如今立于修整一新的杜预纪念墓前。刘会长提醒我，注意碑上细小的坑窝。我这才看到，确有些小小的坑窝，分布在碑的不同位置，有深有浅，不像自然形成的，更像外力作用的结果。

赵宪章告诉我：子弹射的。

杜甫墓东北，更靠近首阳山的地方，就是杜预墓旧址。自从乾隆十一年（1746）朱续志将其修缮后，一直保存到清朝末年都完好无缺。

1905年，清廷与比利时签订借款合同，修筑从徐州到兰州的东西大动脉陇海铁路。其中，位于河南的汴洛段施工时，铁路正好从杜预墓穿过。于是，杜预墓被压在了铁轨下；而杜预墓碑，由施工者在铁路路基南沿凸出一个两米见方的台地，将墓碑移到那里。

没想到的是，几十年后的1982年，位于偃师的首阳山电厂建设铁路专用线时，铁轨又从杜预墓碑处经过。这一次，墓碑被拔起后扔进了铁路旁的麦田中。当地民兵训练时，一度把墓碑当靶子，是以留下那些刺眼的坑窝。

风吹雨打二十多年过去了，2004年，偃师重修杜甫墓，赵宪章将这块历尽坎坷的墓碑移到了校园中的杜甫墓园加以保护。

在刘、赵二位先生陪同下，花了十多分钟看完墓园并拍照留念后，我再次回到杜甫墓前，把整整一瓶杜甫酒倒进了墓顶的黄土。烈日炙烤下的黄土干燥坚硬，酒液迅速被吸收，如同一个久渴的人在饮水。空气中弥漫着浓烈的酒香。如果不是还要开车赶路，我也想在杜甫墓前喝几杯。

临行时，我在杜甫墓前拍了一段视频。视频最后，我说：这里不仅长眠着一位诗人，这里也是中国文学、中国文化的一座丰碑，一座由苦难催生奇迹的丰碑。

8

在导航软件上输入杜甫陵园，令人哭笑不得：搜索出来的"杜甫陵园"下面标注——殡葬服务，河南省郑州市巩义市西北五公里康店。

这使我一度疑心，难道在巩义市，真的有一座公墓就叫杜甫陵园？

四座名气最大的杜甫墓——小田村那座叫墓祠，耒阳那座叫杜甫墓，偃师那座也叫杜甫墓，只有巩义这座，叫得比较正式：杜甫陵园。有关资料显示，全国一度有八座杜甫墓，但其他四座，显而易见都是后人附会或以讹传讹。

出巩义市区西行，过黄河支流伊洛河，便是一片相对高差两三百米的山地。这山地，即邙山。

借助卫星地图不难发现，由伊洛河冲积而成的洛阳盆地，西面是崤山，南面是熊耳山、外方山，东面是嵩山，北面是邙山。邙山与嵩山之间的盆地东北角，有一个明显的缺口，伊洛河就从缺口处夺路而逃，一头扎进黄河。

邙山自洛阳而来，绵延到巩义河洛镇，长约一百公里。杜甫陵园所在地，距邙山尽头（称为邙山头）直线距离只有十多公里。

濒临伊洛河的康店镇曾是一个舟车辐辏的水陆码头。在导航指引下，我穿过康店镇一条大街后转入一条小巷。小巷尽头，公路变得狭窄而陡峭，几个大弯后，我已进入邙山。盛夏的邙山是一座微风吹拂的空山，远离了人间的喧嚣与繁华。

自古以来，邙山就是一座死者之山，它的著名，也基于它是中国首屈一指的埋骨地。

邙山下洛阳一带，自古就是中原王朝的京畿之地，十余个大大小小的王朝营都洛阳，时间长达千年。横亘于洛阳北部的邙山，便成为皇室与官宦人家最理想的营葬区域。在他们看来，这里风水极佳：

其一，邙山属秦岭余脉，也是秦岭最东端，再东即为一马平川的平原。秦岭矫若游龙，邙山如同龙首。

其二，洛阳居天下之中，邙山耸立于洛阳北部，山川朝拱，如群星参

巩义杜甫陵园前的杜甫像

巩义杜甫墓

北斗。

其三，邙山北枕黄河，西起涧水，南濒洛河，东临伊洛河，四水环绕，一峰独起，如同护城河保卫城池。

唯其如此，自古以来就有"生在苏杭，死葬北邙"之说。据不完全统计，邙山上，安葬有包括汉光武帝刘秀、魏文帝曹丕、北魏孝文帝拓跋宏等在内的三十来位皇帝；至于历代名臣名将，文人才士，葬于邙山者更是不可胜数。如果加上普通民众，邙山之上，可以说是新坟压旧坟。正如诗人所云："北邙山头少闲土，尽是洛阳人旧墓。""山头松柏半无主，地下白骨多于土。""北邙山上朔风生，新冢累累旧冢平。"

城中的热闹与山中的死寂形成鲜明对比，恰如生与死之对比，白天与黑夜之对比，太阳与月亮之对比。沈佺期感叹说：

北邙山上列坟茔，万古千秋对洛城。

城中日夕歌钟起，山上惟闻松柏声。

杜甫陵园在一座小山顶部，陵园外侧的土路边有几座民居，不见人影，空闻犬吠。土路转了一个急弯，民居和犬吠都消失了，一片青翠的松柏掩映着一座高大的牌楼。牌楼外的小树林里，有三方碑。尽管年代并不久远，却都显得过于斑驳。

一方是《杜甫全集校注》主编萧涤非所书：唐杜甫陵园纪念碑。一方是著名学者郭沫若所书：杜甫墓。一方是郑州市重点文物保护单位杜甫墓。下面的题款隐约可辩，乃是：郑州市人民政府一九六三年三月一日公立。

牌楼两侧门柱上，张贴着红纸对联——这一层对联下面，还有另一层已经被雨水洗得很淡的对联残迹，说明很可能每年都会张贴。对联很熟悉，就是郭沫若为成都杜甫草堂所撰那副：世上疮痍，诗中圣哲；民间疾苦，笔底波澜。

郭沫若曾著《李白与杜甫》，抑杜扬李，颇多诛心之论。我对此腹诽多年，唯独他为老杜撰的这副对联，倒是深合余意。

牌楼右侧有一个窗口，像是售票窗，但窗户紧闭，大门也无人把守，我只好冒失地排闼直入。

正对大门的中轴线上，是一尊高大的杜甫像。

我见过数以十计的杜甫像，这一尊，佝偻着腰，身子略往前倾，体态消瘦，表情忧郁，像在为某件火烧眉毛的事不知所措。一言以蔽之，比较符合普罗大众想象中的陷于漂泊与贫病中的晚年杜甫形象。

雕像后面，是一间建在台基上的仿唐式建筑，就是古代墓园里常见的享堂。所谓享堂，即供奉死者牌位并举行祭祀的场所。

享堂后面是杜甫墓。墓基大半人高，封土堆成覆斗形，高四五米。其上，生长着数百株松树和柏树。松柏中间有三块碑。正中一块，隶书大字：唐杜少陵先生之墓。落款已不太清晰，查文献可知，乃是"乾隆己亥春月会稽后学童钰书知巩县事陈龙章立"。后面一块比这块要早几十年，乃是康熙十九年（1680）杜漺所撰《巩县杜少陵先生墓碑记》。这两块完整的碑右侧，还有一块残碑，据说是前些年当地农民在附近修水渠时挖出来的，是一块唐碑。几步开外，我完全看不清上面的文字，幸好地方史料也有记载，说是"杜工部墓"四字。

杜甫墓旁，另有两墓，据说安葬的是他的两个儿子：杜宗文和杜宗武。

整座墓园占地二三十亩，比偃师杜甫墓略大。享堂和墓地外，还附建了一条杜甫诗作书法长廊，以及一座亭子。亭子里立着一块巨大的碑，凑近一看，一面是《杜甫陵园修建记》，讲述了修建杜甫陵园缘起及经过。另一面是密密麻麻的单位和名字——乃是当年修建杜甫陵园时成立的筹建委员会、理事会、顾问委员会成员及捐款者名录。

更有意思的是，我原以为像这种有一定规模的名人陵园，当是政府工程，但细读《修建记》，才发现竟是民间行为，或者，至多是民办官助。按《修建记》所载，发起为杜甫重修陵园的，是一个叫刘黑记的人，"近年，刘君黑记，与诸同好论及杜诗，为诗人忧国爱民思想所激励，深感诗人之伟大，遂有建园之议"。碑背名单表明，刘黑记是当时巩县工商银行信贷股股长。一个股长牵头建如此规模的陵园，且陵主又是妇孺皆知的诗圣，中原大地，可谓多奇士奇行也。

陵园大门右侧，也就是诗碑亭正对处，建有几间供守陵工作人员居住的平房。游客稀少——我估计，若非举行祭祀或集体性参观，平时每天到陵园的游客，应该不超过二十个——我在园中停留了将近一个小时，我们一家三口之外，再无他人。于是，无所事事的守陵人因地制宜，在平房前开荒种地：一架翠绿的葡萄，一畦深碧的玉米，几垄还很矮小的大葱。它们在烈日高悬的午后，像一些睡梦来临的孩子，无精打采地投下短而乱的影子。平房的一道大门上，贴着一副对联：行道有福克勤有继，居安思危在约思纯。对联内容古雅，隶书苍劲有力，隐约表明主人也是腹有诗书之士。

无端地，有几分羡慕这个守陵人。在这清静的园子里，守着这些蔬菜、水果，更重要的是守着诗圣不朽的灵魂，读读书，写写字，风轻云淡的日子虽然略嫌寂寞，却有一种悠长的自在。

按元稹记载，杜甫遗骸从岳阳迁回老家河南后，安葬在首阳山前，也就是我在偃师杜甫中学所见到的那座杜甫墓。为什么相距不远的巩义又有一座杜甫墓呢？

最早提出杜甫墓在巩义的是史学家司马光和他同时代的学者宋敏求，二人在各自著作里，写下了完全相同的一段话：

> 杜甫终于耒阳，稾葬之。至元和中，其孙始改葬于巩县，元微之为志。

实在搞不清楚，这俩哥们儿到底谁抄袭了谁。一个不争的事实是，他们俩的说法都与最权威的史料，也就是元稹所撰的墓志相左。因为，墓志明确说了杜嗣业把杜甫葬在首阳山之前而非巩县。

所以，过了许多年，直到明朝嘉靖年间的《巩县志》，忽然记载说巩县有杜甫祠墓。至于这祠墓系何人何年所建，语焉不详。

又过了一百多年，到了清朝康熙十九年（1680），巩县杜甫墓的一个重要推手出场了，此人即山东滨州人杜漺。杜漺任河南参政时，前往巩县赈灾，听人说邑中有杜甫墓祠，遂前往凭吊，并作《巩县杜少陵先生墓碑记》立于墓前——这就是三百多年后我透过稀疏的松柏看到的那一方。

碑记里，杜漺没有采纳司马光与宋敏求所说的杜甫子孙将其遗骸直接从耒阳迁葬巩县的说法，而是提出一个新观点：杜甫遗骸的确由其子孙首先迁葬到邻近的偃师，但后来又从偃师迁葬到巩县，即所谓"先生归葬，尝祔于当阳侯之墓侧，复移墓于巩焉"。

这种说法的疑点在于，杜甫遗骸既然已经被他的孙子杜嗣业千辛万苦地从湖南迁回偃师入土为安，他的后人为什么要多此一举地将他迁到巩县呢？

杜甫希望归葬偃师，因为偃师是他年轻时居住过的尸乡土楼所在地；同时，更重要的原因在于，这里是杜甫家族的祖茔，他毕生最崇拜的两位祖先——远祖杜预和祖父杜审言都长眠于此。他当然发自内心地期望，在他身后，也能依偎着他们。

尽管有此疑问，但认为巩义杜甫陵园就是货真价实的杜甫墓的人并不在少数。

《杜甫陵园修建记》开篇一段，写得颇为得体：

> 巩县城西有邙岭焉，其上累累古冢，多已为榛莽掩没。得名于世者，惟杜甫墓耳。杜墓位于田垄之间，菽稷四围。当秋风乍起，则凋木横斜，衰草纷披，一望萧疏。然拜谒者不绝如缕，盖世人不以陵寝巍峨而崇仰，不以黄土一抔而废礼，仰慕至切者，杜甫诗名也。

的确，杜甫陵园所在的山丘，虽然高出平原，但与真正的大山相比，不过弹丸之地；山上黄土衰草，景色并无佳处。然而，数百年来人们祭祀不断，拜谒者不绝于途，仅仅因为：这里是传说中的杜甫墓。有可能，诗圣就长眠在此。

前文说过，最多时，全国有八座杜甫墓，但杜甫只有一个，无法分身八地。后来，其中四处被彻底否定，余下四处则远近知名。窃以为，耒阳是衣冠冢；平江是旅殡地，杜甫曾在那里安睡了四十多年；巩义是纪念墓；而元稹在墓志里确认过的首阳山前，也就是偃师前杜楼村，那里，才是杜甫的郁郁佳城。

这只是我和一部分学者的意见，另一些人则各有看法——几乎每一个地方的学者，都坚持认为他们那里，才是真正的杜甫墓。这种出于乡土观念或是文旅需要的坚持，都是可以理解的。正如四川江油、甘肃天水、湖北安陆，甚至吉尔吉斯斯坦，都以李白故里自居。其情其景，让人想起用剃头刀在古稀之年自杀的大思想家李贽曾经的感叹：

> 呜呼！一个李白，生时无所容入，死而千百余年，慕而争者无时而已。余谓李白无时不是其生之年，无处不是其生之地。亦是天上星，亦是地上英。

徘徊于空无一人的陵园，回想起我已造访过的四座杜甫墓，心中生出无限感慨。我想起一个典故：

清朝道光年间，湖北人顾嘉蘅出任河南南阳太守。顾嘉蘅擅长楹联，而南阳武侯祠内，名人显宦所作楹联甚多，当地官绅请求顾也为武侯祠撰一联。这无意中给顾嘉蘅出了一道难题：河南人认为诸葛亮隐居的地方在南阳，湖北人认为诸葛亮隐居的地方在襄阳。顾嘉蘅是湖北人，却在河南做官，无论他说诸葛亮是河南人还是湖北人，都不合适。

于是，略一沉思，顾嘉蘅提笔写道：

> 心在朝廷，原不论先主后主；
> 名高天下，何必辨襄阳南阳。

第二章

祖宗

诗是吾家事，人传世上情。

——杜甫

我爱那些人，他们像沉重的雨点，一滴一滴出离黑云，在人类头上降下：它们预告着那闪电的到来，又如预告者一般毁灭。

——尼采

1

杜甫四座墓之外，我还想敬杜甫一杯杜甫酒的地方叫南瑶湾。

从杜甫陵园所在的小山下来，穿过康店镇的两条街巷，小巷尽头是玉米地，地边，立着一块黑碑，上书：河南省重点文物保护单位康北古城遗址。

所谓康北古城，是战国时期在杜甫陵园附近的山上修建的一座城池，秦汉以降的数百年间，县治就在古城中。不过，魏晋年间县治迁走，古城渐渐荒废。在河南行走，随时都可能看到古城、古墓、古迹，中原文化之深厚，正通过这些不经意的细节得以呈现。

康店镇外的伊洛河边，有一片看上去如同堡垒一样庞大而坚固的建筑。北方的大型建筑，尽管有许多空地，但鲜有像南方那样把空地设计成小桥流水，曲径通幽的花园，而是空旷得像操场。大大小小的"操场"之间，青灰色的建筑愈发显得巍峨、肃穆，如同一个个沉默不语的巨人蹲伏在北邙山下。

这就是康百万庄园。康百万庄园是康氏家族产业，前濒伊洛河，后枕北邙山，用大门前巨幅广告上的话来说，乃是"靠山筑窑洞，临街建楼房，濒河设码头，据险垒寨墙"。

在中国，向有富不过三代的说法，康家却是例外。康家自明朝始，十三代人经历了明、清及民国三个历史时期，富甲一方达四百余年。康家良田两千顷，商号遍布豫、陕、鲁，人称"头枕泾阳、西安，脚踏临沂、济南，马跑千里不吃别家草，人行千里尽是康家田"。

作为一个 AAAA 级景区，虽然时值中原最炎热的七月下旬，庄园前的停车场依然停满了来自邻近数省的车辆。庄园内，人头攒动，众多戴着小红帽的游客，在导游带领下，从一个院子出来，又钻进另一个院子。

这里距冷清的杜甫陵园，直线距离只有一千多米。如果杜甫陵园所在的山丘再高一些，那么，那个孤独的守陵人，就可以倚在杜甫墓顶的碑石上，眺望山下的滚滚红尘。然而，山丘太矮，从杜甫墓前望过去，只能望见享堂和享堂后面守陵人居住的小平房。平房前，三两只鸟儿顶着烈日觅食。为了生存，鸟儿也不得不成为辛苦的劳模。

2

从康百万庄园出门，顺伊洛河畔的省道前行数里，上连霍高速，不到二十分钟，便是南瑶湾村。

南瑶湾村属巩义市下辖的站街镇。这座普通的北方村庄，因杜甫而留名青史——杜甫的出生地，据说就在南瑶湾村。

翻阅地方志可知，早在秦庄襄王元年（前249），强大的秦国势力就已深入洛阳以东，并设立巩县。因此，巩县是中国历史最悠久的县份之一。两千多年来，巩县县治先后数次迁移。我在杜甫陵园山下邂逅的康北古城，就是曾经的县治之一。数个县治中，历时最久的一个，则是站街。

伊洛河自西向东流淌，到了站街北面，一下子来了个九十度的急转弯，东流变为北上，并在三四公里外注入黄河。站街得地利之便，是一座水陆码头。从 6 世纪初的北魏起，直到民国时期的 1928 年，除了北齐和隋朝有过短暂中止外，其余一千三百多年，巩县县治都设在这里。

南瑶湾是站街镇下辖的一个村，就在站街镇东侧。如今，南瑶湾村已经因杜甫而打造成 AAAA 级景区：杜甫故里文化园。

在站街出了高速，一条过境公路命名为杜甫故里路。杜甫故里路起点，一左一右，各立门阙。左阙书：杜甫故里；右阙书：诗圣千秋。造型古朴的门阙旁边，却又不合时宜地立了一块蓝底白字的广告牌：褐煤·煤泥烘干机。

沿杜甫故里路东北行一公里，便来到了杜甫故里文化园。文化园入口左右两侧，有两块巨大的广告牌，一侧介绍的是一家度假村，一侧介绍的是康百万庄园。康百万庄园的巨幅照片上，除了"康百万庄园"五个大字外，另有八个稍小的字：财神故里，豫商家园。

与财神相比，诗神也得让位，这正如在发财与GDP面前，诗歌总是显得那么孱弱，那么不合时宜。

宽阔的通道，一端通往售票处，一端通往空荡荡的停车场。车还没停稳，一个操当地方言的老者示意交费。

景区入口是高大的仿唐建筑，直窗棂，高鸱吻，黑瓦红墙，正中大书：

巩义杜甫故里文化园

杜甫故里文化园。

入园，正前方广场上，是一尊高达九米的杜甫像。这尊杜甫像，与杜甫陵园那一尊明显不同。那一尊，是杜甫贫病交加的暮年；这一尊，是他忧愤百集的中年。他一手执书，一手自然下垂，凝重的表情，让人想起他的自况："穷年忧黎元，叹息肠内热。"

杜甫像后，林木掩映处，有几级台阶。台阶通向一座小桥，小桥横在一条几乎干涸的长满杂草的小河上。站在桥头，我看到百米开外的下游是另一座桥，同样掩映在夹岸翠色中。绿叶相拥，突出一块淡蓝色的牌子——这一回，不是煞风景的广告，而是一轮灰白的月亮，月亮旁，是杜甫传诵千古的名句：露从今夜白，月是故乡明。

随行的儿子问：为什么说月是故乡明？难道其他地方的月亮就不明吗？

我说：因为杜甫思念故乡，爱屋及乌，异乡的月亮也就不如故乡的月亮了。

过桥，又是一道仿唐式大门。大门正中是熟悉的郭沫若手迹：杜甫故里。跨过大门，才算进入了文化园。

郭沫若虽然出于某种不便言说的原因抑杜尊李，但成都的杜甫草堂和此刻我将进入的诗圣故里，都有他题写的匾额。这是一件意味深长的事。

大门两侧的四根门柱上，悬挂着两副对联。一联是：一路坎坷成圣成人亦成史，两袖清风忧国忧君亦忧民；一联是：诗圣大名江山胜迹几骚客，河洛故里天地文章一老翁。

去杜甫故里前，我曾在某旅游网站看过不少网友的帖子。大多数网友的评价是：没有什么东西，不值得一看。

没有什么东西，大概是指真正的古迹非常稀少，绝大多数都是近年才新建的。从这方面说，当然不值得一看。可一旦想到这里是诗圣出生的地方，仅此一端，就非常值得一看。

在一个浮躁喧哗，颜值至上的时代，杜甫故里显然不可能成为网红打卡点。它注定是落寞的、冷清的，一如诗圣在他生前，从不曾获得过与他的才华和成就成比例的名声和地位——据莫砺锋统计，起自杜甫生前的一百多年间，唐人选唐诗版本有十一种之多，竟只有一种选了杜甫。

诗圣堂外又是一个宽阔的广场，由于几乎没有游客而格外空旷。广场两侧是简单的陈列室。几个陈列室均在其中一角设置了影音室——游客一旦走近，它便自动感应到了，并开始在这间小黑屋里，用投影的方式在墙上打出字幕和图像——当然全都是杜甫作品。与此同时，一个深沉的男低音开始朗诵。

我在其中两间小黑屋里停下脚步，各花几分钟听完了声情并茂的朗诵。一首是《自京赴奉先县咏怀五百字》，一首是《茅屋为秋风所破歌》。

这是杜甫现存一千四百多首诗中最重要的两首，它们如同通往杜甫内心世界的两条隐秘小径。小径上，摇曳着苦涩的花朵。正是有"穷年忧黎元，叹息肠内热"的与生俱来的悲悯情怀与济世心愿，杜甫才可能在自家茅屋已被秋风掀翻三重茅的窘迫下，依然本能地关心天底下那些如同自己一般的寒士。

广场中央有一块巨石，上面刻着数行文字：

> 杜甫的诗歌世界。
>
> 杜甫生活在唐王朝由盛转衰的时期，历经战乱，一生留下了一千四百余首不朽诗篇。杜甫的诗歌创作具有丰富的社会内容、强烈的时代色彩和鲜明的政治倾向，始终贯穿着忧国忧民的主线，并真实深刻地反映了安史之乱前后一个历史时代政治时事和广阔的社会生活画面，被称为一代"诗史"。杜诗体制多样，奄有众长，兼工各体，风格以沉郁顿挫独步诗坛，意境开阔壮大，感情深沉苍凉，语言和韵律曲折有力。杜甫在诗歌艺术上集古典诗歌之大成，并加以创新和发展，给后世以广泛的影响，被尊为"诗圣"。

诗圣也好，集大成者也罢，这些令人需仰视才得见的不朽之名，都是后人的追赠，一如文贞。换言之，在杜甫有生之年和去世后相当长一段时间里，他并没有得到过应有的承认。若论怀才不遇，杜甫说他第二，恐怕没人敢说第一。

唐人的十一种唐诗选本，竟然十种都没杜甫的名字。唯一把杜诗选入的那本，编选者已是跨晚唐五代的韦庄了——中唐顾陶的《唐诗类选》倒是选了杜诗，但此书没有流传下来。

这些选本中，最有名的不外乎《国秀集》《河岳英灵集》和《中兴间气集》。

其中，《国秀集》选诗的下限是天宝三载（744），其时杜甫刚三十出头，放到今天，还是青年诗人，名气不大，影响较小，不选他的，无可非议。《河岳英灵集》选诗的下限是天宝十二载（753），此时杜甫已经四十二岁，到长安也已长达九年，且与李白、王维、岑参、高适等著名诗人都有交往唱和。但是，该书选的二十四位诗人计二百三十四首作品，仍然没有杜甫一首——李白十三首，王维十五首，常建四首，如果他们算著名诗人的话，那么，今天除了专业研究者，还有几个人知道王季友、张谓和陶翰呢？但是，在当年的编选者眼中，他们的水平竟然在杜甫之上。

然后是高仲武的《中兴间气集》，该书的选诗下限是大历十四年（779）。其时，杜甫已去世九年，盖棺论定，但是，该书入选诗人二十六位，诗作一百四十首，名气最大者不过钱起、戴叔伦，却仍然没有杜甫。于良史、郑丹、李希仲、章八元，这些入选者的名字，除了专业治唐代文学的学者，谁知道他们呢？

杜甫时代，唐人推崇的诗人，第三是李白，第二是王维。

第一是谁？说出来恐怕没人相信：吴筠。

《旧唐书·吴筠传》中，评价他的诗歌："虽李白之放荡，杜甫之壮丽，能兼之者，其唯筠乎？"就是说，吴筠竟然兼具了李白和杜甫之长。钱钟书为此揶揄说，按《旧唐书》作者的观点，唐代最伟大的诗人就是这个吴筠。

事实上，我们今天除了知道吴筠是杜甫同时代的一个道士，据说由于道术高明而受到唐玄宗多次征召外，他的诗，几乎没人记得一句。

黄钟毁弃、瓦釜雷鸣是每个时代都会发生的悲剧，过去、现在、将来，没有一个时代能够幸免。对真正大师的遮蔽就在有意与无意之间：有意者，囿于宗派、交情以及诸种非文学的考虑而为之，看看今天的一些选本，便能以今日而揣测昨天；无意者，囿于见识、鉴赏水平的诸种文学短板而为之。

一个时代有一个时代的风尚嗜好，饮食如此，文学亦然；但无论如何，杜甫是一个被忽略、被遮蔽的大诗人。

真正认识到杜甫的重要意义，是从中唐开始的。元稹在为杜甫所撰的墓志里称赞说："至于子美，盖所谓上薄风雅，下该沈宋，言夺苏李，气吞曹刘，掩颜谢之孤高，杂徐庾之流丽，尽得古今之体势，而兼人人之所独专矣。"韩愈在诗中说："李杜文章在，光焰万丈长。"

迨至北宋，杜甫终于迎来了他所不知道的花样年华。学者竞相为杜诗作注，诗人莫不学习杜甫，江西诗派更将他列为一祖三宗的一祖——三宗是黄庭坚、陈与义和陈师道。

杜甫是不幸的，他在他的时代被冷落于诗坛一个小小角落，半生漂泊，日暮途穷，贫困、疾病和怀才不遇如同影子般须臾不去。但杜甫也是幸运的，在与时间和遗忘的抗衡中，他的诗作成功地经受住了检验。在后人眼里，或许，杜甫凄苦的面容模糊不清，但他作品抵达的高度，却清晰如斯。

3

南瑶湾村杜甫故里文化园中，真正具有文物价值的东西藏在诗圣堂后面。

站在诗圣堂前的广场上，我看到诗圣堂背后突起一座小山，杂乱的树木没能把小山完全遮挡，小山便露出了本来面目：原来是黄土积成的黄土梁。三峰两弯的黄土梁，略如笔架形状，这就是笔架山。按中国人的说法，凡有笔架山的地方，一定会出文化人。

诗圣堂后面，不像前面两进广场那样空阔而干燥——高大的树木和低矮的灌木把空地绿化得很好，满眼绿荫，减了夏日常有的焦灼。

几株梅树旁边，一块灰黑色的碑被嵌进一座歇山顶的砖砌牌楼里，正中大字：唐工部杜甫故里。上、下款的字迹已经相当模糊，经过再三辨认，大致是立碑时间及立碑者：乾隆三十一年八月，赐进士出身知巩县事李天墀。

清碑旁的路边立着另一块黑底白字的碑：河南省重点文物保护单位杜甫诞生窑，这是当代所立。

杜甫故里的笔架山

杜甫诞生窑外景

再往前几米，是一座黄土墙、红门框的小院。院子里，枣树、梨树和石榴树结满果实，让人想起杜甫在五十岁时回忆少年生活写下的诗："庭前八月梨枣熟，一日上树能千回。"默念着诗，转过身，便看到树下有一组雕塑。树上，一个孩子在摘果实；树下，一个孩子在张望，一个孩子在寻找。正是老杜诗意还原。

雕塑旁，立一块水泥仿制的巨石，石头正中，有一段文字：

> 公元 712 年正月，杜甫出生在笔架山下的这座窑洞里，这是杜家宅院的一部分。从杜甫曾祖父赴任巩县县令始，这里陆续建起上院内宅房、花园读书院和下院临街房，形成占地广阔的宅院。杜甫自幼在这里生活和学习。虽一生长期漂泊在外，他始终心牵故里，履行奉儒守官及诗是吾家事的家族使命。为纪念这位伟大的诗人，后人称这座窑洞为杜甫诞生窑，并把他生活过的宅院称作杜甫故里。

水泥巨石十多米外，便是我在诗圣堂前的广场上遥遥望见的黄土小山：笔架山。笔架山二三十米高，断面陡峭，近乎直立。杜甫诞生窑就开凿在笔架山的崖壁上。它的前方是突出的青砖外立面，正中是"杜甫诞生窑"几个白色大字，白色大字上方两三尺处便是黄土山梁，上面爬满青碧的杂草和灌木。

四十多年前，萧涤非带队的《杜甫全集》校注组造访了南瑶湾村。只是，短短四十年，南瑶湾村的变化恐怕超过了以前四百年。

首先，根据校注组在《访古学诗万里行》中的记载，我在文化园看到的那块乾隆年间的碑，他们是在村子西面的麦地里看到的。很显然，由于兴建景区，不仅当年他们看到的麦田被圈了进来，就连村庄也拆迁了。

其次，当年他们来到杜甫诞生窑时，还能进入窑里，而我现在看到的却是大门紧闭，一把黄色铜锁把门。我靠近大门，企图从门缝里把手机伸进去拍几张照片，但门缝太小，手和手机太大，根本没法拍。

我只好打消了拍摄的念头，重又打量那两扇被岁月点染得发黑的木门。木门上各贴了一个斗方，字迹模糊，仅能认出"洞""盛""诗"三字。

门框上贴有对联，更是模糊得一个字也无从辨认了。甚至，由于年代久远，书写对联的红纸与门框紧紧地黏合在一起。唯有横批还相对清楚，道是：忆昔视今。

根据《访古学诗万里行》记载，窑洞里的情景是这样的："东面山下有个窑洞，幽暗而清冷，此洞分前后两间，据说就在最里面的一间里诞生了杜甫。"

另外一些资料，比如宋红的《杜甫游踪考察记》里说："窑洞宽大高挑，进深很长，有如涵洞，内部整体青砖墁地、青砖垒墙、青砖拱券，两侧窑壁倚墙共零散立放着五块方砖，想必是古砖，靠后壁有一尊不大的圆雕杜甫立像。"

宋红说窑洞深长如涵洞，校注组考察则发现它是里外两间，更具体的当地的史料说，窑洞深二十米，宽两米多，高约三米。二十米长而宽仅两米多，的确像涵洞，而在实际居住时，用墙隔成两间，也合情合理。

4

几乎所有关于杜甫的史料都认定，杜甫出生于河南巩县（今巩义市）。具体地点，就是"巩县东二里之瑶湾"。唐时，巩县治所就在站街镇，南瑶湾也确乎在其东面一两里处。

1950 年，在波兰华沙成立了一个国际组织：世界和平理事会，有八十多个国家参与。1961 年年底，在杜甫诞生一千二百五十周年即将到来之际，世界和平理事会决定推选杜甫为次年纪念的世界文化名人——之前的 1953 年和 1958 年，屈原和关汉卿分别被推选为世界文化名人，加上 1963 年推选的齐白石，几十年来，中国一共有四人入选。

1962 年，世界各地举行了一系列纪念杜甫的活动。为了与杜甫的国际地位相匹配，有关方面决定设立杜甫故里纪念馆，并将其确定为省级重点文物保护单位。

与此同时，确认杜甫诞生的具体地点就成为一项重要任务。

1980 年，以萧涤非为首的校注组来到巩县，向巩县文委会（相当于今天的文物局）工作人员询问：你们是凭什么认定这孔窑就是杜甫诞生窑的？

回答说：南瑶湾村里很久就没有杜姓人家了。这孔窑原来的主人姓李，叫李长有，是当地一个农民，在这窑里生活了几代人。不过，杜甫生于此窑虽然不见经传，但"当地人民世世代代口碑相传，妇孺皆知，乡里人习称为'工部窑'。明清时，官吏过此，甚至要文官驻轿，武官下马"。

查阅资料时，我还发现了文委会没有讲述的另一个证据。那就是文物部门对这一带的窑洞作过调查，只有李长有家的窑洞使用了讲究的窑砖；并且，这些砖都是古砖，最晚的也是五代时期的。

五代距杜甫时代也就一二百年，而窑洞的寿命，远远高过普通建筑——我们现在能看到的最古老的木结构建筑，是迄今基本保存完好的山西五台县东冶镇的南禅寺。1953年，考古工作人员在南禅寺考察时，在大殿平梁下发现了唐人所书的建寺时间：大唐建中三年。

大唐建中三年（782），也就是杜甫去世后十二年。这座单檐歇山顶的唐代建筑，竟然在大地上屹立了一千二百多年。

窑洞作为我国黄土高原地区依靠土山的崖壁挖成的洞穴式居所，远比木结构的地面建筑更能经得住岁月消磨。黄土高原地区，几百上千年的窑洞司空见惯，民间俗语说："有百年不漏的窑洞，没有百年不漏的房厦。"

南瑶湾村笔架山下这孔狭长窑洞，既然洞中最晚的窑砖也出自五代，那窑洞的建成时间比五代早上一二百年，并不是什么稀罕事。

所以，很可能，杜甫真的就出生在这孔看上去很不起眼的窑洞。

从窑洞到偃师前杜楼的杜甫墓，直线距离仅仅三十公里，即便步行，大半天工夫就能抵达。而这，就是杜甫的一生。不过，在从南瑶湾的窑洞走进前杜楼的墓穴之前，他的足迹将印遍大江南北，关中蜀中；他无助而悲凉的吟哦，将记录一个盛极而衰的时代，并成为这个时代最生动最真实的史诗。

从高处看，笔架山不像山，更像一面略高出杜甫故里广场的台地。陡峭的南坡，是杜甫诞生的窑洞。顺着杜甫窑往东走，东边山崖上，也是一排窑洞，有十多孔。窑的外立面也是青砖，但色彩比杜甫诞生窑前的青砖浅得多，表明它的年岁肯定也晚得多。每一孔窑门上，都挂着北方人家必备的不知是塑料还是什么材质的帘子。

一时间，我搞不清这些窑是废弃的古窑还是现代挖的新窑。走到第三孔时，听到从窑里传出电风扇的呼呼声。伸手敲门，敲了好一会儿，一个河南口音问：找谁？我大声说：能开门让我看看吗？回答：不行。我只好问：这窑是什么时候有的？新修的吗？回答：杜甫窑在那边，自己过去看吧。

我只好重又回到杜甫诞生窑前，取出背包里的杜甫酒，高高举过头顶，对着那孔古窑行了一个礼，然后，把清澈的白酒倒进窑前的空地。

这时，我听到一个中年男人的声音从后面传来：呀，好香的酒。

回头一看，是一个戴太阳帽的男人，看样子，也是游客。

杜甫故里的炎热下午，这个用力吸着酒味的中年男子，是除了我们一家外唯一的游客。

5

当我带着妻儿走出景区时，售票处的女子和停车场的老头都下班了。偌大的停车场上，只有我那辆孤零零的车。停车场边上，是一些还不太高大的杨树。北方是杨树的天下，这种能长到几十米高的乔木，每当风起，它的满树枝叶就会发出哗哗哗的声响。《古诗十九首》里，那个没留下姓名的诗人，最大的感慨就是晚秋之际行走于原野，看到白杨在风中摇摆，发出刺耳的声响，所谓"白杨多悲风，萧萧愁杀人"，从而想起岁月流逝，乃是"去者日以疏，来者日以亲"，而人世间沧海桑田的变化，莫过于"古墓犁为田，松柏摧为薪"。

幸好，现在不是秋天，现在是中原大地暑气蒸腾的七月底，中州古籍出版社的郑兄告诉我，河南最热的日子，叫作七下八上，即七月下旬和八月上旬。

但太阳已经快落山了，原野上有风在吹，我追着落日赶往洛阳。

6

天宝十三载（754），四十三岁的杜甫在长安向唐玄宗进献《雕赋》。进献《雕赋》的表中，他介绍自家家世时用了八个字：奉儒守官，未坠素业。

就是说，他们老杜家，一直以来都信奉儒家思想，恪尽官员职守，从没有改变这个传统，去从事其他职业。

杜甫去世四十多年后的唐宪宗时代，宰相李吉甫命林宝修撰了一部书。这部书叫《元和姓纂》。元和是唐宪宗的年号。姓纂，表明这部书是研究中国谱牒姓氏学的专著。

隋唐以降，尽管形成于魏晋，鼎盛于东晋南北朝的门阀制度作为一种政治体制已经因科举的兴起而走向消亡，但唐人同样非常看重门第，讲究出身。《元和姓纂》便详细记载了唐代族姓世系和人物，比如某人出自该姓的哪一支，祖上都有些什么达人，任过些什么职务。

这部书的第六卷，记载了杜甫的家世。由此，尽管时光过去了一千多年，但我们还能完整地从杜甫那里往上追溯十几代。

这一追溯，我们将发现，杜甫给皇帝的报告，讲的都是大实话，一点也没有夸张。

《元和姓纂》卷六的杜氏条下说："祁姓，帝尧裔孙刘累之后。在周为唐杜，成王灭唐，迁封于杜。杜为宣王所灭，杜氏分散。鲁有杜泄是也。六国时有杜赫。"

我们今天说的姓氏就是指姓，但在上古时代，姓和氏是分开的，"曰姓者，统其祖考之所自出者也，百世而不变者也；曰氏者，别其子孙之所自分者也，数世而一变者也"。换言之，姓是总括家族祖先出于何处的标志，氏是后代子孙分支于何处的标志。一个姓可以分出许多个不同的氏。如嬴姓有十四氏。并且，普通人只有姓，贵族才有氏。到了秦朝以后，姓和氏渐渐统一，每个人都有姓，但不再有一个变来变去的氏了。

《元和姓纂》表明，杜甫的先祖是祁姓，祁姓出于姬姓，和黄帝同姓；

刘累则是刘姓始祖，生活于夏朝，曾为夏王孔甲养龙——《竹书纪年》等古籍称，前1879年，孔甲时，天降龙于河南临颍。孔甲于是派刘累到此养龙。因养龙之功，孔甲封刘累为御龙氏。刘累的得名，据说因其出生时，手上的纹路像是"刘累"两个字。

刘累所居的刘国故城，就在偃师缑氏镇陶家村一带——距杜甫墓只有二十多公里。

如果《元和姓纂》记载无误的话，那么，刘姓和杜姓其实有血缘关系。当然，这血源得往远古推三千年。

《元和姓纂》在追溯了杜氏起源后，记录了自东汉起直到杜甫孙子杜嗣业之间的传承。

有据可查的杜甫最早的直系先祖是东汉杜周。

杜周是杜甫第二十一世祖，生活于西汉武帝时期。杜周原籍南阳，后迁居长安茂陵。茂陵即汉武帝陵，在今陕西兴平与咸阳之间。汉朝有厚葬之风，皇帝往往即位起就为自己营造陵墓，茂陵修建时间超过半个世纪，是汉代帝王陵中规模最大、修造时间最长、陪葬品最丰富的一座。并且，为了使陵墓附近成为繁华聚落，朝廷总是将一些外地豪族迁徙到陵墓周边居住。杜周即因之从南阳来到长安茂陵。

杜周趋附张汤，得到张汤赏识及举荐，先后出任廷尉和御史大夫这种位高权重的职务——汉代廷尉为九卿之一，相当于最高法院院长，负责刑狱。御史大夫更显赫，一方面是丞相副手，丞相缺位时，御史大夫代行其职；另一方面，他还负责监察百官。相当于副总理兼中纪委书记。

但是，杜周名声很不好。司马迁的《史记》辟有《酷吏列传》，杜周与他的伯乐张汤一起，都列入其中。司马迁与杜周基本是同时代人，他对杜周的评价是："重迟，外宽内深次骨。"意思是说，杜周处事谨慎，决断迟缓；外表似乎宽松，实则内心深刻切骨。

廷尉任上，杜周事事仿效张汤，并善于揣测圣意。皇上想要排挤的，他就趁机加以陷害；皇上想要宽释的，他就长时间不加审理，并想法从宽或释放。杜周的行为，甚至使投奔他的门客也没脸面，责备他说，您为皇上公平断案，不以法律为准绳，却以皇上意思作依据，法官难道是这样当的吗？

杜周回答说：你说的法律是如何来的？不过是国君认为对的，对他有利的，就制定为法律罢了。所以，适应国君的要求就是正确的，何必要遵循法律？

杜周做小官时，家境很平常，他本人只有一匹劣马。等到位列三公，子孙都做了高官，"家訾累数巨万矣"。

考察杜甫诗歌，他比较喜欢夸耀自己的祖宗门第。他的列祖列宗中，官职最高、权力最大的无疑当数杜周，但耻于杜周在历史上的不名誉，杜甫从不提他。

杜周有三个儿子。其中，长子和次子，一为河内郡守，一为河南郡守，"治皆酷暴"，都像杜周一样，以残暴著称。意外的是，杜周的幼子杜延年，却是一个宽厚之人。

早年，杜延年在大将军霍光手下为吏，后来参与平定益州蛮叛乱，升大夫；复因告发上官桀等人谋反，封建平侯。在汉宣帝继承皇位问题上，杜延年是汉宣帝的坚决拥护者。汉宣帝即位后，杜延年深受信任。虽然被霍光牵连一度罢官，但不久就起复。终其一生，历任给事中、西河太守、御史大夫等职。班固在《汉书》中这样评论这位昭、宣之际的重臣："亦明法律。""论议持平，合和朝廷。""为人安和，备于诸事，久典朝政。"

与其父杜周相比，杜延年无疑是正面人物，而他，就是杜甫的第二十世祖。

从杜延年开始，杜家自茂陵迁往杜陵。杜陵这个地方，和上古时一个叫杜国，又叫杜伯国的小国有关——说是国，估计就几十上百里疆土。秦国崛起后，秦宪公雄霸西戎，吞并了不少小国，杜国就是其一。秦并杜后，到秦武公时，设杜县。秦汉因之。

汉元康元年（前 65），汉宣帝改长安南五十里的杜县为杜陵，并"徙丞相、将军、列侯、吏二千里、訾百万者"到杜陵。杜延年就是这一时期由茂陵迁往杜陵的。杜甫后来自称杜陵野老、杜陵布衣便和杜延年移居杜陵有关。

杜延年有七个儿子。七个儿子中，有六个做官，都做到了太常、刺史一类的二千石职位。唯一一个没做官的叫杜钦。没做官的原因，大概是高度近视，几近废人。不过，杜钦却是七兄弟里最有名气和影响的学者。

遗憾的是，杜延年的七个儿子，到底哪一个是杜甫的第十九世祖，目前已不可考。

杜延年的七个儿子又生下一堆儿子，其中，有一个叫杜笃。杜笃既是杜甫第十八世祖，也是杜甫列祖列宗里，第一个有著作传世的人。

不过，这位学识渊博、擅长文辞的文人，竟然以阵亡的方式离开人世。

东汉初年，杜笃居美阳（治今武功），因事得罪县令，县令将其定罪后押往京师洛阳。其时，正值云台二十八将中位列第三的大司马、舞阳侯吴汉去世，光武帝令各地文人为吴汉写诔文。待罪狱中的杜笃也写了一篇。光武帝看到后，大为赞叹，认为是所有诔文中写得最好的。不仅免了他的罪，还赐予金帛若干。

对光武帝恢复汉室后定都洛阳，杜笃表达了不同意见。他写了一篇《论都赋》，希望光武帝迁都长安，此赋一出，世人皆称颂不已。

杜笃像杜钦一样，有眼病——如果眼病系遗传的话，杜笃庶几就是杜钦的儿子。因眼病，他只做过郡吏，仕途上没什么出息。

后来，杜笃的妹妹嫁与马防为妻。马防是谁呢？他就是伏波将军马援的儿子。马援投奔光武帝较晚，不是光武帝打天下的最初班底，但也是深受光武帝重视的一代名将。汉章帝时，马援之女，即马防之姐被册立为皇后，雨露均沾，马防受封颍阳侯。

杜笃成了皇帝的舅子的舅子，便辞去吏职，前往洛阳，到马家做清客。

77年，陇西一带羌人反叛，马防以车骑将军身份与耿恭一道领兵平叛。杜笃可能想从军求个封妻荫子，也在妹夫手下任从事中郎，相当于参谋。没想到，第二年，在今甘肃庆阳的射姑山战役中，杜笃阵亡。

杜笃之后的两代人无考——很大可能，他们既无仕途上的飞黄腾达，也没有著述传世留名。

下一个登场的是杜甫的第十五世祖杜畿。从杜笃到杜畿，即从东汉初年到汉魏之际，时间跨度达两百年，杜家才传了四代，很不合情理。故此，岑仲勉认为，中间很可能缺失了一代。但到底缺失了哪一代，史料无从考证。存疑。

尽管祖上曾出过杜周、杜延年这样的朝廷重臣，但杜畿的父亲大概小吏都不曾做过，并且，杜畿母亲早死，父亲续弦不久也去世了。尚未成年的杜畿只好跟随后母一起生活，史称："少孤，继母苦之，以孝闻。"

杜畿从功曹之类的小官做起，因善于断案，得到了曹操手下重要谋士荀彧的器重，将其推荐给唯才是举的曹操，任命为司空司直——这是一个比二千石，也就是准二千石的职务，负责监察。

不久，曹操将杜畿外放，任护羌校尉，使持节，领西平太守。但杜畿还没赶到西平上任，曹操又改任他为河东太守。河东地处战略要地，位置十分显要。

杜畿在河东太守任上长达十六年，把河东治理得井井有条。史书评价其政绩"常为天下最"。韩遂、马超反曹时，河东附近的弘农、冯翊等地骚动不安，而与韩遂、马超地盘相接的河东却井然有序。曹操大军所需军粮物资，大多由河东供应。直到战争以曹操胜利告终，河东郡储备的粮食还有大量剩余。为此，曹操表彰杜畿，把他镇守河东与萧何定关中、寇恂平河内相提并论，并表示，本来要将他调往朝廷，但"顾念河东吾股肱郡，充实之所，足以制天下，故且烦卿卧镇之"。

曹丕代汉称帝后，杜畿进封丰乐亭侯，任司隶校尉；后来又升任尚书仆射。曹丕征吴及巡幸许昌时，杜畿留守京师，负责京师政务。

六十二岁那年，杜畿受曹丕之命制作楼船。楼船竣工，他亲自登船试航，不料中途遭遇大风，船只沉没，杜畿殉职。噩耗传来，曹丕为之流涕，追赠太仆，谥戴侯。

杜畿有三个儿子，其中，长子叫杜恕，是为杜甫第十四世祖。

杜恕是一个沉静寡言，不喜欢表现自己的人，以至于他虽然是地地道道的官二代，却少无名誉，没什么人知道他。他以散骑黄门侍郎之职走上仕途时，"不结交援，专心向公"，以敢于批评朝政而崭露头角，得到侍中辛毗器重。

　　做了八年京官后，杜恕外派地方，任弘农郡太守，几年后转任赵国相，因病离职。东山再起后，他出任父亲杜畿曾长期担任过的河东太守。一年多后改任淮北都督护军，再次因病离职。史称，杜恕在地方官任上，"务存大体而已，其树惠爱，益得百姓欢心"；但与父亲相比，他还是稍逊一筹。

　　其后，杜恕第三次出山，任御史中丞。因他敢于批评时政，"以不得当世之和"，外派为幽州刺史，加建威将军，同时还兼乌丸校尉。任上，他遭到征北将军程喜构陷，下狱，论罪当死。由于其父乃前朝重臣，得以免去所有官职，贬为庶人，迁居章武郡（治今黄骅）。

　　杜恕的人生如同坐过山车，时起时落，终至落下后再也不起。闲居期间，他潜心著述，有著作《体论》四卷等流传后世——杜甫一定认真拜读过。

　　曹魏甘露二年（257），杜恕去世五年后，河东郡一个叫乐详的九旬老人向朝廷上书，称道当年杜畿治理河东的功德。其时，曹魏真正的掌权者乃司马家族，司马家族为笼络人心，令杜恕的儿子杜预袭封已被削去的丰乐亭侯。

　　杜预，就是杜甫第十三世祖，也是所有祖宗里，杜甫最崇敬、最羡慕的。

　　杜甫崇敬杜预，并且希望有机会也成为杜预一样的人中龙凤，盖杜预在古人所看重的立功、立言两方面都有称得上不朽的成就。

　　杜预是司马昭的妹夫，他从小博览群书，于政治、经济、文学、历法、法律、史学乃至工程学都无所不通，时人誉之为杜武库——就像储藏器物的仓库一样应有尽有。古人常说，君子不器。就是说，君子应该博学多才，能胜任各种工作，而不能像某一种器皿那样，只有一种功能。

　　杜预一生，可以说是对这种追求的最好诠释。

　　263 年，魏国灭蜀之战时，杜预在魏军两大主力之一的钟会手下任长史。灭蜀后，钟会勾结姜维，阴谋据蜀自立。计划失败，钟会为乱兵所杀，魏将死者甚众，杜预全身而退。

　　次年，司马昭令贾充牵头，改制礼仪、法律和官制，时任河南尹的杜预承担了四年后颁布的《晋律》的主要工作。《晋律》上承《汉律》，下启《唐律》，并一改《汉律》的繁冗复杂。《隋书·刑法志》赞其"实曰轻平，称为简易"。

杜预发现历法不准，就纠正误差，修订出《二元乾度历》并颁行于世。

杜预对机械发明也很擅长，不仅制造了鼓风冶铁的人排新器，还将失传多年的"天子座右铭"——欹器——复原出来。

他任度支尚书七年，"奏立藉田，建安边，论处军国之要。又作人排新器，兴常平仓，定谷价，较盐运，制课调"，先后提出五十多条治国治军建议，晋武帝都采纳了。

黄河孟津段水深流急，他的祖父杜畿为魏文帝曹丕造楼船，试航时就在这里罹难。《晋书》记载，泰始十年（274），杜预上奏晋武帝，"以孟津渡险，有覆没之患，请建河桥于富平津"。

晋武帝让文武百官讨论是否可行，众人都持反对意见，认为历代圣贤都没做这样的事，肯定是因为做不成。

杜预力排众议，坚持造舟为梁，在富平津建起了浮桥。浮桥竣工，晋武帝率百官来到现场，举酒向杜预表示祝贺："非君，此桥不立也。"杜预顺手把功劳归之于晋武帝："非陛下之明，臣亦不得施其微巧。"

古代有一种春米用的水碓，以水为动力，两汉时已很普及。杜预把水碓做了改进，重新设计制造出一种连机水碓，工作效率大大提高，致使洛阳一带的米价为之下跌。

魏灭蜀后，只有江南地区的吴与魏对峙。不久，晋代魏，晋强吴弱，统一乃早晚之事。晋军方面，负责前线战事的是羊祜，但羊祜还没来得及灭吴就病逝了。临终，他向晋武帝举荐杜预接班——从辈分上讲，杜预是晋武帝的姑父。

五年后，晋朝发动灭吴之战，杜预负责中部战事。他取江陵，占荆州；东进同时，还派兵南下，攻占了广州和交州等地。

以灭吴之功，杜预受封当阳县侯，食邑增至九千六百户。灭吴期间，杜预围攻江陵，吴人对足智多谋的杜预又恨又怕。杜预患有大脖子病，古人称为瘿。愤怒的吴人把葫芦套在狗脖子上，把狗当作杜预戏弄。看到长疙瘩的树，一定要把它斩掉，并写上：杜预颈。

平吴后，杜预继续镇守襄阳。他兴办学校，鼓励农桑，并在汉水的扬口和长江的江陵间修了一条运河，"内泻长江之险，外通零桂之漕"。

同时，他潜心研究《左传》，将心得撰成《春秋左氏经传集解》。当时的大臣中，王济爱马，和峤爱财，杜预在晋武帝面前念叨，"济有马癖，峤有钱癖"，晋武帝问他：那你呢？杜预脱口而出：臣有《左传》癖。

杜预的《春秋左氏经传集解》，是现存最早的关于《春秋左氏传》的注释，它使原本分别成书的《春秋》《左传》合为一体，在文字训诂、文义诠释及制度、地理说明等方面均有独到之处，享有崇高学术声誉。唐代修《五经正义》，清代修《十三经注疏》，均以杜预的《集解》为基础，是后世读书人案头必备书。

晚年，杜预调往洛阳任司隶校尉，但走到邓州时去世了，晋武帝追赠征南大将军、开府仪同三司，谥成。

《左传·襄公二十四年》载，春秋时，鲁国的叔孙豹与晋国的范宣子曾有一场争论，那就是什么是死而不朽。

范宣子认为，他们家族自唐虞以来，历夏、商、周诸朝，代代都是贵族，家世显赫，香火不绝，这就是不朽。

叔孙豹却不以为然，他认为这只能叫作世禄，根本就不是不朽。叔孙豹认为，真正的不朽有三种，即"太上有立德，其次有立功，其次有立言"，这三者虽久不废，谓之三不朽。

杜预博学多才，自幼就有远大理想。他常对人说，立德这种事情大概难以企及，立功、立言庶几可以为之。后来，他早年的理想得以兑现，成为令后人，尤其是令他的裔孙杜甫无限羡慕、无限敬仰的立功与立言均登峰造极的典范。

众所周知，文庙是中国及汉文化辐射圈的国家和地区普遍存在的纪念孔子的建筑，又称孔庙、夫子庙、先师庙、先圣庙、文宣王庙等。

文庙中，除了大成殿正中主祀孔子外，还从祀他的多位弟子及历代杰出儒家代表。从祀队伍历代有所变化，总体来说在不断壮大。

贞观元年（627），唐太宗下旨，令天下学宫均立周公庙和孔庙，不久又同意房玄龄意见，停祀周公，专祀孔子。复又诏令天下州县修建孔子庙，四时致祭。贞观二十一年（647），下旨将左丘明等二十二人配享孔庙。

二十二人名单中，杜预赫然在目。

与文庙相对的是武庙。武庙的出现要比文庙晚得多。开元十九年（731）——这一年杜甫二十岁，正在兴致勃勃地漫游吴越，唐玄宗为了表彰并祭祀历代名将而设置庙宇，以周朝开国功臣姜尚为主祭，以汉初三杰之首张良为配享，并把白起、孙武、韩信、诸葛亮等十位历代名将做从祀。

建中三年（782），唐德宗听从颜真卿意见，武庙增祀名将六十四人。六十四人名单中，杜预又一次赫然在目。

文、武二庙一千多年历史上，既进入文庙又进入武庙的人只有两个，一个是杜预，另一个是诸葛亮。

杜预虽然进入武庙，且是打过大仗的军事家，很意外的是，他根本不会武艺，射箭也很糟糕，甚至马都不会骑。这一点，倒与影视里总是摇着鹅毛扇子，坐在小车上指挥若定的诸葛亮有几分神似。

对传统社会的儒者来说，能够进入孔庙从祀圣人，那就意味着已然成为世所罕见的人生赢家——直到民国初年，经过历代扩充，从祀孔庙的先贤与先儒也不到两百人。

所以，历代儒者或者说文人最大的梦想就在孔庙的东西两庑之间。如果人生在世几十年，死后没能进入孔庙，没能享受后人的香火祭祀，这样的人生根本不值一提。

杜甫是文人，更是儒者，进入孔庙，当然也是他的梦想。

当然，也只是梦想。

但他有一位先人，不仅进入了神圣的孔庙殿堂，并且建有不朽的功勋，杜甫对他的崇敬便有如黄河之水滔滔不绝。

随着年岁增长，在对先祖立言、立功的追怀时，他也品尝到了自己人生的苦涩——与几百年前的先祖相比，自己的人生何其失败，何其晦暗。

明朝后七子之一的山东人谢榛曾到偃师杜楼——那时还叫土楼——凭吊过杜预墓，他看到的杜预墓还位于杜甫墓后东北侧的首阳山麓。谢榛有诗为证：

夜观左史日谈兵，勋业仍兼著述名。
石马无踪神爽在，满天霜月照佳城。

——夜晚精研《左传》，白天演武谈兵，文武全才的杜预不仅建立了灭吴的功勋，而且以著述影响后人。然则千载之后，他坟前的石人石马都已毁坏无踪，唯有一轮带着寒意的月亮还照着他沉睡的墓地。

司马炎建立的西晋是一个短命王朝。从 265 年立国到 317 年灭亡，仅传四帝，计五十二年。如果从 280 年西晋灭吴统一天下算起，更是只有区区三十七年。

西晋首先亡于八王之乱长达十几年的内耗，然后是匈奴入侵的永嘉之乱。永嘉之乱导致中国在不到四十年的短暂统一后，再次走向分裂，北方进入战乱不休的五胡十六国，南方则是偏安的东晋。

杜预有四个儿子，长子杜锡继承爵位，曾任太子中舍人和尚书左丞等职。太子中舍人是太子身边官员，当时，太子系白痴皇帝晋惠帝的儿子司马遹。司马遹经常胡作非为，杜锡为人正直，不免苦心劝谏。忠言逆耳，"太子患之"。有一天，司马遹把针插在毡子下，杜锡不知，坐上去后，"刺之流血"。这就是成语"如坐针毡"的来历。

杜锡只活了四十八岁，应该是在永嘉之乱前去世的。死得早，意味着他幸运地没有经历那场悲惨的大动乱。

杜预的二儿子杜跻和小儿子杜尹，均做过太守一级的地方官。不过，他们都不是杜甫这一支的。

杜甫的第十二世祖是杜预的三子杜耽。

永嘉之乱后，胡人侵入中原，天下乱得如同一锅煮熟了的粥，中原士族纷纷逃往南方，是为衣冠南渡。

除了南渡外，还有人西迁。

今天的甘肃一带，古时为凉州。凉州豪族张轨任晋朝凉州刺史，当天下大乱时，他据守西北，表面上向东晋和前赵，甚至另一个割据政权——蜀中的成汉，纳贡称臣，事实上是一个独立王国。并且，这个在几大势力之间走钢丝的政权，竟保持了几十年的相对平稳，史称前凉。

凉州割据政权的意义，陈寅恪有定论："盖张轨领凉州之后，河西秩序安定，经济丰饶，既为中州人士避难之地，复是流民移徙之区。百余年间纷争扰攘固所不免，但较之河北、山东屡经大乱者，略胜一筹。故托命河西之士庶犹可以苏喘息长子孙，而世族学者自得保身传代以延其家业也。"

胡三省注《资治通鉴》也认为："永嘉之乱，中州之人士避地河西，张氏礼而用之，子孙相承，衣冠不坠，故凉州号为多士。"当时京师长安有民谣曰："秦川中，血没腕，唯有凉州依柱观。"

杜耽就举家迁往前凉首府姑臧，即今甘肃武威，并在张氏凉州出任军司。军司，即军师，晋时因避司马师之讳而改。从那以后，京兆杜氏的一个分支开始在武威繁衍生息，杜耽也被视为武威杜氏始祖。

杜耽时代，凉州下属的晋昌（今甘肃瓜州及玉门一带）有另一张姓豪族，即曾任梁州刺史的张越。是时有谶言云：张氏霸凉。张越以为将应在自己身上，于是托病回到凉州，企图取张轨而代之。张越与西平太守曹祛等人发布文告，宣布废掉张轨，由军司杜耽代理刺史。情急之中，张轨曾打算告老还乡，但在长史王融等人支持下，张轨平息了内乱。

大概因杜耽曾暂摄州事，故《元和姓纂》称杜耽为凉州刺史，莫砺锋的《杜甫评传》亦袭用此说。实则不然。

杜耽的儿子杜顾，在凉州下属的西海任太守。西海，管辖今青海东部及甘肃一部，治所在今青海海晏境内。1988年被列入第三批全国重点文物保护单位的西海郡故城遗址，就是当时西海治所。

杜顾的儿子杜逊，是为杜甫第十世祖。

东晋太元元年（376），前秦攻克凉州，北方在铁腕人物前秦主苻坚的不懈努力下，终于实现了短暂统一。及后，杜逊离开祖孙三代寄居的凉州返回故土关中。从杜耽之凉州，到杜逊离凉州，时间已有七十年之久。

由是，京兆杜氏的一支便在武威生息，是为武威杜氏。

清朝时，杜耽家族故居犹存。据考证，其旧址在今甘肃永昌县城北圣容寺一带。

杜甫祖先中，杜逊是另一个重要人物。这倒不是因为他有什么非常了不起的事功——事实上，他仅仅做过魏兴太守；而是因为他是迁襄阳的始祖。杜甫与襄阳的关系——包括他有时自称襄阳杜氏，以及襄阳曾有过杜甫墓都源自此。

　　不少资料都称，杜逊于东晋初年南迁襄阳，对此，我抱怀疑态度。东晋建于 317 年。但按嘉庆版《永昌县志》的说法，杜耽的子孙，要等到前秦攻取凉州后，"子孙始还关中"，前秦取凉州在 376 年，即便杜逊还关中后即南下，也是 376 年以后的事了，此时东晋已建立六十年，距灭亡只有四十多年了，无论如何不能说是东晋初年。

　　又或者《永昌县志》记载有误，还关中的是杜耽的另一支子孙，而杜逊此前已去江南。但根据杜预的生卒时间来推算的话，杜预以下是杜耽，杜耽以下是杜顾，杜顾以下才是杜逊，则杜逊大约生于 320 年以后。等到他成年，哪怕三十岁即南迁，也是 350 年左右的事了，说是东晋初年，甚至《元和姓纂》说他随元帝南迁，纵非完全不可能，也十分勉强。至于洛阳杜甫研究会编印的资料，把杜逊生年定为 345 年，那等到他成人，已是 370 年左右了。

　　《元和姓纂》说：杜逊生灵启、乾光；四川文史研究馆的《杜甫年谱》以及莫砺锋等则认为灵启和乾光是父子关系，这与《元和姓纂》的记载矛盾。但若依《元和姓纂》的说法，即以乾光为杜甫第九世祖，则与杜甫自称他是杜预的第十三叶孙不合，中间少了一代。

　　综合金启华的《杜甫家世考》以及洛阳杜甫研究会编印的资料，我倾向于一个观点，即在杜逊和杜乾光之间还有一代。这一代，就是杜甫的第九世祖杜坦。

　　杜逊有两个儿子，长子杜坦，次子杜骥。刘裕征长安时，杜坦"席卷随从南还"——前文讲过，一些资料说杜逊于东晋初年南迁，我以为不确。很大可能是，杜逊和他的两个儿子是随刘裕南下的。刘裕北伐攻占长安为 417 年，假如杜逊生于 345 年，此时年过七旬，而两个儿子正当年。父老随子，他跟着两个儿子离开长安，前往南方，并定居襄阳，成为襄阳杜氏始祖。

　　正因为杜逊父子南渡很晚，在朝中才不受重视。《宋书》云："晚渡北人，朝廷常以伧荒遇之。虽复人才可施，每为清途所隔。"意思是说，晚期南渡的北方人，南朝士族常把他们视为粗鄙者。即使有才干，往往也受到士族压抑排挤。对此，杜坦相当不爽。

有一天，宋文帝刘义隆和他闲聊，其间聊到汉朝重臣金日磾。金本是匈奴休屠王太子，武帝时，其父与昆邪王密谋降汉，旋即反悔，遂为昆邪王所杀。昆邪王归汉后，金日磾母子被没入官。金日磾养马多年，后以才华拔擢，成为汉昭帝四大辅臣之一。

刘义隆说，金日磾忠孝淳厚，汉朝无人可及，可恨现在再也没有他这样的人才了。

杜坦听了，没好气地说：金日磾的优秀，或许就像陛下您说的那样。不过，我以为，假如他生在今天，养马都忙不过来，哪有可能受到赏识重用？

刘义隆变脸道：卿怎么把朝廷看得如此不厚道？

杜坦解释说：陛下请听我说。臣本中华高族，祖上因西晋丧乱，只得避居凉州，世代相承，从来没有改变固有传统。只因南渡时间太晚，便被视作粗鄙者被排挤。金日磾乃胡人，身为牧马小吏，后来却能进入中枢，跻身重臣名贤行列。圣朝虽然爱惜重用人才，我恐怕是没有他那样的机会。

刘义隆听了，默然无语。

杜坦有四个儿子，即乾光、灵启、仲儒、琬。其中，杜乾光是杜甫第八世祖。杜坦的四个儿子仕途乏善可陈，仅知道乾光做过南朝齐的司徒右长史。但灵启的好几个孙子，都做到了刺史一级。

杜乾光之子名杜渐，是为杜甫第七世祖，曾任南朝梁的边城太守，边城治所在今湖北黄冈。杜渐的曾孙女杜柔政的墓志上，提及他时，评价道："导礼宣条，昭俭厉俗，爱景可晞，高山难仰。"

杜渐之子杜叔毗，是杜甫的第六世祖，他既是杜甫家族中的又一个传奇人物，同时也是他们这一支里，最后一个官做得比较大的祖先。

杜柔政墓志记载了杜叔毗前后所任职务：辅国将军、中散大夫、车骑大将军、硖州刺史。

至于更详细的杜叔毗行状，记载于《周书》：杜叔毗早岁而孤，事母至孝，年轻时励精好学，对《左氏春秋》尤有研究。他是杜甫祖上继杜预之后第二个研究《左氏春秋》的学者型官员。

最初，杜叔毗和哥哥杜君锡以及两个侄子一起，都在梁朝宜丰侯萧循手下任参军。大统十七年（551），西魏宇文泰令大将达奚武攻梁，将萧循围困于南郑，萧循派杜叔毗前往西魏求和。就在杜叔毗出使期间，他的同事曹策和刘晓密谋献城降魏，但忌惮杜家不答应，于是污蔑杜家谋反，将杜君锡等人杀害。

萧循发兵讨伐曹策，将刘晓斩杀，曹策得免。不久，孤掌难鸣的萧循选择了投降西魏，并与曹策一起来到西魏首都长安。

对杜叔毗来说，曹策是杀死自己兄弟和侄儿的不共戴天的仇人，他"朝夕号泣，具申冤状"；不过，西魏朝廷认为，这件事发生在曹策归顺之前，不可追罪。

杜叔毗希望为亲人复仇，却又担心会给家人，尤其是老母带来灾难。彷徨之际，他的母亲知道了他的心事，对他说：你哥哥惨遭横祸，我痛彻骨髓。如果曹策早上死，我晚上就死，也心甘情愿。

母亲一席话，坚定了杜叔毗复仇的决心。不久，他"白日手刃策于京城"，并砍其脑袋，挖其心肝，解其肢体。从容地做完这一切，他叫手下人将自己绑起来，赶到宇文泰府上请罪。宇文泰"嘉其志气，特命赦之"。

尽管杜叔毗非宇文泰旧部，但宇文泰对他相当器重，官职也越做越高。宇文泰死后，其子宇文觉废掉西魏恭帝，建周，史称北周。杜叔毗原本在梁朝的田宅，因世事变迁为外人所得，朝廷下令追还，还另赐田两百顷。

不想，光大元年（567），北周与陈发生战争，杜叔毗随卫国公宇文直南征，被陈军打得大败，杜叔毗被俘。陈朝本希望劝降，杜叔毗"辞色不挠"，遂遇害。

因杜叔毗有手刃仇人替兄复仇之举，《周书》将他列入《孝义传》，并称赞说："叔毗切同气之悲，援白刃而不顾，雪家冤于辇毂。观其志节，处死固为易也。"

现代法制社会背景下，我们难以理解杜叔毗的复仇之举为什么没有受到法律处罚。这是因为，古代的中国与欧洲，都有血亲复仇的传统。

儒家经典《礼记·曲礼》说："父之仇，弗与共戴天；兄弟之仇，不反兵；交游之仇，不同国。"——自己的父亲被杀了，儿子们不能和仇人生活在同一片蓝天下，无论仇人身在何处，都必须杀之复仇；自己的兄弟被杀了，其他兄弟必须时刻带着兵器，碰到仇人就将他干掉；自己的好朋友被杀了，就不能和仇人生活在同一个国家，要么杀死仇人，要么让仇人滚到国外去。

甚至，上古时代的中国法律，也是允许血亲复仇的，如《春秋公羊传·定公四年》就有复仇不除害的记载，意指凡是杀人者未受到法律制裁的，受害人亲属可以自行复仇。但复仇只限于仇人本身，不得扩大化。当时规定，血亲复仇必须向司法部门登记姓名，备案后方可免去复仇杀人之罪。受害者亲属血亲复仇后，政府还要负责将他迁出本地，安排到异乡避仇。

随着法家兴起，尤其是秦国商鞅变法后，严禁民间私斗，血亲复仇也在禁止之列，所谓"自秦以来，私仇皆不许报复"。曹魏时期命令"民不得复私仇"，文帝黄初四年（223）诏曰："丧乱以来，兵革未戢，天下之人互相残杀，今海内初定，敢有私复仇者，族之。"

尽管自秦汉以来，血亲复仇不再受到鼓励，甚至是法律惩治的违法行为，但很多时候，统治者仍然会对复仇者网开一面，一方面是出于对孝悌的表彰，另一方面是为了显示朝廷仁政。

杜叔毗的故事，激励了杜氏家族的一个后辈，只不过，他没有杜叔毗那么幸运。

杜叔毗有五个儿子，其中，老四叫杜鱼石，即杜甫的第五世祖。杜鱼石曾任隋朝河内郡司功及获嘉县令。获嘉在河南北部，北依太行，南望黄河，原属修武。汉武帝时，南越国丞相吕嘉叛乱，汉武帝下旨平叛。当汉武帝东巡时，大将路博德派使者送上了吕嘉的首级报捷，汉武帝大喜，遂在巡幸之地置县，命名获嘉。

杜鱼石的儿子杜依艺，是为杜甫第四世祖，即曾祖。杜依艺曾任巩县令，定居巩县，即为巩县杜氏始祖——以后，才有了巩县及相邻的偃师两地众多和杜甫有关的遗址遗迹。

杜依艺生子杜审言，是为杜甫祖父，这也是杜家祖宗里，杜预之外，杜甫最敬佩，经常挂在嘴边、写在诗中的人。杜甫自豪地宣称"诗是吾家事"，很大程度上，就是因了杜审言的存在。

杜审言死于景龙二年（708），杜甫生于先天元年（712）。也就是说，杜甫崇拜的祖父去世四年后他才来到世上，爷孙俩没能在人间见上一面。

作为初唐时期最知名的诗人之一，杜审言少时即与李峤、崔融和苏味道齐名，合称文章四友。

杜审言的主要贡献在于，初唐之际，源自六朝的轻靡华艳诗风依旧流行。到武后朝，一些诗人开始有意识地矫正这种诗风，杜审言就是其主力，是对近体诗建设有较大贡献的杰出诗人。王夫之认为："近体梁陈已有，至杜审言而始叶于度。"胡应麟称："初唐无七言律，五言亦未超然。二体之妙，杜审言实为首倡。"

今天，可能很少有人记得杜审言的诗句，但他近乎傲慢无礼的自信，却给人留下了极为深刻的印象。

有几个关于他的小故事可以管中窥豹：

其一，尽管与苏味道齐名，但杜审言却看不上苏味道。有一次，他因工作关系与苏味道在一起，杜审言负责撰写判词。出来后，杜审言对别人说：苏味道必死。人惊问其故，杜审言回答说：他读了我的判词，一定会羞死。

其二，杜审言病重时，宋之问、武平一等人前往探视。杜审言说：我为命运所捉弄，还有什么可说的呢？我活在世上，压在你们头上，令你们不能出头，现在就要死了，你们应该感到欢喜。只可恨无人能够替代我啊。

其三，他自认"吾文章当得屈宋作衙官，吾笔当得王羲之北面"。意思是说，他的文章比屈原、宋玉还好，他的书法竟在王羲之之上。

杜审言二十五岁即中进士，进入仕途可谓年轻，进步却很慢。初任隰城尉，后转洛阳丞。武后年间，已经五十三岁的杜审言贬任吉州司户参军。吉州，即今吉安。

贬任吉州期间，杜甫家族又出了一个轰动一时的血性人物——人们很容易地联想到杜叔毗。

杜审言有四个儿子，长子杜闲，即杜甫之父；次子杜并，也就是那个血性人物，事发之时，年仅十六岁。

　　大概是杜审言恃才放旷的性格比较招人讨厌，又或者同僚欺负这个从首都贬来的落难同事，杜审言与吉州司马周季重和司户郭若讷关系极为紧张。周、郭二人构陷杜审言，将杜审言下狱。

　　事发后，杜并想方设法，要拼死为父亲报仇——古人的岁数都是虚岁，所谓十六，换到今天，实岁十四或十五，还是上初中的少年。

　　圣历二年（699）七月十二日，周季重等人举行宴会。宾主欢饮之际，杜并怀揣利刃混进去，直冲到周季重面前，拔刀行刺。结果，杜并被当场杀死，周季重伤重不治而亡。周季重临死前长叹：我不知道杜审言有这样孝顺的儿子，郭若讷害了我啊。

　　对于血亲复仇，唐代虽不像上古时代那样认为是天经地义并值得赞扬的正义之举，但也不像秦汉那样，要对血亲复仇者治罪。其实，在唐代的世道人心中，尽管认为血亲复仇非法，然而孝道至上，孝大于法，仍然是令人感佩的壮举。

　　果然，杜并之死竟为杜审言的前程带来了意想不到的转机。首先，他被从狱中释放出来，得以回到洛阳。顺便说，按当时交通条件，杜审言由吉州前往洛阳，当顺赣水而入长江，其后有两个选择：一是顺流至扬州，再沿大运河而上，经淮水、汴河至开封，西行入洛；一是溯流至武昌，再溯汉水至襄阳，在襄阳经南襄隘道入中原。

　　杜审言选择的是后者，这样，在儿子惨死后两个多月的圣历二年秋天，杜审言途经襄阳。自杜逊移居襄阳到杜叔毗北迁，杜氏在襄阳前后生活了两百多年。与京兆一样，襄阳也是杜氏郡望。

　　三秋之时，登上城楼，杜审言心情复杂——与他同行的，还有十六岁儿子的尸体。想想惨死的儿子，想想自家的前程，杜审言感慨万千，写下了《登襄阳城》。从这首五律可以看出，经过初唐四杰及杜审言、陈子昂等人惨淡经营，五律这一体裁已然成熟：

　　　　旅客三秋至，层城四望开。

　　　　楚山横地出，汉水接天回。

　　　　冠盖非新里，章华即旧台。

习池风景异，归路满尘埃。

次年四月，杜审言将杜并安葬于洛阳建春门外东五里。建春门是唐时洛阳外郭城东面的一道城门，位于今天的洛阳楼村。昔年帝国首善之区的东大门，如今，零乱的民居、商店和加油站散布周遭。建春门外东五里，大约在今二广高速东侧，再过去便是偃师。

许多年后，偃师出土了一块墓志，墓志至今还收藏在偃师博物馆。这就是苏颋撰写的《大周故京兆男子杜并墓志铭并序》。

苏颋少杜审言二十四岁，整整晚一辈。不过，两人均在洛阳，俱以文名，自然素有交往。苏颋后来官至宰相，袭封许国公，与燕国公张说齐名，时称燕许大手笔。苏颋罢相后，曾到成都任益州大都督府长史，初出茅庐的李白第一次离开江油就是到成都去拜谒他，希望得到他的奖掖。

苏颋为杜并的事迹所感动，于是为之写墓志。1915 年，这块墓志重见天日。据河南杜甫研究会洛阳分会编印的资料称，墓志的发现地并非建春门外东五里，而是东二三十里的偃师城北首阳山。到底五里系虚数，还是杜并墓曾迁移？不得而知。

不过，在首阳山发现杜并墓志，却从另一侧面说明，偃师首阳山，的确是杜甫家族祖茔所在地。杜预葬在这里，杜审言葬在这里，杜并也葬在这里。依常理推测，官终巩县令的杜依艺，很有可能同样葬在这里，而杜甫的父亲杜闲，更有可能葬在这里。

是以大限将至的杜甫最后的愿望就是归葬偃师，沉睡在这些死去的亲人身旁。

安葬儿子后不久，武则天召见了杜审言——杜并事件轰动朝野，武则天早有所闻。武则天打算提拔杜审言，见面时，她问杜审言：卿喜否？审言蹈舞谢之。武则天又令他赋一首《欢喜诗》，杜审言顷刻交卷，武则天嘉赏不已，任命他为著作佐郎——唐时，此职为著作郎助手，负责撰碑志、祝文、祭文及起居注。可以理解为领导身边负责起草文告的秘书。

同年，杜审言升任膳部员外郎。膳部为礼部下属四司之一。《旧唐书·职官志》说，膳部“掌邦之祭器、牲豆、酒膳，辨其品数，及藏冰食料之事”。膳部长官两名，一郎中，一员外郎。员外郎相当于中央各部下属司的副司长，这是杜审言仕途的最高峰：副厅级。

杜并横死后，杜审言还有三个儿子。老三杜专曾任开封尉，老四杜登曾任武康尉。县尉是县令属官，管司法治安，相当于今天的县公安局局长。我们现在当然觉得县公安局局长是个官，但在皇权不下县的古代，却处于官僚金字塔底层。这一点，后面详说。

与两个弟弟相比，杜甫的父亲杜闲职位高一些。他在开元末任兖州司马，约在天宝五载（746）调任奉天令。如果说县尉相当于今天正科级的话，那么杜闲的职务相当于正处级。

7

在梳理了杜甫家族的列祖列宗后，还需要略花笔墨，介绍一下杜甫家族的女性。男权社会里，女性处于从属地位，因而，杜家辈分更老的女性无从知晓，所能知道的仅有杜甫的曾祖姑、祖母、母亲和姑姑。

杜柔政是杜甫第五世祖杜鱼石的女儿，曾祖杜依艺之妹，祖父杜审言的堂姑，杜甫的曾祖姑。杜柔政成年后，嫁王珪为妻。王珪出身于世家大族，其祖父为南朝梁名将、尚书令王僧辩，唐宋时与杜预一样位列武庙从祀。王僧辩后为南朝陈的建立者陈霸先所杀，不想三十多年后，其子王颁担任隋朝伐陈先锋，灭陈后掘开陈霸先之墓，将其骨骸焚化成灰，拌入水中喝下肚子才解了恨。

王珪在唐太宗时官至侍中，封永宁郡公，位列初唐四大名相——另三位是房玄龄、魏征和杜如晦。杜如晦也是杜预后人，只是与杜甫不同支系。

杜柔政十分贤惠，王珪微时，有友来访，家贫无酒，杜柔政自剪其发出售换酒。杜甫曾在诗里歌咏此事：“家贫无供给，客位但箕帚。俄顷羞颇珍，寂寥人散后。入怪鬓发空，吁嗟为之久。自陈翦髻鬟，鬻市充杯酒。”

杜审言原配薛氏，早逝；继娶范阳卢氏。唐时，范阳卢氏乃有名的世家望族。卢氏第五世祖卢柔，官至隋朝尚书，封容城侯。卢氏的祖、父均出仕，但只做过县丞、县尉之类的小官。

像父亲一样，杜闲也娶过两任妻子。第一任崔氏，即杜甫生母。

崔氏的母亲，即杜甫的外婆，出自李唐王朝宗室，乃是太宗十子纪王李慎的次子义阳王李琮的女儿。可以说，一定程度上，杜甫体内也流淌着天潢贵胄的血液。

武后时期，李氏宗族遭到惨烈迫害，李慎因受越王李贞起兵讨武之累，被武则天改姓虺——虺，是古书中传说的一种毒蛇——并流放岭南，死于路途。其子李琮夫妇下狱，一个关押在河南狱，一个关押在司农寺。

李琮的两个儿子李行远和李行芳被流放嶲州（治今西昌）。行远成年，将被处死；行芳尚幼，应免死。但行芳抱住哥哥啼哭不止，请求替哥哥去死。结果，两兄弟一同被杀。时人称为死悌。

当时，李琮家里还能自由活动的大概只剩下杜甫的外婆一人，这个曾经锦衣玉食的郡主，布衣草鞋，形容憔悴，奔走于两座监狱之间，为父母送饭。时人称为勤孝。

不仅杜甫的外婆是李唐宗室，他的外公的母亲，同样也是李唐宗室，乃是唐高祖十八子舒王李元名的女儿。李元名也在武后时期先遭流放，后被杀害。

杜甫成年后，曾与他的表弟郑宏之一起，在洛阳北邙山合祭他们的外公外婆。杜甫所撰祭文里，提到了这些令人难以忘怀的先辈往事。陈贻焮认为："由于外公家与唐王室是姻亲，这无疑使杜甫产生一种特殊感情，更增强他的忠君思想。"

杜审言除了四个儿子外，还有五个女儿，且五个女儿俱长大成人，这也就是杜甫的五个姑姑，分别嫁与魏上瑜、裴荣期、王佑、贺㧑和卢正。

杜甫的生母崔氏去世得早，估计在杜甫三岁左右。故此，杜甫幼时由其二姑，也就是裴荣期的夫人抚养。

天宝元年（742），杜甫三十一岁，二姑去世。杜甫为其服丧，并撰写墓志。这篇墓志收录于杜甫文集中，题为《唐故万年县君京兆杜氏墓志》。万年县君即杜甫二姑所获赠封号。唐制，四品官之母、妻可封郡君，五品官之母、妻可封县君。

有关史料表明，裴荣期任济王府录事参军，这是一个从六品下的职务。按理，他的妻子没有资格受封县君。不知他是否有一个儿子，做到了五品；又或者，史料对裴荣期的职务记载有误，比如他其实是济王府咨议参军——这是一个正五品上的职位。

这篇声情并茂的墓志里，杜甫回忆了一件感人至深的往事：杜甫幼时，有一年与二姑的儿子同时生病，久治不愈。二姑请女巫占卜。女巫指点说，如果把孩子放到家里靠东的位置，就有救。不过，那地方只放一个孩子。

在儿子与侄儿之间，二姑选择了侄儿。她按女巫所说，把杜甫放到了东边位置。神奇的是，竟如女巫所言，"我用是存，而姑之子卒"。

二姑从来没有把当年的艰难选择告诉过杜甫。过了好多年，杜甫才从仆人那里偶然听说此事。为此，二姑死后，杜甫私谥曰义。

8

通过对杜甫列祖列宗不厌烦琐的追溯，我们不难发现，出自京兆的杜氏，的确像杜甫在给二姑写的墓志里骄傲宣称的那样："远自周室，迄于圣代，传之以仁义礼智信，列之以公侯伯子男。"也像杜甫后来在给玄宗的表中自述的那样，他们杜家世世代代"奉儒守官，未坠素业"。

前面说过，杜预有四个儿子，杜甫这支是杜耽后裔。这一支先迁武威，后迁襄阳，再迁巩县，前几代曾出过刺史、太守之类的中高级官员，但从杜甫的第五世祖杜鱼石开始，连续几代人都只做过县令、员外郎或是司马之类的中下级官员。可以说，老杜家原本公侯迭出的盛况，在杜甫这一支已经走到了穷途末路。杜预的另一个儿子杜尹的后裔，有一支留在京兆，继续谱写着杜家的宦途辉煌，出过宰相、尚书、节度使之类级别既高、权力亦大的重臣，以至于当时有"城南韦杜，去天尺五"的说法。唐代另一位杜姓诗人就出自这一支，那就是被称为小杜的杜牧。从辈分上讲，他比杜甫小两辈。

即便杜甫家族的官越做越小，但无论如何，他总是统治阶级的一员，而杜甫外公母亲及外婆的皇室血统，又使得杜甫更具强烈的家国情怀，每以天下安危为己任，天然怀抱对江山社稷真诚、执着的使命感、责任感，总想如何报效国家，如何忠君爱国，如何"致君尧舜上，再使风俗淳"——理想与现实之间巨大而残酷的落差，又使杜甫大半生都像一匹陷坑里的骏马，尽管大声嘶鸣，渴望远方与奔驰，眼前却永远都是冰冷且无法逾越的壁立千仞。

其次，杜甫家族不乏血性男儿，杜叔毗、杜并便是显著例子。杜家虽然尚文好学，却并非寻章摘句的迂阔腐儒，而是葆有任侠尚武的传统。或者说，杜甫家族有着程度不一的烈士情结。为血亲复仇，白刃可蹈，烈火敢赴。反映到杜甫身上，他虽然没有需要牺牲自己去了结的血亲之仇，但他对底层的感同身受，对民间疾苦的悲悯怜惜，使我们有理由相信，在鸡蛋与石头的对决中，他一定是站在鸡蛋这一方的不合时宜者。

第三，杜甫家族有立功与立言的传统。杜预生前干过一件颇值玩味的事：平吴后，他刻了两块碑，碑文讲述了他的功勋。一块埋在山下，一块立于襄阳城外的岘山上。按他的说法，世事变迁，高岸为谷，深谷为陵，但不论如何，一块在下，一块在上，总有一块会让后人看到，以便知晓他的不朽功业。

《晋书》对此评价说："预好为后世名。"其实，好名并非坏事。在古人看来，大丈夫生在世间，"患名之不立，不患年之不长"，即所谓"君子疾没世而名不称焉"。立德、立功、立言，三者能居其一，其名便可传之不朽，当是每一个正常人应当追求的。

杜预的行为，对几百年后出生的杜甫影响至深——当立德、立功均不可能，他唯有立言。唯有诗歌，还是他人生的最后底牌。依凭它，杜甫度过了悲欣交集的一生；依凭它，我们才能走进跌宕起伏的诗圣的封圣之路。

第三章　少年

会当凌绝顶，一览众山小。

——杜甫

就像凡德伊的七重奏一样，其中的两个主题——毁灭一切的时间和拯救一切的记忆——对峙着。

——普鲁斯特

1

从杜甫中学到首阳山，导航显示不到六公里，行车十分钟。顺着杜甫中学南面的国道向东，经过偃师商城博物馆，在前面一个十字路口左转，只需两分钟便出了城。路面略有起伏，大地微微抬升。几分钟后，海拔仪显示比城中高出了一百五十米。这时，公路右侧兀起一匹小山，山前是一方广场。广场临近公路的地方，耸起一座古朴的牌楼，上书：首阳山国家森林公园。

沿着公园旁边的一条岔路，我驱车上山。泥土的路基，两旁长满松树和杂草。绕了几个弯，我在一座亭子前停下来。站在亭前，极目远眺，一边是偃师城区，能看到远远近近的房屋和首阳山电厂高大的发电炉——二十几年前我在自贡一家工厂上班时，工厂就是生产这种电站锅炉的，足有十几层楼那么高。电厂喷出的灰白烟雾，让那一角蓝天变得昏暗、迷蒙。一边是起伏的小山，尽管与我生活的四川境内的高山比，这些小山连零头都不如，但它仍然是山，毕竟，它高出了盆地两百多米。一边是小山下的高速公路，车来车往，汽笛声清晰可闻。一边是天际线处的黄河——其实看不到河水，只能看到一个下陷的断面。

虽然最高海拔也只有三百多米，首阳山却有着与它的高度不相称的名气。这名气，来自历朝历代的人文加持。

伯夷和叔齐是孤竹国国君的两个儿子。孤竹国是商汤时代所封的一个小国，故址在今冀东、辽西一带。伯夷是老大，叔齐是老三。他们的父亲很喜欢小儿子叔齐，生前曾表示要让叔齐继任国君。孤竹君去世后，叔齐不肯即位，认为伯夷是老大，是父亲的长子，理应他即位。伯夷却认为，父亲有遗命，应该按他的遗命办，由叔齐即位。

两兄弟推来推去，伯夷为了让叔齐安心，就悄悄逃出孤竹国。叔齐发现后，也悄悄逃出孤竹国，到处寻找伯夷。孤竹国人没法，只好立了孤竹君的另一个儿子。

后来，伯夷与叔齐在今河南境内相遇，两兄弟听说西伯姬昌很仁义，便前去投奔他。没想到还在半路上，就听说姬昌去世了，他的儿子周武王正率大军向商朝首都朝歌打来。

伯夷、叔齐前往周武王军前求见。他们拦住周武王的马，指责周武王说：你父亲去世，不好好地以礼安葬，却大动干戈，这难道称得上孝吗？你以臣子的身份攻打你的君王，这难道称得上仁吗？

言语很有火药味儿，周武王左右听了很生气，要将二人杀死。姜子牙忙劝阻说：这是两位义人，不能伤害他们。于是，"扶而去之"。

不久，周武王获胜，商纣王自焚身死，商亡周立。消息传来，伯夷、叔齐义不食周粟——既然天下已经是周朝的了，那我就不吃你周朝的粮食。他们躲到首阳山上，采摘一种称为薇的野菜果腹。

薇，就是野豌豆。自《诗经》以来，时见篇咏。所谓野豌豆，像豌豆而较小株，在我老家田野上，春时随处可见。野豌豆的豆荚细长，若取出其中的豆粒，再在豆荚一端破个小洞，放进嘴里用力吹，能吹出呜呜声，我老家称之为响响草。

首阳山上，我下意识地寻找野豌豆——或者用它更古雅的名字：薇。但我找到了狗尾草，找到了古人眼里代表漂泊的小蓬草，找到了修长的芦苇和叶片总是缺一角的构树，却没找到薇。

一个人如果只吃野豌豆，显然无法长期生存。所以，伯夷和叔齐不久就饿死了。还有一种说法是，一个妇人看到他们采薇，讽刺说：你们既然不食周粟，难道这草木就不是周朝的吗？

二人羞愤难当，只好什么也不吃，活生生饿死在山上。

不管是吃野豌豆慢慢饿死，还是什么也不吃快快饿死，临终前，二人作歌高唱，其辞曰：

> 登彼西山兮，采其薇矣。
> 以暴易暴兮，不知其非矣。
> 神农虞夏忽焉没兮，
> 我安适归矣？
> 于嗟徂兮，命之衰矣。

歌词大意是：登上西山，采摘野豌豆苗。以暴易暴啊，姬发还不知道他大错特错。上古时代的禅让之道业已不存，在此君臣争位之际，我们又能到哪里去呢？唉，不如死了吧，总之只怪我们命不好。

很有意思的是，不仅偃师有首阳山，全国其他地方，还有多个首阳山。并且，这些首阳山也有学者们认为是伯夷、叔齐采薇之地。如马融认为，首阳山在河东蒲坂华山以北的河曲中。曹大家认为，首阳山在陇西。甚至还有人认为在辽西。

很多地方都有首阳山，这个好理解：同名异地而已。但伯夷、叔齐采薇并饿死的首阳山却只有一座。我以为，就是偃师这一座。

原因有几点，周武王自西向东，从今西安一路东进，而商纣王的朝歌在今河南鹤壁，那么洛阳就处于周武王行军路线上——周武王正是途经洛阳盆地时，看到它居天下之中的有利位置，才遗命兴建洛邑。

距首阳山只有十多公里的黄河南岸，有一座古镇叫会盟镇。会盟这个名字，地方史志说，得之于昔年周武王在此与讨伐纣王的诸侯会盟。会盟镇下属有一座村，叫扣马村，与黄河近在咫尺。历代遗留的碑文和方志都称，当年，伯夷和叔齐就是在这里拦住了周武王的马。扣马，就是扣周武王的马。

洛阳洛邑古城

　　自古以来，邙山就以风水著称，从而被诸多帝王将相、名流才士选作身后寿域，邙山最东端的首阳山亦如此。

　　除了不可考的伯夷、叔齐墓在首阳山外，魏文帝曹丕，以及禅位后降封山阳公的汉献帝刘协，西晋武帝、惠帝以及追封为宣帝的司马懿、追封为景帝的司马师、追封为文帝的司马昭等，均葬于首阳山。至于首阳山之麓，还葬有成汤、苏秦、吕不韦、颜真卿等著名历史人物。

　　分处异代的这些叱咤风云者，在走完他们或长或短的人生之路后，纷纷相聚于首阳山深厚的黄土下。唯有是非功过，任由后人评说。

2

　　开元二十九年（741），杜甫三十岁了。三十而立，古人眼中，这个年龄已经不再年轻。

　　这一年，第二次远游归来的杜甫结婚了。他迎娶的是司农少卿杨怡的女儿。杨怡出自弘农杨氏。弘农郡治在今河南灵宝，弘农杨氏以司马迁的女婿杨敞为始祖，从杨敞玄孙杨震起，连续四代均为太尉，是显赫的名门望族。

唐时，司农寺主管粮食积储、京官禄米及园池果蔬。司农少卿系司农寺副长官，秩从四品上。唐代官阶以五品作为中高级官员与下级官吏的分界，令狐绹称："六品以下，官卑数多，皆吏部注拟；五品以上，则政府制授，各有籍，命曰具员。"杜甫的岳父，相当于副部级高官。

杜甫一生只结过一次婚，只有杨氏一位夫人，也没听说他纳过妾讨过小。这位副部长家的千金，就像元稹感叹自己的老婆韦氏那样："谢公最小偏怜女，自嫁黔娄百事乖。"以后漫长的二十多年里，杨氏与杜甫要么相濡以沫，惨淡经营；要么天各一方，音书两绝。元稹伤痛他与韦氏是贫贱夫妻，但元稹毕竟后来发达，有过俸钱过十万的否极泰来——当然，其时韦氏已故；而杜甫与杨氏却是在贫穷与窘迫中度过了含辛茹苦的一生。所以，我以为，元稹的诗句更适用于杜甫伉俪：诚知此恨人人有，贫贱夫妻百事哀。

不过，此时杜甫才三十岁，杨氏应该更年轻。对于未来，因为年轻而充满憧憬——没有一个人会在风华正茂的青春年代，把自己的未来想象得过于残酷、坎坷。

迎娶杨氏这一年，新婚宴尔的杜甫还干了两桩值得一记的事。

第一是修房子——新婚而修房子，颇有点像当代年轻人结婚买房。

杜甫诗作里经常提到尸乡土室、偃师旧庐、河南陆浑庄、土娄旧庄，好像杜甫是唐代的炒房客一样，手里有多套房产。究其实质，上述四个迥异的称谓，其实就是同一个地方——自蒲起龙始，以后的杨伦、郭沫若、萧涤非和陈贻焮诸公均持此说；也有少数学者认为尸乡土室和陆浑庄是两个地方。两相比较，我附议前说。

土室，按我理解，很可能就是窑洞。尸乡在哪里呢？地图上查看，偃师城里有一处尸乡沟商城遗址。遗址对过，有一座偃师商城博物馆。但是，我两度前往博物馆，均大门紧闭，难窥堂奥。

查阅资料时，读到许宏一篇文章。他认为，尸乡沟商城遗址的称谓是不确切的。根据他的调查，乃是商城发掘者为了将班固在《汉书·地理志》下的自注"尸乡，殷汤所都"坐实，从而把原本被当地老百姓称为石羊沟的低洼地，有意写成尸乡沟。

既然尸乡沟不在地图上标注的商城遗址一带，那它又在哪里？

文献自有答案。

严耕望在《唐代交通图考》中考订，尸乡在偃师县城以西二十里处，即阳渠、谷水之北。阳渠是一条早已干涸的汉魏运河，也就是被今人误为尸乡沟实际上叫石羊沟的那片洼地。谷水是洛河支流，现与洛河合二为一。

更具体的位置，严耕望说："即田横乘传诣洛阳自刭处。"

这就涉及另一个地标：田横墓。

田横为齐国贵族，陈胜吴广起义之际，他起兵自立，恢复齐国。楚汉争霸中，先后被刘邦部将韩信和灌婴打得大败。其兄齐王田荣死后，田横即位。不久，刘邦灭项羽称帝，田横只好带了五百人逃到黄海的一座小岛上。刘邦派使者召田横入朝，田横不得不带着两个门客赴洛阳。走到首阳山下的偃师，他想起伯夷叔齐义不食周粟的故事，自刭而死。两个门客安葬田横后，在田横墓前各挖一洞，自刭于洞中。留在岛上的门客们听说田横已死，也集体自杀。

直到今天，即墨附近海上还有田横岛。

导航查田横墓，就在偃师商都西路北面。但是，我没能找到墓地。我只看到了围墙。墙内，是首阳山电厂——刚才在首阳山山顶，我看到过它修长的烟囱和吐向蓝天深处的灰烬。

向路人打听，果然和我预想一样：因为修电厂，田横墓早就没有了。墓前的碑，有的说在博物馆，有的说扔了。

尽管田横也算风云人物，生得轰轰烈烈，死得也轰轰烈烈，韩愈凭吊写过《祭田横墓文》，司马光凭吊写过《田横墓》。但是，这么一个两千多年前的古人，他和现代人之间已经没有必然关系——除了偶尔或许还有像我这种有考据癖的胡适之的徒子徒孙会前来寻访并感慨一番，一抔黄土和黄土下的骨头，存与否，都不打紧。

田横墓不在了，大致位置还能确定。由是，杜甫时代的尸乡也可以确定。它其实与杜甫墓直线距离不超过一公里，隔着一条杜甫路遥遥相望。在没有高楼的唐代，从杜甫墓前可以清晰地看到近在咫尺的首阳山，从杜甫的土室前也如此。

尸乡这个古怪的名字，它的来源，有几种说法。

一种说法认为，这一带"泽野负原，夹郭多坟垄"，有坟自然有尸，故名尸乡。

另一种说法认为，这里曾居住过姓尸的人家。中国姓氏千奇百怪，的确有尸姓，如战国思想家尸佼，著有《尸子》，我们今天熟知的"四方上下曰宇，往古来今曰宙"就是他的手笔。

结婚、建新居后，杜甫在这一年还做了另一件事：祭祖。

他要祭的就是他毕生最崇敬的第十三世祖杜预。

杜甫家在巩县南瑶湾村有窑洞，在洛阳可能也有公馆，但他选择了在首阳山下的尸乡修筑土室，在于他想离他的两位伟大祖先——杜预和杜审言近些，再近些。仿佛只有这样，来自祖先的昔日荣光才能温暖他、照耀他、护佑他，让他像他们那样，成为家谱与史书中永远闪耀的星辰。

这年寒食节，杜甫谨具三牲酒浆，来到首阳山麓的杜预墓前。

杜甫的远祖杜笃也到过首阳山，还写过一篇洛阳纸贵的《首阳山赋》。几百年过去了，杜甫看到的首阳山与杜笃看到的首阳山并无太大区别——在日子缓慢的古代中国，一种生活方式、一种地理面貌完全可以几百年如一日。他看到的依旧是"长松落落，卉木蒙蒙，青罗落漠而上覆，穴溜滴沥而下通，高岫带乎岩侧，洞房隐于云中"。

杜甫举行了庄重的祭祀仪式。他高声宣读祭文，行礼如仪，并请石匠将祭文刻在碑上，再将碑立在墓前的大路边。

这篇《祭远祖当阳君文》虽不到三百字，却不仅文辞古雅优美，而且内容丰富。杜甫先写杜预的家世传说，再颂其毕生伟业：克吴之功，造桥之业，立言之美。最后哀悼远祖，表示自己不敢忘却先人之志，"不敢忘本，不敢违仁"。在对先祖的景慕中，隐然显示出将以先祖为榜样之意。

　　我把寒食祭祖看作杜甫人生中的一起标志性事件。这个三十岁的男人，好像要以这种极具仪式感的行动，向世人，也向自己表达一种愿景：三十而立。我也要像远祖那样真正立起来。

　　同时，这起事件也是对即往生活的一次小结。它意味着，从少年时开始贯穿整个青春期的浪漫放荡结束了，人生进入了新阶段。在这哀乐中年，重点是建功立业，是他后来总结的平生理想："致君尧舜上，再使风俗淳。"

3

　　当代，欧美青年在升学或毕业之后、工作之前，会花几个月乃至一两年时间，作一次长途旅行，称为间隔年，英文叫 gapyear。

　　中国古人也有自己的间隔年——凡是家庭条件允许的官宦或富商人家子弟，在他们入仕、就业之前，也会有一次或多次长途旅行，尤以汉唐为盛。

　　比如司马迁，就有过他的间隔年——那是一次上万里的旅行，用太史公的话说，他"二十而南游江、淮，上会稽，探禹穴；窥九疑，浮于沅、湘；北涉汶、泗，讲业齐、鲁之都，观孔子之遗风，乡射邹峄；厄困鄱、薛、彭城，过梁、楚以归"。

　　杜甫也有过不亚于司马迁的间隔年。三十岁回到首阳山下祭祀杜预之前的十来年里，杜甫有过三次漫游。一次较长，一次很长，一次更长——较长那次几个月，很长那次四年，更长那次超过五年——累计在一起，杜甫的间隔年长达十年。

　　哪怕是在以船只、马匹、驴子甚至双脚为交通工具的唐代，十年时间，也足以行遍海内。

　　由于有唐一代不受重视，杜甫作品散佚甚多。韩愈称为"流落人间者，泰山一毫芒"。据有关专家估计，杜甫一生的诗作可能有三千多首，但我们现在还能看到的，只有一千四百多首。其中，他早年作品又散佚得特别严重。

　　四十三岁那年，杜甫向朝廷献了一篇赋，叫《雕赋》。赋前附的表里，他讲到了自己的创作情况。他说他从七岁开始写诗，到现在（即四十三岁），已写了超过一千首。

然而，我们现在能确定的杜甫三十岁以前的作品，还不到四十首。

由于诗作散佚，我们没法更为具体地重现他的三次漫游，甚至，有的学者因找不到相应诗作，进而认为他的三次漫游不存在。

幸好，杜甫晚年的一些唱和之作和回忆之作里，有不少涉及早年的漫游经历。这样，我们才可以确定：诗圣年轻时候，的确走过千山万水，的确把足迹印遍大江南北。

4

五十九岁，这是杜甫生命的最后一年。他携家带口，打算北归中原，却又无法像他几年前想象过的那样"即从巴峡穿巫峡，便下襄阳向洛阳"。为造化小儿所苦，他漂泊湖湘，衣食俱成问题。这年春天，他从潭州溯湘江前往衡州，打算投奔一位老友。

然而，令杜甫极为沮丧的是，到了衡州，才知道老友已调往潭州——他们的船只，在湘江上的某片水域擦肩而过。

是年夏天，更加不幸的消息传来：杜甫想要依靠的这位老友，竟然在潭州去世了。

这位老友，便是杜甫一生交游中，结识时间最早的韦之晋。

与韦之晋相识时，杜甫只有十九岁。韦之晋生卒年不详，以常理度之，应与杜甫相去不远。

十九岁那年，杜甫从洛阳前往河东道（大部在今山西）。这是他平生第一次离开老家河南，也是他平生第一次远游。

怀念韦之晋的诗里，杜甫称他们昔年订交的地方，也即他的第一次漫游的目的地为郇瑕。郇瑕，是郇和瑕氏两地合称，后来泛指今山西临猗一带的晋国故地。

有意思的是，郇瑕是合称，临猗也是合称——今天的山西临猗县，由曾经的临晋和猗氏二县合并而成，两县各取一字，从20世纪50年代开始，地图上有了临猗。

临猗县城设在猗氏镇。猗氏历代人物中，猗顿是最传奇的一个。猗顿本是鲁国人，家贫无依，听说越王勾践的谋臣范蠡灭吴后弃官经商竟成巨贾，便去向范蠡请求发财之道。范蠡指点他说："子欲速富，当畜五牸。"牸，就是雌性牲畜。意思是让他发展畜牧业。

猗顿听了范蠡的劝告，到今临猗一带从事畜牧业。当时，这里有一片水草丰茂的洼地，附近又有解池的盐，是畜牧的上佳之选。果然，猗顿很快发达起来，极盛时，其产业"西抵桑泉，东跨盐池，南条北嵋，皆其所有"。猗顿因在猗氏发达，便以猗氏为号，真姓反而湮没不闻了。

我看到的临猗县城，和寻常北方县城没有多大区别，除了几条主街显得宽阔外，其余街巷大多逼仄。大街两旁的绿化带，种着雪松和修剪整齐的灌木。城中心的十字街头，即便正午，也见不到几个行人。

临猗属运城市。历史上，运城因位于黄河以东而称河东。重要的地理位置和持续数千年的池盐产业，使运城盛极一时。大尧、大舜均把都城建在这里——上古时的都城，估计规模不会大过今天一座镇子。

杜甫的唐代，朝廷在河东地区设有相当于省级机构的河东道，管辖今山西全境和河北西部。河东道下设有蒲州，蒲州又先后改称河中府和河东郡，而河东道和蒲州（包括河中府、河东郡）的治所，均设在临猗西南的县级市永济——唐朝时，永济称为河东县。

十九岁出门远行，杜甫是从哪里出发的呢？

估计要么是巩县，要么是洛阳。

不论巩县还是洛阳，均在黄河以南，杜甫都要渡过黄河。

自青藏高原而下的黄河，挟雷霆万钧之势滚滚东流，如同一柄神出鬼没的利刃，将中原大地一剖为二。唐代，黄河干流上，设有不少津渡。

这些津渡，大者用船和木头搭成浮桥，小者用船只摆渡。

巩县西北，洛河汇入黄河的地方，古称洛口。

为了利用水利之便，隋朝时在洛口修筑了一座国家粮食储备中心：洛口仓。洛口仓附近有一个渡口，叫五社渡，又名五津渡。如果从巩县南瑶湾村出发，杜甫将在这里渡河。

倘若杜甫从洛阳出发，则洛阳北面有一个远比五社渡更知名也更重要的渡口，即河阳津。五社渡大概率没有浮桥，只有吱吱呀呀来回的摆渡船，

表现杜甫少年时代游猎生活的雕塑

河阳津却有宽阔且快捷的浮桥沟通两岸。为了维护这座号称巨梁的津渡，政府安排了一支多达二百五十人的水手队伍。

此外，杜甫还可先从洛阳经陆路至陕州，再从陕州北部的大阳津渡河，之后北行。但北行需要翻山越岭，山路险要，鲜有行者。是故，从大阳津过河后，他更可能沿着河岸自东向西至蒲州后北上。

总之，不管杜甫是从五社渡还是河阳津，抑或大阳津渡河，过河后他都得从黄河北岸的古道上西行后再折而北行，经蒲州再抵郇瑕。

经过比对，我认为，杜甫可能走的是另一条线路：无论他从巩县还是从洛阳出发，都陆路向西。唐代，居于天下之中的洛阳曾是武周首都。即便不是武周时代，每逢关中灾荒之年，皇帝多半会带着文武百官前往洛阳，称为就食。洛阳也因之成为唐代仅次于长安的第二大城市，称为东都。长安与洛阳之间的官道，属于唐朝首屈一指的大路驿的一部分——比杜甫更晚的唐德宗总结说："从上都至汴州为大路驿。"

杜甫一生中，多次往来于大路驿，包括他最为后人称颂的"三吏""三别"，其创作灵感便来自大路驿上的所见所闻。这一点，后面再细说。

　　杜甫经大路驿西行至潼关。潼关扼今陕、豫、晋三省要冲，《水经注》解释其得名由来："河在关内南流潼激关山，因谓之潼关。"

　　潼关一带，平坦的八百里秦川已到尽头。南边是高峻连绵的秦岭支脉华山，北面是如同屏障一样的中条山。华山与中条山对峙的夹缝里，黄河见缝插针，疾速东下。潼关，就位于黄河南岸的黄土塬上。

　　潼关始建于东汉末年，后来南移数里，屡毁屡建。所以，我看到的潼关竟然是一座崭新的古城——许多地方还未完工，空气中飘浮着一股若有若无的油漆味儿。因为没完工，作为景区也就不收门票。景区外面，依附修建了众多两三层的仿古商铺，却没有一家营业。古潼酱园、果蔬沙拉、肥肠米线、菠菜面、永红餐馆、陕西名优特产……全都关门闭户。唯一开着门的是关中民俗面坊，不过也没营业，一个肥胖男子，正对着呜呜作响的风扇午睡，发出惊天动地的鼾声。没完工的一座建筑，围挡上有一条字迹黯淡的标语，大概被风吹走了一些字，看上去颇为莫名其妙：早打，快打，露头就打——我猜，说的应该是打恶除黑。

　　杜甫见到的潼关当然不是这个样子。尽管他少年时的远游没有留下诗篇，但很多年后，当杜甫历尽沧桑，曾多次经行潼关的他，忍不住在诗里感叹"丈人视要处，窄狭容单车。艰难奋长戟，万古用一夫"。

　　那时的潼关，还是一夫当关，万夫莫开的雄关。羊肠小道之上，飞鸟双翼之下，巍然屹立于帝国首都东方。

　　我站在潼关城楼一侧的山坡上眺望。

　　几公里外的山脚下，黄河从西北方向而来，拐出一个大弯。大弯处，渭河一头扎进黄河怀抱，两水交汇，水流变得更加迟缓，河床上堆积出一道淡黄色的沙洲，恰好与岸边青绿的庄稼形成色彩鲜明的对比。

　　两座大桥从我站立的南岸伸向北岸，一座是公路桥，一座是铁路桥。对岸台地上，分布着补丁般错落的房屋，在高大的风力发电机映衬下，显得更加矮小、卑微，如同甲虫身旁的蚂蚁。台地背后，是一条绵亘掠过的山脉，像隶书的一字。那是中条山。

半个小时后，我沿着山路下山。山下的黄河南岸为秦东镇。像所有镇子一样杂乱而又生机勃勃。行驶途中，我瞥见秦东镇幼儿园旁的路边有一块黑底白字的石碑，碑后是一道两米多高的围墙，围着一棵枝叶繁茂的大树。

停车细看，碑上的文字是："潼关县重点文物保护单位　马超刺曹古槐遗址　潼关县人民政府立　公元二〇〇八年"。

东汉末年，曹操平定马超、韩遂时，两军在潼关激战。不过，马超刺曹操不中而中树之事，并不见于正史，而是《三国演义》的小说家言。书中写道："看看赶上，马超从后使枪搠来。操绕树而走，超一枪搠在树上；急拔下时，操已走远。"

秦东镇外大桥横卧，只需一分钟便从南岸到了北岸。而杜甫时代，他自东向西走到潼关，将从关下的渡口经浮桥过河。

过了河，便是山西——风陵渡到了。

风陵渡因传说女娲埋葬于此而得名——据说女娲姓风。唐时称风陵津，并在风陵津旁的山上设有风陵关，恰与潼关遥遥相望，共同扼住了中条山与华山之间的这道缝隙。

从地理沙盘上可以看出，略呈东北—西南走向的中条山到了风陵渡东侧戛然而止，山地变为冲积平原，古时的驿道和今天的高速公路都穿过平原，溯黄河向北延伸。我的车窗左侧，是平坦的平原，平原中间，黄河像是压在大地上的一条细长黄线；我的车窗右侧，是中条山余脉，山不高，树不深，大大小小的石头像巨人捏碎的饼干渣，入目俱是。在这个草木葳蕤的七月，也有几分荒凉。

风陵渡北行不到十公里，便是永济。永济最南边的首阳乡，父老相传，是杨贵妃故里。杨贵妃与杜甫系同时代人，小杜甫七岁。当十九岁的杜甫出门远行时，杨贵妃还是一个十二岁的女孩。那时，杨贵妃的父亲在蜀州做官，她多半随父入蜀了。

永济古称蒲坂，是传说中大舜王都所在。不过，这个古老的地方，最有名的其实是一座始建于北周的楼台：鹳雀楼。

地处黄河之滨的永济，在唐代，显然远比今天更重要。它既是河东道治所，也是蒲州治所，相当于省政府和市政府都设在这里。

蒲州一带的黄河，流淌于一马平川的平原上，黄河河床时常漫流改道，故而诞生了一个成语：三十年河东，三十年河西。

鹳雀楼西边是黄河，楼与河不到两公里，其间是平坦的原野；鹳雀楼东边是蒲州——今天，它是永济下属的一座普通小镇。至于曾做过唐时省城和州城的蒲州古城，只剩下不多的几处残垣断壁了。

鹳雀楼下的黄河边，有一座古渡，名为蒲津渡。

《读史方舆纪要》将蒲津渡列为山西重险之地。历史上，黄河常成为不同势力的天险，蒲津则是兵家必争之地。张说称之为"隔秦称塞，临晋名关，关西之要冲卫，河东之辐辏"。先秦以降的两三千年间，这里发生过大大小小数十次战争。秦昭襄王第一个在蒲津渡架设浮桥；汉武帝第一个在河西修筑关隘。到了唐朝，蒲津渡处于长安至太原的重要驿道上。其时国力昌盛，远迈前代，于是，开元十九年（731），一个超级工程动工了——工程耗费了全国年铁产量的五分之四，铸造了八条各重八万斤的铁牛，以及牵铁牛的铁人、固定船只的铁柱和铁山、绞盘等物。八条铁牛分置两岸，将波涛中的浮桥牢牢牵挽。行人迈步浮桥，如履平地。到了宋朝，一场大洪水将铁牛冲进河里，于是发生了曾入选小学课本的"怀丙捞铁牛"的故事。

杜甫前往郇瑕，必然经过蒲州；经过蒲州，必然登鹳雀楼。遗憾的是，他没能见识大唐第一桥的雄伟——浮桥竣工于开元十九年（731），即杜甫远游郇瑕次年。

这么浩大的工程，恐怕不是一年半载能够完成的。所以，我们可以推测的是，杜甫虽然没见到浮桥竣工，但一定看到了壮观的施工现场。

在蒲津渡遗址，十几年前修建了博物馆，从黄河淤泥里打捞出来的铁牛和铁人陈列于一座高出地面四米的平台上。阳光下，铁牛和铁人青黑中带着褐黄，虽然锈迹斑斑，依旧气势恢宏，昭示着大唐帝国，尤其是开元盛世之际的富庶强盛。

两百公里长的涑水是黄河的一级支流，它从蒲州古城下流过，于几公里外注入黄河。涑水上游的夏县，是北宋史学家司马光的故乡。司马光的

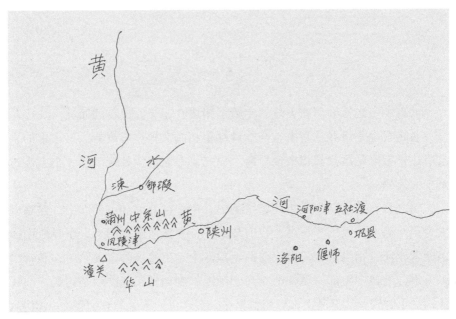

杜甫郇瑕行路线

一部著作，就以涑水为名，叫《涑水纪闻》。后世也称司马光为涑水先生。

　　杜甫到达蒲州城，登临了鹳雀楼后，他多半会在城外雇一条客船，溯流而上——几十里外，便是他此行的目的地：郇瑕。

　　今天，从巩义到临猗不到三百公里，汽车也就三个多小时，小半天而已。但在杜甫的唐朝，这段路程超过四百公里。即便路上不耽搁，单是赶路，也需要好几天。如果沿途寻幽探胜，访古问遗，则这一趟短途旅行，也将耗时一个月以上。

　　不过，古人似乎有的是时间，尽管他们的生命比我们更短暂。

　　但那是一个慢时代。就像木心的诗说的那样：

　　　　　　　从前的日色变得慢

　　　　　　　车，马，邮件都慢

5

杜甫和韦之晋如何在美好的年龄里相遇并相交，史料阙如。

韦之晋也是京兆杜陵人，与杜甫郡望相同。根据韦之晋之父韦求的墓志所述，韦家是汉代丞相韦贤后裔。总之，韦家也像杜家一样，祖上出过不少大人物。

韦之晋在玄宗朝先后担任监察御史、吏部员外郎和吏部郎中。监察御史为正八品上，级别不算高，权力却颇大，大抵从新进的士人中择取刚强果断者充任，相当于今天中纪委的纪检专干。吏部名列六部第一，掌管组织人事，近似中组部，员外郎相当于中组部副司长，郎中则是司长。前者从六品上，后者从五品上，与杜甫相比，韦之晋的职务和权力都要大得多。

肃宗朝，韦之晋外放地方任苏州刺史，因刘展之乱，苏州失陷，韦之晋被追责，贬饶州别驾。后又升婺州刺史。大历二年（767），再升湖南观察使兼衡州刺史，加御史大夫；又两年，转潭州刺史兼湖南观察使。

据吴汝煜《唐五代人交往诗索引》统计表明：以现存杜诗为据，杜甫交游计四百一十二人，交往诗计七百四十七首，超过他全部作品的一半。如果剔除几个与他并无直接往来者如郭元振、张旭等，以及在他生前即已去世者如陈子昂、宋之问，则真正意义上的交游者计四百零二人，交游诗七百三十六首。平均每个朋友将近两首。

所有朋友中，除了孩提时就在一起玩耍的总角之交路六外——杜甫有诗赠路六称："童稚情亲四十年，中间消息两茫然。"——韦之晋和寇锡是杜甫最早的朋友。杜甫送韦之晋的诗有三首，送寇锡的诗有一首。

杜甫与韦之晋在郇瑕订交，此后十多年，杜甫或漫游吴越、齐赵，或耕读尸乡，与韦之晋应该没有再见面。一直要等到杜甫三十五岁赴长安，并断续居长安十年，而韦之晋此时正好在长安任职，他们的生命轨迹再次相交，两人才有见面的时间和机会。意外的是，这期间杜甫有颇多交往诗、记游诗，却没有一首写给韦之晋或提到他。一个是行情看涨的要害部门的中高级官员，一个是"朝扣富儿门，暮随肥马尘"，应试、干谒、献赋三条通往仕途之路都走不通的风尘沦落人，两个人没有交往或交往极浅，也在情理之中。

年轻时的友谊在越来越大的地位落差之下就像一瓮不断注水的酒，酒味越来越淡，终至若有若无。

戏剧性的转机来自多年以后。那时，杜甫已经对政治前途彻底失望。严武死后，他离开西川，打算回北方。然而，由于种种原因，却又不得不滞留川峡小城夔州。此时，韦之晋也在经历了贬饶州别驾的失意后，升任婺州刺史。婺州刺史之后，从杜甫诗中所谓"峡内忆行春"分析，韦之晋曾在川峡间某地任职——不是夔州，而是夔州附近某处，诸如忠州、万州、涪州。

川峡间任职不久，韦之晋时来运转，调往湖南，升任湖南观察使兼衡州刺史。这样，当他从川峡间的某地顺流而下前往湖南履新时，途经杜甫客居的夔州，两个少年时代的朋友就这样悲欣交集地重逢了。

这是大历二年（767）的事情。这时，距他们的少年游已经过去了整整三十七年。也许，当两位老友秉烛夜话，把盏相劝并回忆青春岁月的远游时，他们谁也不曾想到，只消再过三年，他们都将客死异乡。

因为难以预料，所以才叫命运。

杜甫写给韦之晋的三首诗，除了夔州重逢那首系送别诗外，另两首都是悼亡诗。

原本一心奔往衡州投奔韦之晋的杜甫，既没料到会在湘江上与韦之晋错过，更没料到仅仅两个月后就传来故人物故的噩耗——之前，杜甫自洞庭湖南下，很大可能，便是他与韦之晋在夔州重逢时，韦之晋许诺帮助他；而杜甫，把他当作另一个可以依靠的严武。

噩耗是一次沉重打击，杜甫当即写下长诗《哭韦大夫之晋》。

诗一开篇，杜甫就回忆了三十多年前两人的相交："凄怆郇瑕邑，差池弱冠年。"

杜甫为什么要在郇瑕邑前面加上凄怆的定语呢？那仅仅因为，郇瑕是他们订交的昔游之地，如今韦之晋驾鹤西去，老杜回忆前尘往事，想起三晋大地上那座小小的城池，物是人非，一种温暖而又凄怆的情怀油然而生。

当年冬天，韦之晋的灵柩从潭州送归老家长安。很巧，护送灵柩的官员，系韦之晋下属卢岳，而他，是杜甫祖母卢氏的侄孙，即杜甫的表弟。灵柩启程那天，杜甫到码头送别。其时，驷马悲鸣，众人挥泪，杜甫伫立岸边，默默遥望渐渐远去的船只，直到船顶上高高悬挂的铭旌也消失在烟水之间才黯然归去。

十九岁的短暂远游，韦之晋外，杜甫还结识了另一个朋友。

那就是寇锡。

寇锡排行老十，上谷人，早年做过荥阳尉——荥阳是唐代另一位大诗人李商隐的故乡。以后到长安，做过丰王府参军、右领军卫骑曹及左威卫仓曹等职——都是一些不值一提的芝麻官。安史之乱后，他接受伪职。乱平，受处分，贬虔州。尔后，升任监察御史。大历五年（770），巡按岭南。

杜甫与寇锡的交往，似乎也不多。两人应该有一段时间同在长安，但杜甫的诗没有涉及。唯一一首赠寇锡的诗，题为《奉酬寇十侍御锡见寄四韵复寄寇》。从题目及内容分析，大历五年，寇锡前往岭南时途经潭州，与流落此地的杜甫重逢——不知是同在异乡还是大家都已进入暮年，几乎熄灭的友谊之火重新燃烧起来。饮宴分手后，寇锡率先写诗赠杜甫，杜甫遂回赠。终其一生，杜甫送出去七百多首诗，却只收到十八个人赠送的二十七首诗——不过，寇锡的诗没有流传下来，不在统计之列。

杜甫与韦、寇二人少年订交，然后在漫长的中年时代，几无交往。当他们步入晚岁，却又因意外重逢而重温旧情。这里面，既有对昔年壮游的美好追忆——经过时光过滤，过去的小美好被放大，过去的大苦难被缩小；还有人之将老，更为珍念旧情的因素在内。

对杜甫而言，不论是在夔州与韦之晋把盏，还是在潭州与寇锡陷入回忆，其情其景，固然温馨扑面。更多的，却是一种"白头宫女在，闲坐说玄宗"的凄凉——青春早就远去，奈何老去的人还在念念不忘那些似水年华。

或许，北岛的几句诗可以为之作注：

那时我们有梦

关于文学，关于爱情

关于穿越世界的旅行

如今我们深夜饮酒，杯子碰到一起

都是梦破碎的声音

6

郇瑕之游次年，年甫若冠的杜甫第二次远行。这一次，他的目的地是吴越，即今江苏、浙江一带。

杜甫晚年，写下了一系列带有浓厚自传色彩的长诗，其中，《壮游》最具代表性。所以，虽然杜甫漫游吴越的诗作没有留下来，但通过《壮游》等作品透露的雪泥鸿爪，仍然可以大体复盘杜甫在路上的美好时光。

陕西宝鸡市有一座青铜器博物馆。馆里，珍藏着一只称为何尊的青铜器。尊，是古代酒器。

1963 年 6 月，宝鸡贾村镇农民陈某租用了邻居两间房子。房子后面，有一道不起眼的土崖。一场大雨后，土崖垮塌了一部分。陈某发现，垮塌后的土崖里似乎有亮光。他用锄头刨了一阵，刨出一个将近十四千克的铜器。

只是，他完全没想到，这只看上去并不起眼的铜器，后来竟被评为国家一级文物。陈某随手把铜器放在屋角，完全没有在意。第二年，他离开宝鸡时，把它交给了邻居，邻居把它当废品卖到收购站。收购站给他的报酬是三十元人民币。

当年，宝鸡博物馆一个工作人员偶然在收购站看到这件铜器，初步判断是一件珍贵文物，于是回去向馆长报告。馆长派人查看后，也认定是珍贵文物，便以收购站当时的收购价三十元，将其购回博物馆。

以后，经考古人员研究确认，这是一件西周时期铸造的青铜酒器，从铜器上的铭文看，系一个叫何的贵族所制，因而命名为何尊。

何尊铭文共计一百二十二字，记载了西周初年的一段历史：周成王遵循周武王遗旨在成周营建都城，竣工后，举行祭祀仪式并对贵族训话。

一百二十二字的铭文里，最引人注目的是四个字：宅兹中国。

今天，我们称自己的国家为中国，称自己为中国人，而能够追溯到的最早出现的中国二字，就是这件青铜器。

宅意为居住，兹意为这里；宅兹中国，就是居住于中国。

很显然，当时的中国和我们今天说的中国完全不是一回事。

何尊所说的中国，指的是位于中原大地的成周，即洛河北面的洛邑。

洛邑，就是后来的洛阳。

今天的洛阳是一座普通地级市，如果说它以什么区别于全中国的另外几百座地级市的话，无疑是它极为悠久、灿烂的历史，以及难以计数的遗迹遗存。

上古的夏都斟鄩和商都西亳，都在洛阳境内；西周初年，在这里兴建成周，作为陪都和王国备胎——后来，备胎果然派上用场：周幽王被犬戎杀死后，其子平王东迁，建都洛阳，拉开了东周序幕。

刘邦建汉，初都洛阳，后听从谋士娄敬建议，迁都长安。东汉建立，汉光武刘秀定都洛阳。逮至魏晋，洛阳都是首都的不二之选。南北朝时期，鲜卑族所建的北魏，原本都平城，但雄才大略的孝文帝拓跋宏，费尽周折，冲破重重阻力，成功地将首都迁往洛阳。隋朝时，文帝早有都洛阳的设想，但未及实施；等到炀帝即位，大力营造东都。

有唐一代，除了如同一首突如其来的插曲那样的武周以洛阳为国都外，其余时间里，洛阳都是陪都之一，称为东都。

唐以后，后梁、后唐、后晋均建都洛阳。北宋及灭亡北宋的金朝，也以洛阳为陪都，一曰西京，一曰中京。

考察洛阳发展史，这座城市最美丽的花样年华在隋唐时代。那时，洛阳是天下仅次于首都的重要城市。甚至可以说，在不少方面，首都长安的重要性还不如洛阳。

洛阳因地处洛水之北得名，在广大西部地区，尤其是西北地区未得到开发时，洛阳是中国地理版图的中心，就像周公营建洛邑时说的那样："此天下之中，四方入贡道里均。"

　　隋朝是一个短命王朝，后人常批评隋炀帝滥用民力，滥造工程，导致民不聊生，天下大乱。其实，隋朝就像一支蜡烛，它燃烧了自己，照亮了唐朝。

　　比如对中国影响深远的大运河。

　　开皇四年（584），开广通渠，自大兴城（今西安）至潼关入黄河。

　　开皇七年（587），开山阳渎，北起山阳（今淮安东南），南至江都（今扬州），沟通淮河与长江。

　　大业元年（605），开通济渠，通济渠分为西、中、东三段。西段起自洛阳城西，引谷、洛二水，经汉代所建阳渠故道而入黄河——前文提到过的石羊沟就是阳渠在偃师的一段；中段利用洛口至荥阳东北的黄河水道；东段从板渚（今河南荥阳市汜水镇东北）引黄河水入汴渠，至盱眙入淮，沟通黄河与淮河。

　　大业四年（608），开永济渠，引沁水入黄河，循白沟、清河故道至德州再至天津，沿桑干水通涿郡（治今北京），沟通黄河与海河。

大运河苏州段

大业六年（610），开江南河，北起京口，中经苏州，南达余杭，沟通长江与钱塘江。

至此，大运河全部竣工。这条我们星球上最长的运河，它将海河、黄河、淮河、长江、钱塘江五大水系悉数沟通，并将长安、洛阳、幽州、汴州、宋州、楚州、扬州、杭州等重要城市连缀在一起，形成了一个跨越东西，纵贯南北的水路交通网。

而洛阳，就居于交通网的中心。

以大运河水系作依托，唐朝水路交通空前发达。武则天时代，崔融在奏疏中描绘当时的盛况乃是："天下诸津，舟航所聚，旁通巴汉，前指闽越，七泽十薮，三江五湖，控引河洛，兼包淮海，弘舸巨舰，千轴万艘，交贸往还，昧旦永日。"

与水路交通相比，旅途相对更辛苦，但更能通达四面八方的是陆路交通。

如果说隋唐的水路交通以洛阳为中心的话，那么陆路交通则以长安和

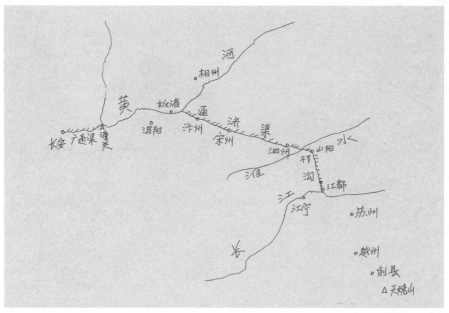

杜甫江南行路线

洛阳为中心。

《元和郡县志》是9世纪初宰相李吉甫撰写的一部唐朝全国地理总志。每一州内容里均有"八到"，即该州四面八方通往哪里。无论哪一州，首先要记录的是该州到长安的里程，其次要记录的是该州到洛阳的里程。

根据学者估算，盛唐时，全国陆路干线，全长在五万到七万里；如果加上没有纳入国家驿站系统管理的普通道路，这一数据要大很多。

为了管理干线道路和水路，唐政府每隔三十里设一个驿站。盛唐时，全国有水驿二百六十个，陆驿一千二百九十七个，专门从事驿务的人员两万多。

根据《唐书·地理志》和柳宗元的《馆驿使壁记》等文献可知，唐朝陆路交通中，有七条以长安为中心辐射全国的重要干线。

第一条，从长安到西域。中经泾州、会州（治今会宁）、兰州、鄯州（治今青海海东市乐都区）、凉州、瓜州、沙州（治今敦煌）而抵安西都护府。

第二条，从长安到西南。中经兴元（治今汉中市东）、利州（治今广元）、剑州（治今剑阁）、成都、彭州、邛州（治今邛崃），抵川藏边界。

第三条，从长安到岭南。中经襄州（治今襄樊市襄阳区）、鄂州（治今武汉市武昌区）、洪州（治今南昌）、吉州（治今吉安）、虔州（治今赣州），抵广州。

第四条，从长安至闽越。中经洛阳、汴州（治今开封）、泗州、扬州、苏州、杭州、越州（治今绍兴）、衢州，抵泉州。

第五条，从长安至北方草原地区。中经同州（治今大荔）、河中府、晋州、代州、朔州，抵单于都护府。

第六条，从长安至山东。中经洛阳、汴州、兖州、齐州（治今济南）、莱州，抵登州。

第七条，从长安至辽东。中经洛阳、相州（治今安阳）、恒州（治今正定）、易州（治今易县）、幽州（治今北京城西南隅）、营州（治今朝阳），抵辽城州都督府。这七条干线虽然都以长安为起点，但多条必经洛阳。因此，洛阳其实是唐朝水陆交通的总枢纽。

驿站——不论水驿还是陆驿，只为来往官员或其他公务人员服务，兼具有政府招待所和邮政功能。至于非公务人员，他们在旅途中，有完善的逆旅提供服务。

逆者，迎也；逆旅，就是迎接来往客人。这些由私人开设的逆旅，相当于现代的旅馆、饭店，一般都落址于驿路沿线村镇，为来往旅人提供住宿、饮食，有的还可雇佣车辆、马骡或船只。

盛唐时，逆旅如同驿站一样遍及全国各地，甚至比驿站数量还要多。杜甫的本家杜佑曾写道："南诣荆襄，北至太原、范阳，西至蜀川、凉府，皆有店肆以供商旅。远适数千里，不持寸刃。"不仅沿途有方便的食宿条件，社会治安也非常好，不用担心人身安全。

在一些人烟稀少或道路险阻的地方，出于成本考虑，没人愿意开设逆旅，而政府的驿站又不对社会开放。这时候，由慈善组织或个人兴建的义堂和义井，就免费为来往旅人提供自助服务——有房间可供休息，有水井提供水源，有柴火和炉灶做饭。

7

乾元元年（758），四十七岁的杜甫在长安参加了一场饯别宴。饯别宴的主角叫许登，杜甫依唐人习惯，称其许八。许八时任拾遗，得到天子批准，打算回家探望老母。

许八的老家在南方的江宁，即今南京。

在写给许八的诗中，杜甫回忆起弱冠之年的南游，并透露出一个信息——正如猜想的那样，杜甫是通过大动脉般的运河从河南前往吴越的。

杜甫回忆了旅途中印象深刻的两个地方，一个是淮阴（今淮安市淮阴区），一个是京口（今镇江市京口区）："淮阴清夜驿，京口渡江航。"

杜甫从洛阳顺流而下，在荥阳附近的坂渚，他的船进入了隋朝修建的通济渠。沟通黄河与淮河的通济渠又称汴河，也就是宋人张择端《清明上河图》中描绘的那条帆樯云集，从开封城中心流淌而过的河。舟次宋州（治今商丘南）、永城等地后，在泗州（治今泗洪东南，盱眙对岸）入淮河。沿淮河行进到楚州（今淮安东南），进入了另一条更古老的运河，那就是始凿于春秋时的邗沟。邗沟连接的是淮河和长江。之后，杜甫溯长江而上，抵达了长江之滨的江宁。

非常巧，如同上一年在郇瑕结识了韦之晋和寇锡两个终生好友一样，在江宁，杜甫认识了另外两个人，同样成为交往一生的好友。一个是许登，一个是杜甫称为旻上人的和尚。

秦淮河从南京市区流淌而过，在市中心形成一个U字形，U字形内，有一系列差不多等同于南京地标的古迹：夫子庙、贡院、桃叶古渡、白鹭洲、乌衣巷、寸花门、南唐城墙……

与这些古迹相比，古瓦官寺的名气和规模都要小得多，并且，虽然它的名字前冠了一个古字，看上去却没多少古意。

如今藏身小街深处的古瓦官寺，建于东晋兴宁年间，已有近一千七百年了。瓦官寺的得名，源于该寺寺址，原是政府管理陶业的瓦官的办公地。南朝梁时，寺里修建了一座高达二百四十尺的瓦官阁，成为南京最壮观的建筑。

瓦官寺南面和西面均为秦淮河，直线距离不到五百米。自从瓦官阁落成后，就成为登临送目的绝佳去处。

曾任溧阳主簿的康仁杰（又作庸仁杰）登临后赋诗称："云散便凝千里望，日斜常占半城阴。"

杜甫游历江南之前六年，与他同为唐诗双子星座的李白，也在江南漫游。他同样登上了瓦官阁。那是一个清晨，从瓦官寺里传出一阵阵法鼓声。李白极目远眺，但见"钟山对北户，淮水入南荥"；他感觉高耸的瓦官阁，"杳出霄汉上，仰攀日月行"。

杜甫也登上了瓦官阁，并游览了阁下的瓦官寺。与他同游的，就是新结识的朋友许登。

杜甫擅长书法，但不能确认他是否也擅长丹青。不过，一个不争的事实是，他非常喜欢赏画，并留下了多首题画或咏画诗。

在瓦官寺，杜甫欣赏到了顾恺之的作品。东晋人顾恺之乃中国绘画史上最伟大的人物之一，人称画、才、痴三绝，尤擅人像和佛像。张僧繇、陆探微皆学顾恺之，并称"南朝三杰"。唐代文艺理论家张怀瓘评论说："象人之美，张得其肉，陆得其骨，顾得其神。神妙无方，以顾为最。"

顾恺之的作品绘在瓦官寺北边墙壁上，题为《维摩诘变相图》。由于实在太喜欢此画，许登便送了杜甫一幅他收藏的临摹本。将近三十年后，杜甫依然记忆犹新。他除了在写给许登的诗里旧事重提外，晚年流落成都和夔州时，又分别在两首诗里提及。

纵观杜甫一生，他对顾恺之、曹霸等画家的画作，对张旭、怀素等书家的书作，以及对公孙大娘师徒的剑器舞和对李龟年的歌声的由衷赞美，以及内行而独到的评价，都向我们暗示了一个必然事实：杜甫有着广泛的爱好和全面的艺术修养。这种爱好与修养，对他的诗歌，是一种潜滋暗长的帮助。

唐代，不仅文人能诗，帝王将相乃至僧尼方道，都不乏吟哦之士。古人把能作诗的和尚称为诗僧。

杜甫在江宁结识的新朋友旻上人，便是一个热爱诗歌的诗僧——分别二十八年后，在为许登举行的饯别宴上，杜甫知道许登回去一定会和旻上人见面，因而写了一首诗，托许登带给旻上人。诗中，杜甫很关心的问题是：旻上人年事渐高，还写诗吗？如果还写的话，谁能把他的作品转给我读读？——"旧来好事今能否？老去新诗谁与传？"

二十八年前旧游的点点滴滴，一幕幕浮现在杜甫眼前，于是他把它们写入诗中："棋局动随寻涧竹，袈裟忆上泛湖船。"

杜甫喜欢下棋——后来闲居成都西郊浣花草堂，有时没有对手，他就把夫人杨氏拉来充数，所以有"老妻画纸作棋局"之事。这位旻上人也喜欢下棋。旻上人修行的精舍雅致安静：那是江宁城外的一道山谷，谷中，有一条幽凉的山涧。涧边，翠竹亭亭，二人就在面涧的窗下对弈。日头移动，翠竹修长的影子变幻着角度投进房间。

两人还一同游湖。他们一僧一俗，一袈裟，一青衫，划着一条小船荡舟湖上——诗歌，围棋，都是他们的谈资。

因许登还乡，杜甫想起多年未见的旻上人，想起青春年少的风雅浪漫，而今老之将至，不由泫然泪下："不见旻公三十年，封书寄与泪潺湲。"

8

　　唐代，今天长三角地区的上海市区、崇明岛，以及长江北岸的启东、南通等尚未成陆，江阴以下即为长江口。长江口是一片巨大的喇叭状水域，江海相接，潮涌潮落，十分壮观。是故，从江宁东下前往苏州的杜甫，一度打算坐上海船，航海去日本，"东下姑苏台，已具浮海航"。不过，杜甫到底还是没有出海，"到今有遗恨，不得穷扶桑"。毕竟，在唐代，出海是一件有相当风险的事。尽管那时候，我国东部地区的诸多港口，已有驶往日本、新罗等地的商船。

　　苏州是杜甫江南行的第二个目的地。

　　唐代的地方行政机构，本为州、县两级；然而，等到原系监察机构的道渐渐成为行政实体后，便演变成了道、州、县三级。同时，在重要的政治、经济、军事中心又设府，府分为大都督府、都督府。

　　苏州的级别为州。唐代的州，按各州的政治地位、军事要害、人口多寡等标准，划为七个等级：辅、雄、望、紧、上、中、下。

　　辅州仅四个，均环绕长安，相当于首都的卫星城，即同州、华州、岐州和蒲州。

　　雄州有六，在东都洛阳周围，即郑州、汴州、陕州、绛州、魏州和怀州。

　　望州有十（中唐后有所增加），都处于中原膏腴之地，如宋州、当州、许州、卫州、相州等。

　　紧州多是地处要冲，治理紧要之地，如徐州、蔡州、楚州、鄂州、彭州、蜀州。

　　上、中、下三州则主要以人口划分：四万户以上为上州，二万五千户以上为中州，不及二万户为下州。

　　七个等级中，苏州属于紧州。虽然只属第四等，但前三等的总数也只有二十个，因而苏州在几百个州中的地位非常重要。

　　　　王谢风流远，阖闾丘墓荒。

剑池石壁仄，长洲茇荷香。

嵯峨阊门北，清庙映回塘。

每趋吴太伯，抚事泪浪浪。

……

蒸鱼闻匕首，除道哂要章。

这是杜甫长诗《壮游》中的句子，几句诗中，除第一句"王谢风流远"说的是江宁，最后一句"除道哂要章"说的是会稽外，其余几句说的都是苏州——苏州的人，苏州的事，苏州的遗迹与历史烟霞。很明显，杜甫游

绍兴老街，杜甫时代绍兴属越州

历了他诗中提到的这些苏州名胜，联想起发生在这里的诸多旧事，凭吊之际，感慨万千。

与他国文人相比，中国文人最显著的特征就是喜欢怀古。不知是悠久的历史传承使之然，还是六经皆史、文史哲不分家的习惯使之然。总而言之，中国文人喜欢凭吊，喜欢怀古，喜欢在古人的故事里，掉自己的眼泪。

苏州城的横空出世，可以追溯到先周时期，相当于商季。当时，生息在今陕西岐山周原一带的周人，其部落首领为公亶父（又称古公亶父）。公亶父有三个儿子：太伯（又作泰伯）、虞仲和季历（又作姬历）。

季历的儿子叫姬昌，"有圣瑞"，公亶父经常念叨："我世当有兴者，其在昌乎？"流露出想将君位传给小儿子季历，以便再传姬昌的念头。

太伯和虞仲看出父亲心事后，为了成全父亲，兄弟俩离开周原，前往当时还属于蛮荒之地的江南，以太湖流域为核心建立了吴国，又称勾吴、天吴。

第一个在苏州筑城的，据说就是太伯。

太伯之后，他的后裔阖闾令勇士专诸将匕首藏在烧熟的大鱼里，趁着给他的堂弟吴王僚上菜的机会，从鱼腹里抓出匕首，把吴王僚杀死，从而登上吴国王位。这就是诗里说的"蒸鱼闻匕首。"

阖闾即位为吴王后，在伍子胥、孙武两位得力重臣的辅佐下，励精图治，富国强兵。阖闾之前，吴国都城在吴县。阖闾上台后，令伍子胥修筑了两座城：一座称为大阖闾城，做吴国国都，在今苏州木渎；一座称为小阖闾城，做军事堡垒，在今无锡。

崛起的吴国先后击败楚国和越国，为了北上争霸，下大力气开凿了后来成为隋唐大运河一部分的邗沟——杜甫南游的船只，便从邗沟驶过。阖闾也跻身春秋五霸之列——关于春秋五霸，不同学者有不同说法，除了齐桓公、晋文公两人是每说均有外，另外三人则各说不同。其中，墨子提出的五霸，即有吴王阖闾。

今天的苏州是国内最知名、最具人气的旅游目的地之一。

苏州古城西北部，平坦的平原上，隆起一座树木幽深的小山，那就是虎丘。

阖闾去世后，安葬于虎丘。虎丘名字的由来有两说：一说阖闾葬后第三天，一头白虎蹲在坟上，故名虎丘；一说山的形状如同一只蹲着的老虎，于是以形为名，称为虎丘。

虎丘山上，有一座略微倾斜的塔，俗称虎丘塔，本名云岩寺塔。虎丘高四十来米，塔高近五十米，在没有高楼大厦的古代，虎丘塔便成为从西面前往苏州城的旅人们最早看到的苏州建筑，故有"先见虎丘塔，后见苏州城"之说。杜甫没有看到虎丘塔，因为虎丘塔修建于五代后周显德六年（959），那时，杜甫去世快两百年了，墓木早拱。

不过，虎丘本身和虎丘上的剑池，杜甫却一定寻访过。

通往虎丘的山路尽头，巨石兀立，称为千人石。站在千人石旁向北望，"别有洞天"月门一侧有"虎丘剑池"四个遒劲的大字，系大书法家颜真卿的儿子颜頵所书。颜頵比杜甫小三十七岁，要等到杜甫游江南之后十七年才出生。那么，杜甫注目过的剑池，肯定没有今天我们看到的这四个大字。

圆洞内，右壁刻"风壑云泉"，行书，系宋代书法家米芾手笔。当然，杜甫也不可能见到。左壁，刻"剑池"，篆书。这个，杜甫见过的，出自王羲之。

石壁下一汪潭水，即为剑池，长四十余米，深据说有六米，终年不干，清澈见底。这就是杜诗中说的"剑池石壁仄"。

相传，曾经叱咤风云的阖闾，他的坟墓就在剑池下面。

伍子胥所筑的大阖闾城，周遭共八道城门。八道城门中，数西北门最为壮观雄伟，名为阊门。所谓阊门，原是神话中所说的天门。以阊门命名，极言高大，乃至直通天上。阖闾西征楚国，大军从阊门而出。为了表示必胜信心，他将此门称为破楚门。

阊门外，东汉年间建有纪念太伯的祠庙。从杜甫诗中可以看出，他自江宁而来，先抵苏州西门外，在虎丘凭吊了阖闾后，向南到太湖之滨的长洲赏荷——由此可知他是夏天来的。之后，他在阊门外的太伯庙里祭祀了太伯，然后从阊门进入苏州。杜甫边走边看，发生在这片古老土地上的往事历历在目：太伯奔吴，专诸刺僚，子胥筑城，阖闾争霸……这些往事里，品性高尚的太伯最令他感动。他应该不止一次去过太伯祠，不然就不会用

"每趋"的说法，而每一次去太伯祠，他都感动得热泪盈眶。

9

下一站是会稽，即今浙江绍兴。春秋时，苏州属吴国，会稽属越国。吴越争霸数十年，阖闾征越受伤而死，遗令太子夫差复仇。夫差果然大败越国，但占领越都后，却不听从伍子胥的建议一举吞并越国，而是养虎遗患，终被卧薪尝胆的勾践击败。夫差自杀身死，吴国灭亡。

吴越也是秦始皇东巡过的地方。有一种说法认为，虎丘的剑池就和他有关。据说，秦始皇想得到阖闾用于陪葬的鱼肠剑，下令掘开阖闾墓，但最终他既没找到阖闾墓，更没得到鱼肠剑，而是在掘墓过程中，留下一个大坑。这个大坑就是剑池。

杜甫熟读经史，对这些故事了然于胸，因而浮想联翩："枕戈忆勾践，渡浙想秦皇。"

今天的绍兴是浙江下辖地级市，无论政治、经济、文化，各个方面都远在省会杭州之下。不过，唐时绍兴属越州，而越州的地位却在杭州之上。当时，越州系都督府建制，级别在道与州之间，同时还是浙东观察使驻地，开元中有户十万七千六百四十五，属望州；杭州开元中有户八万四千二百五十二，属上州。

绍兴又称会稽，得名由来，据说是因为大禹在此大会诸侯，探讨国家大事。《吴越春秋》说："禹巡行天下，会计修国之道，因以会计名山，仍为地号。"最先是将一座山命名为会计山，后来将这座山周边的地区都称作会计，后来写作了会稽。

"越女天下白，镜湖五月凉"，"越女天下白"大概是老杜一生中写过的最香艳的诗句了。镜湖水面宽阔，杜甫感到凉爽，反过来也证明，越州的其他地方，不一定就那么凉爽。自然大方的越地女子，穿戴得比较清凉——从初唐到盛唐，女性着装的总体趋势，就是由遮掩到暴露，由少露到多露——与北方女子相比，南方女子更显水灵、白皙。青春年少的杜甫怦然心动，几十年后依然记忆犹新。

变换观察视角，熟悉的东西也会变得陌生。借助卫星地图可以清晰看出，黛黑的群山连绵成弧形，环绕在绍兴南面；北面则是开口巨大的杭州湾。山与海之间，是由钱塘江、曹娥江、奉化江等河流冲积成的狭长的宁绍平原。

随着卫星地图不断放大，我看到，宁绍平原上，密集的城镇村落之间，到处都是纵横交错的河流湖泊，呈现出典型的水乡风貌。

镜湖就是众多湖泊中的一个。

镜湖又名鉴湖——绍兴人秋瑾自号鉴湖女侠，即源自她家乡的这汪湖。镜湖之滨，有一座不太起眼的古庙，叫马太守庙。马太守是谁呢？他就是镜湖的开凿者，东汉和帝时期的会稽太守马臻。

马臻乃茂陵人——与杜甫的远祖杜周是老乡。他任太守期间，将山阴和会稽两县几十座大大小小的湖泊以及流经其间的小河开凿连通，扩展为一个面积超过两百平方公里的大湖。竣工后，《元和郡县志》称它"水高丈余，田又高海丈余，若水少则泄湖灌田，如水多则闭湖泄田中水入海……堤塘周回三百一十里，溉田九千顷"，从此山阴、会稽两县无凶年。

这么一个造福万代的民生工程，带给马臻的却是灾难——由于镜湖淹没了不少地主大户的农田，他遭到诬陷，而昏庸的朝廷竟将他处死。

马臻惨死后，会稽百姓想方设法将他的遗骸运回，安葬于湖滨——马太守庙附近，便是保存至今的马臻墓。宋仁宗时，朝廷追封他为利济王。是故，马臻墓碑上的文字是：敕封利济王东汉会稽太守马公之墓。系清朝康熙年间所立。

马太守庙建于开元年间——很大可能，杜甫游江南时，庙刚好落成。

杜甫到越州，镜湖是必然要游的，而喜欢凭吊追怀的杜甫，也应该造访过马臻墓和太守庙。

另外，杜甫看到的镜湖远比我看到的更为辽阔浩渺——北宋以后，由于围湖造田，镜湖大大缩水。

杜甫的爷爷杜审言的好友宋之问，在杜甫游镜湖前二十多年贬越州长史。他曾在一个早春泛舟镜湖并留有诗作。对这位前辈的作品，杜甫是熟悉的。那么，游湖之时，他或许会想起这位人品不那么高洁的前辈的诗句：

芦人收晚钓，棹女弄春歌。

野外寒事少，湖间芳意多。

杂花同烂熳，暄柳日逶迤。

司马迁在《史记》里描写江南生活时用了一个词：饭稻羹鱼。意思是以稻米做饭，以鱼做菜。

在越中，来自北方的杜甫品尝到了南方水乡的河鲜，并给他留下了深刻印象。很多年后，当他在长安与郑虔同游何将军山林，并在何将军府上吃饭时，席间恰好有在他早年留下了美好记忆的河鲜："鲜鲫银丝鲙，香芹碧涧羹。"也就是把鲜活的鲫鱼切成银丝，浇上芹菜熬成的汁水。味蕾的记忆如此牢固，他一下子就想起了越中："翻疑舵楼底，晚饭越中行。"——我怀疑这不是在长安的舵楼下吃饭，而像在越中用餐。

根据杜甫晚年追忆，少时，他开始与当时的文坛名士魏启心、崔尚书等人交往，这些人不因其年幼轻看他，反而极力赞扬，称他的才华足以和班固、扬雄相提并论——"往昔十四五，出入翰墨场。斯文崔魏徒，以我似班扬。"

其时，比他年长十一岁的李白正在漫游。或者说，李白在漫游中，来到了一个此后他多次赞不绝口的地方——这个地方，就是剡中。

李白一生四入浙江，三进剡中，留下了一大批歌咏剡中的诗作。此后，只要遇到奇山异水，他总会下意识地以剡中作比喻。晚年，他甚至想终老剡中。可见其对剡中的喜爱。

李白初游剡中五六年后，杜甫也来到了剡中。

春秋时，剡中属越国。汉景帝四年（前153），置剡县，管辖今天的嵊州市和邻近的新昌县，属会稽郡。剡县建县后，除了新莽时曾短期改名尽忠县外，一直到宋朝，都称剡县。

北宋的一场战乱，让剡县改了名字。这种改名原因，通观中国历史，也不多见。

原来，北宋宣和年间，方腊在青溪起义，受其影响，剡县人裘日新也起兵响应。后来，起义遭到镇压。参与镇压的越州统帅刘述古认为，剡县动荡不安与"剡字两火一刀，有兵火象"有关，于是奏请朝廷，把剡县改名嵊县。嵊县的得名，缘于县境东部一列青幽的山峰：嵊山。

嵊县存续了八百七十四年，一直到 1995 年，嵊县撤县设市，改名嵊州市，属浙江省绍兴市。

嵊县的名字来自青山，剡县的名字来自绿水。

嵊州城区地处盆地边缘，城中四望，都能望见起伏的山峦。市区内，两条源自山间的小河交汇后，始称剡溪。一条是南来的澄潭江，一条是西来的长乐江。澄潭江因江底坡度大，水流湍急，又称雄江；长乐江因江底较平，水流缓慢，又称雌江。

每年夏天，洪水来时，雄雌两江汇合后，中间会夹有一条细长的银色带状水流，两江泾渭分明：雄江浑浊，雌江清澈，直到远处才融成一色。

发源于山地又流经山区的剡溪，在嵊州境内有三十多公里。流入邻近的上虞市后，称曹娥江，是为钱塘江最大支流。三十多公里的剡溪，江流迂回曲折，夹岸青山，形成了剡溪九曲胜景。

20 世纪 90 年代，有学者提出曹娥江乃是唐诗之路。所谓唐诗之路，就是从钱塘江出发，经萧山到绍兴鉴湖，沿浙东运河到曹娥江，然后南折剡溪，经天姥山抵天台山的唐代诗人漫游热线。

作为唐诗之路的精华部分，剡溪只是一条山间小河，它的长度仅为长江的百分之三。但是，唐代竟有包括李白、杜甫、王维、孟浩然、白居易、杜牧在内的四百多位诗人到此游历，写下了上千首作品。其中，直接有剡字的就有一百六十八首之多。剡县、剡溪、剡中、剡江、剡山这些词语时常出现，而出产于此的剡藤纸、剡茗等特产和发生在这里的一系列典故，在诗中屡见不鲜。

可惜，由于时代久远，杜甫为剡溪所写的诗歌没有任何一首完整地留下来，我们仅仅知道的是，在追忆性的自传作品里，他给剡溪写下了两句诗，十个字：

　　　　　剡溪蕴秀异，欲罢不能忘。

白居易说："东南山水以越为首，剡为面，沃洲、天姥为眉目。"

　　游历了剡溪之后，杜甫继续南行，来到了与今嵊州相邻的浙江新昌。不过，杜甫时代，新昌尚属剡县辖地，他只不过是从县城来到了山区。

　　他前往的那座山，因李白一首诗闻名遐迩。

　　四十六岁那年，客居瑕丘的李白在与杜甫分手后做了一个梦，他梦见了一座南方的山。李白对这座山的了解，有三种可能：一是他早年时曾游历剡中，而此山就在剡县；二是贺知章是会稽人，在长安时他与李白交厚，两个著名的酒客可能在酒桌上聊起过各自的故乡，贺知章向他讲述了这座山；三是杜甫向李白提及过这座山。

　　总之，无论哪种可能最接近真相，李白梦见了这座山，并为这座山写了一首长诗。

　　这座山就是天姥山，这首诗就是《梦游天姥吟留别》。

　　天姥山是浙东主要山脉天台山的一部分，地方志称它："苍然天表，千姿万状，为一邑主山。"

　　在李白梦中，它更是一座气象万千的圣山："天姥连天向天横，势拔五岳掩赤城。天台四万八千丈，对此欲倒东南倾。"

　　但杜甫只留下了五个字：归帆拂天姥。

　　也就是说，天姥山是他此次少年游的最后一个点。

　　游完天姥山，他就踏上了归途。

第四章 放荡

放荡齐赵间，裘马颇清狂。

——杜甫

当你醒来时，它已消失无踪。

——莎士比亚

1

"归帆拂天姥，中岁贡旧乡。"杜甫的自述表明，他的归程从天姥山出发，他回到老家洛阳，是为了参加考试。

隋朝不仅结束了南北对峙的分裂局面，又一次建立起大一统的大帝国，也不仅开凿完善了作为帝国大动脉的大运河，它还有另一项伟大发明，一直影响了中国一千多年，可称为世界上创建时间最早、使用时间最长，相对也最合理的人才选拔制度：科举。

发轫于隋朝、成熟于唐朝的科举制是中国历史上的一大创举，它使出身寒微的底层子弟，也有了通过读书考试进而跻身官场并改换门庭的可能。不论是此前的世禄制、察举制还是九品中正制，绝大多数时候，决定一个人前途的主要因素是出身，是门第，因此才会出现"以彼茎寸荫，掩此百尺条"的不公。一直要等到科举出台，才彻底打破了这种局面。

在唐代，科举考试分为两大类，一类是制科，一类是常科。

皇帝的命令称为制，皇帝特别召集一些人举行考试，称为制科，亦名制举。制科是没有确定时间限制的临时性考试，参加考试的考生一般也没有限制。何时举行，间隔多久举行，称贤良方正也好，叫直言极谏也罢，总之，一切看皇帝的兴趣。

常科又称常举，即定时定科目的考试，因是每年举行，故曰常。与制科相比，常科是常态，也是科举考试的主体。

常科的科目相当复杂，但最重要、最为世人看重的是进士科。在唐人看来，"国家取士，远法前代，进士之科，得人为盛"。宋人则说："李唐设科举以网罗天下英雄豪杰，三百年间，号为得人者，莫盛于进士。"

由于对进士出身的极度看重，乃至于"缙绅虽位极人臣，不由进士者，终不为美"。

流风所及，千年如斯。清季名臣左宗棠中举人后，三次进京会试，均落第，与进士无缘，左宗棠视为平生憾事。光绪元年（1875），他任钦差大臣前往新疆督办军务期间，时值会试，他突然向朝廷请假，提出要进京考试。朝廷正是用人之际，只好赐他同进士出身，圆了他的进士梦。

唐制，有资格参加常科考试的考生，来源有二：

其一称为生徒。即在中央官学与地方州学、县学上学的在校生。他们只要在学校考试合格，就可以直接参加尚书省下属的礼部主持的考试，称为省试。

其二称为乡贡。即不在各类学校上学的其他读书人。他们要参加科考，必须向所在州、县报考，并经过州、县的逐级考试，合格后，由地方官举行乡饮酒礼为之饯行，送往京城参加省试。

不论生徒还是乡贡，都必须向政府提供自己的身份证明和履历资料，送到尚书省报到后，还得填写姓名履历并找一个担保人，由户部审查后，送吏部考试。按唐政府规定，凡是触犯过大唐法令的人、从事工商业的商贾之子以及州县衙门的小吏不得参加——这也是作为胡商之子的李白从没进过考场的原因。

担任主考官的吏部考功员外郎级别较低，相当于中组部考试司副司长。有一年考试时，竟发生了考生侮辱主考官的闹剧。于是，唐玄宗下令，从开元二十四年（736）起，改由礼部侍郎——相当于教育部加文化和旅游部加宣传部加外交部的副部长——主持考试。

宋、明、清三朝，中了进士即授官。唐朝却不同，在通过了礼部的考试，取得进士身份后，还必须通过吏部考试，合格后，才有资格做官。并且，吏部的考试并不是简单的考察，而是有相当难度——大名鼎鼎的韩愈，参加了四次进士考试中式后，又参加了四次吏部考试才释褐为官。

据傅璇琮统计，每年前往京城应试的读书人有一千六百人左右。又据徐松《登科记考》统计，有唐二百八十九年间，贡举进士二百六十六次，及第进士六千四百四十二人，而整个唐代参加过进士科考试的人数约五十万，平均每年及第人数不过二十三四个，这与唐诗中所说的"桂树只生三十枝""三十人中最少年"，即每年录取人数不超过三十名是吻合的。

以往注杜的学者大抵把杜甫此次考试的地点定在首都长安，说他是赴京兆考试，实则不然。据《旧唐书》载，开元二十二年（734），唐玄宗"正月己巳，如东都"，一直到两年多后的开元二十四年十月才返回长安。

洛阳本是唐朝陪都，唐朝皇帝经常率文武百官长驻洛阳。杜甫参加科考的开元二十三年（735），皇帝恰好东巡，是故，这场省试是在洛阳进行的。

参加省试前，杜甫还得参加县和州的选拔，而省试时间一般是在春天。也就是说，如果杜甫等到开元二十三年才从吴越回洛，他就来不及参加当年的省试了。因此，他应该是开元二十二年回洛的。这一年，他先通过了县和州的预选，于是才有了开元二十三年春天的省试。

结果如何呢？

多年以后，杜甫仍然为自己的才华骄傲，"气劘屈贾垒，目短曹刘墙"。屈是屈原，贾是贾谊，曹是曹植，刘是刘桢，四人俱以文采知名。可在杜甫眼里，他的文章可以和屈原、贾谊相匹敌而高于曹植、刘桢。

以杜甫毕生成就而言，他没有说大话。

然而，尽管才高八斗，学富五车，杜甫还是落榜了："忤下考功第，独辞京尹堂。"

以才华自负的杜甫竟然铩羽而归，让人有些小小的惊讶——与杜甫同年参加省试并中式的，有两个诗人，一是萧颖士，一是李颀。

杜甫的落第，让我想起很多年以后，另一个同样以才华自负却也同样名落孙山的年轻人。

此人即晚明四公子之一侯方域。崇祯十二年（1639），二十二岁的侯方域赶到南京参加秋试。此时的侯方域年少轻狂，这位风度翩翩的英俊少年把这次考试看作表现才华、结交名流的绝好时机。在南京，他与吴应箕、夏允彝等人秋日登金山，酒至半酣，侯方域指点江山，臧否人物，同行者为之气夺，把他比喻为三国的周瑜和前秦的王猛。

然而，志在必得的侯方域竟在秋试中名落孙山，这不仅大出他的意料，也大出时人意料。

落榜是侯方域平生遭受的第一桩打击，对此，他的反应相当激烈。他在一篇送朋友的随笔里，不无夸张地写道："侯子既放，涉江返棹，栖乎高阳之旧庐，日召酒徒饮醇酒，醉则仰天而歌《猛虎行》。戒门者曰：'有冠儒冠、服儒服，而以儒术请间者，固拒之。'于是侯子之庭，无儒者迹。"

还好，虽然落第，杜甫的反应远不像侯方域那么激烈，激烈得有几分偏执。

毕竟，杜甫还年轻，年轻就意味着拥有未来，而未来，则意味着无限可能。

于是，杜甫又一次启程远行，拉开了他的齐赵漫游序幕。

这是他一生中最幸福、最快乐的时光，他称之为："放荡齐赵间，裘马颇清狂。""快意八九年。"以后，命运峰回路转，年轻时的幸福与快乐终将远去，如同隔山隔水的青春，每一次遥望，都是惆怅与伤感。

2

由于史料阙如，我们已经无法考证，为什么杜甫要把第一次漫游的目的地定为郇瑕。但他第二次漫游吴越和第三次漫游齐赵，之所以会是这些地方而不是另一些地方，大体是解释得清的。

先说吴越。对吴越山水人文的向往固然是内在动因之一，但外在动因也有。那就是杜甫有两位生活在吴越地区的亲人。

一个是他的叔父，即杜闲同父异母的弟弟杜登。

杜登时任武康尉。武康县，在今浙江德清县南，距杭州不过三四十公里。

另一个是他的姑父，即杜闲同父异母的四妹的丈夫贺㧑。贺㧑曾任常熟主簿，常熟属苏州，在苏州以北。贺㧑老家在会稽，世代居此。

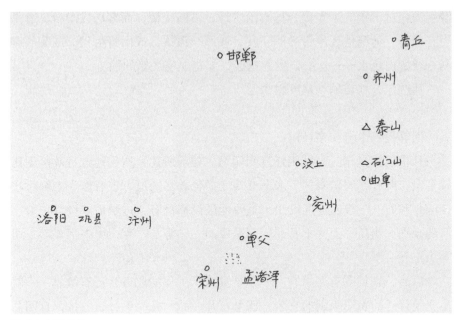

杜甫齐赵漫游地

　　是故，冯至认为，杜甫青年时期前往江南不是没有人事上的因缘。

　　此外，杜甫的江南行耗时长达四年。他曾经前往的那些景点和城市，哪怕步行，也完全不需要如此漫长的时间。那么，游历之外，杜甫去了哪里？联想到他的两位身居江南的亲人，答案不言而喻。

　　再说齐赵。

　　杜甫之齐赵，最大原因在于，他的父亲杜闲时任兖州司马。在探望父亲期间，杜甫顺带漫游了与兖州相邻的诸多地区。这一段光阴，杜甫说是七八年，乃是含了两个跨年的虚数，实则五年多。

　　五年多里，二十来岁的杜甫以州司马公子的身份，锦衣玉食，肥马轻裘——杜甫后来流落川峡，日落孤城，草木风悲，想起当年那些故交旧游，一个个轻裘肥马，不由在诗里揶揄说："同学少年多不贱，五陵衣马自轻肥。"那时，不知道他是否想起，他其实也有过肥马轻裘的昨天。

　　自十九岁游山西，到二十岁游吴越，再到二十四岁游齐赵，杜甫的漫游生涯超过十年。十年里，他不治生计，不问稼穑，而客居或漫游，总是要花钱的；何况他还经常呼朋唤友，或酒肆泥饮，或山野射猎，或驯鹰调马，或游山玩水——这些，更要花钱，要花大笔大笔的钱。

那些年，杜甫的钱从哪里来？

回答是：来自父亲杜闲。

杜甫前往兖州时，杜闲任兖州司马。如前所述，唐代地方行政区划比较复杂，既有原属监察区后来渐渐演变为行政区的道，也有作为二级行政区的州和府——普通地区设州，重要地区设都督府，边疆地区设都护府。府的级别比州高，但并不管州，而是像州一样管县。兖州属中都督府，司马为正五品下。

唐制，官员既有职事官——就是具体干工作的职务，还有散官——就是享受待遇的表明级别的官阶。职事官凡九品，九品各分正、从，自四品以下，又有上、下之分，总计三十个等级。但正一品不设，实际上只有二十九个等级。从高到低，即：正一品，从一品；正二品，从二品；正三品，从三品；正四品上，正四品下，从四品上，从四品下；正五品上，正五品下，从五品上，从五品下；正六品上，正六品下，从六品上，从六品下；正七品上，正七品下，从七品上，从七品下；正八品上，正八品下，从八品上，从八品下；正九品上，正九品下，从九品上，从九品下。

散官又称散阶，有文武之分。文官的散官计二十九等，自上而下，分别是：从一品，开府仪同三司；正二品，特进；从二品，光禄大夫；正三品，金紫光禄大夫；从三品，银青光禄大夫；正四品上，正议大夫；正四品下，通议大夫；从四品上，太中大夫；从四品下，中大夫；正五品上，中散大夫；正五品下，朝议大夫；从五品上，朝请大夫；从五品下，朝散大夫；正六品上，朝议郎；正六品下，承议郎；从六品上，奉议郎；从六品下，通直郎；正七品上，朝请郎；正七品下，宣德郎；从七品上，朝散郎；从七品下，宣议郎；正八品上，给事郎；正八品下，征事郎；从八品上，承奉郎；从八品下，承务郎；正九品上，儒林郎；正九品下，登仕郎；从九品上，文林郎；从九品下，将仕郎。

职事官与散官的区别，打个通俗比方，好比今天公务员的具体职务与行政级别的关系。比如，县委书记、县长、县人大常委会主任、县政协主席及县武装部政委，他们的具体职务各不相同，相当于他们的职事官；但从行政级别上说，都属于正处级，相当于他们的散官。

唐朝官员在领取俸禄时，正常情况下都比照官员的散官，特殊情况下也有根据职事官的。不过，杜闲的职事官为兖州司马，属于正五品下，他的散官为朝议大夫，同样也是正五品下，两者正好相同。所以，他按这一级别享受相应待遇。

唐朝官员的薪俸，京官和地方官并不一致。大致说来，京官略高一些，地方官则视各地情况不同有所区别。此外，唐朝享国近三百年，其间制度变化非常繁复，各个时期的官员收入也有很大差距，我且以开元、天宝年间的标准来计算。

像唐朝其他官员一样，杜闲每年的收入，由四部分构成：

第一部分是禄，也就是政府发放给官员的实物收入，以大米支付。这一部分，杜闲每年可领到大米一百八十石。

第二部分是俸，也就是政府发放给官员的货币收入，以铜钱支付。俸的发放标准，不仅有唐一代各时期有不小区别，即便同一时代，不同地区的发放标准也参差不齐。为了方便计算，我取一个可能的约数：每月十贯。

第三部分是杂用。按规定，不同级别的官员享有数量不同的白直和执衣的服务。白直和执衣都属于劳役，白直掌护卫，执衣掌侍从。杜闲这个正五品下的帝国中级官员，按规定，政府要为他配备十六个白直和九个执衣。

一般情况下，这些劳役都是折算成货币支付给官员。为此，杜闲每月可以收入五贯。

第四部分是职田。职田又分永业田和职分田。永业田即国家按标准将土地分给官员，官员可以继承、买卖，国家不再收回。正五品下的永业田为八顷，唐时百亩为顷，故等于八百亩——相当于大城市里很大的一个小区的面积。有一种说法是，杜甫家的永业田就在今巩义康店镇龙窝沟。

职分田是官员在职时分得的土地，离任时要交给下一任。依此，则杜闲的职分田在他就职的兖州。职分田标准，五品不分正从上下，俱为六顷，即六百亩。

不论永业田还是职分田，世代做官的杜甫家族都不可能亲自耕种，而是把它出租给农民，收取地租。地租数量，政府有一个指导性标准。如玄宗开元十九年（731）四月敕文说："天下诸州县，并府镇戍官等职田顷亩籍帐，仍依允租价对定，无过六斗。地不毛者，亩给二斗。"根据土地条件，大致在每亩二斗到六斗之间，如果以中间数计，每亩收四斗，则杜闲的职田收入一年有五千六百斗。

除了以上这些正常收入，唐朝还允许官员经商，当然，没有资料表明杜闲也经商，这部分收入无法预估。不予考虑。

此外，官宦人家还享有免征赋税和免服兵役、劳役的特权。这是题外话。

我们继续计算杜闲的收入。为了方便，把他的所有收入都折算成价格相对稳定的大米。

杜闲的俸为每月十贯，一年计一百二十贯，也就是十二万文。唐玄宗开元十三年（725），洛阳大米每斗十文，杜闲的俸可买大米一万二千斗。

杜闲的杂用收入为每月五贯，一年计六十贯，也就是六万文，可买大米六千斗。

杜闲的禄为每年一百六十石，也就是一千六百斗。

此外，职田收入五千六百斗。

四者相加，杜闲一年可收入二万五千二百斗。唐制，十斗为一石，一石等于一百二十斤，故一斗等于十二斤。考古研究表明，唐人一斤相当于今天六百六十一克。

所以，杜闲全年的收入折算成大米，约相当于二十万公斤。按今天大米每公斤十元左右计，则杜闲年收入约两百万人民币。

以这样的高收入，每年拿出三五十万供儿子游学，杜闲完全做得到。

有了父亲经济上的强大支持，年轻的、没有遭受过生活吊打的杜甫才能放心而愉快地漫游，充分享受以后再也不会有的快意人生。

3

从洛阳到兖州州治瑕丘县，《元和郡县志》与《通典》等古籍的记载略有不同，然差异不大，约一千里。高速公路裁弯取直后，里程略有减少，约四百七十公里。

时光迁延，唐代的驿道与今天的高速公路，其走向还基本一致，都是自西向东，经郑州、汴州、曹州，进而折向东北。

我是从开封前往兖州的——今天的兖州，是济宁市下辖区。连日高温晴天后，前一晚下了一场大雨。上午，以阴以雨的天空，突然大雨倾盆。连霍高速的低洼处，一会儿便积起深深浅浅的水坑，汽车驶过，溅起大片大片水花，来来往往的车辆都打开应急灯，小心翼翼地龟速向前。

直到山东境内，公路由连霍高速转入日兰高速后，雨才渐渐停了。再走一段，却是烈日高悬，完全没有下过雨的样子。后来我才知道，就在这一天，郑州下了一场史无前例的暴雨，整座城市几乎瘫痪，三百多人因大雨罹难。

济宁主城区，或者说市政府驻地任城区，那是李白客居过的地方，与兖州区相距三十来公里。

不过，还要等上一些日子，杜甫才会与李白相识订交，并成为牵挂一生的知音。

在任城区，或者说济宁市中心，我绕着人民公园转了两圈，终于找到一个停车位。停好车，沿林荫道，一路走过下棋的老人、唱歌的老人、跳舞的老人、发呆的老人。折而向右，再经运河音乐厅，终于看到一座高耸于街道旁的仿古建筑——青砖之间嵌以白灰，建成一道微型的城墙。城墙上，是深红色的壁柱支起的青瓦屋檐。

这就是太白楼，也是济宁市李白纪念馆馆址。既然从李太白的地盘路过，我没有理由不停车拜谒。

但是，入口处却是蓝底白字挡板：正在施工。

作为对正在施工的呼应，旁边铁门紧闭。烈日下，发出刺目的光。

田野考察不是跟团旅行，吃闭门羹是常有的事。虽然遗憾，却也没法。

地处北国，济宁却颇有几分江南水乡的模样。太白楼对面是太白广场，广场背后，一条几十米宽的河静静流过，沿岸柳树成荫。这条河便是杜甫时代的大运河，不过，如今人们称它老运河。

黄河以南到南四湖之间——南四湖包括南阳湖、独山湖、昭阳湖和微山湖，四湖首尾相连，是为大运河利用的天然水道之一。因紧邻济宁，且在济宁之南，故名南四湖——河道弯曲，水源不足，加之淤泥堆积，故于1958年新挖了梁济运河。

老运河从太白楼前流过，由南北向折为东西向，并在三四公里外注入梁济运河。老运河流经的地段，包括太白楼一带，是济宁商业中心。马路对面，有几栋装修得颇有几分古意的楼房，原以为是什么古迹，走近一看，却都是珠宝店。

大概就是济宁城中心那一段老运河，唐时，也是任城的护城河。彼时，水量更为丰沛，河面像湖一样辽阔，称为南池。今天的济宁城区，还有一座南池公园。公园里，也有一汪湖，称为王母阁湖。极有可能，唐时，从今天太白楼下的老运河，直到南池公园，都是相接的一片浩渺水域。

这片称为南池的水域，杜甫有过一次轻松的出游。同游者姓许，是任城主簿。那是白露后的一个秋日早晨，两人坐着小船进入南池。秋水丰盈，城墙下的角落，停着不少船只。天气已经凉下来了，有人在池边拿着刷子为马洗澡。茂密的树荫里，传来一阵阵蝉鸣。他们的小船慢慢划过了长满菱角和香蒲的水面。回望城门，宛在水中央。这个微凉而恬淡的早晨，杜甫忽然有些思念家乡——

> 秋水通沟洫，城隅进小船。
> 晚凉看洗马，森木乱鸣蝉。
> 菱熟经时雨，蒲荒八月天。
> 晨朝降白露，遥忆旧青毡。

杜甫留下了两首和许主簿有关的诗，除了这首《与任城许主簿游南池》外，还有一首《对雨书怀走邀许主簿》。这说明，杜甫在任城待了些时日。一个雨天，杜甫邀请了许主簿前来饮酒，可能因为雨大，许主簿没来，杜甫只好独饮。

值得一提的是，自古以来作诗最多的乾隆皇帝，如今除了专家，大概没有几个民众记得他哪怕一首诗。他对杜甫一直心仪不已。乾隆南巡期间曾游南池，并作诗多首，其中一首写道：

几株古树护澄池，池畔三间老杜祠。

便弗叩还应下拜，此人诗合是吾师。

这说明，直到清代中期，南池依然是旧时模样，并且，池边还有祭祀杜甫的祠庙。

然而，时光如同白驹过隙，大地也经历着沧海桑田的变化，昔日碧波荡漾的南池，如今是街巷与高楼。而那种杜甫曾有过的慢生活，业已不复存在——或者说，只存在于线装的古籍中。

4

开元二十四年（736），二十五岁的杜甫来到了父亲杜闲任职的兖州。初到兖州的他，在某一天登上了兖州城南楼。在建筑普遍低矮的古代，高大的城楼是纵目远眺，以抒胸臆的绝佳之地，尤其在一望无际的平原上。

这次登楼，杜甫留下了他最早的诗作，诗题直接明了：《登兖州城楼》。

东郡趋庭日，南楼纵目初。

浮云连海岱，平野入青徐。

孤嶂秦碑在，荒城鲁殿余。

从来多古意，临眺独踟蹰。

登上南楼，凭栏而望，杜甫看到天边浮云飘飞，想象它们一直连接了东海和泰山——尽管大海离兖州足有四百多里，泰山离兖州也有两百多里，但天马行空的想象却精骛八极，心游万仞。

兖州直线距离六十里外的东南方，平原上有一座突起的山峰，名为峄山，也就是杜诗里说的孤嶂。当年，秦始皇东巡登峄山，下旨勒石颂秦德——杜甫时代，那块碑还在；汉时，鲁恭王在曲阜东北修筑宫殿，年代久远，只余下一片废墟。

事实上，哪怕有高倍望远镜，也无法从兖州南楼看到几十里外的秦碑和鲁王宫殿废墟。因此，这些都出自杜甫的想象。

吊古伤今的想象，让他略感惆怅。

杜甫登的南楼在哪里呢？

兖州市区，有两座少陵台。

一座在少陵公园。这是当代修筑的纪念性建筑，除了以少陵命名外，与杜甫，尤其与他当年的登临并无关系。

还有一座在车来车往的大街旁。

按导航指引，我透过车窗看到，那是一座很不起眼的砖台，上面有三个字：少陵台。

紧邻少邻台，是一栋办公楼，门前吊牌显示，乃是济宁市公安局兖州区分局。出于这一原因，少陵台上挂了一幅夺目的标语，使少陵台三个字更加不起眼：消除毒品危害，造福子孙后代。

少陵台所临大街，名为九州大道中段，从前的名字则是少陵西街——弃用少陵西街这个诗意盎然的名字而用放之四海皆可的九州大道，我以为是一种明摆着的没文化，缺眼光。

明朝初年，朱元璋第十子朱檀封鲁王，封地在兖州。兖州扩修城池时，为了纪念杜甫登临的南楼，特意将南楼附近城墙保留了一段，并改建为台，称少陵台。清朝时，台上建有八角形凉亭，并有杜公造像碑立于亭中。20世纪50年代，凉亭拆毁，台下挖成防空洞。然后，就是我看到的萧索模样了。

少陵台另一侧，有一方城市广场。远远地，我看到广场正中立着一尊高大的雕像。我想当然地认为，一定与诗圣有关。走近一看，却与诗圣毫无关系。塑的是大禹治水——可能因济宁处于运河之滨，曾是运河线上的重要城市之一吧。

广场四周全是高大的杨树，这种北方最常见的树种有一个显著特点，那就是并不太大的风，都会让它的叶片发出有几分夸张的哗哗声。古人说高树多悲风，大概就是这个原因吧。此外，风起时，杨树的叶片被吹起，阳光照射较少的背阳面纷纷翻上来，由于要比面阳面更白，宛如一瞬间开出了一树白花。

登兖州城楼是一次难忘的眺望，有意思的是，刚到兖州的杜甫，还有

兖州少陵台旁边的大禹雕塑

一次更加难忘的眺望。

那就是眺望泰山。

泰山地位崇高，古人是这样说的："泰山，山之尊者。一曰岱宗。岱者，始也；宗者，长也。万物之始，阴阳交代，云触石而出，肤寸而合，不崇朝而遍雨天下，其惟泰山乎？"

泰山今属山东泰安市泰山区；杜甫时代，属河南道兖州乾封县。唐麟德三年（666）正月，唐高宗封禅泰山，作为纪念，改元乾封，并将管辖泰山的博城县易名乾封县，治所设今泰安东南。

杜甫身后，后人为他编选的众多选本，尽管取舍有异，但大多把《望岳》作为开篇。这也是青年杜甫留下的不多的作品中最优秀的一首。年轻的诗人显露出了驾轻就熟的诗歌技艺，丰沛绵长的情感如流泉飞瀑。即便把它放到唐诗一流作品中，也丝毫不逊色。那年，杜甫只有二十五岁。

岱宗夫如何？齐鲁青未了。

造化钟神秀，阴阳割昏晓。

荡胸生曾云，决眦入归鸟。

会当凌绝顶，一览众山小。

写《望岳》时，杜甫到底有没有登上过泰山？这一问题，历代聚讼不已。我赞成清代学者查慎行等人的观点：未登。

诗题作《望岳》，则显然不在山上，而是于远方遥望；而"会当凌绝顶"的说法，意味着他还没有凌绝顶。所以，如同《登兖州城楼》中的孤嶂、鲁殿一样，《望岳》也是遥望泰山的想象之词。

当然，杜甫后来肯定登上了泰山，凌了绝顶，这有他晚年居夔州时的《又上后园山脚》为证："昔我游山东，忆戏东岳阳。穷秋立日观，矫首望八荒。朱崖著毫发，碧海吹衣裳。"

可以断定，当杜甫登上泰山，一定会有诗作，只是，由于诸种原因没能保存下来。

5

大历元年（766），客居夔州的杜甫五十五岁了。这年秋天，杜甫检点往事，为八位逝者各写了一首诗，总题为《八哀诗》。

杜甫自称写这组诗的目的是叹旧怀贤。后人据此解释："叹旧者，谓其存日原为莫逆，今追忆之而不能忘也。怀贤者，则不必其有旧，而但惓怀其功德之盛，足令人叹美而不置。"

杜甫追怀的八个人中，司空王思礼、司徒李光弼和右仆射贺知章虽与杜甫属同时代人，但与杜甫并无交往，属于怀贤；而包括李琎、严武在内的另外五个人，都与杜甫有着深浅不一的交情，属于叹旧。

其中，有一个是杜甫青年时期订交的老友苏源明。

不过，当他们在泰山之麓相识时，苏源明还不叫苏源明。那时，他叫苏预。许多年后，为了避唐代宗李豫之讳，苏预改名苏源明。

苏源明系武功人，少孤。这是一个颇有狠劲儿的少年，他认为"齐、兖为文学邦，东岳多古人迹"，于是从老家一路步行，走到了两千多里外的泰山，在泰山附近客居读书，一读就是十年。

大概就在杜甫游历泰山期间，两人认识了。尔后，苏源明成了杜甫齐赵漫游的同伴——苏源明原本"忍饥浮云"，穷得常常半饥不饱，出游费用，多半由杜甫承担。

对于和苏源明的同游，杜甫诗中称：

> 春歌丛台上，冬猎青丘旁。
> 呼鹰皂枥林，逐兽云雪冈。
> 射飞曾纵鞚，引臂落鹙鸧。
> 苏侯据鞍喜，忽如携葛强。

——那首追述平生的长诗《壮游》，杜甫原本用语洗练，高度概括，但写到他和苏源明的壮游，却用了整整八句。由此或可窥测，晚年老杜的内心，依然对年轻时那次纵情任性的漫游异常怀念，对那位与自己一同呼鹰走马的伙伴异常珍惜。

打猎的地方在青丘。那是雪花飘飞的冬季，他们纵马奔驰，穿过了一片阴暗的枥树林，登上积着薄雪的山冈。在那里，他们张弓搭箭，射击天空中飞过的鸟儿。他们所带的猎鹰盘旋飞舞，发出尖利的叫声。

杜甫中、晚年愁苦悲闷的诗篇，给一般读者留下的印象就是，好像杜甫从出生起，就是一个不苟言笑且手无缚鸡之力的迂腐书生。其实不然。至少，在他的少年时代，在他被"朝扣富儿门，暮随肥马尘。残杯与冷炙，到处潜悲辛"的坎坷命运吊打之前，他也曾是一个阳光的人，一个活力四射的人，一个生机勃勃的人。

甚至，即便到了生命的高处，在他客居夔州的暮年，在酒的作用下，他也会老夫聊发少年狂——有一次酒后，他可能想起了年少时纵马疾驰的潇洒，不顾年迈体衰，强行打马狂奔。结果却非常悲催：他从马上摔下来，受了伤。

那么，青丘在哪里呢？

在今山东广饶。《读史方舆纪要》记载，齐景公曾在青丘打猎。司马相如的《子虚赋》中也有"秋田于青丘"的说法。可见，自古以来，青丘就是一个狩猎场。

青丘濒临渤海，杜甫吴越之游时，距大海咫尺之遥。在青丘，他会去渤海之滨看看吗？如果去的话，那将是他一生中，唯一一次与大海的亲密接触。

河北南部的邯郸是一座古城。周安王十六年（前386），赵敬侯将赵国首都迁于此。汉代，邯郸是全国除首都长安之外的五大都会之一——另外四座是：洛阳、临淄、成都、宛（今南阳）。

到了杜甫的唐朝，邯郸设置了大都督府级别的魏州，以后又成为河北采访使和魏博节度使治所，相当于省会。

今天的邯郸，除了以历史名城著称外，它还是成语典故之乡。据当地资料介绍，和邯郸有关的成语竟有一千五百多条，我们熟知的邯郸学步、负荆请罪、黄粱一梦、完璧归赵、毛遂自荐、奇货可居等都出自这座城市。

邯郸市中心，近年新建的高楼大厦与早年所修的低矮建筑杂乱交错，街道两旁多是碗口粗的梧桐树，浓荫匝地，正好为来往行人遮挡头顶的烈日。

丛台公园的大门，就坐落在一条桐荫翻涌的大街深处。

如果站在丛台公园旁边的高楼上鸟瞰，可见丛台公园内，湖水曲折萦回。初秋时节，木叶泛黄，朝阳下，它们修长的阴影涉过水面，跌落在水中的一座椭圆形楼台上。

那就是丛台。

历时一百多年的赵国都城史，为邯郸留下了颇多赵国记忆。丛台即其一。丛台又名武灵丛台，因其修筑者为以胡服骑射而留名青史的赵武灵王。丛台的功能，不外乎军事操练和宴饮游乐。

不过，今天我看到的丛台，并非赵武灵王所筑，而是清人所修。也就是说，它是时隔两千多年后，后人用想象复原的。

因而，我和杜甫登临的丛台其实不是同一座丛台。人不可能第二次踏进同一条河流，两个时代的人，也难以登临同一座高台。

也许，只有丛台四周吹拂的微风才是相同的。

6

如前所述，杜甫一生交游广泛，上至王侯将相，下到农夫吏卒，都有他的朋友。他与这些朋友的交情或深或浅，并为其中四百多人写了七百多首诗。

得到杜甫赠诗的大多数人，都只有一首——其中一些诗，不过是某次宴席上的酬酢之作。至于赠诗五首以上，堪称紧密层朋友的，只有二十多人——包括刚刚说过的苏源明。

那么，赠诗数量名列前茅的都是哪些人呢？

第一名严武，三十首。这个好理解，杜甫与严武的父亲严挺之就有交往，其年龄介于严挺之与严武之间。他与严武订交也很早，还曾同朝为官，都被视作房琯一党。更重要的是，严武镇剑南时，是杜甫晚年最主要的依靠对象。

第三名三人并列，各十三首：李白、郑虔、章彝。

介于三十首和十三首之间的第二名，获赠二十首，即高适。

大历五年（770）正月二十一日，贫病无依的杜甫漂流于潭州的一条客船上。他已进入生命的倒计时。再过几个月，身患多种疾病的他就将归于永寂。这一天，他偶然翻找书箱，发现了九年前正月初七，也就是人日那天，时任蜀州刺史的高适写给他的一首诗。诗题为《人日寄杜二拾遗》。此时，高适去世五年多了。抚今追昔，昨日重现，杜甫读完故人诗篇，已然泪洒诗笺。

一生中，高适是杜甫最重要的朋友之一。他们友谊的小船，就从杜甫齐赵之游时启航。

济宁城区正北为汶上县。汶上是孔子担任中都宰的地方，是故，唐朝时，汶上一度称中都，是兖州下辖县。汶上境内，大汶河、小汶河流淌而过，河水宁静，夹岸多黑杨，茂密的枝叶间隐藏着一个个硕大的鸟巢，远远望去，像一枚枚奇怪的果实。

汶上，就是杜甫与高适相遇并成为终生好友的地方。

高适生于704年，小李白三岁而长杜甫八岁。字逸夫，排行三十五，渤海蓨（今河北景县）人，后人又称高渤海。

高适出身贫苦——让人想起苏源明。与苏源明相比，高适可能还要穷一些，他前半生几乎不事生业。有一段时间，他客游梁宋，甚至沦落到讨饭的地步。二十岁，高适前往长安，希望能有一番际遇。然而，对这个穷困潦倒的京漂，长安就如同后来顾况调侃白居易的那样：长安米贵，居大不易。未几，高适回到宋州（治今商丘南）。

开元二十七年（739）秋天，高适从宋州东下，来到汶上。这有他的诗为证："扁舟向何处，吾爱汶阳中。"到汶上或者说齐鲁的目的，他的诗中也有所透露："明时好画策，动欲干王公。"他想干谒高官，希望用才华打动他们，以便获得他们的推荐或任用，从而走上仕途。

在唐朝，除了科举这条正途外，读书人求取功名还有另外两个途径：干谒和献赋。

三种方式，高适尝试过一种，即干谒，并因此成功。

李白尝试过两种，即干谒和献赋，在一定程度上成功。

杜甫尝试过三种，即科举、干谒和献赋。科举和干谒如同镜花水月，献赋取得了十分有限的成功。

这是后话。

汶水奔流的汶上某地，杜甫与高适相遇了。高适已经三十六岁，穷困潦倒，满腹牢骚，甚至吃饭都成问题。与之相比，杜甫只有二十八岁，并且，他出身世代为官的仕宦家庭。在父亲荫庇下，肥马轻裘，衣食无忧。

旁人眼里，谁的前途更光明，谁的未来之路更宽阔，显而易见，当然是杜甫。

意想不到的是，二十多年后，两个人的地位判若云泥。一个，一步步升迁为封疆大吏，一个，一步步沦落到寄人篱下的惆怅清客。

汶上结交二十四年后，六十岁的高适升任剑南西川节度使。次年，调回长安，任刑部侍郎，旋转左散骑常侍，加银青光禄大夫，进封渤海县侯，食邑七百户，成为从三品上的高官，且食土封侯，可谓富贵至极。消息传来，杜甫在写给高适的诗里感慨："汶上相逢年颇多，飞腾无那故人何。"——对这位青年时期同游共饮的好友，他的飞黄腾达，杜甫固然与有荣焉，表示强烈祝贺；然而内心深处，故人的飞黄腾达，反衬了自身的郁郁不得志，故而，又未免自伤自艾。

7

三十岁，杜甫结束了以省亲为由的历时五年的齐赵漫游，回到故乡河南，并在首阳山下筑室而居。

这一年，是为开元二十九年（741），明年，即为天宝元年。上一年，唐玄宗把自己的儿媳妇寿王妃杨玉环纳入后宫，意味着久居至尊的皇帝已然倦政，将由励精图治转为秉烛夜游。

这一年，无论对帝国还是对杜甫而言，都是一个重要转折点。

只是，就像居住于地球上的人感觉不到地球的自转与公转一样，生活于某个特定历史时期的人，往往也感觉不到他们生存的世界正在发生某些见微知著的变化。必须等上好些年，等到时光划出了距离，后人才能洞察这一切。

杜甫结束漫游返家，他将和杨氏结婚。

杜甫家除了在巩县有祖居外，在偃师可能也有住所——不包括杜甫后来所筑的土室，另外，在洛阳还有居所。

所以，我们搞不清楚，杜甫与杨氏的婚礼到底是在哪里举办的，也不知道都有哪些人出席了婚礼。

结婚这年，杜甫三十岁了，放在今天，也算晚婚；在人均寿命远短于今天的唐朝，更是少见的晚婚。

结婚次年，杜甫的二姑逝世了。杜甫生母早逝，二姑充当了母亲的角色。杜甫对她感情很深。二姑家住洛阳仁风里。仁风里位于洛河以南，靠近洛阳东大门建春门。建春门外，便是通往东方——包括埋葬了杜甫众多亲人的首阳山，包括他的出生地巩县，以及更为遥远的汴京和齐赵——的漫漫长路。

接连两年，家里都有大事。直到天宝二年（743），也就是杜甫三十二岁那年，日子才平静下来。这一年，杜甫与杨氏应该是在尸乡土室度过的——可以想象得出二人世界的甜蜜与温馨。这样的时光，对每个人来说，都是不朽的记忆。杜甫与杨氏毕生相濡以沫，早年莫逆于心的共同生活打下了良好且必要的基础。

天宝元年（742），即杜甫在洛阳为安葬二姑而忙碌的那一年，李白满怀"仰天大笑出门去，我辈岂是蓬蒿人"的激情，奉旨西入长安，自以为出将入相，匡扶社稷的高光时刻已然来临。然而，现实却很打脸：唐玄宗任命他为翰林院学士。官职听上去很神圣，其实不过是唐朝时养在内庭的一种级别很低的从官，只要有一才一艺——斗鸡养狗、写诗作画都算——就有可能授予这一头衔。严格地讲，它根本不算官，其地位和宫中供皇帝解闷逗乐的侏儒小丑并没太大区别。

李白的失望可想而知，其情其景，好比你追求半生的女人终于请你夜半前往后花园赴约，没想到不是她接受了你的爱，而是要把你介绍给她家嫁不出去的老丫环。

李白越来越失望，而唐玄宗大概也对个性倨傲张扬的诗人越来越不待见，两年后，将他赐金放还——让他比较体面地滚蛋。

李白辞别长安，一路东行，来到洛阳。

在洛阳，李白和杜甫相遇了。

大师与大师的相遇为苍白的历史增添了一道靓丽的红晕。

漫流两千多年的中国文化之河，共有三次大师与大师的相遇值得永久追怀：一次是春秋时代孔子与老子的见面，两位大哲的思想在交锋，如同两道光照千秋的火焰。

一次是宋乾道三年（1167），同为理学大师的朱熹和张栻在风景秀丽的岳麓书院，以理学为中心持续对话两个月，一千多名知识分子有幸共沾雨露。

还有一次就是李白与杜甫的握手。两双托起唐诗天空的大手在洛阳相握，闻一多将之比喻为太阳与月亮的会面，说是千载难逢的祥瑞。

几场剧饮、几番夜谈后，两人分手了。按后来情况推测，他们在洛阳约定了此后的同游。

没想到，前脚送走李白，后脚杜家又办起了丧事：杜甫的继祖母，即杜审言的继室卢氏在陈留去世。杜审言与发妻薛氏生有三个儿子，老二杜并少年横死，成年两个。此时，老三杜专已去世，只留下老大杜闲。杜审言与续室卢氏另育有一子杜登。作为家中老大，杜闲年事已高，杜甫得充当顶梁柱。他替父亲为继祖母撰写了墓志。这篇墓志，保留了杜甫家族许多真实而准确的一手资料。比如有一种观点认为，杜闲在天宝元年（742），也就是杜甫的二姑去世那年即物故。但是，墓志表明，此时杜闲尚在。再比如继祖母的坟，仍然选在了偃师。这进一步说明，偃师首阳山，就是杜甫家族的祖茔。卢氏因杜闲官至正五品下，按惯例授以县君称号。

料理完继祖母丧事，转眼已是八月，杜甫匆匆踏上旅途，开始了他与李白约定的漫游。

这是抓住青春尾巴的狂欢，一如日之将夕，歌者一边哀叹光阴疾速，一边利用最后时光纵声高歌。

因为，以后再也不会有这样浪漫这样快活的好时光了。

以后，对如今这些浪漫快活好时光的回忆与咀嚼，将成为射入黯淡余生的一道光芒。

只是，必得多年以后，当尘埃落定，杜甫才能明白。

8

开封是一座活在往事里的城。

这座从首都降为省会，从省会降为普通地级市的城，它有过太多的繁华与艳丽。七朝古都，南北通衢，北宋时期全世界最大的都市……这些都是它的曾经。但是，千古繁华一梦，换了人间。而今，这座灰白的城市并不比周围其他城市多一些亮色——除了难以计数的古迹表明它在历史上的确"比你阔多了"。

禹王台是开封城众多古迹中的一个，它还有另一个有些古怪的名字：吹台。相传春秋时期，晋国有一位像荷马那样盲了双眼的音乐家，叫师旷。此人常常跑到今天的禹王台一带吹奏，那时候的禹王台只是平原上乳房般隆起的土丘。久而久之，人们把这里叫作吹台或古吹台，一直沿用至今。

师旷太久远，吹台最真实的历史其实和杜甫、李白、高适有关——他们已成为吹台最值得骄傲的过往。

《唐才子传》高适条目下，记载了三位大诗人和吹台的故事："尝过汴州，与李白、杜甫会，酒酣登吹台，慷慨悲歌，临风怀古，人莫测也。"遥想当年，杜、李、高三位诗人光临吹台，他们在风中悲歌长啸，让当地人感到十分不解——对生活经验以外的陌生事物，普通人通常条件反射地投以怀疑的目光。

吹台却是幸运的，它幸运地聆听了三位大诗人酒后的高歌，见证了他们如何在蝉声如雨的夕阳下栏杆拍遍，直到又大又圆的月亮从吹台一侧的平原上慢腾腾地挪到天顶。

三人之间的友谊之所以令后人眼热，在于他们是真正的道义之交和文字之交。这种至高无上的友谊别无他求，像源自深山的清泉，因纯洁而熠熠生辉。

开封古吹台

开封三贤祠。三贤即杜甫、李白和高适

　　所以，不少后人为此感动。三贤祠就是感动的产物——明朝开封巡抚毛伯温有感于三人游吹台的事迹，修建了一座名为三贤祠的祠堂。这座建于明正德十二年（1517）的小院，位于禹王台大殿东侧。在纪念治水英雄大禹的地方，诗人们也有了一席之地。

　　十多年间，我两去吹台。

　　一次是2008年，乍暖还寒的春天，以吹台为核心打造的禹王台公园里，草木尚未从酷寒中苏醒。前两天下过一场雪，背阴的水沟，还有一些没有融化的冰碴子。我和女友挽着手行走在寒风中，慢慢登上了几十米高的吹台。吹台里外，空无一人，唯有三贤的雕塑静默在阴暗的屋角。

　　从台上可以看到，与公园毗邻的，是一些破败矮小的民居。民居前面，有一条坑坑洼洼的小街，太阳升起，几个老人面无表情地坐在家门口晒太阳。一条黑狗，一只黄猫，也凑热闹似的挤在老人们面前晒太阳。唯一让人感觉到鲜活气息的是公园入口处的广场，临时搭起一座舞台，舞台前放了许多长凳，像是有什么演出。虽然暂时还空无一人，但搭起的舞台和整齐的长凳，却在暗示要不了多久，这里就会喧哗热闹。

一次是2021年，刚下过一场急雨的夏日早晨。这一次，女友早已成了孩子他妈，孩子也九岁了。

和十三年前相比，禹王台公园大了很多，那时候看到的民居不见了，取而代之的是满园子绿色植物。旁边的牡丹园也与公园相通，可惜牡丹花期已过，无缘欣赏杜甫时代曾举国若狂的雍容大度的国花。

幸好，吹台还是老样子。染上了漫长岁月的老建筑，从地面到立柱再到屋顶，以及庭院里的松柏，都有一种古意。苍苍的古意。

一个老人在大殿背后的屋檐下练太极拳，无端地，我怀疑他就是十多年前晒太阳的老人之一。

杜甫与李、高二人的梁宋之游，一般认为，梁指开封。开封在战国时称大梁，唐时称汴州，至于汴梁之谓，要等到元朝以后。宋指宋州，即今河南商丘。春秋战国时，宋州是宋国首都。唐朝时，中原地区较今日更为温暖，普遍栽桑养蚕，宋州是当时重要的丝织品产地和交易中心。

尤其重要的是，贯穿了半个中国的大运河就从宋州境内流过，宋州所辖十县，有一半得运河之便——大运河通济渠段自汴州雍丘入宋州界，经宋州之襄邑、宁陵、谷熟、宋城（宋城同时也是宋州治所）和夏邑五县，进入当时属亳州的永城。

此外，就陆路交通来说，宋州处于两京通往徐州、海州，以及两京通往江浙的驿路交叉点上。

物资丰饶又得水陆交通便利，宋州一跃而为当时最重要的望州之一，开元时，有户达十万多。

杜甫注意到了宋州的繁华——那时虽已改元天宝，但安史之乱的潘多拉盒子尚未打开，天下依然是开元以来的盛世景象：

> 邑中九万家，高栋照通衢。
> 舟车半天下，主客多欢娱。

商丘城区东面，是商丘市下辖的虞城县。摊在平原上，街道宽得有些空。加上行人稀落，如同一篇注水严重的抒情散文。出县城往东北行，将从一座大桥上越过一条水色碧绿的河流，这条河就是大名鼎鼎的通济渠。可以想象得出，只需倒退回去几十年，河上也当是千帆竞发的盛况。而今，它的航运功能彻底丧失了，成为一道见证了历史风云的自然景观。在曾经舟楫往来，回荡着船工号子的河面，千屈菜与睡莲之类的水生植物蓬勃生长。

中国古人把多水的低洼地带称为泽。如云梦泽、孟诸泽、鸡泽。这些布满沼泽湖泊，生息着诸多鸟兽的地方，在古人眼里颇为神秘，认为那是龙与蛇的家园。不过，随着气候变化与人类活动影响，不少远古大泽纷纷消失——比如我想要寻找一些蛛丝马迹的孟诸泽。

高适早年流落梁宋，乞食江湖，后来他出任封丘县尉时在诗里说，"我本渔樵孟诸野，一生自是悠悠者"——我本来在孟诸泽里以打鱼砍柴为生，是一个悠然自得的闲人。

《尚书·禹贡》称，大禹治水时曾经"导菏泽，被孟猪"。孟猪即孟诸，又作孟渚。意指大禹为了治水，曾经疏通了菏泽——菏泽为上古九泽之一，后来演变为今天山东菏泽市名，并在孟诸筑起了堤防。

菏泽距虞城只有七八十公里，孟诸泽的地望，大致就在虞城北部靠菏泽市一带。

出虞城县城，平原广阔，绿意盎然的庄稼如同奔跑的绿浪，一直奔向遥远的天边，偶尔会有一些村落，像是从天上掉落在绿浪中，砸出了一个个灰白的或褐黄的坑。

过了利民镇，黄河故道就到了。

黄河是一条多灾多难的河，它经常人为或非人为地决口改道，从而在中原大地上留下了多处故道。以商丘来说，就有两条。

黄河故道一带，大地平旷低洼，水源丰富，这里，很可能就是当年的孟诸泽。

孟诸泽，乃是杜甫与高、李二人漫游打猎的地方。

李白诗里，生动而真实地记载了这次秋猎：

> 骏发跨名驹，雕弓控鸣弦。
> 鹰豪鲁草白，狐兔多肥鲜。
> 邀遮相驰逐，遂出城东田。
> 一扫四野空，喧呼鞍马前。

孟诸泽自古以来就是田猎之地。汉时，商丘属梁国，梁王刘武权倾天下，在商丘周边建了颇多离宫别苑。《汉书》称："筑东苑，方三百里，广睢阳城七十里，大治宫室，为复道，自宫连属于平台三十余里。"

杜甫三人狩猎孟诸泽时，光阴已去刘武八百多年，梁王宫殿园林自然早已毁弃，只有一些遗址孑留人间。

比如高适诗里所说的高台：

> 梁王昔全盛，宾客复多才。
> 悠悠一千年，陈迹唯高台。
> 寂寞向秋草，悲风千里来。

昔时的荣华富贵，只留得了秋草吹拂的破旧高台，三人凭吊一番，感慨一番。下得台来，天色已晚，于是带着打猎所获，一路东北而去。

他们去了邻近的单父县，即今山东单县。

去单父干什么？

简单说：吃烧烤喝大酒。

烧烤的食材，是孟诸泽打得的鸟兽。喝大酒的地方，是单父城里的东楼。

更为吸睛的是，他们还召了两名妓女陪酒。

美酒，美食，美人，再加上激情澎湃的诗歌，这场欢聚一直持续到凌晨才兴尽。

这一切，都有李白的诗为证，这首诗的题目就叫《秋猎孟诸夜归置酒单父东楼观妓》：

> 归来献所获，炮炙宜霜天。

　　　　　出舞两美人，飘飘若云仙。

　　　　　留欢不知疲，清晓方来旋。

　　像虞城一样，单县也地处平原。并且，与虞城相比，单县街头的行人和车辆还要稀，还要少，进一步衬托出大街的空阔。笔直的南环路上，两旁是长势良好的绿化树，梧桐、香樟、杨树，全都铆足了劲儿向着天空攀升，仿佛长得慢一些，就会被剜去巨伞般的头。

　　"昔者与高李，同登单父台。寒芜际碣石，万里风云来。"单县城中心，我找到了那座数层台阶托起的方形平台。平台上，有青石砌成的琴桌和琴凳。平台名为琴台，即杜诗中说的单父台。

　　单父，指孔子的弟子宓子贱，他出任单父宰时，把单父治理得井井有条。公余，宓子贱常到城边的一处高地上弹琴。后人为了纪念他，遂修筑了一座高台，名单父台，又称宓子台、子贱台。

　　三人中，杜甫只到过单父一次，李白到过四次，高适很可能在单父客居过一段时间。故此，李白和高适各为单父写了八首诗，杜甫只是在诗中提及单父。

　　对一个普普通通的小县而言，有如此重要的诗人为它写下如此多的诗篇，也是一种可遇不可求的殊荣。

　　在杜甫晚年的追忆里，与李白、高适的同游惬意而潇洒。那个深秋的向晚，他们登上单父台时，从遥远北方刮来的秋风一个劲儿地吹，桑树与柘树叶落如雨，夹杂着田野间的豆叶一同旋转飞舞。下霜后的孟诸泽更加寒冷，大泽中的鸟兽发出阵阵悲鸣……

　　也是在这首《昔游》里，杜甫描绘了历历在目的昔年欢乐后，感叹那是一个难以再现的盛世——唯有这样的盛世，才会有这样不可复得的人生好境。

　　这盛世，正如《新唐书·食货志》说的那样："是时，海内富实，米斗之价钱十三，青、齐间斗才三钱，绢一匹钱二百。道路列肆，具酒食以待行人，店有驿驴，行千里不持尺兵。天下岁入之物，租钱二百余万缗，粟千九百八十余万斛，庸、调、绢七百四十万匹，绵百八十余万屯，布千三十五万余端。"

　　杜甫总结自己的早岁经历时，颇为自己的早慧骄傲。他直言不讳地宣称："读书破万卷，下笔如有神。赋料扬雄敌，诗看子建亲。"夙慧早熟，幼有声名，以至于"李邕求识面，王翰愿卜邻。"

　　王翰就是那位以"葡萄美酒夜光杯"著称的边塞诗人。李邕是谁呢？他不是诗人，影响却比普通诗人大得多。

　　李邕的父亲叫李善，注《文选》六十卷，是当时最有名的学者。李邕少年知名，增补了父亲所注《文选》，二书并行于世。更为重要的是，李邕是有唐一代优秀的书法家，擅长行楷，官宦人家或寺庙楼观，往往请他书写碑文。他一生写碑八百多件，获得润笔数万金。《宣和书谱》称："（邕）精于翰墨，行草之名尤著……邕初学变右军行法，顿挫起伏，既得其妙，复乃摆脱旧习，笔力一新。"

　　李邕生于仪凤三年（678），长杜甫三十四岁，比杜闲的年龄还大；并且，李邕似与杜审言亦有交往。杜诗记载，李邕把杜审言称为玉山之桂，相当推崇。

　　李邕有一位族孙，叫李之芳，与杜甫是交往颇深的朋友。杜甫写给他的诗有十首之多，足证两人情谊。

　　梁宋之游次年夏天，李之芳由驾部员外郎转任齐州司马。驾部是兵部下属四司之一，掌舆辇、邮驿、车乘等，员外郎即该司副司长。员外郎与州司马级别相同。不过，唐时重京官轻外官，李之芳外放，相当于贬职。

　　齐州即今山东省会济南，天宝年间一度改名临淄郡。齐州城内有一面湖，那就是至今仍被视为济南地标的大明湖。

　　李之芳到任不久，就在大明湖畔修建了一座亭子，因其位于历山之下，故命名为历下亭。亭成，他邀请杜甫一游。于是，杜甫、李白和高适都欣然前往。

　　与此同时，李之芳还邀请了本家长辈李邕——当时，李邕任北海太守。北海即青州，距齐州三百余里。以唐朝的交通条件，约需两天时间。李邕虽年事已高，仍欣然赴约——其中，显然有冲着杜甫而来的成分。

　　顺便说，李邕一向赏识杜甫而轻视李白。年轻时，李白从家乡江油前往渝州（今重庆），干谒当时任渝州刺史的李邕。李邕好像对他的作品没什么特别表示，仅让手下一个姓宇文的官员把他打发走了——宇文送了李白一个桃竹制作的书筒。

时值夏天，大明湖的荷花想必迫不及待地开了，坐在湖滨亭子里饮酒剧谈，清风徐来，荷香远送，确乃赏心乐事。参加聚会的，除了主人李之芳之外，还有齐州刺史李某。作为李之芳的上司，他是以主人身份出席的。客人则是李邕、杜甫、李白、高适，以及几位齐州本地文人。本地文人中有一个姓蹇的，杜甫称他蹇处士。

相聚时，李邕和杜甫谈论起几年前在洛阳的交往，李邕由衷地称赞杜审言的诗歌。这一点，让一辈子十分推崇祖父的杜甫心存感激。多年后，当他在写作列传般的长诗《八哀诗》时，犹自念念不忘。

这次相聚，还引发了一个有趣的问题：以今天行政区划来说，杜甫是河南人，李白是四川人，高适是河北人，李邕是湖北人，李之芳是陕西人，在座的那位处士是山东人。如此天南地北几个人，各操各的方言，他们如何顺畅地沟通交流呢？

不用为古人担心。自古以来，为了方便分居各地的民众交流，朝廷都在推行共同语，即相当于我们的普通话。夏、商称为夏言，周、秦、汉称为雅言，南北朝及隋、唐称为正音，明、清称为官话。

这四种古代"普通话"虽然叫法不同，相互也并不完全一致，却有着明显的继承关系，即雅言来源于夏言，正音脱胎于雅言，官话则是正音的延续。

我们今天使用的普通话，是以北京语音为标准音，以北方话为基础方言的通用语。那么，古代的四种普通话，它们的标准音又是什么呢？

那就是洛阳读书音。

说到洛阳读书音，就必须说到一所非常伟大的学校：洛阳太学。

洛阳太学历汉、魏、两晋、南北朝，历时达数百年，中间虽曾因战乱而毁弃，但总是不断恢复。极盛时，学生数以万计。唐朝的正音，就是所谓的洛阳读书音；而洛阳读书音，就是洛阳太学里教学采用的标准音。

洛阳太学出现在汉代，在汉代以前的先秦时期，还没有洛阳读书音的说法，但当时通行的夏言也好，雅言也罢，同样是以洛阳为中心的中原语言作基础的。其原因在于，洛阳居天下之中，就像语言学家郑张尚芳说的那样："汉族的先民最初就是生活在豫西、晋南一带的'华夏族'，他们活动的中心地区就在洛阳一带。汉语最初就诞生在中原地区，当然以'洛阳音'为标准音创造汉字。"

据一些笔记记载，可知唐时官方或正式场合，都通行洛阳读书音。只有普通民众私下交流时才用方言。否则会为人耻笑。

如《大唐新语》中讲，武后时有一酷吏，叫侯思止，小贩出身。目不识丁的文盲，自然不会洛阳读书音。他以告发起家，受武后宠信，升任御史。有段时间，武后禁屠。侯思止与同事们闲聊时说："今断屠宰，鸡鱼猪驴俱不得吃，空吃米面，如何得饱？"他不会说洛阳读书音，鸡、猪、鱼、驴，以及俱、吃、空等字的音发得都与正音完全不同，一个叫霍献可的官员听了大笑不止。侯思止很生气，认为霍献可对他不敬，便到武后跟前告状。武后把霍献可招来，责备他说：我知道侯思止不识字，但我已用了他，你为什么还要笑话他？霍献可便把侯思止怪腔怪调的发音给武后演示了一遍，武后听了，也忍不住哈哈大笑。

另一个故事出自李昉的《太平广记》。故事讲，南朝齐太祖萧道成时期，他手下一个叫胡谐之的江西官员不会正音，齐太祖就派了些宫女到他家，教他和家人说普通话。过了两年，齐太祖问他学会了没，胡回答说："宫女人少，我家人多。家里人没学会正音，倒是宫女学会了江西话。"

历下亭之会的在座诸君，要么出身官宦世家，要么是读书人，自然都会洛阳读书音，大家都能熟练使用大唐普通话，完全没有交流障碍。

那么，唐代洛阳读书音或者说正音，到底是怎样发音的呢？我听过一些据说比较靠谱的当代学者的演绎，听起来，有些像粤语，偶尔有一两个字能听懂。比如下面这首诗，我听了十来遍视频，尽量按其发音记下来：

　　　　笑子不修月，古打剥约攀。
　　　　有以摇小隐，费灾庆应端。

这说的是啥啊？
这是李白的诗——

小时不识月，呼作白玉盘。

又疑瑶台镜，飞在青云端。

今天的历下亭并不像古籍所载地处湖滨，而是位于湖心小岛。因为，这并非唐代遗留，而是清朝制造。小岛上，修竹照水，翠柳笼烟，古朴的亭子掩映在绿荫深处。红底金字的历下亭三字，系乾隆所书。亭内有一联，即杜甫当年所作诗句：海右此亭古，济南名士多。

历下亭这次雅聚，千百年后，仍为后代文人艳羡。如山东人蒲松龄就感叹："遥羡当年贤太守，少陵嘉宴得追陪。"

然而，世事难料，历下之聚后仅仅一年多，李邕就死了。

李邕行年七十，在唐代，已属高寿。但是，他不是自然死亡，而是被陷害后以极其残忍的方式"杖死"，即用木棍打死。

原来，李邕细行不检，比如生活豪奢，比如曾两次贪污被查处。更兼恃才傲物，得罪了不少人，尤其是得罪了权倾天下的宰相李林甫。当时，左骁卫兵曹柳勣因"妄称图谶，交构东宫，指斥乘舆"而下狱。恰好，李邕与柳勣有交往，办案人员秉承李林甫之意，令柳勣供认李邕和此案有关联。于是，李林甫便以朝廷名义派出官员赶到青州，将李邕当庭活活打死。

9

自兖州城少陵台向东，穿过街道、平原，穿过市声、鸟语，只需十多公里，便是与兖州区一样同属济宁市的县级曲阜市。

进入曲阜市区前，得跨越一条不太起眼的河：泗水。

这条不太起眼的河，在中国却是神圣的象征，象征着文明与教化。

古时，泗水自泗水县而下，到了曲阜以北，分为洙、泗两水。洙水在北，泗水在南，春秋时属鲁国。当年，孔子聚众授徒，讲学于洙泗之间。后人就以洙泗代指孔子及儒家和儒家教化。

比如，南宋词人张孝祥在感慨北方落入金人之手时写道："洙泗上，弦歌地，亦膻腥。"

因为是孔子故里，因为是儒家文化发祥地，也是中国平民教育起源地，曲阜虽然是一个县级市，却设有二本级别的曲阜师范大学。

同样也因为孔子，三孔——孔庙、孔府和孔林——便成为曲阜最拿得出手的旅游目的地。小小的曲阜城里，到处都能看到各种档次的酒店和民宿，到处都能听到带有各地口音的普通话。

杜甫曾到过圣人故乡。并且，作为一个忠诚的儒者，杜甫也一定去过孔庙和孔林。孔庙始建于孔子去世后不久的鲁哀公十七年（前478），以后历代都有增修。孔林则埋葬着包括孔子在内的诸多孔氏后裔。

至于孔府，那时候还不存在，自然无从游观。

并且，几乎可以肯定，杜甫一定会为圣人和圣人故里留下诗篇，但由于严重散佚，这些作品没能保存到今天。

曲阜是一座平原边缘上的城。出城向北，刚上高速不久，便看到前方突然横起一脉青山。

历下雅聚后，诸人各分东西。李白去求道，高适南下，李邕自然回北海，而杜甫去了附近的临邑，探望在那里做主簿的弟弟杜颖。

两三个月后的秋天，杜甫与李白再次见面了，这一次在曲阜。

"醉眠秋共被，携手日同行。"这别后的重逢，让他们更加亲密。

这是两位大师在一起的最后时光。当时当日，他们谁也不曾预料到，此后漫长的人生中，他们竟然再也不能相见，唯有在各自的记忆里，深深铭记对方。

那列在平原深处微微隆起的山峰叫石门山。下了高速，我转入一条两旁长满杨树和柳树的土路，从一道桥上跨过一座狭长的水库。附近，是石制牌楼，正中行书：石门胜迹。

穿过牌楼，离山近了。两侧田野上，出现了一些房屋。不是普通的农舍或民居，看样子，都想做成铺面或民宿，但几乎九成以上的房屋关门落锁，显然还没启用。少数几家启用了的——根据门前或墙上的店招可知，也都大门紧闭。我放慢车速，慢慢经过"天健农宛乐""山水田居笨鸡店""曲阜国际旅游慢城"，以及没有店名仅有广告语的"29元自助酱大骨"和"出售散养笨鸡蛋"。

山脚，挂在电线杆上的一块蓝底白字的招牌让我吃了一惊：远东大学。

这么偏僻的地方，怎么会有大学，并且，大学的名头还如此之大？俄罗斯有个远东大学，菲律宾有个远东大学，石门山里也藏了个远东大学？

再前行一两百米，左侧山谷里，有两栋看上去像学生宿舍的楼房，楼顶各顶两个大字，合起来是：远东大学。后来，回到酒店，我专门百度了一下，原来是当地一家民办的职业技术学院。

过了远东大学，山路蜿蜒如蛇，一会儿伸进林子，一会儿探出山脊。十分钟后，我来到了大半山腰。

向远处眺望，山上布满石头，山不陡，石头是灰白的，在低矮的树木中间，十分显眼。两座山峰对峙如门，这就是石门得名的来历。这个名字简单而普通，所以，中国有许多个叫石门的地方——或者我们也可以说，以自然风光来说，石门山并没有什么殊胜之处，就是一座大江南北随处能找到的普通小山。

然而，这座小山因为一场大酒而有了沉甸甸的重量——这是中国文学史应该铭记的大山。

那是杜甫与李白的第四次见面，也是他们的最后一次相聚。

相聚于鲁郡——其时，兖州改名鲁郡——的日子里，杜甫和李白除了饮酒论文，还一同前往东蒙山访道于元逸人和董炼师，又同访隐居城北的范十。在题为《与李十二白同寻范十隐居》一诗里，杜甫由衷地赞美李白："李侯有佳句，往往似阴铿。"阴铿是南朝梁、陈之际的著名诗人，以文才为陈文帝赏识，与何逊齐名，后世并称阴何，杜甫对其诗一向十分推崇。

杜甫说他对李白，乃是"怜君如弟兄"。两人在这段相处的日子里"醉眠秋共被，携手日同行"。

拜访范十，李白也有诗为纪。根据李诗可知，那是一个深秋，大雁南飞，天空无云。两人骑马出城，却在郊野迷了路，不小心误入一片苍耳中。苍耳是一种药材，果实有硬刺，人或动物不小心接近，就会沾在身上。两人被苍耳搞得十分狼狈，好不容易才找到范家，范十正在摘苍耳。对他们的到来，范十很惊喜，立即做菜布酒，三人把盏言欢，各咏近作。

相聚的日子欢乐易逝，转眼间，冬天到了，杜甫要回家了，他已经三十五岁了，必须谋一个前程。因为，他是一个有理想有抱负的人。

李白为杜甫饯行。饯行地点就在石门山。

石门山因这场大酒而名垂青史。

不知道他们到底喝了多少杯。李白酒量众所周知，他是被杜甫列入饮中八仙的著名酒客；至于杜甫，也善饮并好饮。

知交相别，必当大醉。大醉之先，他们互赠了诗作。

杜甫赠李白的是一首七绝：

秋来相顾尚飘蓬，未就丹砂愧葛洪。

痛饮狂歌空度日，飞扬跋扈为谁雄？

李白赠杜甫的是一首五律。正是这首诗，让后人知道他们的分手是在石门，因为诗题就叫《鲁郡东石门送杜二甫》：

曲阜石门山，杜甫与李白在此分别

醉别复几日，登临遍池台。

何时石门路，重有金樽开？

秋波落泗水，海色明徂徕。

飞蓬各自远，且尽手中杯。

既然我们马上就要像飞蓬那样天各一方，相距遥远，那么，趁我们现在还在一起，把手中的酒干了吧。

干杯吧，兄弟。

齐鲁别后，生活催迫，为了一个虚无缥缈的前途——这虚无缥缈的前途对荒诞人生来讲却是必需的，它像暗夜里浮起的一盏盏晦暗的路灯，因了它，夜色中前行的人才有勇气继续走下去，杜甫、李白、高适三个一度出则连舆、止则同席的朋友从此天各一方。

雨水中的每一株植物都有自己的命运，大地上的每一个人更是如此。他们再也不曾聚首——唯杜甫和高适还会在蜀中相见，然而彼时两人都已垂垂老矣。尤其对老杜而言，白发暗换了青丝，药罐替代了酒瓮，壮志入泥，理想坠地，富贵杳如黄鹤。斯时斯境，纵然簪花饮酒，击节放歌，又如何得似那青春在手、放浪形骸的少年游？

第五章 首都

残杯与冷炙，到处潜悲辛。

——杜甫

首都，万里河山，千代人物
首都，万世乾坤青云路。

——罗大佑

1

无论什么时代，首都总是一个庄严的词语。它意味着禁严的武备、肥马轻裘的高官和从这里发往国家版图的一道道指令。早春二月，燕子斜飞，它们轻盈的翅膀扇动了护城河边细长的柳丝，却扇不动城楼上那一排排卫士从不斜视的目光。

1957 年，中国科学院考古研究所组织的唐城发掘队，开始了规模宏大的发掘工作。经过四年多辛勤劳动，一座消失于时间之河好多年的古城再一次浮现在 20 世纪的阳光下。这座一梦千年的古城，承载的是后人艳羡不已的大唐华章。它那恢宏的气度表明，极盛时，这里的居民至少有一百万。

发掘勘测的结果还证明：唐代长安城的周长有七十多里，比今天的西安旧城（即明清西安城址）大五倍以上。向来被人称道的北京旧城，其面积也仅和长安相差无几，长安却要早它好几百年。

凝视专家们绘制的唐代长安城复原图，我发现这座古老而奢华的城市就像一个巨大的棋盘：纵横交错的街道正中，一条叫朱雀大街的大道笔直地从北到南，把长安城切成东西两部。这条朱雀大街，考古实测宽一百五十五米，足以并行四十五辆马车。朱雀大街两侧各有五条平行大街，与十四条东西走向的大街垂直相交。每四条街道围合成一个个居民里坊，里坊内部也有东西向和南北向的道路切割成住宅区。然后是无数条小一些的街道，它们也以笔直的线条硬朗地掠过城市。白居易描写长安说："百千家似围棋局，十二街如种菜畦。"

顾炎武感叹："予见天下州之唐旧治者，其城郭必皆宽广，街道必皆正直。廨舍之为唐旧创者，其基址必皆宏敞。宋以下所置，时弥近者制弥陋。"

盛唐伟大而深远的影响不仅是它余下的城郭宽广和街道正直那么简单，它更以这些外在的、物化的东西提醒我们：中国历史上，曾有那么一个鲜明生动，富于青春与朝气的自信时代和宽容时代。周时奋对此总结说："盛世其实就是一种集体无意识的满足感，一种在物质充盈前提下心境的宁静与自豪，一种无处不在的，仿佛触摸得到的富裕、繁荣和安全感。"

有了丰厚的物质作前提和基础，盛唐才能在精神与艺术各个领域上演一出出精彩的大唐华章。杜甫就生活在这样一个千古难遇的盛世，并在由盛转衰之际，跃升为大唐华章最绚烂的一部分。

那是一个大师如同繁星般交相辉映的时代。大唐天幕上，缀满了一颗颗灿烂星辰。再也找不出另一个时代像它那样密集了如此之多的大师。仅仅开元盛世期间，活跃于文化界的大师们就包括以下这些后人高山仰止的泰山北斗。

诗歌界：贺知章、张九龄、王翰、王之涣、孟浩然、王维、李白、高适、杜甫、岑参。

散文界：张说、苏颋、李华、萧颖士。

绘画界：李思训、吴道子、曹霸、韩干、李湛然、张萱。

书法界：李邕、张旭、颜真卿、李阳冰、郑迁、郑虔。

音乐界：李龟年。

舞蹈界：公孙大娘。

科技界：僧一行、梁令瓒。

歌德在为拜伦所写的挽词中道出了一个普世真理：因为世界将不断创造他们，就像他们自古以来不断创造世界一样。

2

雄心勃勃的杜甫来到长安。

他踌躇满志。他有理由踌躇满志。作为早慧的诗人，到现在，他已经写下了一千多首诗，受到了包括李邕、王翰在内的诸多文坛前辈的称道。他在十年之间，游郇瑕，游吴越，游齐赵，游梁宋，游东鲁，对帝国江山胜迹与社会生活都有了充分了解；他还和李白、高适、李之芳、韦之晋这样的才俊结下了深厚的友谊。

海为龙世界，天是鹤家乡，而首都，是每个时代胸怀大志的人才必须登临的大舞台。天下的城市都不重要，只有首都是重要的；天下的认可都不重要，只有首都的认可是重要的；天下的名声都不重要，只有在首都获取的名声才是重要的。

这是天宝五载（746），杜甫三十五岁了。

到长安次年，杜甫又参加了一次考试。

上一次考试是十二年前。那一次，杜甫名落孙山，但他不以为意。因为那时他还年轻——他一定没有想过要像张爱玲说的那样：出名要趁早。

这一次不同。这一次杜甫志在必得。

如前所述，唐代科举分为常科和制科。常科年年举行，其中最为人重的是进士科；制科是皇帝下诏并以皇帝名义举行的，与常科相比，制科更受优待。

其一，考试时，对考生颇为礼遇。试前先由皇帝赐食，吃饱了再考；常科进士考试则是"分坐庑下，寒余雪飞，席席在地"。

其二，许多时候，皇帝会亲临考场。

其三，常科登第后，并不会马上授官，还得经过吏部铨选才能释褐；制科考试一旦合格，马上授官。并且，所授职务一般也较常科为高。

唐代惯例，制科考试成绩分五等，但一、二等从来没有出现过，三等即为最高，称为甲科、敕头——这一点，宋代制科也沿袭之。苏东坡和弟弟苏子由参加过宋仁宗的制科考试，苏东坡得第三等，苏子由得第四等。

叶梦得《石林燕语》解释说："制科分五等，上二等皆虚，惟以下三等取人。"也就是说，一等和二等不过虚应故事，不会产生，三等就成了事实上的最高等。而且，自宋朝开国到苏东坡时代，制科考试考取三等的，只有苏东坡和吴育两人。

率先认识到杜甫的重要意义并大肆鼓吹杜诗的元稹也参加过制科考试，成绩为第三等，授从八品上的左拾遗。杜牧中第四等，授弘文馆校书郎。这些职务，都不是进士科出身者能立即获得的。

显然，在制科中胜出，其荣耀与前程都要超过万马千军过独木桥的常科，既意味着光宗耀祖，更意味着锦绣前程已然徐徐打开。故此，世人认为，"男子荣进，莫若兹科"。

杜甫要参加的，就是这样一场考试。渴求功名，渴求实现政治理想，并且出身于"奉儒守官，未坠素业"家族的杜甫，他对这场考试的重视与期望可想而知。

然而，事后种种证明，这场打着为国求贤旗号的隆重考试，却是一场闹剧。

事情得从玄宗时代的一个牛人说起。

牛人即大名鼎鼎的奸相李林甫。

李林甫出自李唐皇族远支，他从千牛直长起家——千牛本为刀名，言其锋利可屠千牛。千牛备身即手执千牛刀侍立皇帝左右的警卫，直长则相当于警卫中的小头目。总而言之，李林甫出身低微，文化水平很低，是个错别字大王。史载，他的表弟生了儿子，古人把生儿子称为弄璋之喜，李林甫手书大字去恭贺："闻有弄獐之庆。"客视之掩口。他不认识杕字，见文书中有杕杜二字，便问手下：这个杖杜是什么意思？手下人不敢纠正，只好俯首不言。

但是，李林甫有着异乎寻常的机敏。这机敏，就是揣测上意、秉承上意、迎合上意。

李林甫曾与张九龄同时为相，张九龄排名在前，李林甫深忌之。但两人判若云泥的操守与人品，很快就使李林甫取张代之。

唐玄宗打算废掉太子李瑛，张九龄极言不可，玄宗不悦。李林甫当面不说话，下来却对玄宗身边的宦官说：这是皇上的家事，其他人的意见根本没必要听。

牛仙客任朔方节度使，玄宗认为此人有才，想加封他为尚书。张九龄认为，牛仙客目不识丁，根本不具备担任尚书的基本条件。

李林甫却说：只要有才干，何必有文化？再说，天子用人，有什么不可以的？

这些话传到玄宗耳朵里，自然对屡屡逆鳞的张九龄心生厌恶，而对善解君意的李林甫心生喜悦。

于是，张九龄贬谪，李林甫升职。

李林甫任右相长达十九年，史称："林甫久典枢衡，天下威权，并归于己。"要命的是，创造了开元盛世的玄宗"在位多载，倦于万机……自得林甫，一以委成。故杜绝逆耳之言，恣行宴乐"。就好比一个公司的董事长，亲自打理公司多年，家大业大后，他感到厌倦，于是物色到一个误以为非常称职的总经理，把公司大小事务都交由总经理处理，其他任何人对公司的建议与批评，一律不理不睬，忙着去享受，去娱乐。

李林甫这个总经理不仅不称职，并且，是一个地地道道的伪君子。他以其所作所为，为后人留下了一个成语：口蜜腹剑。司马光在《资治通鉴》中写道："李林甫为相，凡才望功业出己右及为上所厚，势位将逼己者，必百计去之；尤忌文学之士，或阳与之善，啖以甘言而阴陷之。世谓李林甫'口有蜜，腹有剑'。"

李林甫的嫉贤妒能，可以说到了丧心病狂的地步。

比如，玄宗有一次偶然问他：严挺之何在？这个人可以任用呀。严挺之，即杜甫最好的朋友严武的父亲。其时，严挺之为绛州刺史。李林甫担心严挺之受重用，便找到严挺之的弟弟严损之说，陛下非常敬重你哥哥，你不如让你哥哥上书，说得了风疾，请求回京就医，这样就可以顺理成章地回京城了。严挺之不知是计，真的按李林甫之意上书玄宗。李林甫拿到奏章后对玄宗说，严挺之年老体弱，又得了风疾，不如给他安排一个闲职，让他安心养病。"上叹咤久之"，死了重用严挺之的心，把他安排到洛阳任詹事安享晚年。

再如，玄宗时，张嘉贞、张说等文臣以率军戍边且有战功而入朝拜相，李林甫担心以后会有这样的人影响自己，便向玄宗提出："文臣为将，怯于战阵，不如用寒族蕃人。蕃人骁勇善战，而寒族在朝中没有党援。"玄宗采纳了他的建议。其后，虽有高仙芝、哥舒翰等少数民族将领脱颖而出，却也有安禄山专制河北，为安史之乱埋下祸根。

制科与常科的不同，除了上面说过的几点外，还有另一点。那是李林甫极为担心的。

傅璇琮认为："制举科比起专讲文辞藻丽的进士科、背诵帖括的明经科，更富有政治内容，更与现实斗争有关，因而也更可能为某些当权者所忌。"

出于担心参加制科考试的士子们揭发、批判，李林甫向玄宗提出："举人多卑贱愚聩，不识礼度，恐有俚言，污浊圣听。"建议玄宗不必按惯例亲自监考，只需由尚书省长官考试，御史中丞监察就行了。

早就倦于政事、耽于享乐的玄宗听到李林甫如此体贴的意见，很愉快地采纳了。

这样，杜甫参加的这次制科考试，皇帝没有出场。并且，按规定，参加制科考试者，可由各地郡守推荐，也可自举。但李林甫不准自举，他规定必须由郡县长官精加试练，也就是用预选的方式，淘汰了一大批对于他来说潜在的危险分子。

更荒诞的是考试结果，李林甫代表朝廷宣布：所有参考者，都不合格。

于是，天宝六载这场大张旗鼓的求贤考试，就以一个都不录取收场，从而成为科举考试史上空前绝后的一次。

更无耻的是，李林甫竟上表向玄宗表示祝贺：野无遗贤——既然一个都不合格，那说明民间的贤达之人都已搜罗干净，都已在体制内为陛下服务了。

可以说，李林甫侮辱的，不仅是高高在上的唐玄宗，更是整个帝国的读书人。

当然也包括满怀希望的杜甫。

然而，权力在他手里，当权力与真理成正比时，千千万万个杜甫只能是默默承受的被侮辱者。在那个号称盛世的年头，杜甫们的遭遇已然如此，遑论其他原本就蝇营狗苟的季世、衰世和乱世呢？

说起来，杜甫和李林甫还有点沾亲带故的亲戚关系。杜甫的远房堂弟杜位，乃是李林甫的女婿。杜甫三十九岁那年除夕，就是在杜位家一起守岁度过的。

甚至，制科考试落第后，杜甫还曾写诗给李林甫，希望得到李林甫的认可与举荐——当然，这无异与虎谋皮。

不过，与其把这视作杜甫人品有亏，不如说他已经被残酷的现实逼得走投无路了，异想天开地寻一条出路而已。

几年后，李林甫死了，杜甫终于在诗里出了一口恶气，表达了对李林甫的愤慨与谴责：

> 破胆遭前政，阴谋独秉钧。
> 微生沾忌刻，万事益酸辛。

天宝十一载（752）冬月，李林甫死后，帝国大权落到另一个奸臣杨国忠手里——考唐玄宗后期，朝政要么由李林甫操纵，要么由杨国忠把持；一代英主，沦为只知梨园之趣、女色之乐的享受型动物。大唐帝国从盛世的巅峰飞流直下，并不意外。

杨国忠与李林甫素来不睦。李林甫刚死，他就联合同样与李林甫有隙的安禄山，共同构陷李林甫交结叛将阿布思谋反。李林甫的女婿——杜甫堂弟杜位的连襟杨齐宣担心牵连自己，率先划清界限，站出来附和作证。于是，原本极具哀荣的李林甫被削夺官爵，抄没家产，诸子流放岭南和黔中，亲党五十余人被贬窜。杜位也是其中之一，杜甫曾作诗相赠并安慰他。

此时，李林甫还未入土，玄宗下旨劈开棺木，取出嘴里的明珠，剥下身上的金紫朝服，改用庶人礼草草安葬。

多年后，安史之乱起，玄宗仓皇幸蜀。在蜀期间，有一天，玄宗和给事中裴士淹闲谈，他在评论列位宰相时批评李林甫："是子妒贤嫉能，举无比者。"裴士淹问：陛下既然知道他是这种人，为什么还让他当了那么长时间的宰相？

唐玄宗唯有报以长时间的沉默。

周武王在常用的一只盆子上刻了几句话，作为自我警醒的座右铭：与其溺于人也，宁溺于渊。溺于渊犹可游也，溺于人不可救也。

玄宗便是溺于人，先溺于李林甫，后溺于杨国忠及杨贵妃。

如花似锦的大唐盛世，有如一件珍贵易脆的玉器，不经意间跌落地上，打得粉碎。

杜甫便是目睹了玉器打碎过程的旁观者，他用沉郁顿挫的诗篇，记下了这个过程。

是为诗史。

3

西安东南的秦岭北麓，灞河、浐河、潏河及其各自支流形成网状水系，自南向北流淌。河与河之间，川原相接，平坦的冲积平原上，点缀着一道道隆起的黄土原。

东南部狭小，西北部宽大的少陵原如同一枚巨大的楔子，钉在了关中平原上。它南北长约二十公里，东西宽十公里，原面开阔起伏，由西北向东南呈三级阶梯状上升。

少陵原台地上，有一座新建成不久的公园。公园不大，一条公路从原下以四个一百八十度的急弯盘旋而上，如同一条暗黑的长蛇。航拍视频里，公园所在的土原，如同一条巨舰，直直插入城市。房屋和街道，如同被巨舰犁开的水花。观景平台上，既可遥看楼宇林立的西安街景，也可远眺一线如黛的秦岭山脉。

因为黄土原的高耸和宽阔，自古以来，包括少陵原在内的西安城郊大小川原，都是人们登高凌远的好去处。

埋葬了汉宣帝皇后许平君的少陵是少陵原上一座隆起的土台，土台呈覆斗形，数十米高。土台周边，大多是绿油油的庄稼地。小路可以通达土台顶上，芳草萋萋，西汉时的美人就在黄土下长眠。

北面五六公里外，那座更大的土台，便是汉宣帝杜陵。

如同洛阳邙山一样，长安的少陵原也是荒冢累累，新坟叠旧坟。

2004 年，西安到柞水的高速公路从少陵原经过，施工中，发现了一片庞大的墓葬群——其中汉墓几十座，西周墓四百七十座。

无名无姓的死者葬在这里，有名有姓的死者也葬在这里。少陵原上，除了汉宣帝夫妇、张安世家族、郭子仪家族外，单是唐代著名诗人，就有韦应物、杜牧、柳宗元等沉睡于此。

前面我们讲过，杜甫自称少陵野老，因为他在少陵居住过。

杜甫的长安岁月达十年之久，十年间，他到底居住在哪里呢？

历来有不同意见，有杜曲说，有少陵说，有樊川说、下杜城说以及杜甫巷说。

诸说之中，杜甫巷可以肯定地排除。今天西安并无名为杜甫巷之街巷，查旧志，知其原在西安城内南四府街一带。此地隋唐时乃政府官署，杜甫不可能居住于此。

至于杜曲、少陵、樊川和下杜，每一种说法都有证据支持。如杜甫明白无误地在诗里说，他们家在杜曲一带有田产："杜曲幸有桑麻田，故将移往南山边。"此外，在其他诗里，他也经常提到杜曲，如"吊影夔州路，回肠杜曲煎""杜曲花光浓似酒"，可见他对杜曲的熟稔与深情。

樊川是潏河淤积而成的冲积平原，因汉时为功臣樊哙食邑而得名。晚唐诗人杜牧在城中的长兴里有官邸，在樊川有别业，故自号樊川居士，其文集也名《樊川集》。对于樊川，杜甫同样熟悉，并且称它为故里："故里樊川菊，登高素浐源。"

下杜，即下杜城，也曾出现在杜诗中，如"辖轲辞下杜，飘飘凌浊泾"。闻一多力主杜甫在长安时居于下杜城。地方史料记载，下杜城在长安城南十五里，春秋时为杜伯国，秦为杜县。汉宣帝葬于杜县东南，县治东迁，老县城改称下杜城。下杜城的大概位置，就在少陵原西北侧的潏河支流皂河之滨。

虽然杜曲、少陵、樊川和下杜都有杜甫居住过的证据，但一般情况下，以杜甫的经济条件，不大可能，也没有必要在同属长安郊区的城东南置办如此多的住宅。

所以，我以为，杜曲、少陵、樊川和下杜都相距不远，尤其是它们均以少陵为中心，那么，众多不同称谓其实指向的是同一个地方。就像我居住在成都益州大道南段，但有时也写作成都华阳、成都南门或是锦江之滨，看上去好像四个地方，其实就是一个地方的不同说法而已。

　　少陵一带距长安城有几十里路途，要想经常参加城里的各种社交活动，依靠一匹毛驴往还于川原与城市之间，不仅十分辛苦，也难以持久。因此，杜甫初到长安时，曾长年居住在客栈里。这也有诗为证："今夕何夕岁云徂，更长烛明不可孤。咸阳客舍一事无，相与博塞为欢娱……"此诗题为《今夕行》，题下自注："自齐赵西归至咸阳作。"也就是天宝五载（746），三十五岁的杜甫来到长安。当年年底，他住在客栈里。无事可做，便与朋友一起玩六博之戏。玩到兴头上，敞怀赤脚，大呼小叫。

　　如果说刚到长安时住客栈尚可理解，那么，他到长安五年后，仍然住客栈，则有些费解。杜甫的散文《秋述》写于他四十岁那年秋天。当年，他"卧病长安旅次，多雨生鱼，青苔及榻"。旅次就是旅馆。多雨的秋天，到处涨水，鱼儿乱窜，青苔满地，像要长到卧榻上来。杜甫身患疟疾，寒热交加，持续了百余日。其同时期诗说："疟疠三秋孰可忍，寒热百日相交战。头白眼暗坐有胝，肉黄皮皱命如线。"身患疾病而在旅次卧床百日，却没有回乡下，我猜原因有两个：一是发病突然，来不及；二是杜甫在长安城里没有房产。每次进城，都住旅馆。

　　如是，少陵乡下的居所，就是杜甫在长安唯一的家。并且，杜甫困居长安十年，早些年，其经济来源，自然是父亲接济；父亲去世后，家里最重要的经济支柱倒了，杜甫只得"卖药都市，寄食友朋"——通读杜甫诗作会发现，他从长安起，到后来的秦州、成都等地，一直都在采药、卖药。成都浣花草堂，甚至还辟有专门的药圃种药。

　　城里无法采药，也不可能种药，而少陵是乡下，采药和种药才现实。

　　是故，长安期间，杜甫很大可能以少陵为主要居所，不时进城参加各种社交活动——进城期间，如果另有房产的话，自然住自家宅子；如果没有的话，就只能住旅馆。

　　我估计，杜甫在城里购置了房产的可能性要大些。毕竟，当时杜闲还在世，并且于杜甫进京那年调任奉天县令。奉天，即今陕西乾县。唐时，隶属京兆府，是仅次于赤县的次赤县。

　　种桑植麻的杜曲，相当于其别业——肯定不如王维的辋川别业或杜牧的樊川别业那样规模宏大，布局精巧，可能就是几间茅屋，但杜甫毕竟在城里城外都有落脚点。多年以后，他在漂泊夔州时称："两京犹薄产。"说明他在洛阳和长安都有产业，至于长安杜曲的桑麻田及农舍，是其父杜闲任奉天令时所置，还是其祖杜审言当京官时所置，则无法断言。

　　纵目遥看，黄昏时的少陵原暮色苍茫。远处，城市灯火次第亮起，把半边天空映得绯红。近处，却是愈来愈浓的夜色，像是为古老的川原和年轻的树木罩上了一件黑色外套。

　　杜甫在少陵的居所，到底什么样呢？

　　除了身处少陵原上并天马行空地想象外，其实还有一种更靠谱的办法，那就是从杜诗中寻找答案。

　　某年夏天，太子家令李炎前来拜访杜甫，杜甫写了一首诗记录此事：《夏日李公见访》。其中，有的版本，李公又作李家令。李炎任太子家令的时间，据考证，是天宝十三载（754）。

　　这是一首五言古风，全诗共二十句，如下：

> 远林暑气薄，公子过我游。
> 贫居类村坞，僻近城南楼。
> 傍舍颇淳朴，所须亦易求。
> 隔屋唤西家，借问有酒不？
> 墙头过浊醪，展席俯长流。
> 清风左右至，客意已惊秋。
> 巢多众鸟斗，叶密鸣蝉稠。
> 苦遭此物聒，孰谓吾庐幽？
> 水花晚色静，庶足充淹留。
> 预恐樽中尽，更起为君谋。

　　诗中，杜甫说他的居所很偏僻，在靠近长安城南的乡下。由于不近市肆，客人来了，只能从邻居家借酒招待。杜甫所居的村庄，房屋高低错落，不用出门，站在自家院子里，就可以询问比自家地势低一些的西邻。西邻热情回应，并把酒隔着墙递上来。原上，树木成行，枝叶间传来一阵阵鸟啼与蝉鸣。杜甫与李家令坐在庭中的席上相对把盏，看到原下清澈的河水流淌而过。这河，便是潏水。时至今日，站在少陵原上，仍可看到潏水，只是早不像唐时那样清澈。

　　唐代长安是一座举世无匹的超级大都市。这座雄伟的城池，其正南门名为明德门，在今雁塔区杨家村一带——虽然名字中带有村字，实际上早已是繁华街市。明德门以东两三公里的开元广场，则是长安城的东南门：启夏门。很大可能，当年居住于长安东南少陵原的杜甫，就经常从启夏门进城出城。

　　启夏门再往东，是曲江和芙蓉园。唐时，这里是士人钟情的郊游踏青地。曲江这个美丽的名字，反复出现在杜诗里。曲江东南，便是少陵原。

　　我从曲江遗址公园西南行，沿绕城高速到长安立交，折而南行，经长安南路后便是樊川路。

　　樊川路边，背对少陵原的黄土坡上，绿荫如网，隐藏着小小的杜公祠——又称杜甫纪念馆。

　　杜甫的诗名在北宋得到了普遍的高度认可，各地纪念祠庙也就应运而生。不论是成都草堂还是甘肃成县杜公祠，都兴建于这一时期。据此可以推断，作为杜甫祖籍和居住地之一的少陵，大概率在北宋时也有祠庙。只是，或许规模较小，或许并非官方行为，祠庙在与时光的博弈中没能保存下来。

　　我前往拜谒的杜公祠建于明朝嘉靖年间，以后又有过多次修缮。正殿内，立着一尊杜甫像。着官服，捧朝笏，表情却是按捺不住的忧郁。

　　在杜甫五十多年的人生中，他在长安生活了十二年，从年富力强，志向远大的三十五岁，到日渐衰弱，失意绝望的四十七岁。这是他人生中最重要的十二年。理想破灭，仕途失落，生活日益艰难，但他却因之认清了时代和盛世的本质。文青杜甫化蛹为蝶，蜕变为诗圣杜甫。

4

很有可能，杜甫到长安参加制科考试次年，他的父亲杜闲就去世了。这样，他一方面要将父亲送回偃师首阳山下安葬；另一方面，他要按制为父亲守孝三年——说是三年，一般是跨三个年头，只需要一年多或两年。

天宝九载（750），三十九岁的杜甫再次来到长安。首都依然壮丽，市井依然繁华。杜甫却感到了前所未有的焦灼。父亲去世，意味着再也没有稳定的经济收入了。此外，这一年，长子宗文出生，年将不惑的杜甫做了父亲，肩膀上的担子更加沉重。

尽管从小就怀着远大政治理想，但美丽而污秽的官场还在河的对岸，自己还在隔河相望。对政治前程的怀想与渴望，对世俗生活的担忧与挣扎，其情其绪，恰如东晋刘琨在《答卢谌书》中说的那样："负杖行吟，则百忧俱至；块然独坐，则哀愤两集。"

在参加了一次常科和一次制科考试后，以后的岁月里，杜甫再也没有参加过科考——至少，他没有留下任何文字表明他参加过。与那些屡试屡败却一直坚持考试的读书人不同，杜甫可能意识到了科考不是自己长项，不愿意再去忍气吞声地敬陪末座。

这一年，杜甫转换思路，企图以另一种方式空降官场。

打个比方，如果说一条大河分开了白丁与官员，白丁想要渡过这条大河跻身官员行列，河上的船有四条。

第一条船叫科考。不论常科还是制科，都被视为出身最硬的正途。这条船，杜甫已经尝试过两次了，都没能挤上去——何况第二次，由于船长李林甫作梗，这条船一个乘客也没装。

第二条船叫干谒。就是把诗文送给那些有权力、有影响、有名望的大人物，引起他们的关注，从而向官方推荐自己。推荐也有两途：一是推荐参加考试。比如王维托了玉真公主，后来金榜题名，高中状元。二是推荐入仕，从基层小官小吏做起。

第三条船叫献赋。向朝廷献赋，用那些铺排得汪洋恣肆，实则空洞无物的大赋歌功颂德。如果马屁拍得好的话，也有可能上船。

第四条船叫隐逸。隐逸的目的本是为了避世，但不少人身在江湖，心在魏阙。一旦隐逸名声大了，就可能被朝廷征召。

这四条船，除了最后一条船实在太过于非主流，杜甫没有兴趣外，其他三条，杜甫都尝试过。

献赋又称奏赋，是指文人主动或受诏将自己创作的赋文进献帝王，以为赞美或讽喻。献赋起于汉代，此后绵延不绝。到了女皇武则天时代，献赋被正式制度化。《资治通鉴》在垂拱二年三月条下记载："太后命铸铜为匦，其东曰延恩，献赋颂求仕进者投之；南曰招谏，言政得失者投之；西曰伸冤，有冤抑者投之；北曰通玄，言天象灾变及军机秘计者投之。"

匦就是盒子，武则天下令用铜制作了四个意见箱，一个供人告密，一个供人提建议，一个供人申冤，一个供人自荐——包括把献给朝廷的赋投入其中。朝廷安排专人掌管。

因献赋得到皇帝赏识的例子并不少，比如后来与杜甫相交颇深的房琯，就由此平步青云："开元十二年，玄宗将封岱岳，琯撰《封禅书》一篇及笺启以献。中书令张说奇其才，奏授秘书省校书郎，调补同州冯翊尉。"

献赋的诀窍不仅在于文采好，更在于把握时机，在恰当的时间里，献上恰当的赋。否则，哪怕拍马屁，也可能拍到马掌上，轻则石沉大海，重则自启祸端。比如开元六年（718）四月，河南参军郑铣和朱阳县丞郭仙舟投匦献诗，不料拍错了马屁，不仅没升职，反而被贬去道观做道士。

杜甫献赋，很好地把握了时机。

天宝十一载（752）正月，唐玄宗祠太清宫、太庙和南郊，称为三大礼，是当时政治生活中的一桩大事。因缘际会，杜甫创作了《朝献太清宫赋》《朝享太庙赋》和《有事于南郊赋》，后世合称《三大礼赋》，并通过延恩匦投献。

效果还不错，"帝奇之，使待制集贤院，命宰相试文章"。玄宗读了这些汪洋恣肆，实则粉饰吹捧的大赋，颇感新奇，命杜甫待制集贤院，又命宰相出面考试他的文章。

这便是杜甫一生都引以为豪的盛事，在以后孤苦无助的流落岁月中，回忆这桩盛事，总能为他苍白的人生涂上一丝红晕："忆献三赋蓬莱宫，自怪一日声烜赫。集贤学士如堵墙，观我落笔中书堂。"

考试的结果是，"仍猥以臣名实相副，送隶有司，参列选序"，意思是说主考官看了他的文章，认为他名实相称，合格，将他的档案送到吏部，得到了一个候缺选官的资格，即唐人说的守选。

杜甫献赋，自然是希望得到皇帝青睐，立即授予美官要职，得到的却只是守选，未免大失所望。

以往学者往往把这一结果说成是李林甫从中作祟，因为此时宰相仍然是他，另有陈希烈亦为相，却只是仰李林甫鼻息而已；而李林甫向来以妒贤嫉能著称，几年前他能干出野无遗贤的荒唐事，此时再打压一下杜甫也在情理之中。

但是，真实情况很可能并非如此，而是唐朝守选制度使之然。

唐时，官位少而选人多，于是设立了守选制。

王勋成在《唐代铨选与文学》中总结说："进士及第守选三年，明经及第守选七年，明法及第守选五年，童子科及第守选十一年。守选期间，世称他们为前进士、前明经、前明法等，及第举子的守选自唐初贞观年间就开始了。"

其实，不仅新中的进士要守选，六品以下的旨授官员，每一任期满后，也得停官罢秩参加守选，称为前资官，并各有一定守选年限，一般按官资大小确定。官越小，守选时间越长。以县令来说，京城附近的赤县县令为三年，紧县、上县县令为五年。后来，杜甫在华州司功参军任上去职，论者大多认为是其主动辞职，其实也有可能是遵守守选规定，被动去职。这是后话。

当然，反过来说，玄宗对杜甫《三大礼赋》的"奇之"，也不过略有些惊讶罢了，并没有把他当成什么了不起的人才。否则，他完全可以下一道圣旨，立即给杜甫一个职务。比如李白，虽然被他当作御用的帮闲文人，可至少接见不久就任命为翰林学士。

失望的杜甫以后又继续献赋。献了《封西岳赋》又献《雕赋》，然而，玄宗再也没有"奇之"，这些华彩的文字如同一滴水落入海洋，无声无息，无影无踪，徒留给眼巴巴满怀热望的杜甫一次又一次失望。

献赋同时，杜甫还在做另一种努力：干谒。

天宝十四载（755），四十四岁的杜甫反思旅食京华的十年光阴时，用沉重的笔调写道："以兹悟生理，独耻事干谒。"——他对这些年来的干谒深感耻辱。

但是，"朝扣富儿门，暮随肥马尘"的干谒，却又如同一条无法抹去的线索，贯穿了杜甫的首都生涯。

士人希望通过向尊者展示自己的才华，从而得到援引擢拔，于是产生了干谒诗。这是唐诗中一个非常独特的品种。有关学者统计，全唐诗中的干谒诗，初唐五首，盛唐一百四十六首，中唐二百四十六首，晚唐二百四十七首。

杜甫现存诗作中，大概有十首属于干谒诗。他干谒的尊者贵人，包括了汝阳王李琎，尚书省左丞韦济，翰林学士、驸马张垍，谏议大夫郑审，京兆尹鲜于仲通，河西节度使、西平郡王哥舒翰，同中书门下平章事韦见素。这些人中，有人品端方者如李琎、郑审，也有人品有亏的小人如张垍和鲜于仲通。

早在开元十八年（730），当杜甫还是一个十九岁的小青年时，李白一入长安。其时，如同后来的杜甫一样渴望出人头地，渴望在首都混出锦绣前程的李白制作了一张奇特的名片：海上钓鳌客。

李白拿着这张名片去拜访左相兼文坛领袖张说。张说一看名片，很好奇，便让人将李白请进门，问他：你要钓鳌鱼，请问你用什么作线？用什么作钩？

李白长身玉立，侃侃而谈，回答说：我以虹霓为线，以明月为钩。

张说又问：用什么为饵？

李白答：以天下无义丈夫为饵。

李白的奇谈怪论，旨在吸引张说关注他，进而提携他。张说对李白印象说不上好，因为他并没有提携李白；但也说不上坏——他把儿子张垍介绍给了李白。

　　张垍尚宁亲公主，是唐玄宗的女婿。玄宗一度非常器重他，甚至打算让他接替陈希烈为相，但由于杨国忠从中作梗，事遂寝。

　　李白与张垍结识后，认定这是一条通天捷径，便向张垍献诗，期待张垍引荐。张垍向李白讲起了玉真公主——玉真公主是玄宗同父同母的妹妹，圣眷甚隆，包括王维等人，都走过她的门路。

　　张垍把李白送往终南山玉真公主的别墅时，李白充满期待，他甚至能感觉得到，那条通天的彩虹正在降临人间，他即将跨上彩虹，一步登天——从年轻时起，他就不屑于像普通官员那样按部就班，而是立志要像姜子牙、诸葛亮那样空降中枢，立抵卿相。

　　在终南山等待玉真公主的日子，李白为尚未谋面的公主写诗，把公主尊称为玉真仙人，想象她修炼习道，行踪无定，如同传说中的西王母那样神秘莫测。

　　李白眼巴巴地盼着玉真仙人驾临终南山，然而，一等数十天，玉真仙人毫无踪影。后来，他从看守别墅的仆人那里得知：玉真公主已经一两年没来过了。失望之余，李白隐约感到被张垍骗了，可他只能再给张垍寄两首诗，含蓄地发发牢骚。张垍没有回应。李白只好离开了"繁阴昼不开，空烟迷雨色"的终南山。

　　可以说，作为相府公子兼皇帝爱婿的张垍，口惠而实不至，把有求于己的李白忽悠了一把。

　　二十年后，如同当年的李白一样，杜甫也眼巴巴地盼望张垍施以援手，助己一臂之力。秀才人情纸半张，杜甫送给张垍的，也只能是诗。

　　杜甫为张垍写过两首诗。一首写于天宝九载（750），题为《赠翰林张四学士》。

　　诗中，杜甫吹捧张垍"天上张公子，宫中汉客星"，说他文采出众，学养深厚，负责为皇帝撰写文诰。并且，身为皇帝信任的身边人，举荐人才一定有如"鲸力破沧溟"。末了，杜甫哀叹自己"此生任春草，垂老独飘萍"——我这一生就像任车马践踏的春草，又如同无根的浮萍，一把年纪了还在漂泊。

干谒诗的一大特色就是不遗余力地吹捧对方，同时还常常把自己的处境说得相当悲惨，以期大人物心生恻隐。

杜甫此诗，两方面都做到了，技艺上无可挑剔，然而千百年后读来，却是一种沉甸甸的辛酸。为了赢得达官贵人的赏识与举荐，高洁自持的诗人不得不放下自尊去溜须，去拍马。

非唯杜甫如此，天生狂放的李白做得还要夸张。比如，李白曾经吹捧一个姓裴的级别并不高的长史——这些吹捧今天读来仍然令人起鸡皮疙瘩："伏惟君侯贵而且贤。鹰扬虎视，齿若编贝，肤如凝脂，昭昭乎若玉山上行，朗然映人也。而高义重诺，名飞天京。四方诸侯闻风暗许。"

吹捧是全方位不留死角的。但即便从李白带有褒义的描写看，裴长史也非善类："月费千金，日宴群客。出跃骏马，入罗红颜。"——差不多就是一个不理政事，天天狂喝滥饮，左拥右抱的酒色之徒。但到了李白笔下，他不仅贵而且贤。更有甚者，李白还编造了一首民谣进一步吹捧："宾朋何喧喧，日夜裴公门。愿得裴公之一言，不须驱马将华轩。"——颇像他后来吹捧韩朝宗时编造的另一句民谣："生不用封万户侯，但愿一识韩荆州。"

无须为尊者讳。海子诗云："为了生存，你要流下屈辱的泪水，来浇灌家园。"古今中外，概同此理。

杜甫送张垍的第二首诗写于四年后的天宝十三载（754）。这时，张垍已升任正三品的太常卿，是部长级高官。从这首《奉赠太常张卿二十韵》透露出的信息看，张垍似乎推荐过杜甫——至少，曾经向人鼓吹过，所谓"吹嘘人所羡"——你对我的奖掖称许，那是其他人都很羡慕的啊。但是，不知张垍是虚与委蛇，还是张垍有段时间曾因杨国忠谗言贬往地方远离京城，总之，没起到什么作用。于是杜甫在诗里自我解嘲："顾深惭锻炼，才小辱提携。"——您对我的眷顾非常深，照顾非常多，但我自己磨炼不够，才疏学浅，简直有辱您的提携。

鲜于仲通名向，字仲通，以字行。此人祖籍渔阳（今天津蓟州区），迁居阆州新政。鲜于仲通早年与杨国忠私交甚厚，当时，杨国忠尚未发迹，时任剑南采访支使的鲜于仲通将他推荐给剑南节度使章仇兼琼，得为推官。尔后，因杨贵妃受宠，而杨贵妃乃杨国忠族妹，有远支血缘关系。得裙带神助，杨国忠很快飞黄腾达，位极人臣。投桃报李，他也给了鲜于仲通丰厚的回报：天宝八载（749），杨国忠荐其为蜀郡大都督府长史兼御史中丞，持节充剑南节度副大使。两年后，南诏王阁罗凤为云南郡太守张虔陀所辱，愤而起兵反叛。鲜于仲通负责带兵入云南，所部六万大军死亡殆尽，他的儿子亦战死，本人仅以身免。

唐军遭此惨败，鲜于仲通难辞其咎。但在杨国忠运作下，大败不彰，反以捷闻。为了调集军队与南诏再战，两京及河南等地到处征兵。民众对瘴气弥漫的南方丛林深为恐惧，以致无人应募。于是，杨国忠令御史分道捕人——也就是抓壮丁，抓到后戴上枷锁编入行伍。

身在长安的杜甫目睹了各地抓来的壮丁被迫送往前线的惨状："车辚辚，马萧萧，行人弓箭各在腰。耶娘妻子走相送，尘埃不见咸阳桥。牵衣顿足拦道哭，哭声直上干云霄。"

在杜甫这首早期代表作《兵车行》里，杜甫对不义战争给民众带来的苦难忧愤难解。他想象广大的中原地区壮丁被强行抓走后，田地荒芜，民生维艰："君不见汉家山东二百州，千村万落生荆杞。纵有健妇把锄犁，禾生陇亩无东西。"至于那些被好战分子送往前线的士兵，命运更为可悲："君不见青海头，古来白骨无人收。新鬼烦冤旧鬼哭，天阴雨湿声啾啾。"

很显然，杜甫对杨国忠和鲜于仲通勾结所导致的民间苦难十分清楚。意想不到的是，次年，在杨国忠帮衬下，鲜于仲通升任京兆尹后，杜甫竟然向鲜于仲通献诗干谒。

这首干谒长诗里，杜甫称颂鲜于仲通："王国称多士，贤良复几人。异才应间出，爽气必殊伦。"——大唐才士众多，但像您这样贤良的能有几个？您这种间或出现的异才，气概豪迈，与其他人完全不同。

称颂了鲜于仲通才气天下无双后，又称赞他位望特优，称当时侯伯虽众，但都比不上鲜于仲通通过文章立身。最后，又称赞鲜于仲通的儿子们也优秀："凤穴雏皆好。"——联系到一年前杜甫对这位庸官的不点名批评，这些称赞让人深感别扭。

称颂完毕，杜甫开始讲自身遭遇。既说到当年献赋如何引起皇上重视，又说到由于李林甫作祟，自己至今没得到任用。守选经年，进退失据，以致都快饿死了。末了，他请求鲜于仲通行行好，帮帮忙，在杨国忠面前说说好话，"交合丹青地，恩倾雨露辰"。

玄宗时代号称盛世，但盛世的阳光也不可能平等地照进每一个阴暗角落。至少，它对杜甫这种忠君爱国者而言是不公平的。无计可施之下，或者说病急乱投医之下，杜甫只好如此作践自己，肉麻地吹捧一个个朋比为奸的昏官庸官，只为获得一个进身之阶。

后人常常站在道德制高点上批评杜甫，认为他不应该写这些干谒诗，不应该游走于达官贵人之间。后人置身事外，不免苛刻地要求前人。

幸而，钱谦益说得好：

> 少陵之投诗京兆，邻于饿死；昌黎之上书宰相，迫于饥寒。当时不得已而姑为权宜之计，后世宜谅其苦心，不可以宋儒出处深责唐人也。

但是，残酷的现实证明：杜甫这些干谒诗全都白写了。

没有任何达官显贵对他施以援手。

夕阳西下，楼台高耸的长安城投下严实的阴影。起风了，杜甫骑着那匹和他一样消瘦的驴子，在阴影下踽踽独行，有如梦魇。

这惊慌失措的中年，忍气吞声的中年——它距离飞鹰走犬的少年，狂歌痛饮的少年，其实仅仅十年之隔。

十年，三千六百多个日子，大地像陶轮一样翻转。十年前不敢相信十年后是真的，就像十年后也不敢相信十年前是真的。

可它们都是真的。

刚过四十，杜甫头发半白，"游子空嗟垂二毛"，"昭代将垂白"。那年，疟疾好不容易好了，又染上肺病——不知是不是疟疾留下的后遗症。从此，肺病一直伴随他此后的人生，而他最后，也很可能死于肺病。

事实上，从杜甫后来的诗看，他的疟疾并没有痊愈，而是经常复发。"三年犹疟疾，一鬼不销亡。""峡中一卧病，疟疠终冬春。"当年那个一日上树能千回的健壮少年，此时未老先衰，已成愁苦虚弱的多病之翁。

初次得疟疾那年秋天，他病后过友人王倚家，王倚为他的枯瘦而震惊，旋即置酒款待。在写给王倚的诗里，杜甫表示："但使残年饱吃饭，只愿无事长相见。"

一连串的打击和病痛，似乎击垮了杜甫，他不再高唱"致君尧舜上，再使风俗淳"的理想之歌，而是把如何生存下去，如何不饿肚子放到了首要位置。这，既是无奈的调侃，也是无力的祈祷。

5

唐代长安的地标是一座佛塔。在大多数建筑不高于二十米的时代，六十四米的高度使它如同闯入鸡群的鹤：突出，特殊，玉树临风。从长安城的各个方向，人们抬起头，总能看到它高大的身影。

塔的正式名字叫大慈恩寺塔，因为它矗立于大慈恩寺内。不过，民间总是亲切地称它大雁塔。从唐时到今天，一千多年里，大雁塔一直是西安的名胜。

唐太宗贞观二十二年（648），太子李治，即后来的唐高宗为了追念其母文德皇后长孙氏而修建了大慈恩寺。史料上说："寺成，高宗亲幸，佛像幡华，并从宫中所出，太常九部乐送额至寺，寺南临黄渠，水竹森邃，为京都之最。"

大慈恩寺中的浮屠，即大雁塔，始建于唐高宗永徽三年（652）。当时，大雁塔为夯土所筑，外面砌以青砖，高五层。武后长安年间（701—704），塔倾。包括武则天在内的政要均布施钱财，把塔重修为十层。五代时期，大雁塔为兵火所毁，后来再次重建，终成我们看到的七层塔。

也就是说，杜甫时的大雁塔要比今天的大雁塔多出三层，还要高一些。

自大雁塔建成之日起，"长安士庶，每岁春时游者，道路相属"——每当温暖的阳春来临，猫了一冬的长安人民，总是呼朋唤友走出阴暗的庭院去郊游。那时，大慈恩寺以及周边的曲江池、芙蓉苑，以及曲江东北的乐游原，都是位于长安城东南的最重要的游乐地。而高耸入云的大慈恩寺塔，倚终南，望浐河，俯秦川，远近风光尽收眼底，更是他们必不可缺的目的地，以至于通往寺里的道路总是人满为患。

不过，那却是一次秋天的登临。

非常巧合的是，十多年前，我第一次前往大慈恩寺，也是深秋。那个冷风扑面的下午，我在大慈恩寺前的广场边下了出租车。广场上，穿戴得厚实的人行走缓慢，没有多少温度的阳光扑在脸上，为苍白或黝黑的面容染上了一些脆弱的红晕，恍似梦游。

我想起了天宝十一载（752）秋日的某一天，大雁塔迎来了五位诗人。

他们是：高适、岑参、储光羲、薛据和杜甫。

五位诗人游览了大慈恩寺，并登上大雁塔。事后，每个人都作了一首诗——略相当于今天诗会后的同题诗。五人的作品，除薛据所作失传外，其余四首都保留了下来。

细读四首关于大雁塔的诗，会有一些耐人寻味的发现。

五人之中，薛据五十一，高适四十九，储光羲四十六，杜甫四十一，都是标准的中老年，只有岑参年轻一些，二十六。

尽管年龄参差，但五个人的处境都不理想——或者说，五个人都处于抑郁不得志的困境中。

高适于三年前通过制科考试，授封丘县尉，那是一个鸡肋般的职务，高适为之痛苦。此时，他已弃官居长安，重寻出路。

薛据后来做到了水部郎中，但那是大历年间的事了。此时，他大概在司议郎任上，用杜甫后来的诗说："伊昔贫皆甚，同忧岁不宁。"

储光羲时任监察御史，为正八品上的小官，他的诗作里，也常流露出不得志的牢骚。

岑参十九岁中进士，按理说属于少年得志，但只授了兵曹参军。后来，他跟随高仙芝远走瀚海，不想高仙芝兵败，他只好回到长安赋闲。

杜甫的情况更不用说，他要说他第二惨，估计没人敢说自己第一惨。

五个心情同样郁闷的中老年诗人，以同一座大雁塔为酒杯，浇自家胸中不同的块垒。

大慈恩寺和大雁塔都与佛教有关，而在中国文化传统里，文人与僧侣及佛教好像有一种天然契合。

岑参和储光羲的诗，最大特点是把登塔所见与佛教教义联系在一起，表达出了对佛门清寂无为的向往。

高适不同，高适虽然也在诗中流露了佛家思想，结尾却是希望为国家效力。

杜甫的诗则与三者都不同——"高标跨苍穹，烈风无时休。自非旷士怀，登兹翻百忧。"他不谈玄说佛，而是借题发挥，将高塔之上的大风与时代的风云变幻联系在一起。换言之，当那些锦衣玉食的达官贵人还沉醉于盛世迷幻时，杜甫这个十年间跌落底层的草根诗人，却有一种山雨欲来风满楼的不祥预感：

> 泰山忽破碎，泾渭不可求。
>
> 俯视但一气，焉能辨皇州。

杜诗一开篇就点出了他登塔而百忧交集：泰山破碎寓意大乱将作，国将不国；泾渭不可求意味着当政者清浊不分，忠奸不辨。个人际遇的不堪在国家命运的不祥面前退居其次。杜甫身为布衣，心忧社稷；家无余粮，情系苍生。用浦起龙的话说："只一凭眺间，觉山河无恙，尘昏满目。于是追想国初政治之隆，预忧日后荒淫之祸，而有高举远患之思焉。"

至于四个人四首诗的高下，我很赞同莫砺锋的意见："岑参、储光羲所看到的是佛寺浮图的崇丽，所感到的是佛教义理的精微。高适所看到的与岑、储同，所感到的是个人命运的蹭蹬。而杜甫除了高塔远景之外还看到了'尘昏满目'，除了个人命运蹭蹬之外还感到了国家命运的危机。这就是杜甫的独特之处。"

6

《秋兴八首》是杜甫代表作之一，也是中国七律的最高峰。这组创作于夔州的作品，其中一首，深情地回忆了壮年时在长安的郊游之乐——那是他日益苦闷地旅食京华期间难得的赏心乐事：

昆吾御宿自逶迤，紫阁峰阴入渼陂。

香稻啄余鹦鹉粒，碧梧栖老凤凰枝。

佳人拾翠春相问，仙侣同舟晚更移。

彩笔昔游干气象，白头吟望苦低垂。

如果意译一下，大意是这样：

从长安到渼陂，昆吾和御宿诸峰之间山路逶迤，渼陂之南的紫阁峰倒映在湖水中。渼陂这个地方，出产香稻，那都是鹦鹉啄余之粒；林多碧梧，那都是凤凰长栖之枝。春游的佳人们捡拾鸟羽嬉戏，与我同游的朋友们不顾时间已晚，还要把船划到其他地方以尽游兴。那时我曾以华彩的文笔，赢得了皇上赏识，而今白发衰翁，在怅望长安吟诗之后，只能痛苦地低下头去回忆。

既然一个人生下来并不是为了永远吃苦，永远受难，那么，他对短暂欢乐的追求便是理所当然的。

杜甫也不例外。

古老的西安周围，有一些十分古老的地名，如盩厔，如鄠县。20世纪60年代，为了推行简化字，这些古老的地名，纷纷改成易写易认的同音字，如盩厔变成周至，鄠县改为户县。幸好，近些年，户县又恢复成鄠邑——对这些有历史的地方来说，保存并使用它原有的名字，就是一种最好的文化传承。

鄠邑作为西安的一个区，位于市区西南。站在涝峪大街上，抬头就能看到起伏的终南山。只是，我分不清哪一座是紫阁峰。涝峪大街一侧，便是渼陂湖。

杜甫曾经两游或三游渼陂。这方终南山脚下的湖泊，给他留下了相当美好的印象。诸多蛛丝马迹表明，那时的渼陂湖远比今天更宽阔——今天只相当于普通公园里供游人划船的人工湖，绕湖一周不超过两公里。并且，地方志记载，由终南山溪涧积水而成的渼陂湖，出产一种味道鲜美的鱼。唐敬宗宝历年间（825—826），朝廷曾禁止民众捕食，只能由尚使监经管，作为大内特供。反过来说，杜甫时代是任由民众捕捞的。那么，一辈子极喜吃鱼的杜甫，除了吃香稻米饭外，一定还吃到了新鲜鱼肉。

杜甫第一次到渼陂，是应岑参兄弟之邀。从杜诗可知，那是一个有月亮的夜晚，他们在湖上荡舟，"波涛万顷堆琉璃"，虽是诗人夸张，但如果是一汪几百亩的小湖，再夸张也不会有如此壮观的景象。

第一次出游在春天，不久的夏日，杜甫二游渼陂。湖的西南，有一座高台，上次未曾登临，这次特意补上。高台面水，近处，水面长满了翠绿的蒹葭；远处，天空与水面相接处有打鱼的小船划过来，但要仔细分辨才认得出。——这又一次暗示我们，唐代的渼陂是一面大湖。终南山映入水中，山上的白塔影子倒立。

这是愁苦人生中难得的欢乐。事实上，我发现，尽管杜甫中年以后，愁苦日甚，但他同样是一个善于排解愁苦的人，他在有限的空间里寻找属于他的欢乐，哪怕欢乐转瞬即逝，如同无法把握的手中沙。但在寻找欢乐并享受欢乐的过程中，愁苦暂时远去了，而他也像得到短暂休息的骏马，很快就会恢复力气，继续驰骋纵横。

所以，我觉得莎士比亚借他笔下的人物之口说出的一句名言很适合杜甫：

> 上帝啊，即便你把我关在一个胡桃核里，我也能把自己当作拥有无限疆土的君王。

渼陂之游，时为天宝十三载（754），杜甫四十三岁。这一年，大唐盛世的繁荣登峰造极——全国有州郡三百二十一，县一千五百三十八，乡将近一万七，户九百余万，口近五千三百万——户与口的数量均为唐代最高纪录。

然而，月盈则亏，水满则溢，大唐帝国表面的繁荣与强盛之下，日积月累的诸种危机已经暴露，帝国如同坐在火山口上；而种种太平盛世的幻象，均不过是清歌漏舟之中，痛饮焚屋之下。

在内，继李林甫擅权乱政后，杨国忠有过之而无不及；在外，安禄山为首的军阀拥兵自重，尾大不掉，即将演变为惊天动地的安史之乱。

大自然似乎也在示警。《资治通鉴》称："自去岁水旱相继，关中大饥。"关中属京兆尹管辖，京兆尹李岘素来不肯依附杨国忠，杨国忠便把关中大饥的责任推给他，贬长沙太守。

玄宗听说雨水伤稼，有几分担忧，杨国忠"取禾之善者献之"，并说：雨水虽然下得多，但对庄稼并没有损害。如此随口敷衍，原本精明的玄宗居然深信不疑。其时，房琯任扶风太守，扶风也地处关中，同样是灾区。房琯将扶风的灾情报给朝廷，杨国忠闻之大怒，立即派御史去调查房琯。于是，"天下无敢言灾者"。——这是一个奇怪而又耐人寻味的现象：国家天灾不断，却没有任何官员向上级反映。大家都心照不宣地沉默，仿佛天灾根本就不曾发生。

有一天，玄宗对他一向信任的高力士说：淫雨成灾这事，你知道的尽管说。高力士坦言：自从陛下您把权力下放给宰相杨国忠后，赏罚无章，阴阳失度，我哪里还敢说。玄宗为之默然。

对国家来说，这一年是大小危机露头的一年；对杜甫来说，这是极为艰难的一年。

首先，继献《三大礼赋》后，杜甫又先后两次献赋。在《献〈雕赋〉表》中，他自称此时已是"衣不盖体，常寄食于人，奔走不暇，只恐转死沟壑"，因而"安敢望仕进乎"？接下来他话锋一转："伏惟天子哀怜之，明主倘使执'先祖之故事'，拔泥涂之久辱，则臣之述作，虽不能鼓吹六经，先鸣数子，至于沉郁顿挫，随时敏捷，而扬雄、枚皋之徒，庶可企及也。"所谓"先祖之故事"，是指他希望朝廷授予他当年祖父杜审言的职务。杜审言曾任著作佐郎，去世后赠著作郎，前者从六品上，后者从五品上。杜甫伸手向玄宗要官，不论指的是祖父生前所任的著作佐郎，还是死后追赠的著作郎，都是唐朝中级官员。这，根本不可能。

果然，杜甫唯有失望——赋献上去后，石沉大海。

其次，年底，被玄宗外放地方的张垍回京，升任太常卿，杜甫又指望他帮自己说话，于是写诗相送——前面已经讲过。可仍然没有什么结果。

第三，杜甫一度动了入幕从军的念头。恰好哥舒翰手下的判官田梁丘进京办事，与杜甫结识，杜甫赠诗与田。接着，他又直接写诗献给哥舒翰，希望到哥舒翰军中效力。不巧的是，献诗不久，哥舒翰中风，还京养病。

从军计划也流产了。

第四，杜甫把杨氏从老家接到长安，居住于少陵乡下。秋天，次子宗武出生，家里又添了一张嘴巴。

第五，该年秋，东都洛阳"瀍、洛暴涨，漂没一十九坊"。不知杨氏离开河南前往关中，是否就是因为大水。若是，那杨氏也真倒霉——她来到长安，长安虽然洪水不大，但连续下了六十多天雨，"京城垣屋颓坏殆尽，物价暴贵，人多乏食"。为了救济灾民，朝廷下令出太仓米一百万石，在长安设了十个出售点，以低价卖给灾民。

太仓米都是陈米，霉烂难吃，富贵人家不屑也不需要。可怜的杜甫，"日籴太仓五升米"，天天骑着驴子去籴米点，挤在一长串排队买米的灾民中，买回限量的五升米，供一家人填饱无底洞一样的肚皮。

然而，即便如此清贫的日子眼看着也难以为继。万般无奈之下，杜甫不得不把刚到长安不久的妻儿送往奉先，投靠杨氏的一个远房亲戚，此亲戚即在奉先做县令的杨惠。这就是杜甫后来在诗里声泪俱下所说的"老妻寄异县，十口隔风雪"。

杜甫一生交往的数以百计的朋友中，论关系亲密度，郑虔可列前五。

郑虔系荥阳人，生于垂拱元年（685），比杜甫年长二十多岁，足有一代人差距，但这一点也不妨碍他们成为情投意合的忘年交。

郑虔家贫而好学，年轻时，他学书法买不起纸，偶然得知大慈恩寺里有柿叶数屋，于是借居寺中，日取柿叶习书，直到把几间屋子的柿叶都用光。成年后，郑虔诗、书、画俱精，他将作品送呈玄宗，玄宗御笔亲题：郑虔三绝。天宝九载（750），玄宗专门设广文馆，任命郑虔为博士，广文博士由此始，故世称郑广文或广文先生。

其时，与杜甫年轻时同游齐赵的苏源明任国子司业，而郑虔与苏源明相交甚深，可能正是通过苏源明介绍，杜甫与郑虔也成了好友。

郑虔才名虽高，却于生计无补，贫穷潦倒，与杜甫不相上下。他家的房屋极为破烂，从下望去，漏洞相接，如同天上七星。

在诗里，杜甫描绘了自己与郑虔这对穷朋友的窘迫："甲第纷纷厌粱肉，广文先生饭不足……杜陵野老人更嗤，被褐短窄鬓如丝。"——达官贵人好酒好肉都吃厌了，郑广文却连粗茶淡饭都不能满足……我杜甫更是被人嘲笑，穿着破旧短衣，顶着满头白发。

贫穷的日子像看不到头的烂田埂，穷朋友唯有相互鼓励、相互安慰。他们经常聚在一起谈诗说文，偶有余钱，便沽酒共谋一醉。醉后，两人愈加亲密，"忘形到尔汝，痛饮真吾师"——郑虔的酒量似在杜甫之上。并且，据杜甫诗中称，郑虔到官署上班时，把马系在堂前阶下，喝得大醉后，偏偏倒倒地骑马回家，为此，"颇遭官长骂"。当然，穷人注定不可能有太多余钱沽酒。好在少年时代的好友苏源明宦囊稍丰，经常接济他们，"赖有苏司业，时时乞酒钱"。

郑虔有个侄子叫郑审，郑审虽是郑虔之侄，但从年龄来看，似比杜甫更长。开元二十五年（737），杜甫二十六岁，郑审已任监察御史。天宝初，郑审转任司勋员外郎，复转吏部员外郎，迁吏部郎中。唐制，司勋司属吏部，与吏部司、司封司、考功司合为吏部四司。司勋员外郎，相当于中组部副司长。吏部郎中，则相当于中组部司长。前者为从六品上，后者为从五品上。几年后，又改任谏议大夫。谏议大夫职掌乃是"谏谕得失，侍从赞相"，不仅地位尊崇，为正四品下高官，且是皇帝近臣。

故此，从交往辈分上说，杜甫与郑审的叔叔情投莫逆，但叔叔的好友在高官侄儿面前也不得不放低身段。杜甫送给郑审的诗，标题叫《敬赠郑谏议十韵》。诗一开篇，便称赞郑审"谏官非不达，诗义早知名"——您不仅做到了谏议大夫这样的高官，并且，诗名早就天下皆知了。接着，继续花式夸奖郑审写诗如箭矢中靶，似先锋勇战，"破的由来事，先锋孰敢争"。又说他思穷高远，巧夺化工，"思飘云物外，律中鬼神惊"——这两句，让人想起杜甫对李白的称道："笔落惊风雨，诗成泣鬼神。"两者的意思相差不多，但李白是真正有才华有作品的天才，而郑审的水平，从《全唐诗》收录的两首作品看，非常一般。

称赞对方后，按干谒诗的套路，下面就是自述凄惨，希望从对方借得青云之梯。诗圣也未能免俗。并且，随着在京华时间越长，随着年龄越大，随着世事越艰难，随着生计越荒唐，杜甫的焦虑在不断放大。在这种放大的焦虑驱使下，他只得像没头苍蝇似的寻找出路，一会儿献赋，一会儿干谒。无数个清晨，他从少陵草庐前骑上驴子往城里走，有时候，内心一片茫然，不知道今天该去找哪位达官贵人求助："平明骑驴出，未知适谁门。"

希望有多大，失望就有多大。

依旧是徒劳无功。

黯淡而凄楚的岁月无穷无尽："长安苦寒谁独悲，杜陵野老骨欲折。"

第六章　丧乱

少陵野老吞声哭，春日潜行曲江曲。

——杜甫

你爱这个国家，可这个国家爱你吗？

——白桦

1

全国都在传言安禄山必反的时候，唯一一个不相信的，是这锦绣山河的主宰——天子唐玄宗。

之前，已有不少人提醒过他。对这些忠言，玄宗轻则驳斥，重则将提醒者押到安禄山处，任由安禄山处置。

如此一来，敢在玄宗面前说安禄山不是的人几乎绝迹了。

杨国忠也是预言安禄山必反者之一，不过，他不是出于对唐王朝的忠诚，而是担心在玄宗那里，安禄山的宠信超过自己。于是"屡于上前言其悖逆之状"；然而，一向对他言听计从的玄宗却"不之信"。

《旧唐书》认为，鉴于玄宗对己甚厚，安禄山虽然雄镇北方，厉兵秣马，但一直没有行动。他想等玄宗驾崩后再动手。"及见国忠用事，虑不利于己"，才在玄宗在世时叛乱。

天宝十三载（754）春，安禄山到长安晋见玄宗。之前，杨国忠曾警告玄宗说，安禄山必反。并说：陛下您试着把他召到长安来，他肯定不来。没想到，圣旨一下，安禄山马上来了。华清宫里，安禄山伏在玄宗面前哭诉：我本是胡人，受陛下宠擢才有今天，现在为杨国忠忌恨，臣死无日矣。由是，"上怜之，赏赐巨万"，更加宠信安禄山。杨国忠之外，另一个更重要的大人物，即太子李亨也预言安禄山必反，"言于上"，但"上不听"。

由是观之，安史之乱原本可以消弭于事发之先，只是，玄宗一意孤行，终至完全不可收拾。

由于唐玄宗对杨贵妃无与伦比的宠溺，一人得道，鸡犬升天，杨氏成为全天下权势最炙手可热，生活最骄奢淫逸的豪族。

杨国忠有四个儿子，其中一个叫杨暄，参加了某年的明经考试，不及格。当时还未实行糊名制，礼部侍郎达奚珣是考试负责人，他看到杨暄的答卷后，畏于杨国忠权势，打算为杨暄暗箱操作。为此，他派儿子达奚抚先去给杨国忠通个气。达奚抚等杨国忠出门上朝时，趋至马前。杨国忠看到达奚抚，以为儿子中选了，面有喜色。及至听了达奚抚的话，变脸作色，骂道：我儿子哪愁没富贵？用不着你们这些鼠辈卖人情。说罢，"策马不顾而去"。达奚抚惶恐不已，回去告诉达奚珣说："彼恃挟贵势，令人惨嗟，安可复与论曲直？"达奚珣无奈，"遂置暄上第"。

明摆着，在杨国忠这种超一流权贵那里，朝廷规章、国家制度、人间道德，统统一文不值，必须为他和他的家族大开方便之门。这对杜甫之类眼巴巴期望通过考试改变命运的普通读书人而言，无疑是巨大的不公。

但是，人间从来就没有真正的公正，相对的公正也要有一个清明的政治大环境才能保证。

由于乃父之荫，杨暄很快爬到了户部侍郎的高位——相当于财政部加民政部副部长，正四品下。

按唐制，通过科考及第后获得做官资格的前进士，必须通过守选。守选由吏部主持，三注三唱，自春及夏，方终其事。总而言之，极其慎重。但杨国忠竟把那些守选的候任者及主持守选的高级官员叫到自己家里，他的家眷们在帘子后面观看、品评这些人的衣饰相貌，以为笑料，竟至"笑语之声，朗闻于外"。并且，他所亲信的鲜于仲通等人，还要求这些选人在政府公署门前立碑，"以颂国忠铨综之能"。其时，杜甫也在守选行列，极有可能也被叫到富丽堂皇的杨府，并在歌颂杨国忠的碑文后署名。

权倾天下的必然结果，一方面，"自公卿已下，皆颐指气使，无不詟惮"；另一方面，则是权力为权力拥有者带来海量财富，中国人所谓的升官发财是也。史称杨国忠"构连甲第，土木被绨绣，栋宇之盛，两都莫比，昼会夜集，无复礼度"。

长安冬日天寒，杨国忠家中妻妾美仆成群，每出行，他必选婢妾中的肥胖者把他团团包围，为其遮风，同时借人体之气取暖，称为肉阵。到了夏天，他把冬季精心收藏于地窖的大冰块取出来，令工匠雕琢成鸟兽或大山形状，装饰以金环彩带，罗列在宴会厅周围。大夏天，客人竟冷得面有寒色。此外，他还把这些大冰块送给王公大臣。所有受赠者中，只有张九龄却而不受。

除了在骊山等地有别墅外，杨国忠在长安城中有两座大宅子。一座在长安城偏南的宣义里，一座在宫城东南的宣阳里。估计后者是他常居之地，因为这里离宫城更近。

宣阳里是唐时高尚社区，坊里居住过不少有头有脸的大人物。比如杨贵妃的大姐韩国夫人、三姐虢国夫人和八姐秦国夫人，大将军高仙芝，京兆尹李齐物，驸马独孤明，以及更早些时候的兵部尚书郭元振和著名诗人陈子昂。

有意思的是，安史之乱时，叛军攻入长安，王维、郑虔等人基于种种原因，不得不接受安禄山安排的伪职。及至唐军收复长安，王维和郑虔等人因之被系，就关押在杨国忠的前宰相府——那时候，杨国忠早已在马嵬坡身首异处，他的四个儿子，以及包括杨贵妃在内的四个从妹，也都死于非命。至于虢国夫人的豪宅，不久就改作寺庙。

这正是：眼见他起高楼，眼见他宴宾客，眼见他楼塌了。

2

山雨欲来、大乱将作的天宝十四载（755），杜甫四十四岁。

这年秋天，他到奉先探望已经阔别近一年的妻儿，并与杨氏的族兄杨蕙以及他的远房舅舅崔某相聚。崔某时任明水县主簿。

十月，杜甫返回长安。

就在此时，关于他的任职，终于有消息传来——在经过了漫长的四年多守选后，杜甫被任命为河西尉。

但是，杜甫拒绝接受。

天天想要入仕的杜甫，为什么拒绝呢？原因是多方面的。

这得与官方的改任联系起来说——不就河西尉后，很快，朝廷改任他为右卫率府胄曹参军。这一次，杜甫接受了。

拒绝河西尉而接受右卫率府胄曹参军，对此，杜甫本人作出的解释是："不作河西尉，凄凉为折腰。老夫怕趋走，率府且逍遥。"

在唐代，县的长官为县令，其下依次为县丞、主簿和县尉，这四者都是由中央除授的九品三十阶流内职事官，县尉位于流内职事官的最底层。再下面，就是非流内官的吏员如县录事、县司功佐和典狱了。

县尉是一个尴尬的职位。一县之中，县令为主官，其下有县丞、主簿等佐官，县尉的地位在县丞和主簿之下。就职责来说，县尉主要负责治安，需要直接与民众打交道。高适做过封丘县尉，他对拜迎官长、鞭挞黎庶的工作深恶痛绝。晚唐诗人李商隐做过弘农县尉，也有诗大倒苦水："黄昏封印点刑徒，愧负荆山入座隅。却羡卞和双刖足，一生无复没阶趋。"——作为县尉，每天黄昏时都要封存县印，清点刑徒，事务繁忙且无聊。李商隐以至羡慕被砍了双脚的卞和，不用像自己一样为公事趋走。这当然是气话。此外，白居易做过盩厔县尉。白居易对此不满，但没像高适那样辞职，而是消极怠工——县令让他抓人催赋，他装病不上班。这个鸡肋般的职务，白居易讥之为趋走吏："一为趋走吏，尘土不开颜。"

王勃有一首诗《送杜少府之任蜀州》，里面的名句，是他安慰他的朋友杜少府的："海内存知己，天涯若比邻。"

少府，就是唐时对县尉的别称。王勃这位朋友，到偏远的蜀州（治今崇州）当县尉，自然愁肠满腹，郁郁寡欢，王勃才会如此安慰。

那么，杜甫是不是因为县尉一职的琐屑无聊而拒绝接受呢？

不全是。

如同州分七等一样，唐代的县也有等级之分。其分法，有十等说和七等说诸种。今按《元和郡县图志》及《新唐书·地理志》，分十等：赤（又称京）、次赤（又称次京）、畿、次畿、望、紧、上、中、中下、下。等级不同，其长官的品秩、重要程度及升迁概率也不同。

以县令来说，赤县县令为正五品上，在唐代官员的三十个品级中，要算中高级了。上县则为从六品上，下县只有从七品下。赤县到下县，相差不可以道里计。再看县尉，赤县县尉为从八品下，有六人之多；上县为从九品上，人数减为两名；中县以下为从九品下，仅一人。也就是说，县的级别越低，县尉不仅品级低，事务也将因人数减少而更加繁杂。

杜甫授县尉的河西，旧说以为在今云南蒙自或四川宜宾，皆误。实则在今陕西。唐高祖时，析郃阳（今合阳县洽川镇）东部黄河沿岸一带设县，因地处黄河以西，故名河西，并充当西韩州治所。几年后，西韩州迁治韩城。河西县先属西韩州，再属同州，后又属河中府，及后复归同州。

河西县的级别，属望县，望县县尉，为正九品下。

唐人观念里，地处京城大邑的赤县、畿县，其县尉品级高，前途光明，被视作美官，乃是士人争求的好位置，很少有人初仕就得到这个职务。望县、紧县和上县，虽然比不上赤县、畿县，但比上不足，比下有余，一般进士释褐得到这个职务，也不算太坏。至于中县、下县，地方偏僻，远离京城，户数又少，穷乡僻壤，进士们视为畏途。

就是说，河西尉这个职务并不是太坏，至少是不好不坏，杜甫为什么要拒绝？

除了嫌县尉工作需要趋走，需要对上笑脸，对下皮鞭，实在有违内心外，更在于杜甫不愿意离开京城。

他在京城惨淡经营十年，尽管看了不少冷嘴脸，坐了不少冷板凳，却也认识相当多的王公贵族、名人国士——想想他向玄宗请求的授予他著作郎的往事吧，他显然希望留在京城，等待这样的机会。当然，机会一辈子也没来。

那么，右卫率府胄曹参军又是个什么职务呢？

封建社会，太子为国之储君，具有举足轻重的地位。因而，太子系统设有一大堆文武机构，并有大批文武官员，这就是东宫僚属。左、右卫率乃是东宫系统下属的军事机构。与左、右卫率并列的，还有左、右司御率和左、右清道率，共计六支部队，称为东宫六率。六率各有军号，其中，左、右卫率军号为超乘。东宫六率的职掌是负责东宫警卫和太子仪仗。

杜甫任职的右卫率，即东宫六率之一，率府首长为卫率，正四品高官；下设副率二人，长史一人，录事参军事一人。下隶亲府、勋府和翊府，三府各设中郎将一人，从四品；左、右郎将一人，正五品。三府乃是率府的主要机构，承担了率府主要职责。三府之外，另设诸曹——相当于为这支部队服务的各个后勤部门，如仓曹、兵曹、骑曹、胄曹，每曹长官称参军事，如杜甫的胄曹参军事，简称胄曹参军。各曹参军下面有府史若干。胄曹主要掌管武器甲胄及公廨修建。因此，杜甫这个胄曹负责人，相当于太子下属的一支部队的武器库总管兼营房部主任。从级别上说，属从八品下，大约相当于今天的科级。

接到新任命后，杜甫写了一首《官定后戏赠》：

> 不作河西尉，凄凉为折腰。
> 老夫怕趋走，率府且逍遥。
> 耽酒须微禄，狂歌托圣朝。
> 故山归兴尽，回首向风飙。

——不作河西尉，是我年纪大了，害怕趋走，害怕凄凉地屈身事人。在右卫率府任这个闲职，我会比较清闲自在。俸禄虽微薄，尚能满足我喝酒的爱好。为此，我要高歌赞美朝廷。回乡归隐的想法已经打消了，只是在风中回首时未免思绪飘荡。

表面看，杜甫似乎对新任命还算满意。细一品，不难发现他其实是在说反话，是在自我解嘲，满怀无奈与激愤——十年奔走，十年困居，只得到这么一个可有可无的芝麻官。

王嗣奭在《杜臆》中说："若论得钱，则为尉颇不凄凉，其云'凄凉'者，为折腰且怕趋走，不如率府兵曹且得逍遥；'逍遥'与'凄凉'反……'向风飙'，知率府亦非所欲，为贫而仕，不得已也。不平之意，具在言外。"

3

对杜诗，后人的评价大抵没有太大差别，都认可他的诗是诗史，他的人是诗圣，他的成就是集大成。但对杜甫的政治眼光和政治见解，却颇有不同声音。

杜甫一生沉沦下僚，政治上可以说没有任何建树。但杜甫好议论，尤其好议军政大事，哪怕赠别之作或悼亡之作，也常常情不自禁地牵涉到政治。从他的这些议论，不难判断他的政治眼光和政治见解。

欧阳修与宋祁所修的《新唐书》认为："甫旷放不自检，好论天下事，高而不切。"这一论断对后世影响甚大，乃至于范文澜的《中国通史简编》称："杜甫同李白一样，对政治的看法，也十分天真，甚至比李白更天真。他自比稷和契，希望因自己文学出众，'立登要路津'。他做大官的目的，倒不是为富贵享受，而是要'致君尧舜上，再使风俗淳'。"

一古一今两种说法，都认为杜甫不具备政治眼光，非常天真。

真的如此吗？我认为不尽然。

如果从政治的具体运作来说，杜甫只当过几年芝麻官，可能的确没有政治运作的具体经验。他希望通过自己出色的文学才华而受到君王重用，这在当代语境下，当然很荒唐——恐怕没有任何一个作家因小说、散文写得好，从而固执地认为他应该担任部长或总理。但在杜甫时代，却不无可能。作为一个有思想的诗人，作为一个几乎沦为社会底层因而对社会现实有着清醒认识的人，杜甫明显具有超越许多高官的政治预见性。

天宝十四载（755）十一月，改授右卫率府胄曹参军后，杜甫第二次到奉先探望妻儿。这一路所见所闻，他写成了《自京赴奉先县咏怀五百字》。在杜甫的一千四百多首现存诗作里，这是仅次于《北征》的第二长诗，也是一条通往杜甫心灵深处的隐秘小径。

唐时的奉先即今陕西蒲城，此地位于中国大陆地理中心，20 世纪 60 年代中期，我国在蒲城修建了一座专用授时台后，我国的北京时间，就从距北京将近一千公里的蒲城发出。

奉先在长安西北两百余里处，在唐代，长安通往太原的驿道自奉先经过。由长安到奉先，一般来说，正常情况下大约需要将近两天。

奉先原本是一个不出名的小地方，但自从杜甫把它写进诗里，它便成为诗圣心路历程的一部分。在笔架山下的南瑶湾村杜甫景区的某间展厅一角，一个悲凉的男声，一遍又一遍地朗诵这首诗。我站在暗处，听着朗诵，看着投影画面，突然有一种想要痛哭想要呐喊的冲动。

《自京赴奉先县咏怀五百字》这首长诗，可分为几个段落——吴小如把它分为三段；我以为，如果细一点，分四段也行。

第一段，杜甫陈述自己的理想与追求理想的遭遇。诗题中的咏怀二字表明，诗人要用诗歌的方式坦露心事。

"杜陵有布衣，老大意转拙。"时年四十四岁的杜甫刚任右卫率府胄曹参军，刚刚走上仕途。此前四十多年，他一直是布衣。四十四岁，人生已过大半，按理，经历了如此多的磨难曲折，理应像常人那样被生活打磨得圆滑，可他却更加笨拙和固执。

"许身一何愚，窃比稷与契。"——旁人眼中，我的笨拙和固执在于，我一辈子都把自己比作稷与契。稷乃周人先祖，教民稼穑，今天的武功尚有纪念他的教稼台；契为大舜臣子，管民事。唐朝名相魏征曾对唐太宗说过，最理想的时代应该是"君为尧舜，臣为稷契"。杜甫的理想是成为稷和契那样忠诚而又能干的大臣，辅佐尧、舜那样的君王，实现再使风俗淳的大同理想。但如今，自己年过四旬，只是一个从八品下的芝麻官，在旁人看来，这理想简直就是笑话。

但是，面对"居然成濩落"的现状，杜甫却"白首甘契阔"，并断言"盖棺事则已，此志常觊豁"。

濩落典出《庄子》，指大而无用，引申为沦落失意。面对无从实现的远大理想，杜甫表示心甘情愿，死而后已。

正因为怀此理想，他才在自身难保的情况下忧国忧民，"穷年忧黎元，叹息肠内热"。

面对那些飞黄腾达的同窗旧友的嘲笑或劝说，他的反应是"浩歌弥激烈"——我这种慷慨激昂的情感反而愈加强烈了。

"非无江海志，潇洒送日月。生逢尧舜君，不忍便永诀。"杜甫进一步解释：并不是我不想隐逸，不想回归潇洒的江海生活，而是我生逢尧、舜这样的明君，不忍心与他永别，想在他的领导下干一番事业。

创造了开元盛世之奇迹，也打开了安史之乱之败局的唐玄宗在后人心中毁誉参半，甚至毁多于誉。但是，在生活于开、天之际并见证了中国几千年来罕有盛世的杜甫心中，玄宗固然有诸多值得规谏之处，却仍然无损他是一个明君。安史之乱后，杜甫回忆起当年的盛世时依然一往情深：

> 忆昔开元全盛日，小邑犹藏万家室。
> 稻米流脂粟米白，公私仓廪俱丰实。

所以，杜甫在诗中把玄宗尊为尧、舜，固然有为今上美化的成分，却不是全无根据的浮夸。

正因为对明君与盛世的迷恋，杜甫忠君忧国的行为就像葵、藿之类的趋光植物一样永远向着太阳，它是一种本性、一种本能："葵藿倾太阳，物性固莫夺。"

"顾惟蝼蚁辈，但自求其穴。胡为慕大鲸，辄拟偃溟渤。"——我本来只是蝼蚁般无足轻重的读书人，只管像其他人那样自营其穴，自己过得去就行了，为什么要羡慕大海里的长鲸，想像它们那样在波涛之中横渡汪洋呢？

这样的疑问其实是一种回答：我不愿如蝼蚁庸常一生，我要像长鲸沧海击水。

"以兹误生理，独耻事干谒。兀兀遂至今，忍为尘埃没？"——这种想法与生计无关，以致我没能让一家人过上幸福生活。我到处干谒，深感羞耻。转眼间已到了四十几岁的今天，难道要像尘埃一样湮没吗？

"终愧巢与由，未能易其节。沉吟聊自遣，放歌破愁绝。"——然而，我始终不能像巢父和许由那样，对天下大事视而不见，自在地去做隐士。这样的志向从来没有改变，这也是我沦落至今的原因。我只有用酒聊以自遣，但酒后的狂歌却带来了更深的忧愁。

长诗一波三折，在沉郁顿挫的第一段里，杜甫坦言了自己的人生志向与遭遇，并表达出了"亦余心之所善兮，虽九死其犹未悔"的坚定信念。

第二段写他从长安前往奉先时的所见所闻及所思，个中高潮，在他经行华清宫时。

　　这是一个百草凋零，疾风吹得山冈上的石头也要破裂的严冬。半夜，长安还是一片冷寂的黑暗，杜甫出发了。长安距奉先两百多里，自长安到太原的驿道从奉先附近的同州经过。当时有南北两途，考杜诗可知，杜甫走的是南线，即沿途次第经过长乐驿、滋水驿、灞桥驿、东渭桥、高陵县、栎阳县、下邽县而至同州，然后折向西行，即是奉先。

　　杜甫半夜出发，是为了当天抵达奉先，回到亲人身旁。

　　关中的冬天异常寒冷，尤其是半夜从热被窝里起来，冒着风霜赶路，更是辛苦无比。"霜严衣带断，指直不得结。"——严霜把衣带冻断了，想要打个结，手指却不听使唤。

　　凌晨时，杜甫已来到了长安东北几十里外的昭应县。昭应即今西安临潼区。临潼境内，有一座闻名遐迩的山峰：骊山。

　　骊山属秦岭支脉，横亘于关中平原东部，与几十公里外的华山遥相呼应。由于山中有温泉，自秦、汉、隋、唐以来，"人主皆尝游幸"。所有人主中，对骊山情有独钟的是唐玄宗，他"即山建宫，百司庶府皆行各有寓止，自十月往，至岁尽乃还宫"。玄宗每年十月到骊山避寒，居数月之久。为此，文武百官也得跟着皇上去，便在山上修造了大量房舍。又因宠爱杨贵妃，"其奢荡特为章著，大抵宫殿包裹骊山，而缭墙周遍，其外观风楼下，又有夹城可通禁中"。

　　总之，作为大唐帝国玄宗时期的冬都，骊山是一个浮华而肉欲的花花世界。白居易在《长恨歌》里，用香艳的文字描绘了玄宗和贵妃在骊山的幸福生活："春寒赐浴华清池，温泉水滑洗凝脂。侍儿扶起娇无力，始是新承恩泽时。"

　　大名鼎鼎的华清池，便在骊山脚下。温泉池畔，立着性感的杨贵妃的白色雕像，背后是一些仿唐式建筑；再背后，便是青翠的骊山。玄宗与贵妃在汤池里泡罢，又在长生殿里发誓："在天愿为比翼鸟，在地愿为连理枝。"时至今日，长生殿尚有遗址，围墙围成景点。帝王将相踪影全无，只有来来往往的游人指指点点。江山如同一座辽阔舞台，你方唱罢我登场。

　　按照唐时线路，居于长安城南少陵的杜甫，应该不会从骊山经过，而是在离骊山还有一段距离的西边就要转向北行，以便从东渭桥过河。

东渭桥遗址在与京昆高速垂直的一条叫虎苏路的乡道上，自京昆高速下的隧道穿过去，不远处即是。

日本平安时代著名僧人圆仁随第十八次遣唐使来访，就是从东渭桥进入长安城的，圆仁在他的《入唐求法巡礼行记》中有关于东渭桥的记载。

1967 年，当地农民在挖土取沙时发现了《东渭桥记》残碑，据碑上文字，该桥修建于唐玄宗开元九年（721）。考古发现，东渭桥遗址长五百四十八米，宽十一米，桥南端有一条用石头铺设的连接桥梁的道路，宽度在十二至二十米。考古表明，桥基用青石条砌成，中间以铁栓板相连，并隔有分水的金刚墙四处。

莫砺锋推测，东渭桥是一座经常被洪水冲毁，又经常重建的便桥。但依据考古发现看，恐不确。有意思的是，如今的东渭桥遗址，即当年的东渭桥，并不在今天的渭河上，而是离渭河三公里左右。这说明，唐代至今的一千多年间，渭河河道北移了不少。

从东渭桥过河之前，杜甫先经过了骊山山麓。骊是黑色的马，因骊山看上去像一匹黑马而得名。

"凌晨过骊山，御榻在嵽嵲。"杜甫单人匹马，从骊山西边经过，他很自然地想起，时值隆冬，皇帝和一帮大臣正在骊山避寒。

"蚩尤塞寒空，蹴踏崖谷滑。瑶池气郁律，羽林相摩戛。"天快亮了，山谷中涌起一阵阵潮湿的雾气，走在崖谷间，小路更加湿滑难行。遥遥可望的骊山行宫里，热腾腾的温泉冒着水汽，宫外是大批巡逻的禁卫军，他们手中的武器轻轻碰撞，发出一阵阵清脆的声音传到杜甫耳中。——这有可能是实写，更可能是想象。

接下来，就全是杜甫的推测了。因为驿道和行宫还有一定距离，即便真的就从宫墙下经过，高高的宫墙也把墙内墙外分割成两个迥异世界。墙外的杜甫，不可能看到墙内的幸福与豪奢：

> 君臣留欢娱，乐动殷胶葛。……彤庭所分帛，本自寒女出。鞭挞其夫家，聚敛贡城阙。圣人筐篚恩，实欲邦国活。臣如忽至理，君岂弃此物？多士盈朝廷，仁者宜战栗。况闻内金盘，尽在卫霍室。

——皇上和臣子一起极尽欢娱，响亮的乐声连绵不绝。宴席上，皇上拿出大量丝帛赐给与会的臣子，这些丝帛本是贫苦人家的女子辛辛苦苦织出来的。朝廷为了将其夺取，鞭挞她们家里的男人，从各地搜刮到手后再送到京师。皇上把丝帛赐给臣子，本是为了让臣子帮助他把国家治理好，以求长治久安。做臣子的如果忽略了这个道理，那就等于皇上的财物白费了。衮衮诸公充斥朝廷，倘若稍有良知，也会为丰厚的赏赐感到不安。何况我听说大内珍藏的宝物，如今几乎都在卫青、霍去病这些皇亲国戚府中。

天渐渐亮了，骑在马上的杜甫眺望山林间壮丽的楼阁，他继续想象墙内的情景——那是与民间格格不入的另一种存在：

> 中堂舞神仙，烟雾蒙玉质。
> 暖客貂鼠裘，悲管逐清瑟。
> 劝客驼蹄羹，霜橙压香橘。

——大堂之上，香烟轻绕，玉一般的女子跳着神仙一样的舞蹈。参加宴会的人身着貂皮大衣，怡然自得地欣赏歌舞。他们面前的几案上，摆满了各种珍稀食物，有用骆驼蹄子熬成的羹汤，有秋天保存下来的橙子和橘子。

写到这里，杜甫再也无法压抑内心的悲愤，十颗掷地有声的汉字喷薄而出，如同十支呼啸而过的响箭——

> 朱门酒肉臭，路有冻死骨。

悲愤的怒火后，杜甫又陷入了难以名状的忧伤："荣枯咫尺异，惆怅难再述。"——他和达官贵人之间，只有咫尺之遥，却如同两个平行宇宙那样无法相通。一边是荣，一边是枯；一边是温暖，一边是寒冷；一边是富贵，一边是清贫；一边是飞黄腾达，一边是报国无门；一边是炙手可热，一边是寂寞凄清。

对骊山大墙内外作了真实而生动的对比后，第三段，杜甫回述他前往奉先的艰难路途。

向北经过了离泾河与渭河交汇处不远的东渭桥后，杜甫的前进方向由之前的向东变成向北，因为奉先在长安东北方。当他回首张望时，他看到奔腾的河水自西向东流淌，像是从天而降。浩大的水势，让杜甫担心它会把传说中支撑天空的柱头冲毁。幸好，大桥安然无恙，只是桥柱发出了细碎的声响。渭河宽广，长长的大桥看上去很危险，来往行人只好互相搀扶壮胆。

过河后，杜甫继续赶路。他感叹世道艰难，家人也跟着受罪："老妻寄异县，十口隔风雪。谁能久不顾，庶往共饥渴。"——妻儿老小十口人，寄居在远亲做官的奉先，与我各在一方。作为妻子的丈夫和孩子的父亲，怎么能长久地不顾念他们呢？现在，我就要前往奉先，哪怕是饥饿寒冷，也要和他们在一起。

之下是第四段，写他到家中后的所见及所思。那也是泪点和痛点之所在："入门闻号咷，幼子饿已卒。"刚进门，就听到家中传出号啕大哭声，惊疑急问，才知道幼子竟然饿死了。

这个饿死的幼子到底有多大？史料阙如，我来做一番推测。

按萧涤非的《杜甫全集校注》所附年谱，杜甫次子宗武生于天宝十三载（754）秋，即幼子饿死前一年。幼子饿死是在天宝十四载冬，那就意味着杨氏在大约十四个月里，竟生育了两个儿子。虽然不是没有这种可能，但总觉得过于特殊了些。若此说成立，则幼子死时，最多不过两三个月，尚属婴儿。婴儿有母乳可食，当不致饿死。

不过，我发现，大历三年正月，杜甫在夔州写了一首《又示宗武》，诗中云"十五男儿志"，即当年宗武十五岁。大历三年即768年，倒推过去，则宗武可能生于天宝十二载，即753年——之所以说是可能，因古人用的是虚岁。倘如此，则杨氏在两年多时间里，先后生了宗武和幼子，而幼子的年龄，大概一岁。古代无奶粉之类的婴幼儿食品，母乳断绝，只能食米糊流食。估计这才是幼子饿死的原因。

不管如何，风尘仆仆地进了家门，噩耗却有如当头一棒，敲打得杜甫呆若木鸡。

唐时习俗，未成年的孩子夭折，做父母的不能哭泣。这是遵照《礼经》的要求。唐人于鹄在丧子后所作诗中就有"婴孩无哭仪，礼经不可逾"的句子。

杜甫感叹，就算我按《礼经》要求强忍不哭，奈何就连邻居看到这样的惨状，也不由呜咽泪下："吾宁舍一哀，里巷亦呜咽。"

杜甫自责："所愧为人父，无食致夭折。"——我实在心中愧疚啊，身为人父，竟然让孩子没有饭吃，活活饿死。

骊山上狂歌痛饮的达官显贵，他们哪里知道，即便是在庄稼收获不久之后，穷人家里依然可能有人饿死。

再也没有哪一种绝望比得上一个父亲得知自己的儿子在丰年、在盛世，竟然活活饿死。

这样的丰年和这样的盛世不仅可疑，也可怖，可憎。

丧子之痛带给杜甫的是推己及人的悲悯——这也正是杜甫的伟大与可敬之处，当他的伤口还流着血，他在喊出自身疼痛之时，也没忘了为同样伤口流着血的他人呐喊。这正如他后来在茅屋为秋风所破时，犹自希望有广厦千万间，大庇天下寒士俱欢颜。

唐制，皇族贵戚及有品爵官职者，本人及其子孙都可免交租税，免服劳役。杜甫当然也在豁免之列，与平民相比，属于特权阶层。因而，杜甫感叹："生常免租税，名不隶征伐。抚迹犹酸辛，平人固骚屑。"——像我这种免租税与赋役的家庭，遭遇尚且如此艰辛可悲，何况普通平民百姓，他们必将遇到更多的忧愁之事。

"默思失业徒，因念远戍卒。忧端齐终南，澒洞不可掇。"——默然之中，我想到了那些失去土地的农民，想到了那些被迫远戍边疆的士卒，他们的痛苦与我相比，恐怕一点也不会少。国家如斯，世道如斯，我的忧愁如同终南山一样高峻，如同浩瀚的大海一样汹涌澎湃，无法收拾。

一个想做稷与契的人，幼子居然饿死；一个被称颂为尧舜的明君执政的盛世，居然奸臣当道，人民流离。在杜甫如椽巨笔之下，盛唐正在滑向不可挽救的深渊。

四十四岁之前，杜甫已经创作了不少名篇佳作，足以让他成为优秀诗人之一。但是，要等到有了横空出世的《自京赴奉先县咏怀五百字》，他才得以成为一流诗人。

因为，这不是普通的诗，这是一个丧乱时代的痛苦呐喊。

4

自西安北上，不多时，高速公路便驶离了坦荡如砥且生意盎然的关中平原，慢慢进入黄土高原。此后数百里行程，视野里俱是黄土——黄土原、黄土梁、黄土沟、黄土峁，大地被纵横的沟壑切割得支离破碎。不过，唯一令我意外的是，黄土高原并非像大多数人想象的那样荒凉。可能是近年来的刻意保护，许多黄土梁和黄土沟里，都分布着小片小片的林子，像是为苍凉的黄土打上了一个个间隔号。

富县就位于黄土高原深处。

春秋时，富县属晋国。三家分晋后，归魏国。周显王三十九年（前330），秦败魏，魏不得不将河西十五座城池献于秦，其中包括富县——秦在这里设雕阴县。

秦朝时，雕阴县位于从首都咸阳到五原的直道上，是一个重要军事据点。

隋开皇年间，设鄜城郡。到杜甫的唐代，又改设鄜州。无论郡还是州，当然都比县级别高。

经过数十天的颠沛流离，杜甫一家来到了鄜州，将不成样子的家安在了大申号村——那时，它叫羌村。

大申号村坐落在山间一个相对平坦的山坡上，几十间房舍杂乱地分布于台地，有的高，有的低，有废弃的窑洞，也有破旧的院落。这一家的院坝，可能要高于另一家的屋顶——如是，则能理解杜诗说的"邻人满墙头"了。可以肯定的是，当大申号村还叫羌村的杜甫时代，除了没有电和诸种电器，没有石棉瓦，其他应该都相差无几。在那些偏僻之地，时光虽然还没有凝固，但往往变得十分缓慢、迟疑。两三个坐在墙根下晒着冬日太阳的老人，他们木讷而和善的表情，让人极其疑心，他们就是杜甫的高邻。

富县一带的秦直道，当年杜甫也许就是沿着它回鄜州探亲的

天宝十四载（755）十一月，正当杜甫从京城到奉先探望家人，进门却得知幼子刚刚饿死时，在距他千里之外的北方范阳（今北京），一场即将改写帝国和帝国万万千千民众命运的大事发生了：连年来反骨渐露的安禄山终于反唐。

当时，安禄山派到长安奏事的一位官员回到范阳后，安禄山便诈作敕书。他召集将领们说，朝廷给我发来密旨，令我带兵入朝讨杨国忠，"诸君宜即从军"。手下将领们愕然相顾，无人敢有异议。当即，安禄山发所部兵及与之有勾结的同罗、奚、契丹、室韦等少数民族军队十五万——号称二十万，扯旗造反。

安禄山在范阳举行阅兵式，并宣布："有异议并煽动军人者，斩及三族。""于是引兵而南，禄山乘铁舆，步骑精锐，烟尘千里，鼓噪震地。"

安禄山造反的消息传出，尽管之前很多人都预见他将要造反，但当头上的达摩克利斯之剑终于掉下来，还是让人震怖。史称："时海内久承平，百姓累世不识兵革，猝闻范阳兵起，远近震骇。"荒唐的是，当太原和东受降城防军将安禄山造反的消息十万火急地送达长安时，深居禁中沉溺酒色的玄宗"犹以为恶禄山者诈为之，未之信也"。

过了几天，各方面情况表明，安禄山真的反了。玄宗这才召集重臣商讨对策。会上，其他人还未发言，杨国忠"扬扬有德色"——因争宠争权，他向来与安禄山不睦，并预言安必反。此时，事态的发展果然如他所言，身为首相，他不去考虑此事给江山社稷带来的危害，却因自己预言坐实而扬扬得意。他非常轻浮地下结论说："今反者独禄山耳，将士皆不欲也。不过旬日，必传首诣行在。"杨国忠一番没有根据的臆想之词，玄宗却深以为然，以致出席会议的大臣相顾失色。

当杜甫从奉先回到京城时，安禄山造反的消息早已传播海内，而安禄山大军，正从河北进攻河南，一路所向披靡。

在右卫率府胄曹参军这个芝麻大的闲职上，杜甫没能逍遥几天。

很可能，天宝十五载（756）春天，上自天子李隆基，下到普通黎民百姓，他们对安禄山造反将带来的动荡和影响还缺乏必要认知。很可能，他们都一厢情愿地相信，只要官军奔赴前线，造反的乱臣贼子就将束手就擒。他们不会预料到，叛军势力竟如此强大，推进速度竟如此疾速，大帝国的崩溃竟如此令人目瞪口呆。不仅天子将不得不踏上逃亡之路，首都长安和东都洛阳也将落入叛军之手。

当灾难还没成为活生生的现实，长安城如同风暴来临前夕的天空，依旧温情脉脉，岁月静好。

沉沦下僚的杜甫虽然关心国家，关心社稷，但他不在其位，难谋其政，他永远是一个清醒而痛苦的旁观者。他的痛苦来自他的清醒，他的清醒加重了他的痛苦——愈是清醒，愈是痛苦。

这年春天，杜甫留下了三首诗。三首诗都和饮酒聚会有关，而觥筹交错之间，杜甫总是不由自主地想起不知会如何收场的战乱。

正月初一，杜甫参加了一场聚会。与会的多是青年才俊，其中最优秀的数苏端和薛复——薛复生平失考，苏端是吏部侍郎苏晋的侄子。杜甫在《饮中八仙歌》中写到了苏晋："苏晋长斋绣佛前，醉中往往爱逃禅。"苏端其时尚未中进士，入仕后累迁吏部郎中，因性情疏狂被代宗贬斥。

正月初一的长安冰雪未消，花草初萌，"爱客满堂尽豪翰，开筵上日思芳草"。在一众年少轻狂的青年才俊中，年过四十五的杜甫有一种不由自主的失落。浦起龙所谓："苏、薛诸生皆年少能文，公对之，动叹老嗟卑之感。"叹老之外，杜甫更为千里外的战事忧心："垂老恶闻战鼓悲，急觞为缓忧心捣。"——我老了，听说战事就很焦虑，为了缓解焦虑，只好不停喝酒。

农历每个月的最后一天称为晦日。正月晦日，称初晦。古人在初晦要祛邪、避灾、祈福。这一天，独居长安的杜甫去找两个新交的朋友。此两人，一个叫崔戢，一个叫李封。崔戢于史无考，李封曾做过左补阙和侍御史。杜甫与崔、李相交时间不长，但"晚定崔李交，会心真罕俦"。他们时常聚在一起饮酒，有时还在崔家或李家留宿。这一天，他们相聚于李家园子，园子里长满了青翠的竹子，浅草刚冒出地表，有蜜蜂在嗡嗡嗡地飞来飞去。

然而，酒至半酣，想起远方的战火，想起不知如何收场的大动乱，杜甫忧从中来。他想长歌当哭，又担心一发不可收拾，只得含着眼泪继续喝酒："当歌欲一放，泪下恐莫收。浊醪有妙理，庶用慰沉浮。"

为一个姓程的同事饯行，应该是在这年春末。杜甫与这位同事的交往更短，是其到右卫率府任职后才相识的。其时，程录事准备辞官还乡——是为躲避正在迫近的叛军吗？杜甫说，他与程同事相遇虽然甚晚，但他发现程同事是一个特立独行有风骨的人，他们之间的交情，有如管鲍。

春末，冰融雪消，化作一股股水流，将大地冲刷得一片泥泞。诗里，杜甫一语双关，以时景喻时事："东风吹春冰，泱莽后土湿。"表面看是说雪水四溢，其实是说人民流离失所。

唐政府的平叛相当不力。

安禄山十一月起兵，十二月攻陷东都洛阳。唐军败退至陕州，为叛军追击，死伤无数。

次年正月，安禄山在洛阳称帝，建号大燕。

之前，安禄山之子安庆宗在朝任太仆卿，迎娶宗室之女荣义郡主。及至安禄山造反，唐玄宗怒杀安庆宗，赐郡主自尽。消息传至安禄山处，安禄山刚打下陈留，降者数以万计。安禄山恸哭说：我何罪，而杀我子。"竟将近万降卒杀之，以快其忿。"

高仙芝和封常清受命指挥平叛，但玄宗又以宦官边令诚监军。边令诚"数以事干之，仙芝多不从。令诚入奏事，具言仙芝、常清桡败之状"。封常清的确三败于叛军，但边令诚却诬陷高仙芝盗减军士粮草。之前，包括唐玄宗在内的衮衮诸公，都以为很快就能将安禄山平定，没想到却一败再败。玄宗震怒之余，下旨将高仙芝和封常清处死。高仙芝一代名将，临刑长叹："我遇敌而退，死则宜矣。今上戴天，下履地，谓我盗减粮赐则诬也。"

高仙芝伏诛后，改由哥舒翰统兵。此前，高适曾投到哥舒翰帐前效力，杜甫也一度有投靠哥舒翰的想法。

哥舒翰久经沙场，屡败吐蕃，是唐代知名战将之一。当时边地有民歌称颂他："北斗七星高，哥舒夜带刀。至今窥牧马，不敢过临洮。"

因战功赫赫，哥舒翰不断升迁，一直做到了河西节度使，并封西平郡王。但他纵情酒色，身患风疾，只好长期在长安养病。

处死高、封二人后，玄宗决定起用哥舒翰。哥舒翰以病力辞，但"上借其威名，且素与禄山不协，召见，拜兵马副元帅，将兵八万以讨禄山"。并加封哥舒翰为尚书左仆射、同中书门下平章事，亲自为其钱行。

作为一流的军事家，哥舒翰明白，唐军与叛军相比，实力悬殊。当下最好的办法，就是固守潼关以待中原有变。他上书玄宗，认为安禄山虽然占据了河北等广大地区，但手下尽是番将胡人，所到之地烧杀抢掠，百姓绝不会归心。如果唐军坚守潼关，叛军久攻不下，一定会军心涣散，众叛亲离，届时再趁势出击，大局可定。

原本，哥舒翰与杨国忠关系密切。但安禄山之叛，时人都认为系杨国忠所逼，杨国忠最怕的就是朝廷将他作为替罪羊处死，以堵安禄山之口。偏偏就在哥舒翰固守潼关期间，哥舒翰手下将领王思礼就以此劝说他：不如留兵三万守潼关，其他精锐部队回师长安，诛杀杨国忠，"此汉挫七国之计也"——汉朝时七国之乱，打的旗号是"清君侧，诛晁错"。安禄山起兵之初，也是以讨杨国忠为借口。如果把杨国忠杀了，就像当年汉景帝杀了晁错一样，可以堵叛军之口。

哥舒翰对王思礼的建议"心许之，未发"。当他犹豫不决时，"有客泄其谋于国忠，国忠大惧"。于是，杨国忠经玄宗同意，将一万多精锐部队布置于灞上，令其心腹杜乾运率领，名为防叛军，实为防哥舒翰。哥舒翰一眼就看出了杨国忠的用意，他竟以议事之名把杜乾运召到潼关，"斩之"。

至此，将相不和，势同水火。杨国忠固然惊惧，哥舒翰也不自安，为后来的潼关失守埋下了祸根。

杨国忠生怕哥舒翰引军西向，于是不断向玄宗进言，要求哥舒翰与叛军决战。玄宗听从了杨国忠的意见，"使使者趣战，项背相望"。

一道道圣旨催逼下，天宝十五载（756）六月四日，哥舒翰大哭出关，次灵宝西原。

这是一场关系唐朝国运的大战。结果，进入叛军包围圈的官军水陆俱

潼关古城遗址

败。其中掉进黄河淹死的就有几万人。潼关城外挖有三条壕沟，宽两丈，深一丈，逃命回来的官军掉入沟中，很快将沟填满，后面的人马就踏着战友的躯体进入潼关。

清点队伍，原本达二十万之众的官军，只剩下可怜巴巴的八千。哥舒翰召集残兵败将，打算继续固守潼关。然而，番将火拔归仁等却将哥舒翰劫持后向叛军投降。

至此，固若金汤的潼关轻易落入叛军之手，长安以及关中无险可恃，京师的陷落成为必然。

哥舒翰被押送到洛阳，安禄山见到他后，得意扬扬地指着他说：你过去一直看不起我，现在怎么样呢？

哥舒翰早就没了昔年的英雄气概，他竟然伏地请罪说：臣肉眼不识圣人。陛下是拨乱之主，现在天下未平，李光弼在土门，来瑱在河南，鲁炅在南阳，臣愿写信为陛下招降他们，一举就能平定三方。

安禄山大喜，封哥舒翰为司空、同中书门下平章事。然而，哥舒翰高估了自己的影响力，也低估了将领们对唐王朝的忠诚度。没有一个人响应他的号召而投降，安禄山大为失望，便将他关押起来。到了安禄山的儿子安庆绪时，随着战场上节节失利，安庆绪将包括哥舒翰在内的三十多名唐朝高级官员全部处死。

不过，唐朝对这位大节有亏的战将还不薄，不仅没有清算他的家人，还追赠他为太尉，谥武愍。

哥舒翰的儿子哥舒曜，在德宗朝为节度使，并率兵讨伐李希烈。德宗对他说："尔父在开元时，朝廷无西忧。"

当哥舒翰与叛军在潼关相峙时，叛军若不破关而入，还可从蒲津一带西渡黄河，自长安东北进军。若如此，处于河西附近的奉先就岌岌可危。而杜甫的家小，正客居奉先。

于是，潼关大战前夕，即天宝十五载（756）五月，杜甫匆匆离开长安，前往奉先。

他要带着一家老小去逃难。

逃难第一站是奉先以北的白水。

白水因渭河支流白水河得名。黄土高原上的这座普通小县，最值得一说的，我以为非仓颉庙莫属。

白水县城东北有一小镇，名史官。镇上，有全国唯一的纪念仓颉的庙宇，系国家级文物保护单位。现存建筑为元代及以后所建，不过，史料称，早在东汉年间，就有庙存在。真如此，那么，好古好游的杜甫或许来过。庙内，数十株古柏虬枝挺立，树龄均在千年以上。

白水尽管与奉先毗邻，但它偏离了太原至长安的驿道，因而被兵火波及的可能性要小一些。并且，杜甫的舅氏崔顼在此任县尉，举家逃难，也就有了依靠。

杜甫一家到达当时纯属穷乡僻壤的白水时，他的舅舅和其他长辈都来迎接。晚上，舅舅治酒相待，席间，有杜甫一辈子最爱吃的雕胡饭。

崔顼的居所，在城边一座高岗上。从门口望出去，树梢都伏在脚下。房舍背后，重峦叠嶂，山势连绵，泉水淙淙，清风徐来，令在初夏五月里狼狈奔波的杜甫感到清凉而温馨。

在白水舅氏家，杜甫一家待了一个月左右。六月，潼关失守的消息传来，白水也不再安全。杜甫只好带着家人，再次踏上逃难之路。

大历五年（770），这是杜甫人生的最后一年。这年春天，流寓湘江客舟上的他，与一位多年不见的老亲戚相遇了。从血缘上讲，这个老亲戚和老杜已经很疏远了。从感情上讲，杜甫一生都对他心怀感激。

因为，十四年前的逃难之旅，他曾得到过这个老亲戚真诚无私的帮助。

大历五年的意外邂逅，令年迈的杜甫意绪难平，他抚今追昔，写下长诗《送重表侄王砅评事使南海》。

王砅是太宗朝宰相王珪的六世孙，而王珪的妻子，前面讲过，她是杜甫的曾祖姑杜柔政。

从辈分上说，杜甫比王砅高两辈——从杜诗"我之曾老姑，尔之高祖母"而言，杜甫似只比王砅高一辈，然诗题中的重表侄却表明，杜甫比王砅高两辈。这并非老杜的诗题与内容自相矛盾，而是杜柔政系王砅的高高祖母，即六世祖母。按古人习俗，高祖母以上可笼统地称为高祖母，因而杜甫才说"尔之高祖母"。

天宝十五载（756）夏天，潼关既破，杜甫一家又踏上了逃难之路。与他家同行的，就有重表侄王砅及家人。按今天习惯，杜甫称王砅侄孙，王砅叫杜甫表公。

刚上路时，两家人都有马或骡子之类的牲口代步。谁知走到半路，杜甫的牲口竟被人乘乱抢走，他不得不挤在流民队伍里，徒步而行，渐渐与王砅走散了。行至山道，杜甫又不幸摔倒在路基下的乱草丛中。就在狼狈不堪时，已走出十余里的王砅见表公没有跟上来，骑着马，一边高呼杜甫的名字，一边溯了人群往回赶。及至找到杜甫，他把杜甫救起，还把自己的马让给杜甫骑，自己一手牵马缰，一手执刀护卫。

这些生动真实的细节，杜甫都写在了诗里："吾客左冯翊，尔家同遁逃。争夺至徒步，块独委蓬蒿。逗留热尔肠，十里却呼号。自下所骑马，右持腰间刀。左牵紫游缰，飞走使我高。"

时隔多年，杜甫再次向王砅表达了发自内心的感激："苟活到今日，寸心铭佩牢。"

在王砅的护卫下，两家人重又会合。当天深夜，他们在白水县的彭衙堡一带赶路。山深人静，月朗星稀，空谷里传来阵阵鸟啼。杜甫背负着小女儿，小女儿饥饿难耐，急得用牙咬他的肩膀。杜甫害怕女儿的哭声被虎豹听见，只好抱在怀中，伸手捂住她的嘴巴，哪知她拼命挣扎，哭闹得更凶了。儿子要懂事一些，不时采摘路旁的野果子给妹妹吃。只是，那些酸涩的野果子，根本没法下嘴。

那段时间，一连下了好多天雨，杜甫一行只好在泥泞中挣扎前行，不得不相互搀扶或是抓住路旁的树木，小心翼翼才免于跌倒。身上的衣服打湿了，又冷又重。有时走了大半天，才走出几里路。没有吃的，只好采摘野果子充饥，清晨蹚着石径上雨后乱流的洪水出发，晚上就在荒无人烟的野地露营。

又一个赶路的夜晚，杜甫一行作了不速之客，去投奔一位叫孙宰的朋友。孙宰闻讯出来，张灯开门，热情迎接。进屋后，先给杜甫一行烧热水烫脚，又剪纸为旒，给受到惊吓的孩子们招魂。忙碌一番后，孙宰的妻儿也出来和客人见礼。灯下，彼此相对，问起近况，热泪纵横。夜深了，丰盛的晚餐终于烧好了，孩子们已因疲倦而入睡，又把他们一个个叫起来吃饭。饭后，孙宰把堂屋让出来，供客人们休息。

一年后，杜甫再次经行彭衙，想起一年前的往事，心潮澎湃，却无法间道相访，只好写诗遥寄。他在诗中感叹："谁肯艰难际，豁达藏心肝？别来岁月周，胡羯仍构患。何当有翅翎，飞去堕尔前。"

在孙宰家小住后，杜甫一行又经华原（今铜州市耀州区）、三川（今富县三川驿），抵达了鄜州羌村。

为什么会选择这样一个偏僻的小村庄避难？是因为这里有朋友或亲戚吗？杜诗没说，估计多半没有。那就意味着，选择羌村或许并不是逃难之初的预设，而是随遇而安的临时起意。

5

边远的羌村虽然偏僻，倒也因偏僻远离了战争烽火，是一个相对安全的小地方。加上一家人团聚在一起，按理，杜甫应该在这里长久地客居下去，直到外面那个沸腾的世界不再沸腾。

然而，纵观杜甫一生，只要他的处境稍微安宁，他就会不由自主地替国家担忧，替君王担忧。换言之，"天下兴亡，匹夫有责"这种说法，在多数人那里，不过是空洞的口号；唯有杜甫，把它当作终生身体力行的人生准则。

尽管偏远，毕竟也不是"不知有汉，无论魏晋"的世外桃源，外面的消息——政局与战事，仍然不时传到羌村。

这年夏天，最重大的消息无疑两个：

第一，六月，玄宗以亲征名义逃出长安，奔赴剑南。行至马嵬，军队哗变，杨国忠伏诛，杨贵妃赐死。

第二，七月，领兵在外平叛的太子李亨于灵武即位，改元至德，是为唐肃宗。

杜甫闻讯作诗，他既伤时叹遇，感慨叛军给民众带来的苦痛，又希望新皇帝即位，能够迅速光复旧物。当然，他更渴望奔赴行在，为新皇帝效力。

杜甫心中重又燃烧起希望之火——今上新立，行在草创，一定需要人才，尤其需要像他这种对唐王朝忠心耿耿的人才。而对于江山社稷的与生俱来的责任感与使命感，更让杜甫感到这既是仕途的一级台阶，也是实现自己政治理想的一次机遇。

他决定抛妻别子，奔赴行在。

肃宗登基的灵州，即今宁夏灵武，距杜甫所在的鄜州羌村千里之遥。

自隋及唐，灵州都是北方强敌入侵中原的孔道，战略意义十分重要。唐贞观年间，太宗亲临灵州，招抚北方诸部，被尊为天可汗。安史之乱后，朝廷向回纥借兵，灵州成为物资转运中心。

杜甫与依依不舍的妻儿洒泪相别，独自踏上了前往灵州的路。

在中国，被誉为革命圣地的延安可谓家喻户晓，妇孺皆知。但知道杜甫和延安也有关系的人恐怕就非常少了。

延安城里，一条小河从南往北而流，在宝塔山下汇入延河。这条小河，名叫南河，旧名杜甫川。南河东岸，一座小山前，便是纪念杜甫的杜公祠。依山面河的杜公祠，占地很小，大门紧邻大街。众多楼房与铺面之间，挤着一座仿古建筑，那便是杜公祠的大门。查看十年前的老照片，却没有这道大门。

据地方史料记载，杜甫时代，此地名为七里铺，意为距延州城区七里。杜公祠所在位置是一座石湾。据说，杜甫奔赴灵州时，曾经以鞋作枕，在石湾里休息过一夜。为了纪念诗圣行踪，后人建造了杜公祠。

又据说，杜公祠里，原有范仲淹所书杜甫川三字，后来遭到毁坏，业已不存。今天能看到的，有清朝肤施县（今延安）知事陈炳林所书的"少陵川"、毛泽东所书的"诗圣"，以及于右任所书的"安得广厦千万间，大庇天下寒士俱欢颜，风雨不动安如山"。崖壁前还另立一石碑，上书《严公九日南山诗》，传为杜甫手迹，真伪存疑。

杜甫来到延州，打算从这里经芦子关，再经今吴起、定边、盐池而达灵州。然而，当他在延州城外七里铺的石湾草草歇息一晚，再次踏上路途时，却不知此时的今陕、晋北部，均为叛军控制。

于是，杜甫自投罗网，做了叛军俘虏，被叛军押往长安。所幸者，杜甫官职低微，叛军把他押回长安后，并没有继续关押他，他尚有人身自由。

此时，承平多年后，长安这座独领风骚的繁华古都，遭遇了一场大劫。

叛军还未进入长安前，玄宗已率众逃离，长安成为权力真空。在从长安通往蜀中的驿道上，两百里之间，"宫嫔散匿行哭"——这些除了美丽就一无所有的原本养尊处优的宫廷女子，大祸临头，无人看护，只好躲起来痛哭；"将相第家委宝货不赀"——达官贵人逃跑了，府中留下大量财物。没逃走的大胆民众，"争取之，累日不能尽"。达官贵人府第搬空后，尝到甜头的暴民又聚众打开国库，把国库也洗劫一空。等到叛军到长安，"怒，乃大索三日"，不管有没有参与抢劫的市民，都成了叛军洗劫对象，"民间财赀尽掠之"。此外，"府县因株根牵连，句剥苛急，百姓愈骚"。

安禄山对唐玄宗杀死他的儿子安庆宗一直耿耿于怀，这时也终于找到了报复机会——来不及跑路的天潢贵胄遭到了安禄山的血腥镇压："乃取帝近属自霍国长公主、诸王妃妾、子孙姻婿等百余人害之，以祭庆宗。""杀霍国长公主及王妃、驸马等于崇仁坊，刳其心，以祭安庆宗。""又杀皇孙及郡、县主二十余人。"

跟随玄宗奔蜀的大臣，其来不及逃走的家属也在诛杀之列，"群臣从天子者，诛灭其家"。"凡杨国忠、高力士之党及禄山素所恶者皆杀之，凡八十三人，或以铁棓揭其脑盖，流血满街。"

此前，安禄山无数次参加玄宗举行的盛大宴会。宴会上，设雅乐，分为立部、坐部，同时又有伶人牵马、象和犀牛入内表演，安禄山非常羡慕。及至长安在手，他下令将伶人和驯服调养的各种兽类悉数送往洛阳。

安禄山学着唐玄宗的样子大宴部众，席间，令昔日的宫廷乐师们奏乐，不少乐师潸然泪下，安禄山便令士兵手执刀斧守候在侧。有一个乐师叫雷海青，是当时非常有名的宫廷音乐家，特别善于演奏琵琶。他忍无可忍，将手中的乐器向安禄山砸去。安禄山大怒，下令将他凌迟处死。后来，玄宗闻知其事迹，追封为天下梨园都总管。再后来，慢慢演变成闽、台一带艺人供奉的戏神，成为当地重要神祇。

被叛军押回长安的杜甫目睹了皇室被诛杀的血腥场面，并遇到一位流落街头、改名换姓的幸存者。他在《哀王孙》里写道："长安城头头白乌，夜飞延秋门上呼。又向人家啄大屋，屋底达官走避胡。金鞭折断九马死，骨肉不得同驰驱。腰下宝玦青珊瑚，可怜王孙泣路隅。问之不肯道姓名，但道困苦乞为奴。"那些从前高高在上的皇子王孙，何曾想到过居然有如此狼狈如此悲惨的一天呢？然而，在高岸为陵、深谷为岸的惊天巨变中，生逢其间的每一个人，都只是一棵无法自主的急流中的浮萍。或者套用个说法：时代的一粒灰，落到每个人头上，就是一座大山。

杜甫对这位不幸的王孙好言相劝，告诉他新天子已在灵州即位并得到了回纥相助，早晚会收复京师。他还提醒王孙，一定要小心谨慎，不要走漏消息，以免招来叛军诛杀。

没能追随玄宗幸蜀的唐朝大臣，一部分被杀，一部分自行逃走，一部分被安禄山逼任伪职——后来，官军收复两京，曾任伪职者都被处分。其中，就有杜甫的两位朋友：王维和郑虔。王维受伪职期间写过一首诗，诗中有"万户伤心生紫烟，百官何日再朝天"的句子，得以从轻处理。郑虔却被贬窜。至于以各种理由没有接受伪职的，则受到重用和提拔。比如与杜甫年轻时同游齐赵的苏源明。

除了被迫接受伪职者外，也有欣然接受伪职的。比如前宰相陈希烈，以及杜甫三次赠诗盼其举荐的玄宗女婿张垍与其兄张均。

欲投奔行在，却不幸做了俘虏，而长安的所见所闻，俱令人痛心疾首。心事浩茫，前程黯淡，一个月光皎洁如水的夜晚，月下徘徊太息的杜甫想起了远在羌村的妻儿：

> 今夜鄜州月，闺中只独看。
>
> 遥怜小儿女，未解忆长安。
>
> 香雾云鬟湿，清辉玉臂寒。
>
> 何时倚虚幌，双照泪痕干。

中国传统文化语境里，月亮代表了欢聚和团圆，也代表了两地的相思与怅望。在这个清辉匝地的夜晚，杜甫想到千山之外的鄜州，也当如长安一样月色温柔。但是，儿女们还小，还不知道思念父亲。唯有为自己担忧的妻子，会在庭院里望月相思。什么时候才能回到她的身旁，与她同坐在透光的帘子下面，让月光擦干我们思念的泪呢？

6

咸阳市区南部，渭河带着高原的泥沙自西南向东北流淌。曾经，咸阳古渡乃关中八景之一。今天，在发现古桥遗址的渭河上，新建了一座高大的廊桥。入夜，廊桥灯火绚烂，吸引了不少游人拍照纪念。

唐时，出长安渡渭水有三座桥，即东渭桥、中渭桥和西渭桥。其中，西渭桥的地望一直有争议。有人认为前些年发现的沙河古桥即为西渭桥，但考诸史料，很难成立。以辛德勇为主的学者认为，西渭桥在咸阳市东南，由于渭河改道，它的原址应该在今天的沣河入渭附近——咸阳古渡恰好近在咫尺。

确定西渭桥较为具体的地址，是为了确定另一个地址。那个地址见之于古书，却语焉不详：陈涛斜。

陈涛斜，又作陈陶斜。古籍称，它位于西渭桥以北约五里处，那么其详址，应该就在今天的咸阳西藏大学到咸阳市第一人民医院一带。

困居长安几个月，杜甫得到的大多是坏消息。

其中一个坏消息，就是官军在陈涛斜被叛军打得大败；而官军的总指挥，是他十分钦敬的朋友房琯。

房琯是杜甫的河南老乡，出身于官宦家庭。他通过献赋被宰相张说起用，奏为校书郎，以后又在地方上做过县令和司户参军。调回中央后，玄宗兴建骊山行宫，房琯"资机算"，被任命为工程总负责人。工程还没竣工，因受李适之牵连，贬宜春太守。在地方上转了一圈后，回朝任宪部侍郎。宪部即刑部，天宝十一载（752），玄宗改吏部为文部，兵部为武部，刑部为宪部。这时，房琯做到了副部长高位——那时只有六个部，副部长的含金量远非后世可比。

及至安史之乱，叛军攻破潼关，玄宗仓皇幸蜀，房琯并未与玄宗同行。玄宗赶到咸阳后，与高力士闲谈。他问高力士：朝臣中，哪些人会来，哪些人不会来？高力士回答说：张均、张垍父子受陛下恩最深，且有亲戚关系，一定会来。舆论都认为房琯该当宰相，陛下却没提拔他，而安禄山举荐过他，他多半是不会来的。玄宗说：恐怕不一定。

结果证明，高力士看人很不准。深受国恩且与玄宗有亲戚关系的张均、张垍不但不来护驾，反而归顺了安禄山；而安禄山曾举荐过，玄宗却没有任用的房琯，反倒一路追寻而来，直到普安（今剑阁）才追上玄宗。对房琯的忠诚，玄宗十分欣慰，当天就任命他为文部尚书、同中书门下平章事。

护送玄宗到成都不久，玄宗派房琯、韦见素和崔涣到灵州辅佐肃宗。当时，房琯名望非常高，且他与肃宗的一席之谈，"因道当时利病，钳索房情，辞吐华畅"，令肃宗为之改容，并倾意待之。"机务一二与琯参决，诸将相莫敢望。"可以说，在肃宗心中，房琯是值得信赖和重用的第一人。

不久，北海太守贺兰进明从河南到行在，被任命为岭南节度使，摄御史大夫，摄就是代理。他入谢面见肃宗，肃宗略有点惊讶地问："朕是让你除正大夫，怎么会是摄呢？"——这一问一下子暴露了房琯打压贺兰进明的小心思。贺兰进明也不是善茬，马上就在肃宗那里给房琯上眼药。

贺兰进明对肃宗说："陛下您知道东晋为什么那么乱吗？都是因为崇尚虚名啊。王衍为相，却不干实事，作风浮华，所以才有东晋败亡。现在正是中兴之际，应当任用踏实的干才，而房琯性情疏阔，大言无当，并不是做宰相的料。"

肃宗问他为什么这么说，贺兰进明于是抖出房琯此前在成都时给玄宗提的建议。房琯建议，把包括当时还是太子的肃宗以及他的弟弟永王李璘等四人实行诸王分镇：太子李亨为天下兵马元帅，领朔方、河东、河北、平卢等地节度使，南取长安、洛阳；永王李璘充山南东道、岭南、黔中、江南西道等地节度使；盛王李琦充广陵大都督，领江南东路及淮南、河南等地节度使；丰王李珙充武威都督，领河西、陇右、安西、北庭等地节度使。

诸王分镇不利于太子李亨，却使永王李璘有了拥兵自重，窥探神器的机会。后来永王果然叛乱，李白踩了这趟浑水。

贺兰进明认为，房琯的提议，"于圣皇似忠，于陛下非忠也"。圣皇，指已做太上皇的玄宗。贺兰进明分析，房琯这样做，在于无论哪一位皇子继承大统，他都"身不失恩"，都有功劳。此外，贺兰进明还指责房琯"多树私党，以副戎权"，"推此而言，岂肯尽诚于陛下乎"？

肃宗本是一个耳软心活没多少主见的人，听了贺兰进明一席话，对房琯起了疑心和戒意，他重新任命贺兰进明为御史大夫兼河南节度使。

大约是房琯察觉到了肃宗态度的变化，他渴求用战功来证明自己的能力。于是，他主动请缨收复长安。肃宗对他的能力还是相当迷信的，便令房琯持节诏讨西京，全权负责收复长安的战役。

房琯兵分三路，自西向东出击长安。

贺兰进明在肃宗面前所说的房琯的弱点，并非向壁虚构或厚诬之词。房琯文采斐然，好谈老子与佛法，精通音乐。然而，就像《新唐书》给他的评语一样："高谈有余，而不切事。""盛名之下，为难居矣。"就是说，如果是在承平时代，他或许是一个不错的太平宰相；但生逢板荡乱世，当天下陷于兵火之中，他"用违所长，遂无成功"。

一个从来没有打过仗的文人，突然成了一支大军的统帅，而他手下最重要的几个助手，几乎也同样是白面书生。这仗还没打，胜负已经很明朗了。

天宝十五载（756）十月二十一日，房琯率军进抵咸阳与长安之间的陈涛斜——具体位置，就在西渭桥以北约五里。这一带山原平旷，不远处渭河与沣河交汇。

在陈涛斜，官军与叛军安守忠部相遇。陈涛斜之战拉开大幕。

令人吃惊的是，自视甚高的房琯竟搬出了古书上的车战法。他以牛车两千乘居中，两侧傍以步兵和骑兵，在原野上排开阵势。叛军居于上风，擂鼓呐喊，声震四野。从来没有经过军事训练的牛闻声惊骇，不听招呼地相互碰撞、挤压，乱成一团。趁着官军阵脚大乱，叛军发动火攻。大火顺风扑来，追着官军燃烧。大火之后，是叛军的箭矢与刀枪。

陈涛斜大战后两日，房琯再次率军与叛军战于陈涛斜附近的青坂，又一次毫无悬念地被打得丢盔卸甲，连南军主将杨希文和中军主将刘贵哲都投降了叛军。

长安城中的杜甫得知陈涛斜战败的消息，忧心如焚。他挤在市民中，看到出城作战的叛军得胜而归，武器像在血水里洗过。叛军招摇过市，痛饮叫嚷，唱着杜甫听不懂的胡歌。市民得知王师败绩，纷纷面北哭泣。

大敌当前，百无一用是书生，杜甫能做的，只有用文字去记录，用诗行来疗伤：

> 孟冬十郡良家子，血作陈陶泽中水。
> 野旷天清无战声，四万义军同日死。
> 群胡归来血洗箭，仍唱胡歌饮都市。
> 都人回面向北啼，日夜更望官军至。

7

日月盈昃，四季轮回，大自然的草木不管人间的忧伤与欢乐，只要时

令到了，该开的就开，该放的就放。转眼间，几个月过去了，杜甫在郁闷
与焦灼中迎来了至德二载（757）春天，是年，杜甫四十六岁。

今天的西安市东南，冠以曲江之名者颇多——大者如曲江新区，小者
如曲江立交、曲江路、曲江桥。这些曲江地名的源头，都指向了唐时繁盛
无比的皇家园林：曲江池。

早在秦朝，曲江一带就是皇家园林，称为宜春苑。隋朝统一中国后，
隋文帝迷信风水，采取所谓厌胜之法，把曲江深掘为池，称芙蓉园。

到了唐朝，芙蓉园又改名曲江池，并在曲江之滨修建了大量亭台楼阁，
渐渐形成了曲江流饮、杏园关宴、乐游原登高等一系列长安人的游乐方式。
唐玄宗晚年，醉心享乐，花大力气继续打造，曲江园林之盛达于巅峰。

每逢春暖花开，皇帝必游曲江，与之相伴的是最受其宠信的妃嫔、国
戚和重臣。以唐玄宗为例，天宝十二载（753），杜甫在曲江看到了出游
的玄宗及杨贵妃姐妹，为此，他在《丽人行》中说："三月三日天气新，
长安水边多丽人。态浓意远淑且真，肌理细腻骨肉匀。绣罗衣裳照暮春，
蹙金孔雀银麒麟。头上何所有？翠微㔫叶垂鬓唇。背后何所见？珠压腰衱
稳称身。"皇室如此，普通官员及市民也纷纷效仿。他们往往在园子里支
撑起打了蜡油的帐篷，举行小型冷餐会。史称："都人士女，每至正月半
后，各乘车跨马，供帐于园圃，或郊野中，为探春之宴。"

至德二载（757）的春天如期到来时，杜甫从他居住的少陵，躲开几
乎无处不在的叛军士兵，悄悄来到了十多里外的曲江畔。杜甫看到，江边
那些深宫重院，大门紧锁，而岸边的柳树与水中的菖蒲竞相生长，已经从
冬天的枯黄变成初春的碧绿。杜甫不由得想起，如果在往年，如此春光大
好，天子的仪仗一定自南苑而下，鲜亮的旌旗似乎令园子里的万物都生出
了光辉。与皇上同游的杨贵妃随侍在皇帝身旁。车前的女官手持弓箭，白
马套着镶以黄金的马勒。她们反扭身子向天上的云层射去，娇笑声中，鸟
儿中箭落地。

然而，春光依旧，杨柳与菖蒲依旧，昔年出游的人却不见踪影。明眸
皓齿的杨贵妃已沦为血污中无法招回的亡魂，皇上不得不远赴蜀中，走的
和留的都没有消息。物是人非，杜甫不由吞声啜泣。黄昏时分，叛军四出，
杜甫的家在城南，仓促间，他竟不辨方向，向城北走去。

这个春天是残酷的，就像艾略特的诗说的那样："四月是最残忍的季节，荒地上长着丁香，把回忆和欲望掺合起来。"

这个春天，在少陵到曲江的路上，眼看着春天一天天深起来，亮起来，辣起来，花枝招展起来，杜甫写下了他的名篇《春望》：

> 国破山河在，城春草木深。
> 感时花溅泪，恨别鸟惊心。
> 烽火连三月，家书抵万金。
> 白头搔更短，浑欲不胜簪。

杜甫的本家晚辈杜牧在登乐游原时有一首七绝，其中有云："清时有味是无能，闲爱孤云静爱僧。"前一句显然在发牢骚，后一句却大抵是事实。盖唐宋文人有个传统，都喜欢与方外之士——佛家的和尚，道家的道人——交朋友。而方外之人，大凡自认有点文化的，也乐意与文人做朋友。两相情愿之下，这朋友便做得水到渠成、水乳交融。如苏东坡与佛印、与维琳、与杨士昌均如此。

杜甫也不例外，杜甫也有不少方外之交。其中，有一个没留下俗家姓名，甚至就连法号也不全的和尚，与杜甫交游最密，友情最深。此人就是杜诗中所说的赞上人。上人，本是对持戒严格并精于佛学的僧侣的尊称。有时候，杜甫也把赞上人称为赞公。

陷居长安时，杜甫品级低微，叛军既没有把他押到洛阳去见安禄山，也没在长安逼授伪职，甚至没把他关起来。他的行动是自由的，只是到处都有叛军，出于人身安全，他到曲江时只好"春日潜行曲江曲"。杜甫一直有逃出城的机会，估计他担心叛军，尤其是零散的叛军——他们更有可能乘兴作乱，杀人越货。他耐心而又焦灼地待在长安城里，等待时机。

几个月里，赞上人给了他不少安慰和帮助。

唐代长安城主要由皇帝起居的宫城、政府办公的皇城和居民生活的外郭城三部分构成。宫城位于全城北部正中，皇城在宫城以南，外郭城以宫城和皇城为中心，向东西南三面布局。其中，面积最大的是外郭城。整个长安，有南北向大街十一条、东西向大街十四条，它们把城市分割成许多坊。坊又称里，即居民居住区。

赞上人是一座知名庙宇的主持，庙宇原名光明寺，位于长安城南北中轴线朱雀大街以西的怀远坊附近——陈贻焮认为是在朱雀大街以南，但考之《增订唐两京城坊考》等史料，陈说有误。

武则天时代，光明寺有一个和尚，向朝廷进献了一部《大云经》。据他指称，经书中有女主之符，象征着女皇君临天下。醉心制造谶纬以便为唐周更替作舆论宣传的武后大喜，赐光明寺更名大云经寺，简称大云寺。并且，除了京城大云寺外，全国各地每一州均建大云寺。

这年春天，杜甫数次前往大云寺。大云寺有三绝，即隋文帝立寺所建之塔、高十丈的宝阁和精美的佛像。杜甫或与赞上人相聚闲谈，或小住寺内。——他们没有预料到的是，几年后，他们还将在偏远的秦州再次执手相慰。

正月，叛军方面发生了惊天动地的突变：安禄山眼病日益严重，渐渐双目失明，同时又患了背疽，性情变得暴躁，"左右使令，小不如意，动加棰挞，或时杀之"。他称帝以来，深居禁中，外人要见他一面，都得通过他身边的近臣严庄。严庄虽然很受重用，也经常挨打。侍候安禄山的贴身宦官叫李猪儿，被打更是家常便饭。如此一来，"左右人不自保"。

安禄山宠爱段氏，段氏有一子叫安庆恩，安禄山一直想让安庆恩为储君。如此，长子安庆绪便处于一个极其危险的位置："庆绪常惧死，不知所出。"

严庄洞悉个中奥妙，有一天，他对安庆绪说："事有不得已者，时不可失。"

安庆绪说："兄有所为，敢不敬从。"

严庄又对李猪儿说，你前后所受的毒打，简直数不清了。不行大事，死无日矣。李猪儿也与严庄结成同盟。

晚上，安庆绪与严庄手执兵刃，站在安禄山帐外——安禄山虽在洛阳登基做了皇帝，犹自按其游牧习俗，惯居帐中。李猪儿趁机执刀入帐，向安禄山的肚腹砍去。左右虽有宫人，俱不敢动。安禄山伸手去枕下摸他的佩刀，那刀早就被李猪儿藏了起来，安禄山只得拔下帐竿抵挡，大喊：一

定是家贼。

呼叫声中，安禄山肠子流得满地都是，就以这种极不雅观的方式死去。及后，严庄等人在床下挖了个坑，用毡子把尸体裹起来埋了，密令宫中不准泄露消息，然后对外宣称安禄山病重，立安庆绪为太子。安庆绪旋即帝位，尊安禄山为太上皇。之后，再为安禄山发丧。

安庆绪昏庸懦弱，说话语无伦次，完全没有人君素质。严庄怕他不服众，就让他深居宫中，日夜纵酒作乐。朝廷大事，皆由严庄操纵。

可能正因为安氏父子忙于内讧，对那些从长安抓到洛阳逼任伪职的官员管束也就较为松散。这样，杜甫的老朋友郑虔得以从洛阳逃出，回到长安。

从杜甫居住的少陵原往西南，是另一个长十多公里，宽一公里多的黄土台原，即神禾原。据说，李世民巡游时，看到一茎禾苗生双穗而呼为神穗，后遂作为地名。

神禾原比少陵原更接近终南山，兼之潏水与滈河左右流过，其地幽静，景色宜人。唐朝时，这一带建有不少别墅。

郑驸马的别墅也建在这里。

郑虔虽然仕途不彰，屡遭挫折，他的两个侄子却官运亨通。其中一个，就是前面讲过的郑审。另一个则是郑驸马。

郑驸马名叫郑潜曜，与其父郑万钧父子两代均为驸马——其父尚代国长公主。代国长公主是睿宗之女，玄宗之妹。从这层关系上讲，郑潜曜管玄宗叫舅舅。郑潜曜成人后，尚临晋公主。临晋公主是玄宗之女。从这层关系上讲，郑潜曜管玄宗叫岳父。

郑潜曜与玄宗的亲戚关系，显然比另一个驸马张垍更亲。郑潜曜官至太仆卿，承嗣荥阳郡公，进特进。特进是文官散阶中的从二品，级别非常高，与之相比，各部尚书为正三品。

郑潜曜的岳母——唐玄宗之妃——复姓皇甫。玄宗时期，惩旧制之弊，对后宫嫔妃大量裁撤，规定：妃三人，正一品；六仪六人，正二品；美人四人，正三品；才人七人，正四品。皇甫氏生前为德仪，即六仪之一；死后赠淑妃，即三妃之一。

皇甫氏死时，郑潜曜尚未与临晋公主结婚。过了好些年，临晋公主为其母立碑，邀请杜甫撰写碑文。由此可见，杜甫与郑驸马私交相当不错。

这个百感交集的春天，杜甫又一次造访郑驸马别墅。

令杜甫又惊又喜的是，他意外地遇到了老朋友郑虔。遭逢乱世，历尽艰险，而且在全无心理准备的情况下，乍见老友，互诉别后种种，既令人伤怀，也令人欣慰。他们谈起安禄山的横死，如同董卓死后尸体被点灯燃脂那样大快人心；杜甫赞扬郑虔如同汉朝的苏武那样有气节——郑虔被叛军带到洛阳后，逼授水部郎中，"虽身在贼庭，而志存王室"，一旦有机会，就从狼窝里逃了出来。不过，遗憾的是，后来朝廷光复两京，追究附逆者，郑虔仍然被处分，贬到台州，并死在那里。夜深了，他们还在灯前一边饮酒，一边谈心，不时掉泪。

斯时，叛军作恶，不得人心，民间日益思念唐室。而安禄山父子相煎，安庆绪对部将的控制能力也远不如其父，故叛军对长安等地的防控越来越松懈。基于此，再加上郑虔成功从洛阳逃归长安的鼓舞，初夏时，杜甫做出一个大胆的决定：他要逃出叛军占据的长安，前往行在凤翔。

8

我从成都前往凤翔，是为了看秦公大墓和苏东坡疏浚的东湖。今天的凤翔是宝鸡下辖的一个区，与宝鸡市中心还有几十公里路程。自宝鸡市区北行，公路穿行在关中平原上，凤翔渐近，在平原的北部和西部，已经有连绵的山脉突起。那是千山山脉余脉，当地称为北山。

背千山面平原的凤翔，古称雍，乃是周、秦发祥地。从秦德公元年（前677）始，到秦献公二年（前383）止，秦国建都雍城二百九十五年，先后有十九位国君在此世代相续。近三百年间，秦人在雍城大地上，留下了难以计数的遗址遗迹。秦景公大墓就是其中最庞大也最令人叹为观止的一个。整座墓全长达三百米，墓室宽近四十米，深近二十五米。墓室四壁，有三级当年施工留下的台阶，使整座墓室呈倒金字塔状。

资料介绍说，秦公一号大墓创下了迄今为止发掘规模最大、殉人最多（一百八十六人）、墓具等级最高等五个中国考古之最。虽然汉唐以来，大墓就遭到了两百多次盗掘，仍出土文物三千五百余件。

玄宗天宝年间，设扶风郡，治所在雍县。至德元载（756）取"凤鸣于岐，翔于雍"之意，改扶风郡为凤翔郡，雍县相应改名凤翔县。次年，升凤翔郡为凤翔府，称西京——东京洛阳，北京太原，南京成都，中京长安，凤翔一下子成为全中国最重要的五座城市之一。

遗憾的是，凤翔虽留下了许多周秦时代的遗址遗迹，但比周秦晚得多的唐代，反而无迹可寻。

今天，西安西二环路与丰庆路交界处，唐朝时，是长安西面三座城门正中那座：金光门。金光门虽已不存，但金光门小学、金光门地铁站等名称都源于唐时高大的城门。杜甫曾经熟悉的巍峨城楼已变身为繁华的现代都市，他若从唐朝来到今天，能够唤起记忆的，只有金光门这个名字了。

至德二载（757）四月底的一天，杜甫经小路由金光门逃出长安。他脚上穿的是一双麻鞋，这种鞋三十多年前在我老家川南乡村，尚有不少农民制作。价格低廉，轻便适脚。

凤翔东湖

从金光门到凤翔，路程三百余里，以杜甫的速度——假设他全是步行的话，再加上还要避开叛军，估计要花六七天时间。

"疾风知劲草，板荡识诚臣。"当杜甫赶到凤翔，这个头发花白，体态羸弱的风尘仆仆的中年男子，终于见到了天子唐肃宗。朝廷正是艰危之际，杜甫冒着被叛军捕杀的危险，走了几百里路来投奔，肃宗感动了。

五月十六日，肃宗下旨，授杜甫为左拾遗。

这是杜甫一生中离权力中枢及政治理想最近的时刻。虽然和他想象中的"立登要路津"还相差甚远，但是，与河西尉或是右卫率府胄曹参军相比，左拾遗级别虽不高，只有从八品上，却是皇上身边人，职位清要，随时可以上达天听。

杜甫对这个安排很满意，他也希望能为漂泊中的朝廷贡献力量。他相信，他的国家虽然还在战乱中，中兴却是注定了的："今朝汉社稷，新数中兴年。"

第七章 朝野

旧犬知愁恨，垂头傍我床。

——杜甫

我们命该遇到这样的时代。

——茨威格

1

杜甫风尘仆仆地奔往行在凤翔，面容憔悴，病骨支离，与他相识的人都震惊于他的苍老消瘦："所亲惊老瘦，辛苦贼中来。"

是时，为至德二载（757）五月初。等到他被肃宗任命为左拾遗，是五月十六日。由是，杜甫错过了彰显皇恩浩荡的端午例赐。

自玄宗开元二十五年（737）始，每年端午节，皇帝照例要"赐宰臣丞相尚书两省官衣服各一袭"。杜甫所任左拾遗，级别不高，却在受赐之例。不过，这一年端午节已过去十一天，杜甫与例赐错过了。要等到第二年，即至德三载（758）端午，他才得到了端午赐衣。为此，他写诗说：

宫衣亦有名，端午被恩荣。
细葛含风软，香罗叠雪轻。
自天题处湿，当暑著来清。
意内称长短，终身荷圣情。

端午一过，意味着炎夏来临。圣上所赐细葛白色单衣，轻薄凉爽，宜度苦夏。每件衣服上都写着官员的名字——估计另附一纸贴上。杜甫领到衣服时，纸上的字墨迹未干。衣服长短，匀称合身。杜甫想到这是来自圣上的恩典，不由充满感激之情。

纵使杜甫已经明白，圣上正在日益疏远他，他的左拾遗将在端午节后做到了头，但一辈子只领这么一回端午例赐，还是有些出乎他的意料。

原来，刚做左拾遗不到半个月，杜甫就惹恼肃宗，并招来大祸。

先说左拾遗是个什么职务。

唐代的许多官，都有左右之分。拾遗也一样，有左拾遗和右拾遗。杜甫做过左拾遗，他的前辈诗人陈子昂做过右拾遗。左右拾遗分属不同部门——拾遗系武后于垂拱元年（685）设置，左拾遗属门下省，右拾遗属中书省，均为从八品上。各设两人。其职掌，如同拾遗的字面意思一样，就是把遗失了的东西捡起来。遗失的是什么呢？是指朝廷政策的缺失或不当之处。《新唐书》归纳为"掌供奉讽谏，大事廷议，小则上封事"。有人把拾遗比喻为后代的监察官，有一定道理。但拾遗的职掌除了有监察性质外，还有向皇帝建议的责任。更像今天的监察部门加政策研究室。左拾遗，也就是这个部门的处级干部。

在上有诸位宰相、尚书、侍郎，下有各部郎中、员外郎的朝廷中，从八品上的左拾遗是一个芝麻大的小官，却能得到来自圣上与宰相同等的例赐，原因在于，古代中国极重台谏，而左拾遗即是所谓的台谏之职，有规劝皇帝乃至批评皇帝的权力与义务。

不过，在李林甫当政时期，包括拾遗在内的谏官几乎没人敢发出与朝廷——事实上就是李林甫不同的声音。

李林甫担任宰相十九年，独揽朝政，蒙蔽皇帝耳目。他曾召集谏官，对他们说："如今圣明天子在上，群臣顺从圣意都来不及，还需要什么劝谏？你们难道没见过那些立仗马吗？它们整日默不作声，就能得到上等的粮草饲养，但只要有一声嘶鸣，就会立即被剔除出去。就算后来不乱叫了，也不可能再被征用。"当时，比拾遗级别稍高的同属谏官的补阙杜琎上书言事，李林甫一怒之下，把他贬为下邽县令。从此，朝中谏官再也无人敢直言相诤。

这些刚过去不久的朝中故事，杜甫肯定是清楚的。

然而，他认为，致力于中兴的今上非晚年沉醉酒色的太上皇可比，而自己受到今上重用，就一定得食君之禄，忠君之事。

于是乎，便发生了房琯事件。

志大才疏的房琯三天之内两败于叛军，好不容易招募的几万政府军悲惨地战死于陈陶斜和附近的青坂。杜甫闻讯，为之痛心疾首，作诗两首，诗题就叫《悲陈陶》《悲青坂》。

房琯败后，不得不与手下"奔赴行在，肉袒请罪"。肃宗为人宽厚，原谅了他，没有追究他的责任，令他收拾残兵，再图进取。

然而，房琯却是典型名士风范。国家多难之际，作为一人之下万人之上的宰相，他不以职事为意，每天总是与刘秩、李揖等人高谈佛道。房琯又酷爱音乐，有一个叫董庭兰的琴师，投到房府为门客。房琯特别喜欢董庭兰，乃至于董庭兰利用与房琯的关系，大肆收受贿赂，干了不少违法勾当。

杜甫与房琯的交往始于何时，并无明确记载。考房琯生平，他的仕途不时在京师与地方之间切换。其中，天宝元年（742），在京任主客员外郎、给事中，天宝五载（746）贬宜春太守。而天宝五载，恰好也是杜甫到长安的第一年。很可能，他们就是在这一年相识并订交的。此后，要等到天宝十四载（755），房琯才调回京城。

有一种说法是，安禄山叛乱不久，房琯向玄宗提出的诸王分镇建议，就出自他与杜甫等人的谋划，杜甫的《有感五首》之四即指此事。若此说属实，那杜甫与房琯显然不可能等到天宝十四载才相识，他们应是天宝五载杜甫刚进京时就相当亲密了。

终其一生，杜甫对房琯都抱有深厚的感情，杜甫本人的仕途沉浮，也与房琯密切相关。

房琯的做派，招致了许多官员不满，朝廷里议论纷纷。谏官虽不敢直斥房琯，但指控董庭兰却不无敲山震虎之意。房琯向肃宗自诉，肃宗此时对房琯已失去信心，遂"叱出之"。随即，肃宗下诏，贬房琯为太子少师。

杜甫在左拾遗位子上屁股还没坐热。他看到这道诏书，坚决反对，上奏力陈不可，他宣称："房琯有大臣度，真宰相器，圣朝不容。"肃宗一看，火冒三丈——朕刚降职的官员，你却称道他有大臣气度，是真宰相材料，这不是指斥朕善恶不分没有知人之明吗？

对房琯这样的重臣，即使损兵折将，肃宗也还优礼有加；对杜甫这种刚上任的小臣，居然如此狂悖无礼，那就必须给他点颜色看。肃宗下令，将杜甫下狱，诏三司推问——也就是让司法部门审讯他。

旬日之间，杜甫从皇帝近臣跌为阶下囚犯。人生落差之大，简直可以用来发电。

幸好，关键时刻，一个耿直的重臣站出来说话了。

此人即接替房琯为相的张镐。

张镐是博州（治今聊城）人，史称其"风仪魁岸，廓落有大志，涉猎经史"。张镐的第一个职务，也是左拾遗——他的仕途起步，甩杜甫几条街。玄宗幸蜀，他徒步追随。肃宗立，玄宗派其到行在辅佐，先拜谏议大夫——谏议大夫侍从规谏，也属谏官，为正五品上。房琯被贬前后，张镐升任中书侍郎、同中书门下平章事——前者是中书省副职，正四品上；后者又称同平章事。唐制，门下省的侍中，中书省的中书令和尚书省的尚书令，即三省首长，均为宰相。其他非此三职者加同平章事，也是事实上的宰相，但排名靠后。所谓同平章事，就是与侍中、中书令和尚书令协商处理政务之意。高宗时，因太宗李世民曾出任过尚书令，故下旨将该职废除，以后便只有侍中与中书令。

张镐对肃宗要将杜甫下狱的处分不以为然，他对肃宗说，"甫若抵罪，绝言者路"——杜甫如果因言获罪，那么，这是自绝言路，以后再没人敢说话敢表达不同意见了。

肃宗终非昏暴之君，听了张镐的话，他觉得有理，便收回成命——杜甫得以幸免于难。

张镐此人，不但直言救了杜甫，还救过李白，并为王昌龄报了杀身之仇——前者，李白因入永王李璘幕而下狱，幸得张镐出手，才得以重罪轻处，仅流放夜郎。流放途中，张镐还托人给李白捎去衣服。李白有诗记录此事："惭君锦绣段，赠我慰相思。"后者，王昌龄做校书郎时，"不护细行"，小事不检点，得罪权贵，贬往龙标。安史之乱起，他逃回老家太原，却被刺史闾丘晓杖杀。后来，张镐任中书侍郎兼河南节度使，率军平叛，闾丘晓畏敌不前，导致宋州失守，张镐下令将其杖杀。刑前，闾丘晓求饶说家里有老人要赡养。张镐回敬道：那当年王昌龄的老人，你又交给谁在赡养？

张镐"自入仕凡三年，致位宰相"——相当于从处长升到国务院总理，他只用了三年时间。这在现代社会，完全是不可想象的事。史家认为，他之所以资历浅而升迁快，乃是他"居身清廉，不营资产，谦恭下士，善谈论，多识大体，故天下具瞻，虽考秩至浅，推为旧德云"。

被赦免后，按惯例，杜甫上了一道奏章谢恩。然而，谢恩疏里，杜甫的固执与不识时务表露无遗——他再次为房琯鸣不平。杜甫称，"窃见房琯，以宰相子，少自树立，晚为醇儒，有大臣体。时论许琯，必位至公辅，康清元元"——房琯出身高贵，少年成名，现在更是有名望的大儒，有大臣之风。社会舆论都认为他做宰相，会使海内清明。

接着，他又替房琯辩解，认为房琯只是小事情上不太检点，酷爱鼓琴，看到董庭兰贫病无依，收留了他，从而受到牵连："琯之爱惜人情，一至于玷污。"

为此，杜甫请求肃宗"弃细录大"，就是不要计较小事，要看房琯大体上是好的，优秀的，应恢复他的相位。

肃宗看到杜甫的谢恩疏会是怎样的反应呢？也许是哭笑不得，也许是再次怒火中烧。总之，尽管杜甫冒死相救，房琯的相位还是失去了。并且，在肃宗心目中，杜甫是一个固执迂阔的人，是房琯的死党，这一点，无论如何也洗刷不掉了。

2

凤翔城区，高低错落的房子如零乱的积木，房子与房子之间是街巷，不宽，人也稀少。不论乍眼一看还是行走其中，都能感觉得出，这是一座北方地区比较偏远的小县城。唯城区东南的东湖，古木阴森，掩映着亭台楼阁。人头攒动，有外地游客；更多的，是本地人。散步的，下棋的，发呆的，跳广场舞的，把一座原本静谧的园子，弄得十分热闹。

东湖古称饮凤池。相传周文王时，有代表祥瑞的凤凰飞来雍城，并在湖中饮水，故此得名。那就是说，东湖是天然湖，且在先秦时就有了。因之，无端地，我认定那场秋天里的饯行宴，很有可能就是在饮凤池畔举行的。

由谁做东不太清楚。客人却是清楚的，即杜甫。出席者至少有两人可以确定，一个是贾至，一个是严武。此外，可能还有岑参和韦少游。

贾至时任中书舍人。明清时的中书舍人级别低微，为从七品。唐宋时的中书舍人，地位却很显赫，为正五品上，步入了准高干行列。其职责为掌诏诰文表，可以理解为皇帝身边负责重要公文的机要秘书。

贾至比杜甫年轻六岁。当三十岁的杜甫自齐赵归洛，筑室首阳山并祭祀远祖杜预时，二十四岁的贾至已通过了明经科考试，释褐为官，任校书郎。此后不久，调宋州单父尉——单父，正是杜甫与李白、高适喝大酒的地方。四人成为朋友，也从那时起。后来，贾至调回朝廷，渐渐升至中书舍人。玄宗幸蜀，他追随左右。玄宗决定禅位儿子时，令贾至草拟传位册文。玄宗看了册文，感叹说：以前先帝逊位于朕，册文出自你父亲之手。现在朕以神器付储君，又由你来册文，"累朝盛典，出卿父子之手，可谓难矣"。

贾至虽受房琯影响而左迁地方，但终其一生，也算官运亨通，后来一直做到从三品的右散骑常侍，封信都县伯，死后追赠礼部尚书，谥文。

贾至要算少年得志，但与严武比，还有相当差距。

严武比杜甫少十四岁，是中书侍郎严挺之的儿子，乃不折不扣的官二代。二十多岁时，严武在哥舒翰手下做判官，与高适是同事。天宝十四载（755），杜甫好不容易盼来朝廷任命，却只是令他大失所望的河西尉时，严武已是殿中侍御史了——此职为从七品上，负责殿廷供奉之仪，纠察文武百官在正式场合的礼仪举止。安史之乱后，严武先追随玄宗于蜀中，复由玄宗派往肃宗行在。经房琯举荐，出任给事中。唐代的给事中为正五品上，负责监察，是门下省重要职务。这时候，严武才三十岁，可以说前途无量——杜甫的左拾遗也属门下省，级别要低得多，所以，严武算杜甫的上司。

不过，由于杜甫与严武的父亲严挺之有交情，年龄又介于严武及其父之间，严武对杜甫相当客气，没把他当下属，而是待以客礼。杜甫呢，有时也不免摆摆老资格，比如自称老夫。

贾至和严武为杜甫饯行，席间，照例分韵作诗，杜甫拈得云字：

> 田园须暂住，戎马惜离群。
> 去远留诗别，愁多任酒醺。
> 一秋常苦雨，今日始无云。
> 山路时吹角，那堪处处闻。

这个秋天多雨，一连下了好长时间，到聚会那天，天气难得地放晴了。聚会时，远处传来隐隐的号角声，像在提醒他们，现在正是兵荒马乱的战争年代。杜甫的愁多，其实不仅因为即将去远；更因为，他之所以要离群，是圣上安排——杜甫为房琯说话惹来大祸后，不久又举荐岑参为右补阙。对杜甫而言，他觉得这是在其位，谋其政，是臣子为国家和君王分忧。在肃宗看来，可能就是不安分，爱找事儿。于是，肃宗就给杜甫放了探亲假，让他回羌村省亲。

杜甫与妻儿分别一年了，此前曾写过几首怀念妻儿的诗作。一方面，他当然想回家看看，另一方面，却又对被圣上冷落心有不甘，才会生出"愁多任酒醺"的感慨。

从凤翔到羌村，今天几乎都是高速公路，虽绕行西安，也不过四百公里，不到五个小时就能抵达。但杜甫时代，他要从凤翔回羌村，需经过今麟游、彬州、宜君等地，方向为从西南往东北，故杜甫记录此次行程的长诗，题目就叫《北征》。由于路上还顺带游览了九成宫、玉华宫等名胜，估计杜甫的行程当在十到十五天。

如果是承平时代，杜甫这种朝廷官员，又是皇上近臣，自然可以享受帝国发达的驿站系统。但是，当半个国家都陷于战火中，驿站系统几乎全瘫痪了。更要命的是，冷兵器时代，马匹是重要的军用物资，当时官军正准备反攻，到处征集马匹。行在凤翔府，文武百官云集，虽然能吃饱饭，但几乎都没有马，即杜诗所谓"凤翔千官且饱饭，衣马不复能轻肥"。

至德二载（757）闰八月初一，杜甫踏上了前往羌村的探亲之旅。由于没有马匹，他只能步行。跟随他的，至少有一名仆人——可能就是家人杜安。

出凤翔城不到四十里，平原变成山地，杜甫脚下的路开始崎岖难行，他只得一步步沿着古老的驿道翻越山梁。等到他登上第一道山梁回望凤翔城时，天色已晚，隐约可望见城墙上的旗帜在晚风中飘荡："回首凤翔县，旌旗晚明灭。"

山区原本人烟稀少，加上战乱，更是杳无人迹。杜甫在山路上踽踽而行，半天也看不到一个人影。时值仲秋，山间菊花怒放，诸种野果成熟了，有的红如丹砂，有的黑似点漆。抬起头，天上飘着黛色的云朵；低下头，青石板古道上，深深浅浅的车辙伸向远方。这本是风景怡人的秋日，但荒野之间，却埋伏着杀机："猛虎立我前，苍崖吼时裂。"

老虎真的立到了诗人面前吗？这可能系杜甫的夸大之词。不然，他一个手无缚鸡之力的书生，早就成老虎的点心了。可以猜测的情况是，从远处传来了各种野兽的啸叫，让杜甫担心突然有老虎窜出来，一声巨吼，好像要把崖石都震裂。山路极为崎岖，忽高忽低，杜甫与仆人一前一后行走，"我行已水滨，我仆犹木末"——我走到水边了，仆人还走在树梢上。什么意思呢？山路直上直下，杜甫走在前面，没背行李，走得快，迅速下到了山路下方的溪涧边。负重的仆人走得慢，回头看时，他还在岩上。从溪涧边长出的树，树梢伸到高处，仆人就像行走在树梢上。

彬州是一片古老而深沉的土地。彬、邠、豳，三个字，可以追溯和概括它三千年以上的历史。

彬州地处黄土高原沟壑区，塬面破碎，深邃的黄土沟如同大地的皱纹。泾河从西北向东南斜穿而过，将它分割成了东北和西南两塬夹一川的地理格局。城区就位于低缓的泾河冲积平原上。站在彬州城区的大多数地方，都能望见县城四周起伏的山峦。

泾河河谷宜于农耕，周人的先祖公刘就带领族人在这一带耕种，并建立了豳国。这也是后来的邠州和今天的彬州的来历。《诗经》收录了流传于豳国的诗篇计七首，其中两首非常知名——以至于由麟游进入彬州地界，我总想透过车窗，寻找那种被《诗经》时代的先民歌吟过的鸟儿——鸤鸠，以及鸤鸠的叫声里，长得水灵灵的柔嫩桑枝和采桑姑娘：

> 七月流火，九月授衣。
>
> 春日载阳，有鸣仓庚。
>
> 女执懿筐，遵彼微行，爰求柔桑。

在一座已经能望见县城的山上，我的确听到了附近林子里，传来一阵阵鸟鸣。只是，它不是鸧鹒，当然也没有桑枝和采桑姑娘。两三千年后，气候变了，黄土高原不再像当年那样宜于栽桑养蚕。

饱读诗书的杜甫经过邠州时，肯定也会想起《诗经》，想起《豳风》。不过，我以为，他嘴里随口吟出的，应该不是这首轻柔的《七月》，而是沉重的《东山》——那位远征的士兵渴望早日回家，又担心可能发生的种种意外。这一点，恰好与杜甫的心情相吻合：

> 我徂东山，慆慆不归。
>
> 我来自东，零雨其濛。
>
> 我东曰归，我心西悲。

3

抵达邠州时，路程还很遥远，杜甫才走了三分之一左右。

这样徒步而行，速度既慢，也很辛苦。于是，杜甫写了一首诗，呈给驻扎于邠州的一位将军。这首诗其实是一张借条。杜甫要向将军借一匹马——把借条写成诗，这大约是世界上最独特也最风雅的借条了。

赠诗里，杜甫称这位将军为李特进。特进是散阶中的从二品，级别非常高，居各部尚书之上。李特进大名李嗣业，是一个绝对的牛人。他身高七尺，英勇善战，"军中初用陌刀，而嗣业尤善，每战必为先锋，所向摧北"。因战功，李嗣业升至骠骑左金吾大将军，故杜甫在天宝十四载（755）与其饮酒时，作诗称"醉归应犯夜，可怕李金吾"。

李嗣业身为大军统帅，战马再缺，也不会缺一匹两匹，他对杜甫应该有好感，且杜甫所赠之诗，写得也相当哀婉，让人同情："妻子山中哭向天，须公枥上追风骠。"——我的妻儿在山中仰天痛哭，盼着我回家，我需要借您马厩里一匹快马。

有了马，旅途变得轻快。杜甫的心情也渐渐好起来。晚上，他一个人灯下独酌。路过去年与重表侄一家逃难经行的彭衙时，想起曾经热情相助的孙宰，前尘往事，恍若隔世。他很想去看望孙宰，又急着返家，只好打消了这一念头。

一个彩霞满天的傍晚，小院门前的树丛间，归巢的鸟雀叫个不停时，杜甫终于走到了鄜州城外的羌村。

"妻孥怪我在，惊定还拭泪。"分别一年多以来，尽管杜甫曾收到过妻儿家书——妻儿想必也收到过他的家书。但战乱年代，人命如草，九死一生。妻子乍见杜甫，没想到他真的还在人世，不由惊得呆了。等到由惊转喜，她不由自主地哭了起来。杜甫感叹："世乱遭飘荡，生还偶然遂。"在这样的大乱世，能够活着回家，能够活着与亲人见面，完全是一种偶然。鹑衣百结的妻子蓬头垢面。天气凉了，儿子们连袜子也没穿。一年不见，他们对父亲已感陌生，纷纷转过头去哭。更小的两个女儿，穿着打了许多补丁的衣服，扶床而立，好奇地看着父亲，不知道这个风尘仆仆的陌生人是谁。杜甫与妻子抱头痛哭，哭声中，夹杂着外面挤进来的松涛声。

左邻右舍听到杜甫家的诸种动静，都纷纷出来观看，他们趴在自家墙头，远远地和杜甫打招呼，一个个唏嘘不已。夜里，夫妻俩剪烛夜话，说起分离后的种种遭遇，怀疑此刻相逢在梦中。

杜甫一家在羌村住了一年多，当然杜甫住的时间很短。他的妻儿，与邻居们相当熟悉了。第二天，朴实的邻居们上门看望他，各自带了些酒食，与杜甫一起在院中饮酒。各家的酒有清有浊，有好有劣，他们一再向杜甫致歉，说是酒味太薄，缘于缺少劳动力去种植酿酒的高粱。那么，年轻劳动力哪儿去了呢？"兵革既未息，儿童尽东征。"年轻人都上战场了，生死未卜，村里只余下年迈的老人，过着惨淡的日子。家庭种种，国家种种，自身种种，他人种种，借酒浇愁，杜甫不由长歌当哭。歌罢，复又仰天长叹，在座的邻居也涕泗纵横——对这些在开元盛世生活了几十年的大唐子民来说，今昔对比，带来的是难以排解的忧闷和愁苦。

闲居一个多月后，转眼到了十月，天气愈加寒凉，杜甫一家离开了羌村。一种说法是，杜甫去了凤翔，并从凤翔跟随肃宗入长安；另一种说法是，杜甫直接去了长安。考官军收复长安在当年九月，肃宗归长安在此后不久的十月中旬，故可能后说为是。

"娇儿不离膝，畏我复却去。"孩子们坐在杜甫膝头不肯下来，生怕父亲一会儿又走了。不过，这一次，杜甫带上了家小，一家人打点行装，告别了善良的羌村父老，去往首都长安。

杜甫及家小回到长安，时为至德二载（757）十月，杜甫四十六岁。

从这年十月到次年六月的八个多月，作为一名在皇帝身边服务的京官，杜甫的生活相对祥和而舒适。当然，这祥和和舒适放在他一生中看，不仅占比少得可怜，并且，它更像是暴风雨来临之前的短暂宁静。

十一月，老朋友郑虔因出任过安禄山的伪职——尽管是迫不得已并且还中途逃走——受到处罚。

关于如何处理附逆就任伪职者，肃宗令礼部尚书李岘与御史大夫崔器等人组成专案组。崔器主张，所有附逆官员全部处死。之前，他曾将附逆官员三百余人集合于含元殿前，令他们脱掉头巾鞋袜，捶胸请罪，文武百官在旁观看，作为对不忠诚者的羞辱。杜甫有两个朋友受到了羞辱，一个是郑虔，一个是王维。

肃宗有意采纳崔器的建议，即将附逆者悉数处死——如是，则王维晚年的诗篇我们就没法看到了。李岘坚决不同意。他认为，叛军攻陷两京，天子南巡，人各逃生，情有可原。其中，不少人是皇亲国戚或功臣子孙，一律处死，有违仁恕之道。更重要的是，如果将他们全杀了，现在河北还在叛军手里，那些还在出任伪职的官员，就会铁了心跟着叛军。不如首恶必究，胁从不问。肃宗不同意，李岘据理力争，"争之累日"，肃宗终于被说服了。于是，对附逆人员按罪行轻重，分六等处理：重者刑之于市，次赐自尽，次重杖一百，次三等流、贬不一。

按六等处理后，被斩首的有达奚珣等十八人，赐自尽的有陈希烈等七人。王维因陷贼期间写有"万户伤心生野烟，百官何日再朝天"的诗句而减罪，加之其弟王缙请以其所任宪部侍郎为兄赎罪，只受到降职处分。

郑虔却没那么幸运。他受的处分比王维重得多：贬台州司户参军。台州即今浙江台州，唐时，台州因境内有天台山而得名，开元中有户五万，上州，在七个等级中，属中下。总体来说，当时的台州地处海隅，远离政治中心，闭塞落后，文教不彰。司户参军掌户口、籍账、田宅、杂役等事务，是州府长官的佐吏，略相当于台州市民政局局长。

至德二、三载间（757 年底至 758 年初），郑虔踏上了前往台州的流贬之路。作为老友，杜甫按理应为他饯行，但不知出于什么缘故，杜甫没能出席饯行宴。他写了一首诗送给郑虔。诗写得极为沉痛，其中有云：万里伤心严谴日，百年垂死中兴时……便与先生应永诀，九重泉路尽交期。——这时候，杜甫四十六七岁了，而郑虔比他足足年长二十岁，早已是风烛残年。杜甫悲哀地预言：我们此生再也没有机会见面了。这辈子的情谊，只能带到九泉之下。

郑虔到了台州，迷茫过一段时间，后来在州城临海设学馆，授生徒，使得文化落后的台州风气为之一开。以后，郑虔因病死于台州。

郑虔离京不久，杜甫从其故居经过，故宅依然，故人不再，杜甫感而赋诗：

> 台州地阔海冥冥，云水长和岛屿青。
> 乱后故人双别泪，春深逐客一浮萍。
> 酒酣懒舞谁相拽，诗罢能吟不复听。
> 第五桥东流恨水，皇陂岸北结愁亭。

以后的日子，杜甫还会经常想起郑虔，想起他在自己落拓时所给予的关心和帮助，想起两人潦倒时那些浊酒相劝的日子。郑虔去世后，杜甫伤痛无尽，直到晚年，还在诗里一再提及他。

杜甫与郑虔及两个侄子都是过从甚密的朋友，但看得出，他与郑虔更为知心。一方面，固然因郑虔年长，杜甫敬事之；另一方面，更因与两个攀龙附凤、飞黄腾达的侄子相比，毕生穷困潦倒、仕途无望的郑虔，更像一面镜子，杜甫从他身上照见了自己。叹惜郑虔，其实就是叹惜自己；哀悼郑虔，其实就是哀悼自己。

回京任左拾遗期间，杜甫一家老小没有住在城外的少陵原。毕竟，现在他是天子近臣，需要上朝，需要值班，住在城外，委实不便。那住哪里呢？从杜诗透露的蛛丝马迹看，他应该在城里租了房子。

杜甫有个故交，叫毕曜（有的史料又写作毕耀），排行老四，祖籍今山东东平，后来迁居河南偃师，算杜甫老乡，杜甫亲切地称他毕四。毕四做过县尉，天宝十三载（754），任司经局正字。司经局属于太子东宫系统，是詹事府下属机构，主管四库图书刊辑。正字是司经局负责刊正文字的小官，从九品上。安史之乱，长安失陷，毕曜为叛军所执，但因级别太低，无人授他伪职。然而，长安收复后，朝廷迟迟不给他安排工作，以致穷困潦倒。

按杜诗所记，杜甫带着家小从凤翔来到长安后，与毕曜成了邻居——他们同居于一条逼仄的陋巷："我居巷南子巷北。"尽管同居一巷，相距最多不过几百上千米，但两人并不经常见面，"十日不一见颜色"。杜甫原本向李嗣业借了一匹马，后来还人家了，再也搞不到马骑。身为朝廷命官，又不能步行。上朝时，他只好向房东借驴子。春天多风多雨，一场雨后，道路泥泞，杜甫怕摔跤，向上司请了假。他想起同居陋巷的毕四，想找他喝酒。可自己刚请了假，不方便出门，就写信给毕四，希望他能来自己家里，"速宜相就饮一斗"。

次年，毕曜时来运转，升任位高权重的监察御史。那时，杜甫已经流寓到了秦州，他看到邸报上的消息，很为老友高兴。意料不到的是，后来的毕曜竟然成了有名的酷吏——最终，他也因政治斗争而遭清算，流贬黔中，死于路途。时位之移人，于毕曜可窥一斑。

4

唐朝的皇宫由三部分组成。即西内、东内和南内，合称三内。西内即长安城正北面居中的宫城，其主体部分为太极宫，因位置靠西，故称西内。东内在长安城东北角，并突出城墙向郊外延伸于龙首原，因位置在东北隅，故称东内，其主体部分为大明宫。长安城东边春明门内的兴庆宫，位置相较西内和东内，在东南，故称南内，其主体部分即兴庆宫。

有唐一代近三百年间，皇帝多达二十余位，除却就食洛阳和武周时期以洛阳为都，以及其他少数特殊时期外，朝会都在三大内举行。作为左拾遗，三大内都留下了杜甫的足迹。其中，杜甫对大明宫有着悠远而深沉的记忆。

首先，天宝十载（751），在献了《三大礼赋》后，玄宗在大明宫召见杜甫，并让他待制集贤院。及后，宰相面试他时，考场也在大明宫。他晚年回忆此事时有诗说，"忆献三赋蓬莱宫，自怪一日声辉赫。集贤学士如堵墙，观我落笔中书堂"。

等到长安收复，左拾遗任上的杜甫成了地道的京官，包括大明宫在内的三内，是他经常前去上朝、议事、开会、值班的地方——不过，萧涤非等人所著《访古学诗万里行》称，"杜甫又以左拾遗官职随肃宗回京，每天早上五鼓在庄严肃穆的大明宫中随班朝见皇帝"，此说不确。

不同品级的官员参加朝会，晋见皇帝的频率并不相同。品级越高，朝参越频繁。据《唐会要》载，唐时，在京职事官九品以上者，朔、望日朝，即每月初一、十五参加朝会。职事官五品以上及监察御史、员外郎、太常博士，每日常参。弘文馆、崇文馆和国子监学生，每季参。外官每年分批，限一月二十五日到京，十一月一日觐见。岭南五府及甘、肃、瓜、沙等边远州不在此例。由此可见，杜甫虽然是左拾遗，是台省谏官，但品级太低，并不在每日常参之列，只能参加每月初一和十五的规模庞大的朝会。

从杜诗可以看出，杜甫很享受他的京官生活。他不厌其烦地书写这种生活：在十五天才有一次的朝会中，他努力观察圣上的脸，企图从他的脸上看出喜怒哀乐——"昼漏稀闻高阁报，天颜有喜近臣知"；在办公室起草文件后按规定将草稿焚毁——"避人焚谏草，骑马欲鸡栖"；在门下省值夜班，因有公事需要汇报，多次向勤杂人员打听时间——"明朝有封事，数问夜如何"；加班晚了乘夜归家，表明他很敬业——"侍臣缓步归青琐，退食从容出每迟"。

这段时间，他与另外几个诗人成了同事，经常聚在一起，他们是王维、岑参、贾至。有一次，贾至写了一首以大明宫早朝为题材的诗，王维、岑参和杜甫纷纷唱和，后人认为，四诗之中，杜甫的为高。

转眼间，杜甫做左拾遗近一年了。上一年五月，他赶到凤翔，错过端午，没能得到皇上的例赐。这一年，例赐自然有他一份。这就是前面所说的端午赐衣。

对浩荡皇恩无限感激的杜甫，其实已经能够感觉得到，圣上的眷顾早已不复存在。只是，他很可能没有预料到，下一个月，对他和他的朋友们的打击将会接连不断地降临。

原来，房琯罢相后，朝廷中有不少他的支持者认为，房琯"谋包文武，可复用"。房琯自己当然也如此认为。当时，房琯天天与他的一些走得近的支持者喝酒剧谈，却向朝廷称病不朝。——那些一起喝酒剧谈的官员，史书中只举了刘秩和严武两个。按理，杜甫也应在其中。只不过，他级别太低，史书不屑记录。

房琯的所作所为，再次激怒了肃宗，"上闻而恶之"，"下制数琯罪"，斥责他："虚言浮诞，内鞅鞅，挟党背公，非大臣体。"乾元元年（758），房琯东山再起的迷梦彻底破碎：贬邠州刺史。与此同时，严武贬巴州刺史，刘秩贬阆州刺史，杜甫贬华州司功参军。

昔年大唐帝国的心脏——大明宫——在地下沉睡多年以后，如今已建成了大明宫国家遗址公园。这座世界上曾经面积最大设施最豪华的皇宫，千万间宫阙都做了土。除了少数复原建筑外，其他都是宫殿基址、遗址，以及大片大片的绿地和广场。行走在这片古老厚重的土地上，有如梦回大唐，让人疑心在下一个路口，就会遇到那位胡须微微上扬，面容瘦削的老者——他便是那个逝去时代最忠实的记录者、反思者和批判者。

他的名字叫杜甫。

大明宫遗址公园里，一株高大的黑杨树亭亭如华盖，我从背包里取出一瓶杜甫酒，拧开瓶盖，把一瓶甘洌的美酒，缓缓倒进脚下干涩的黄土。

5

自西安沿连霍高速东行，过临潼、渭南，即是华州。现在的华州系渭南下辖区，由郑县改名而来。唐代的华州，相当于今天的地级市，因境内有著名的华山而得名，下辖郑县、华阴和下邽三县，治所在郑县。

司功参军系州佐吏，刺史属官，主管官吏考课、祭祀、礼乐、学校、选举、佛道和表疏公文等事宜，略相当于今天地级市的秘书长兼教育局局长和人事局局长。州的等级不同，其参军的品级亦不同。以华州而言，司功参军为从七品下。与之前的左拾遗相比，表面看，杜甫级别有所提升，但前途与影响却不可相提并论。

所以，杜甫完全没有心情去华州履新。然而，皇命在身，他不得不上路。前往华州的前一天晚上，一个叫孟云卿的朋友为杜甫饯行。杜甫的命运已经够坎坷了，而孟云卿竟比杜甫还要有过之而无不及。他出身贫寒，天宝末年就到长安应试，数年未能及第，一直是布衣之身。他称自己"贫贱少情欲，借荒种南陂"。多年失意之后，孟云卿也即将离开让他不堪回首的首都，回到嵩阳继续躬耕垄亩的田园生活。

一对老朋友，两个失意人，樽前烛下，相对把盏，诉不尽的衷肠与离愁。用杜诗来说，那是"乐极伤头白，更长爱烛红"——老友相逢，自然快乐，然而想到即将分手，而两人都已头发花白，不再年轻，不知下一次相逢将是何时，心中又涌起无限忧愁；更深人静，让人倍加珍爱相聚的时光，就连燃烧的红烛也显得无比可爱。

"明朝牵世务，挥泪各西东"，无论多么相契的朋友，都必须分离。天亮时，两人洒泪而别。别有一番滋味的是，杜甫是从金光门出城的——去年，他间道出长安前往行在投奔肃宗，也由金光门而出。按理，华州在长安之东，金光门系长安西门，杜甫不应该经过此门。有一种可能是，他当时租住的房子在金光门一带，或是他与孟云卿聚饮的地方在金光门附近。

两出金光门，杜甫感慨万端，以诗抒胸臆：

> 此道昔归顺，西郊胡正繁。
> 至今残破胆，应有未招魂。
> 近侍归京邑，移官岂至尊？
> 无才日衰老，驻马望千门。

——这是我从前投奔行在的路，那时整个城市的西郊到处是叛乱的胡军。想起来我至今还胆寒，可能吓掉的魂还没招回来。作为圣上的近侍我随同他一起回到京师，今天却被调往华州。这根本不是圣上的决定。我既没有才华又日益衰老，以后再也不可能重回京城了。想到这里，我不由停下马来，再次回望千门万户的长安……

华州的生活令人绝望。

初到华州，杜甫尚有兴致游览了周边几个景点。但华州主官——即时任刺史郭某——不仅给杜甫安排了海量的工作，还对他十分无礼。王嗣奭认为，杜甫厚于情谊，"虽邂逅间一饮一食之惠，必赋诗以致其铭佩之私，俾垂名后世"。但这个郭刺史，杜甫在他手下干了整整一年，却没有一句诗写过他。郭刺史的为人可想而知。

关中平原东端的华州，夏秋气候极为炎热——我去华州正值三伏，一大早，太阳当头炙烤，气温很快飙升到了三十八九度。如果站在阳光下，一阵阵热浪让人有喘不过气之感。杜甫在《早秋苦热堆案相仍》中对华州司功参军任上的苦恼描绘得淋漓尽致：

> 七月六日苦炎蒸，对食暂餐还不能。
> 每愁夜中自足蝎，况乃秋后转多蝇。
> 束带发狂欲大叫，簿书何急来相仍。
> 南望青松架短壑，安得赤脚踏层冰。

暑气蒸腾，炎夏煎熬，以至吃饭都成了一件苦差事。晚上，有毒的蝎子到处乱爬，苍蝇成群结队。坐在堂上办公，各种要处理的文书如同雪片一样飞来，让人忍不住要崩溃大叫。透过窗户南望，南方的山上沟壑纵横，长满郁郁青松，不能到那清凉的地方去避一避，那有没有什么办法可以赤脚踩在冰块上凉爽一下呢？

尽管要待到明年，杜甫才正式离华州司功参军任，但刚刚履新，他就对这个新职务充满了抵触和厌倦。

好不容易熬到了年底，这年冬天，杜甫由长安回了老家，在偃师陆浑庄处理家务——终其一生，他在偃师、巩县、洛阳和长安都有些资产。但在交通不便，信息不畅，甚至货币经济也不发达的唐代，如何处理这些资产——比如，如何收取土地的田租，如何把收来的粮食变现，这些都是无比烦琐的令人头痛的问题。后来，杜甫流落蜀中，一直想即从巴峡穿巫峡，便下襄阳向洛阳，除却人老了希望叶落归根外，恐怕也不无另一个十分现实的考量：回老家处理祖业。

有唐一代，长安至汴州为大驿路，即帝国第一大道。华州、洛阳、偃师都处于大驿路上。长安往来洛阳，自周至唐，除极少数时间外，一直是中国最繁忙的交通要道。其路途，在今陕西境内，大致沿后来的陇海铁路而行。到了陕州，分为南北两线。北线经渑池、新安至洛阳，此为汉魏故道。沿途所置驿站较少，路程相对较近。南线经永宁、寿安而至洛阳，此为唐道。驿站多，路程相对较远。

杜甫从华州出发，一路沿黄河南岸经敷水驿、长城驿而至华阴县，再经潼关驿出关，渐渐进入了河南地界。

杜甫东行一千二百六十多年后的一个盛夏黄昏，我在凭吊了潼关和风陵渡后，沿着宽阔的连霍高速自西向东疾驰。从灵宝西收费站出站后，又顺310国道，自东向西回走了近十公里。公路两旁不时可见起伏的黄土丘陵，覆盖着郁郁葱葱的林子和庄稼。在两条几乎平行的道路突然交叉的地方——我所经行的国道，硬生生从一座黄土丘陵正中穿过。在我的右手边，小山坡上，矗立着一座高大的牌坊。

停好车拾级而上，牌坊正中是两个大字：阌乡。牌坊两侧，各有一座简陋的长方形亭子，其中一座亭子里，坐着几个纳凉的老人，一律有着黄土一样深的肤色。牌坊正下面，是一座小型广场，尚未竣工，铺着大大小小的石头——小的如拳头，大的超过饭碗。一旁是庄稼地，修长的玉米遮掩了庄稼深处的村落，房屋只露出不多的红色或黑色的顶，像漂浮在绿色海洋上的一顶顶草帽。

牌坊下面，我寻找到了两块镶进堡坎的不大的碑，黑底白字，一块的标题是《阌乡县城始末》，一块是《阌乡村门楼记》。两块碑，数百文字，清晰地还原了一个业已不存的古县的历史轨迹。

牌楼所在地，今属灵宝市阳平镇阌乡村。在唐代，属虢州阌乡县。阌乡的得名，缘于境内有阌山。阌乡设县，起于西汉，历两千多年到1954年时，并入灵宝，县城变为乡政府驻地，但县衙等老建筑一直保存完好。1959年，黄河三门峡水库蓄水，阌乡县城从此淹没。在决定修建水库前，阌乡人开始搬迁——一支移民甘肃敦煌（后迁出），一支移至靠近灵宝的阌东，更大部分移到了阌乡村。

尽管阌乡村距三门峡大坝还有八十多公里，但登上牌楼附近的山顶向北遥望，三四公里外的黄河因回水而变得十分开阔。就在那边某一个业已沉入水底的地方，曾经，杜甫住过一宿，并留下两首诗。

到了阌乡，杜甫就从今天的陕西进入了河南。不过，其时的阌乡县及

阌乡牌楼，杜甫曾在阌乡吃鱼

虢州，不属东边的河南道，而属北边的河东道。

杜甫行到阌乡境内，天气异常寒冷，整天刮着凛冽的北风，黄河结冰封冻，天地间一派肃杀。在阌乡，杜甫有一个朋友，姓秦，名不详，时任阌乡县尉。秦县尉一年前在凤翔时，与杜甫同舍，关系密切，且对杜甫诗文颇为敬佩，称杜甫是文章伯。

那晚的酒宴，却不是秦县尉做东。做东的是另一个县尉，姓姜，名不详——唐制，上县可设县尉两名，阌乡属望县，比上县等级还高。秦县尉是杜甫的老朋友，姜县尉却是杜甫的新朋友。

姜县尉令人敲开黄河河面的冰块，很费力地捕获了一条大鱼。

一条刚从水中捕上的大鱼，到了厨师手里，只要片刻工夫，就能变成一盘又白又细的鱼片。半透明的鱼片轻薄似纸，隐隐透过灯光。把鱼片放进由芥末、豆豉、蒜泥和酱油混合成的调料中略微一蘸，入口的鱼片爽滑清甜，极为鲜美。由于没有经过炒、炸、蒸等加工，鱼片的营养物质完全没有流失。

这种食用方法叫鱼脍。早在先秦时期，鱼脍就是一道令人垂涎的美食。传入日本后，慢慢演变为今天的刺生。

在唐朝，制作鱼脍的鱼类首推鲤鱼，而黄河大鲤鱼古今都是珍贵食材。我猜测，姜县尉令人捕捞的，多半就是一条活蹦乱跳的黄河鲤。唐朝皇帝姓李，李、鲤同音，鲤鱼成了国姓鱼，一度禁止食用。尽管由于这道命令执行起来颇为困难，仅是一纸空文，但杜甫毕竟是朝廷命官，也不好明目张胆地把食鲤鱼写进诗里。

杜甫诗中说，"河冻未渔不易得，凿冰恐侵河伯宫"——时值冬末，北方天寒地冻，获取河鱼实在不易；"无声细下飞素雪，有骨已剁觜春葱"——厨师刀工极好，白嫩的鱼片如同雪片一样；"偏劝腹腴愧年少，软炊香饭缘老翁"——姜七这个年轻朋友特意用鱼肚子上肥美的鱼片来敬我，又因我年老牙不好，吩咐把米饭煮得很松软；"落砧何曾白纸湿，放箸未觉金盘空"——面对这落在纸上也不会把纸沾湿的鱼片，我吃得很高兴，不知不觉一盘子都吃空了。

阌乡以东，大概在今灵宝西站至荆山铸鼎原一带，曾有另一个为时更短的古县，即湖城县。湖城县原名湖县，汉置，南朝宋改名湖城。其县治，史书称其在阌乡以东。元朝时，湖城并入阌乡。

一夜欢聚，次日，杜甫告别了热情款待的姜县尉——杜甫赠诗中亲切地称他为姜七少府——以及作陪的秦县尉，继续赶路。没走多久——三四十里路，大半天工夫，便进入了湖城县境。湖城有他一个朋友，叫刘颢。当晚，他借住刘家。令他喜出望外的是，告别刘颢后，他才走到湖城县东门外不远的地方，却与一个熟悉的身影不期而遇。

这就是此前在长安为他饯行的孟云卿。

既是老友又同为行路人，并在异乡邂逅，两人都又惊又喜。当即，杜甫带着孟云卿一起返回刚刚辞别的刘颢家。刘颢也意外而喜悦。刘家立即张灯设宴。那天晚上，室内炉火通红，酒食相陈，室外有一轮洁白的月亮。三人通宵欢饮，直到鸡鸣天晓，才不得不洒泪而别。杜甫感叹："人生会合不可常，庭树鸡鸣泪如线。"

杜甫回到洛阳后，应该在洛阳小住了一段时间；然后，又去了洛阳东边的偃师。那里，既有他的先人墓庐，还有他十几年前筑的土室，以及他家的田产和庄院。到了老家，很自然地想念亲人——是时父母俱逝，亲人便是几个弟弟和妹妹。其中一个弟弟杜颖，早年在齐州临邑做主簿，杜甫漫游齐赵时曾去看望过他。两兄弟分别多年，此时山东尚未收复，生死暌违，他的家人一直留在偃师陆浑庄。杜甫与弟弟家人相见，哀叹两家人"两京三十口，虽在命如丝"。在偃师期间，有一天，杜甫忽然收到了杜颖家书，兴奋之余，却又产生了欲见不能的苦恼：

> 乱后谁归得？他乡胜故乡。
> 直为心厄苦，久念与存亡。
> 汝书犹在壁，汝妾已辞房。
> 旧犬知愁恨，垂头傍我床。

——战乱之后难以归乡，在他乡客居久了，反倒觉得他乡比故乡还好，因为故乡比他乡还要凋敝。做哥哥的一直为弟弟的安危而担心痛苦，常念叨乱世之中生死相依。你当年写的字还挂在老家墙上，你的妾因你多年未归已经离去。我们家那条老狗似乎也明白人间的愁恨，低着头，忧伤地依靠在我的床前。

6

就在杜甫居停老家期间，风云突变，时局一下子又紧张起来。

上年六月，即杜甫贬华州司功参军时，原本已归顺唐朝的安禄山部将史思明再次反叛。九月，朝廷集中主力部队，以宦官鱼朝恩为观军容使，令九节度使各率所部兵马，包围了安庆绪占据的相州（治今安阳）。九节度使包括朔方节度使郭子仪和河东节度使李光弼等名将。

相州被围，官军"筑垒再重，穿堑三重"，又引漳河水灌城，"城中井泉皆溢"，粮食耗尽，一只老鼠也要卖四千钱。当时，天下人均以为相州城破只在旦夕，而相州一旦攻克，则河北可定，叛乱可平。几百里外的杜甫得知，激动不已，写下长诗《洗兵马》。他乐观地认为，叛乱即将终结，天下即将太平："安得壮士挽天河，净洗甲兵长不用。"

实际情况却不容乐观——安庆绪苦守相州，等待史思明救援。城中部分失去斗志的叛军想出城投降，"碍水深，不得出"。肃宗在调遣九节度使围相州时，因郭子仪和李光弼"皆元勋，难相统属"，不方便指定哪一个为元帅，只是任命了宦官鱼朝恩为观军容使，负责协调。如是，九支军队互不统属，群龙无首，"诸军既无统帅，进退无所禀"。

乾元二年（759）正月，史思明在魏州（治今大名）称大圣燕王；同月，相州之围中，那位曾借马给杜甫的猛将李嗣业为流矢所中，不治身死。

二月，史思明率军赴相州，救援安庆绪。官军多达六十万之众，而史思明仅有五万人。这是一场从数字上看几乎没有悬念的战争。然而，狡猾的史思明避免与官军交战。他不断派出游骑，四处打击官军的后勤部队，以至于官军竟然连打柴火都困难。至于从江南运来的粮饷，更是屡遭叛军劫持。就在官军粮食匮乏之际，三月，史思明发起了与官军的决战。

官军并未将叛军放在眼里，还以为史思明的主力只是一些散兵游勇。当史思明全力拼杀而来时，九节度使中仅李光弼和王思礼率部抵抗，双方均死伤惨重。郭子仪部跟着上场。没想到，郭子仪部还没来得及摆开阵势，突然狂风大作，飞沙走石，战场上一片昏沉黑暗的末日景象。叛军自然惊骇，官军却更甚，双方各自后撤——叛军向北，官军向南。要命的是，尽管郭子仪乃一代名将，但在如同潮水一般后退的大军面前，依然无能为力。郭子仪部战马原有万匹以上，战后仅存三千；甲仗十万，几乎全部丢弃。

出洛阳城北行，只需三十余公里，便到了黄河之滨。以黄河为界，河南为洛阳孟津县，河北为洛阳吉利区——2021年，孟津县与吉利区合并，改称孟津区。

在孟津，有两座大桥横跨黄河，一座是二广高速上的洛阳黄河大桥，一座是国道208上的洛阳黄河公路大桥，两桥凌驾于黄河之上，相距只有几百米。在靠近洛阳黄河公路大桥南岸的左侧，三岔路旁的园子里，耸立着一座钢铁制成的塔，旁边石碑上是红色大字：黄河中下游分界标志塔。原来，黄河流过公路大桥，便进入了一马平川的下游。

距标志塔所在的园子五六百米的黄河中央，有一座海豚状的小岛，那是由黄河裹挟而来的泥沙沉积后形成的沙洲。

我推测，曾经闻名遐迩的河阳桥，应该就在那里。

孟津一带，自古即为洛阳通往河北和山西的必经之地，商周时期，孟津设有往来于黄河两岸的古渡。汉末黄巾起义，大将军何进在孟津置孟津关，是为拱卫京师洛阳的八关之一。北魏时，在孟津附近的黄河南岸、北岸以及沙洲上筑了三座关城，称为河阳三城，成为洛阳的北方门户。故此，孟津关又称河阳关，孟津又称河阳。

第一个在孟津黄河上建桥的，便是杜甫的远祖杜预。他建的浮桥，大概就在我看到的沙洲附近——更准确的位置，难以考证。到了唐朝，被称为河阳桥的孟津浮桥，战略意义更加显著。一旦河阳桥失守，洛阳便无险可峙。

相州战败后，洛阳吏民已如惊弓之鸟。"士民惊骇，散奔山谷"，负有守土之责的东都留守崔圆、河南尹苏震逃到了几百里外的襄州和邓州，其余节度使各自率军退避，只有郭子仪还在苦撑。

正是意识到了河阳桥的重要性，相州城下被叛军所败的郭子仪才收拾残部，退守河阳桥以保东京。

　　既可能是假期已满，更可能是担忧洛阳不保，闲居偃师的杜甫踏上了前往华州的路途——这以后，有生之年，他再也没有回来过。故乡——巩县也好，偃师也好，洛阳也罢，从此都只是一个个虚幻的梦境。一直要等上五十多年，他已经乌黑的骨头才将由孙子历尽艰辛地送回河南。

　　连霍高速由江苏连云港到新疆霍尔木兹，像是缠在中国中部的一条腰带。河南境内许多地方，国道310常与连霍高速相伴而行。国道310又叫连共线，由江苏连云港通往青海共和。

　　从三门峡市区南部的地坑院景区前往三门峡市区东部的石壕村，里程五十五公里，大部分路段都属连共线，或者说国道310。国道不宽，也不窄。在经过了一个矿山模样的厂区后，国道转入乡道。乡道狭窄坑洼，仅容两车通行，公路两旁长满高大的黑杨，风一吹，发出夸张的声响，像是有人在深夜鼓掌，乍一听，吓一跳。

　　沿着蜿蜒的乡道行驶了十余分钟，公路旁出现了一条更窄的岔路，黑杨变成了柳树。一座已经十分斑驳的牌楼出现在岔路口，上面有三个电脑体的大字：石壕村。

　　在中国，大凡稍有文学常识的人，或者说只要上过初中的人都知道石壕村，它与杜甫不朽的叙事诗《石壕吏》紧紧相连。

　　我前往石壕村，既是为了看看诞生《石壕吏》的地方如今什么模样，还因为据地方史料所说，当年杜甫住过一宿的窑洞，居然保存至今——想想也不奇怪，既然杜甫诞生的窑洞都还在，他四十八岁时住过的窑洞保存了下来，也是顺理成章的事。

　　穿过牌坊，顺着细细的乡路行驶了两百米，便是石壕村村口。像众多北方村庄一样，石壕村村口的树荫下，也聚集了二三十个老人，有的在打牌，有的在下棋，有的在聊天，有的在望着旁边的小桥发呆。还有一个老人倚着柳树睡着了，一只绿头苍蝇，饶有兴致地围着他干旱的脸慢慢飞。老人闭着眼，不时挥手赶苍蝇，却又发出沉沉的鼾声。

　　与其他村庄村口不同的是，石壕村正对大路的地方，有一方高大的照壁。照壁上，海碗大的字刻写着那首耳熟能详的长诗：《石壕吏》。

石壕村位于两山之间的沟谷里，山不高，至多两三百米。村子顺着沟谷而建，两边是房舍，中间是公路，与大多呈长方形或正方形的北方村庄迥异。房子多是一层或两层的砖房，房前种着零乱的花草，大门两侧，有的贴着春联，风吹雨打过后，红色的春联褪成灰白，仿佛洗过多年的旧衣服。村民方言极为难懂，十句倒有八句不知所云。在他们热情而又不明所以的指点下，我沿着村子正中间唯一的那条路往前走，寻找杜甫住过的窑洞。

尽管车速极慢，并提醒妻子仔细观察，但我还是没有看到任何窑洞的迹象。村子至多只有两三百米，出了村，我终于看到村外的山坡上似有两个孔洞，像是废弃的窑洞——但是，根据事前查阅的资料，杜甫住过的窑洞在村里，且还有人居住。这两孔废窑，显然不是。继续向前，公路变得更加粗糙，渐渐蜿蜒上了村子背后的小山，再也看不到房屋。又走了几百米，路边有一座简易工厂，铁栅厂门前蹲着一个工人，把脸埋在一只巨大的碗里吃面。问他，他不好意思地说：我就是本地人，是听说有个什么窑洞，但在哪里，我也不知道，你还是下山去村里问问吧。

于是，我又回到了山下的村子。我把车停在路旁，走进公路内侧的一座小院，院子里只有一个七八岁的孩子，好奇地看着我。问他杜甫窑，他摇头。灵机一动，又问他：你家大人呢？他向另一间屋子指了指。这时，从屋子里走出一个似乎刚刚午睡醒来的大妈。

五分钟后，在热心大妈带领下，我走到了公路后面数十米的小山坡下，那里，有一座院子，大门紧闭，从外面无论如何也看不到窑洞。

石头砌成的墙壁刷成白色，两块白色中间是一小块红色——院门。院门上贴着对联：财源滚滚随春到，喜气洋洋伴福来。门楣上方，是很大的红字：天赐百福。我伸手敲打缀满乳钉的院门，由轻到重，并大喊：有人吗？有人吗？然而，里面悄无人声。失望欲走，门内终于传来一个老年男子的声音：谁啊？

半分钟后，我顺利进了门。

是一座两进小院。左右两边是砖砌的平房，中间是狭窄的水泥地院子，摆放着水桶、水盆之类的用具。穿过一道月门，便是后院。后院院子更大一些。有两棵树和一架葡萄。一座嵌有瓷砖的房子与前院的房子垂直。目光越过房顶，能看到背后的小山。主人家姓雷，当我向他打听杜甫投宿的窑洞时，他把我带进后院靠左的一道门前。从外面看，就是一座普通平房，并无窑洞外观。疑惑间走进门，才发现里面别有洞天——屋子分为三部分，前面两部分，就是普通平房，第一间和第二间的柜子上摆放着清油桶和炊具，似乎是雷家的厨房。第三间半塌了，显然已经废弃不用，里面堆放着一些木头。泥地、泥墙和泥的屋顶——正是一孔窑洞。也就是说，昔年杜甫借宿的地方就是这里了。只是，后人在窑洞外扩修了平房，围成了小院，窑洞便蜷缩在小院深处，从而在不经意中被保护下来。

　　雷大爷约莫七十岁样子，他说他家在这里已经生活了七八代人。七八代人大约两百年时间，足够漫长了。但与杜甫距今一千二百多年比，依然

石壕村古窑，相传杜甫曾借宿于此

十分短暂。雷大爷的孩子们进城了，只有他和老妻还守在村里。生活宁静，安详，一日如同一年，一年也如同一日。和他告别时，他热情地把我送到院门外。院门在身后吱呀一声合上。我顶着烈日，慢慢行走在空无一人的村道上。蝉儿一个劲儿地叫，微风吹拂，空气中传来田野里特有的混合了青草、庄稼和泥土的气味。我登上高处想为石壕村拍一幅全景图时，猛然想起，从杜甫时代到今天的十二个世纪里，这座北方村庄，名字未变，村址未移，然而人歌人哭，一代代人就在这里走完了他们短短的一生。

杜甫沿着古老的崤函道从洛阳前往关中。

在距石壕村不到四公里的西边山坳里，松林间有一片平地，一个名为崤函古道石壕段遗址文物保护管理所的机构大门紧闭。看门的年轻人在玻璃后面摆手：不开放，不开放。就在管理所背后不远处，曾经人来人往了两千多年的崤函道蛇行于山峦间。坚硬的石质路面，被经年累月的车辆轧出深深的车辙，最深的足有二三十厘米。像用錾子凿出了沟槽，用以流淌岁月。

路侧山坡，一个放羊老人坐在一块灰白的石头上。他的羊围在石头周边啃草，粗硬的草如同铁丝，羊们咬嚼得铮铮有声。牧羊老人忽然站起身，解开裤带，对着岩壁撒尿。尿液流进古老的车辙，空气中似乎传来了隐隐的尿臊味儿。一时间，有点不知今夕何夕的错觉。

杜甫自洛阳而来，经新安——在新安，杜甫听到人声喧哗，近前一看，原来是县吏在村里点名征兵。他看到，不少年轻人也被抓了壮丁，准备送往前线。据此，他写成了"三吏"之一的《新安吏》。过新安后，大约还需要两天，杜甫走到了石壕村。崤函古道从村外的山上穿过，天色渐晚，杜甫下到山谷中的石壕村，找了一户人家借宿。这户人家有一对老夫妻、一个年轻的媳妇和一个还在吃奶的婴儿。

睡到半夜，杜甫听到了恶狠狠的打门声，他披衣下床，得知是县吏趁夜来抓丁。老翁吓得翻墙逃走，老妇只好上前应付。老妇告诉县吏，她家三个儿子都上了前线。前几天，一个儿子捎家书回来，说两个弟兄已经战死了——在三丁抽一、五丁抽二的规定下，这家人三个儿子全都应征，且两个战死，按理，不仅不应该再到他家抓丁，还应该把他仅存的儿子送回来。但是，由于相州之战失利，为了守卫河阳，守卫东都，朝廷不得不自坏规矩，而具体办事的县吏，更是如狼似虎。

老妇冷静而沉痛地诉说了她家的遭遇，"三男邺城戍。一男附书至，二男新战死"的巨大牺牲之下，"存者且偷生，死者长已矣"。死了的也就算了，活着的人只能苟且偷生，活一天算一天。家中也没其他人了，只有一个正在吃奶的孙子，有孙子在，他的母亲还没有离去，但进进出出连一件完整的衣服也没有。最后，老妇说，我虽然力气已衰，但一定要抓丁的话，就让我连夜跟你一起走，赶快到河阳军营里去，说不定还能为军队准备早餐呢。

这一段描写，有学者异想天开地认为老妇是个爱国者，为了国家，在奉献了三个儿子的情况下，还主动请缨到军队服务。此种说法，可谓诛心。

对朝廷抓丁，杜甫有一种极为矛盾的心理。之前，他曾有《兵车行》等作品，透露出明显的反战情绪。那时，他认为朝廷抓丁是错误的，是反人性的，因为那时的战争乃唐朝主动挑起的边疆纷争，系不义之战。但在新安和石壕村见到的抓丁，是为了平定叛军，而杜甫一生忠于唐室，在他心中，便表现为一种矛盾：一方面，为了平叛，的确需要有人上前线；另一方面，基层官吏没有人性地抓丁，又使同情民众的他感到愤怒。因此，在新安，他只好劝慰那些应征的士兵。而在石壕村，目睹了这悲惨的一幕，杜甫也无能为力。——按我的理解，老妇的那一番话，明显是义愤之词：我的三个儿子，战死了两个，家中再也没有人了。那是不是要把我抓到军营里去服役，去给他们煮早餐？

万万没想到的是，老妇的义愤之词竟然提醒了县吏，他们真的把老妇抓走凑数去了。天明，当逾墙而逃的老翁回家时，老妇已被带走，"天明登前途，独与老翁别"。

安史之乱已经四年。如果说此前杜甫见证了叛军的凶残和王朝面临倾覆的大危机的话，那么，为期十几天的自洛阳归华州途中的所见所闻，更多的是战乱给人民带来的极大苦难。人民如同洪流中的浮萍一样挣扎，沉浮，无以自主。及后，杜甫把沿途见闻写成诗歌，这就是杜诗中最知名的

"三吏"和"三别"，即《新安吏》《石壕吏》《潼关吏》，《新婚别》《无家别》《垂老别》。

《新安吏》与《石壕吏》写不合理之兵役——违制强征未成年的"中男"和趁夜抓人服役；《潼关吏》既写士卒之辛苦，更忧虑三年前潼关失守的败局再次发生；《新婚别》写新婚男子被迫奔赴河阳，乃至新娘子感叹，"嫁女与征夫，不如弃路旁"；《垂老别》写衰翁儿孙俱已阵亡，他竟不得不投杖从军，与妻子生离死别；《无家别》写一个独身男子，早年从军，战败后回乡，家中面目全非。如今河阳吃紧，再次征发上前线。他想起之前卧病多年的母亲葬身沟壑已有五年，生不能养，死不能葬，于是愤怒质问："人生无家别，何以为蒸黎？"

对于"三吏""三别"，卢元昌评论说："先王以六族安万民，使民有室家之乐。今《新安》无丁，《石壕》遣妪，《新婚》有怨旷之夫妇，《垂老》痛阵亡之子孙，至战败逃归者，又复不免。河北生灵，几于靡有孑遗矣。"

无论当时还是现在来看，唐政府的平叛战争都是必要的，属于正义一方，但在平叛战争中，付出惨痛代价的却是底层民众。高高在上的肉食者只管发号施令，而基层官吏则胡作非为。对民众，杜甫是无限的同情与心酸；对官吏，是无限的愤怒与鞭挞。成都杜甫草堂诗史堂前，悬挂着郭沫若的一副对联，对联内容，我以为，恰到好处地总结了杜甫为何被后人尊为人民诗人：

世上疮痍，诗中圣哲；
民间疾苦，笔底波澜。

7

旅途也不全是艰辛与悲愤，否则，那样的旅途将令行者崩溃。

旅途之中，偶尔也会有突如其来的愉悦，这样的小美好如同古道旁岩石缝隙里的花朵，虽然细小，微不足道，却是必需的。一如岩石缝隙里的花朵使坚硬而沧桑的古道有了三分柔情，旅途中突如其来的愉悦，也令漫漫长路有了期待。

　　这个春天的黄昏，天黑得很快，尽管沿途有驿站，以及可以投宿的民户，但这个晚上，杜甫造访了一位老友。老友的具体居住地点不太清楚，甚至，连老友的名字也充满疑团——一种说法是，他姓卫，叫卫宾。但也有人认为，这个名字是后人附会的。我们能够确定的是，他姓卫，排行老八，一辈子——至少在杜甫写这首诗时——没有做过官，杜甫亲切地称他卫八处士。

　　与卫八处士的相见，让杜甫发自内心地感叹："人生不相见，动如参与商。"参与商都是天上的星名，它们此出彼没，两不相见。而自己与老友，似乎也是如此。《唐史拾遗》说，杜甫和李白、高适、卫宾相友善，而宾年纪最少，称为小友。这从杜甫诗中也能看出端倪："昔别君未婚。"卫宾既然比杜甫还小得多，估计就十几二十岁，还没成婚。二十年过去了，"儿女忽成行"。世事变迁，时光流走，年近半百的杜甫，他的亲朋旧友中，已经有不少人去世了，因而在"访旧半为鬼"的凄惶之下，卫八处士见面时的惊呼，更使人温暖之，感喟之。"焉知二十载，重上君子堂"——我完全没有想到，时过二十年，还会到你家做客。

　　二十年前的老友来访，卫八处士意外又兴奋。时间已晚，卫八处士家已吃过晚饭了，赶路的杜甫还饿着肚子。山居清贫，也没什么好东西招待老友，天上又下起了蒙蒙细雨，卫八处士跑到园子里去剪回带着雨水的韭菜，家人忙着蒸黄粱米饭。饭菜上桌，卫八处士与老杜相对把盏。卫八处士感叹见面太难，一连拉着杜甫喝了十来杯。"十觞亦不醉，感子故意长。"对江湖漂泊的旅人来说，如此凄风冷雨的迷茫春夜，难道还有比老友的老酒更让人温暖沉醉的吗？然而，短暂的相逢却是为了长久的分别："明日隔山岳，世事两茫茫。"

　　春韭、黄粱和米酒温暖的夜晚转瞬即逝，一如四十多载的悲欣人生。次日晨曦匝地时，两人把手相别。峰回路转，杜甫回过头，山谷里的茅屋已变成了远方的一个小点；而伫立在茅屋前的卫八处士，望着杜甫的身影随着山路转弯抹角渐渐消失。之后，他们这一生，再也不曾相逢。那个美好的春夜，已属前生。

　　鱼儿相忘于江湖，老友相忘在人海。

　　在那些告别的年代。

第八章 行役

我生苦漂荡，何时有终极？

——杜甫

一个逝者和一座废园有什么关系
一个唐代的老人和一群当代的游人有什么关系

——聂作平

1

乾元二年（759），立秋次日，杜甫写了一首《立秋后题》：

> 日月不相饶，节叙昨夜隔。
> 玄蝉无停号，秋燕已如客。
> 平生独往愿，惆怅年半百。
> 罢官亦由人，何事拘形役？

在伤感光阴易逝，人生倏忽之余，杜甫还透露出他在这内外孤苦的日子里做出的重大决定：换一种活法。

诗中明确有罢官二字，表明此时杜甫已经不再是华州司功参军。但"罢官亦由人"句中的人，到底是指自己还是指他人，亦即杜甫去职，到底是主动辞职还是被动免职？传统学者一般认为，是杜甫主动辞职。"罢官亦由人"句中的人，就是他自己。诗中也隐隐表露出厌倦下僚，希望归隐的意思。并且，后人总结了杜甫辞职的几个原因：

其一，与华州刺史郭某关系不睦。两人同事一年，杜甫无一句诗赠他，且连他的名字也没留下即为明证。

其二，低贱而繁忙的职务，看不到前途。

其三，是年夏天关中大旱，秋后饥馑。

但是，如果研究一下唐人的守选制度，则杜甫去职华州，很有可能是被动的。

前文已介绍过守选制，即除了中进士后必须守选外，在职官员，凡五品以下的，也要参加守选。主要目的还是为了解决官多位少的难题。具体做法是，官员每年一考，三考或四考，也就是三到四年为一任，任满后，去职参加守选。级别不同，守选时间也不一样。基本规则是官越卑，守选时间越长。以县令为例，做满一任后，需要守选三年。比如张三当了四年蓝田县令，就必须免去职务，至少要赋闲三年，才由朝廷另外安排工作。

杜甫于天宝十四载（755）秋除右卫率府胄曹参军，以后又迁左拾遗和华州司功参军，到乾元二年（759），正好四年，所以，他得参加守选。杜甫所任的州司功参军，其级别比上县县令更低，意味着他的守选期，也就是赋闲时间，至少也得三年。

天下兵荒马乱，关中薪桂米珠，洛阳再陷叛军，身为一家之主，杜甫该如何安排一家老小未来的生活？

此时，长安虽已收复，安史之乱却仍在继续，大唐早已不复开元盛世的繁荣。至于杜甫，他年近半百，体弱多病——四十岁后，杜甫即患风疾。这是一种心血管问题引起的眩晕、痉挛、肢体麻木甚至半身不遂的重病。更重要的是，他对仕途已然绝望。他渐渐明白，今生今世，致君尧舜的理想压根儿就是一个笑话。雪上加霜的是，遭遇大旱的关中，谋食困难，"无钱居帝里，尽室在边疆"。

他想换一种生活方式。他想找一个平静的地方归隐，在耕读中了此残生。

理想的归隐之地在哪里呢？杜甫想到了长安以西的某个地方。

就像朱东润说的那样："杜甫对于围城的生活是有所认识的，何况大乱之中的佐贰官更是一饱不易呢？因此他决定挂冠出走。走向哪里去呢？向东是中原大战的战场，当然去不得。向南是襄阳的大道，也不够安全。

向北的危险不多，但是正是回纥出兵来往的大道，'田家正恐惧，麦倒桑枝折'，也不够妥当。"

既然东、南、北三个方向都去不得，那就只有向西一个选项了。

向西的目的地是秦州，即今甘肃天水。

秦州既是相对宁静的远离战乱之地，同时，那里还有朋友和亲人。朋友就是在长安时来往频繁的大云寺主持赞上人；亲人就是远房侄子杜佐。

更何况，杜甫祖上早在几百年前，就因关中大乱而到秦州一带避居，对家族历史了如指掌的杜甫，显然会对那片未曾涉足过的土地多一份好感和期待。

今天的甘肃天水，先秦时为一支称为邽戎的少数民族的地盘。公元前688年，秦武公取其地，置邽县——这是中国历史上最早的两个县之一，后改名上邽县。秦始皇置三十六郡，其中一郡名为陇西郡，上邽县即属陇西郡辖地。汉武帝时，设天水郡，上邽属天水郡管辖。唐初，改天水郡为秦州，玄宗天宝元年（742），又改天水郡。肃宗至德元载（756），再改秦州。宝应二年（763），因安史之乱而国力大衰的唐朝对西部边疆渐渐失控，秦州被吐蕃攻占。幸好，其时杜甫已入蜀。倘若一直留在秦州，杜甫将沦为吐蕃子民。

如今，天水市区分为秦州区和麦积区。唐时，秦州区为上邽县，同时也是州治所在；麦积区原为天水县。

从华州前往天水，沿连霍高速西行，经渭南、西安、咸阳、兴平、武功、杨陵、眉县、宝鸡，里程约九百里。唐时的道路，却与高速有所区别。

不同之处主要在过武功之后。今天的高速路，裁弯取直，逢山开道，遇水架桥，自东向西，几乎一条直线。但在技术落后的唐代，却没法如此横行。因之，从长安前往包括秦州在内的陇右驿路，过了武功后，不再继续西向，而是折向西北，经今扶风、岐山、凤翔而抵陇县——自凤翔开始，道路就顺着陇山，由东南向西北而行，为了从稍微平缓的地方翻山越岭，道路只好向北延伸。

千河原名汧河，系渭河支流。汧渭交汇地带，是秦人最初的发祥地之

雪后的陇右

一，所谓非子牧马于汧渭之会是也。因陇山得名的陇县，地处陇山之麓，千河及其支流在县城中心汇合，形成工字形。

初春，城郊的河谷平坝上，青色的麦苗挂着雨水，微风吹动，有一种说不出的娇柔。城区四周山上，有的地方还依稀可见残余的冰雪，这些山其实不算高峻，它们起伏不大，看起来更像黄土塬。

出陇县城区向西，公路与千河相伴而行，它们都选择了地势平缓的山谷。西行至曹家湾镇后，公路与河流忽然折向北方，顺着陇山的走向蜿蜒。大约在距陇县城区三十公里的同样由千河冲积出的河谷平坝上，有一座镇子，名固关镇。

固关，又称陇关、故关、大震关。

固关镇西数公里之遥，关山连绵，群峰之上，便是大震关旧址所在。始建于汉代的关城，因位于陇山之巅，得名陇关。又因汉武帝刘彻登山至此遇雷震，得名大震关。晚唐宣宗大中年间，在陇关附近新设安戎关，称新关；相应的，陇关称故关，不知何时，故写作了固，便成了固关——不过，在杜甫时代，还没有故关或固关之说。杜甫只知道陇关、大震关。

陇关一带，陇山高峻迂回，称为"其坂九回，欲上者七日乃越高处"。七日固是夸张之词，但山路曲折难行倒是不争的事实。登上陇山高处，回望关中，帝京已远；眺望前程，山峦环堵，其情其景，便是古人所谓"陇关流水，流离山下。念吾一身，飘然旷野""陇头流水，鸣声呜咽。遥望秦川，心肝断绝"。

尽管是主动离开关中前往陇右，但这主动也包含着被动，包含着严重的身不由己。故此，自华州一路而来，登上陇关时，杜甫心中也生出无数忧愁与焦虑：

> 满目悲生事，因人作远游。
> 迟回度陇怯，浩荡及关愁。
> 水落鱼龙夜，山空鸟鼠秋。
> 西征问烽火，心折此淹留。

——满目都是让人伤悲的事啊，为了有个依靠不得不举家远游。在迟疑与徘徊中翻越了陇山，在浩荡愁思中抵达了陇关。千河的夜晚，鱼龙混杂；鸟鼠山的秋天，空寂落寞。西行途中，向人问起河北战事，心中牵挂，伤感难禁。

"因人作远游"，这个人是谁呢？历来有诸多不同解释。

我以为，就是杜甫觉得将来可以依靠的赞上人和族侄杜佐。

然而，美好的期望却是镜花水月。

2

每一个优秀的诗人，都用他们的作品，为后人留下了一幅他们的肖像。这肖像，既是精神的，也是物质的。比如李白，他的作品让我认定他一定骨骼清奇，举止飘逸。至于杜甫，他那一系列忧国忧民的作品和沉郁顿挫的诗风，让我一直以为他如同成都杜甫草堂里叶毓山雕刻的铜像：清瘦，忧郁，似乎每一道皱纹里都潜伏着过多的风霜与困苦。

经历了十多年的生活毒打，少年时颇为健壮，"一日上树能千回"的杜甫，虽还不满五十，却已老态龙钟，疾病缠身。

在今陕、甘之间的陇山道上，这支小小的队伍缓缓前行。马匹多半是没有的，应该有驴子，有手推车。一个家庭再贫穷，总还有些家产——大件的粗笨家具当然不可能随身带走，但四季衣服、被褥，随身生活用具，以及必不可少的，杜甫不多的几卷书，都得搬运上路。

其时，杜甫家中可能有八口人：

妻子杨氏。这个出身名门的千金小姐，自从嫁给杜甫后，欢乐的时候少，忧愁的日子多。并且，还多次与杜甫分别，天各一方，生死不明。好在，从今往后，即便还将有更多苦难与狼狈等着他们，但他们从此再也不会长时间分开了——除了不能拒绝的死亡。

两个儿子，即宗文和宗武。宗文九岁，宗武五岁。都是虚岁。

两个女儿。比宗武更小，大约三岁。

弟弟杜占。杜甫有四个弟弟，即颖、观、丰、占。不过，四个弟弟均非同父同母，而是同父异母。小弟杜占，其时二十来岁，血气方刚的青年。

家人杜安。杜安十岁时父母双亡，杜甫的父亲杜闲将其收留养大。此后，他一直追随杜甫，"我行已水滨，我仆犹木末"，此仆，大概为杜安。

唐朝疆域极为辽阔，鼎盛时，西包咸海，北囊勒拿河流域，东及库页岛，南达越南。但是，其西南边疆却因青藏高原上崛起的吐蕃而不断内缩，很长时间，大抵以岷山山脉和邛崃山山脉为界。如此一来，秦州便成了与吐蕃近在咫尺的边城。加之秦州乃是由中原通往西域乃至欧洲的陆上丝绸之路的重要节点，这座城市便华夷杂处，呈现出令杜甫十分新奇的异域风情。

秦州城里，时时有胡人吹奏胡笳与羌笛。因是边城，驻军不少，黄昏时，军营里响起了悲壮的画角声，与胡笳声和羌笛声混成一片。从西域各地来秦州定居或是经行的胡人，到处搭起帐篷。其中一些胡人，额头涂成显眼的白色。杜甫一生都很喜欢马，他惊讶地发现，这些胡人，有不少人骑乘的竟然是名贵的汗血马——大概正因为秦州马多，不久杜甫也买了一匹。不是纵横驰骋的汗血马，而是用来拉车下力的普通马。

秦州南北两侧都是山，中间是渭水的支流耤河，秦州城池就建在河谷平坝上。杜甫登上秦州城楼，纵目远眺，远处驻军大营里，烟火升腾；更远处的岭上，牛羊成群，那是羌人的地盘。晚风凛冽，云气弥漫，天还没黑，一轮凉月挂在天上，映照着空荡荡的孤城。想着还没有平息迹象的战乱，想着似乎永无止境的漂泊，再想到自己正一天天不可抑止地老去，栏杆拍遍，杜甫潸然泪下。

刚到秦州，杜甫住在城里。这从他诗里提到更鼓可资证明。若是乡间，则不可能有更鼓。

异域风情带给了诗人创作的冲动，在秦州三个月，杜甫竟写了九十七首诗，相当于一天一首。

秦州作品中，有不少是记游诗，从而让我们在千年之后，还能追随诗圣当年的游步，再次走近他走近过的山水与古迹。

沿着弯曲的盘山公路行至山顶俯瞰，东西长、南北狭的城区一线铺开。今天的天水市区如同唐代秦州一样，尽管面积肯定大了许多倍，但仍然处于两列青山的夹峙中，这与杜甫看到的那座矩形城池依稀仿佛。

我站立的山峦，铺满了各种知名或不知名的树，昨天下了一场小雪，背阴处，雪还没化，阴阴地闪着微光。偶尔有两只乌鸦落下来，像是一张洁白的宣纸滴了两滴墨。

这座山叫慧音山——作为佐证，刚才上山时，我在山腰看到一幅蓝底白字的广告：慧音山茶座。茶座旁一道看上去脏兮兮的月门，有一副红色对联：望月横空天地同明，对酒当歌神骨俱清。

茶座对过不远处的树林间，隐藏着诗圣流连过的古寺：南郭寺。

始建于南北朝的南郭寺，曾是秦州的地标。如今的南郭寺，建筑古朴庄严，曲径通幽，然而游人稀少。杜甫看到的南郭寺却要凌乱得多。原来，杜甫游寺之前二十五年，秦州发生了一次大地震，死者达四千余人，庙宇被严重毁坏，沉重的寺钟掉落地上，倒塌的砖石间，生长出一丛丛野花——"秋花危石底，晚景卧钟边。"

庭中的古树，是杜甫看到过并在诗里写过的："老树空庭得，清渠一邑传。"这是一株柏树，据测算，树龄已有两千多年，栽种于春秋时期。这株诗圣注视过的柏树，至今长势良好，如果不出意外，它还将继续在这座古老的寺庙里生存数百年乃至上千年。为了纪念杜甫曾经到此一游，寺里建有一座小小的少陵祠。少陵祠旁石碑上的文字表明，建祠是在清朝末年，距今也有一百多年了。

南郭寺所在的慧音山，属于南山中的一匹小山。我从慧音山上远眺的，是天水城区北面那列山，称为北山。天水城区就在南山与北山的陷落地带。有意思的是，杜甫寻访过的另一处古迹，同样是一座寺庙，并且，正好隔着城区，与南郭寺遥遥相对——一个在南山，一个在北山。

那就是城北寺。

城北寺和一个叫隗嚣的割据者密切相关。

隗嚣本是天水郡吏，王莽新朝时期，天下大乱，他占据天水一带，向割据蜀中的公孙述称臣，公孙述封其为朔宁王。后来，汉光武帝刘秀派军进逼陇右，隗嚣愤恨而死，其子降汉。

城北寺的旧址，据说就是东汉初年隗嚣割据称王时避暑的行宫。但是，时过境迁，不仅隗嚣宫荡然无存，就连城北寺也只有一个大概方位而已。

杜甫游城北寺，一直待到了晚上——他在诗的开篇就讲了城北寺的来历："秦州城北寺，胜迹隗嚣宫。"他看到的是一座凄凉的古寺：破旧的山门爬满了苔藓；荒废的大殿里，早年绘的丹青已失去光泽。月光淡扫，露水滴落到树叶上，从山溪对面吹过来的风与云相互追逐……凄清的景象令杜甫惆怅莫名，不由得恼恨山脚下的河水："清渭无情极，愁时独向东。"

天水是甘肃下辖地级市，麦积区位于市区东部。

麦积区名，源自境内的麦积山。麦积山一带，山峦起伏，其中一座孤峰，如同鹤立鸡群，形似麦垛，故称麦积山。与周围其他平缓的山峦不同，陡直高峻的麦积山，四面都是刀砍斧削的褐色岩石。于是，从十六国时期的 384 年开始，历此后的北朝及隋朝，信徒在麦积山上开凿出近两百个窟龛，雕刻了七千多尊佛教造像，绘制了上千平方米的壁画，以后历朝历代又不断维修，从而成为享誉世界的雕塑艺术宝库。

去麦积山是一个雪花纷飞的上午。前天晚上，下过一场大雪，高速路上的冰雪被来往车辆碾成了一团团泥泞。为防止车轮打滑，我不得不一再降低车速。好在，从麦积城区到麦积山，高速公路并不长，一会儿便出了收费站，沿着山间公路穿行。远近的山峰，林木积翠，树梢沾着雪，如同绿树上开出了细小的白花。路旁的排水沟里，雪花凝成冰碴。

半个时辰后，我小心翼翼地顺着搭在麦积山各个石窟前的栈道爬上高处，举目四望，空旷处堆得一片素白。

杜甫有没有游览过麦积山石窟呢？

杜诗里没有直接提到过麦积山，但他在秦州的一首题为《山寺》的诗，很有可能，写的就是麦积山。那么，他是来过麦积山的。想想也是，杜甫一生好游，岂会与麦积山这么个名闻远近的佛教圣地失之交臂？

> 野寺残僧少，山园细路高。
> 麝香眠石竹，鹦鹉啄金桃。
> 乱水通人过，悬崖置屋牢。
> 上方重阁晚，百里见秋毫。

麦积山石窟及寺庙，距东柯谷很近

　　诗中所说的悬崖上有房屋，又有一层层的洞阁，秦州一带，只有麦积山才有这样的景象。但是，与如今游人如织的兴旺相比，杜甫时代的麦积山及麦积寺却十分冷清。战乱频仍，寺破僧少，窄窄的山路将它与外面的世界相连接。香麝在石竹丛中惬意安睡，鹦鹉啄食着金桃。一切都如此萧条，完全没有一点名刹古寺应有的人气。

　　如今，麦积山石窟下方就是瑞应寺，门匾上的文字表明，这是 1955年 3 月重建的。院门紧闭，红墙托起的门楼，琉璃瓦上积满白雪。站在寺前小广场上，壁立千仞的麦积山就耸立在寺后，几尊高大的佛像顶着风雪，不动声色地凝视人间。

　　我相信杜甫是一定来过麦积山的，不仅在于这首诗暴露了他的行踪。还有一个原因在于，他肯定到过距麦积山不过二十里的山脚下的一座村庄。

　　村庄叫西枝村。

水土涵养很好的麦积山北麓，发源了一条叫颍川河的小河。颍川河在麦积山下，很可能有过一片宽阔的浅滩，杜甫前往麦积山时，才会"乱水通人过"。颍川河与东柯河一样，都是渭水支流，都发源于麦积山，大体呈平行状，从东南流向西北。颍川河在西，东柯河在东。

3

杜甫到秦州想依靠的人，一个是赞上人，即赞公和尚。

如同杜甫被视作房党一样，置身方外的赞上人也被视作房党。房琯贬窜，严武及杜甫跟着贬官，身为僧人的赞上人也被贬谪。

如前所述，武则天时代，曾下令全国各州都要建一所大云寺，而赞上人原本是京城大云寺的住持，那就不是一般的出家人，而是朝廷任命的僧官。既是官，就有可能被贬——于是，他贬到了秦州。虽然秦州也叫大云寺，但这个偏远州郡的寺庙，自然无法与京城的皇家寺庙相提并论。

天水大云寺旧址在哪里？虽然查阅了相当多的资料，却没找到答案，只好付诸阙如。

尽管无法考订出天水大云寺的具体地址，大概位置却几乎可以推定，那就是西枝村一带。

今天的西枝村属天水市麦积区甘泉镇，就在颍川河之滨。天水的有关旧志记载说："（甘泉镇）南五里为西枝村，村后有赞公土室，龟凤山在其西北。"既然赞公所居住的土室就在西枝村，那他出家的大云寺应该就在左近——比较难以理解的是，赞上人此时被贬秦州，虽然不知道他是否还做住持，但按常理，既是出家人，理应住在寺里，为什么会有土室另居？又或者因为他是贬谪，寺里不能居住，得另行安置？

另，关于土室。一般而言，指窑洞。如杜甫在他老家偃师所筑土室，即为窑洞。但据天水本地学者讲，天水一带，素无窑居习俗。若是，则赞上人在秦州的土室，当指以夯土筑墙的房屋。修造这种房屋时，用两长两短四块木板，合拢为一长方体，中间实以潮湿泥土，再用木杵夯实，一段一段地连接起来，不断升高延长，成为墙体。20世纪80年代前期，我老家乡下的绝大多数民居，都采用这种方法建造，也可称为土室。

　　不管如何，在秦州城里小住不久后，大约乾元二年（759）九月十五日前后，杜甫从城里来到大云寺寻访赞上人，并在赞上人那里住了一晚。回城后，赞上人给杜甫捎来他的诗作，诗中"盛论岩中趣"，即大谈隐居林岩的乐趣。杜甫为之心动，再次拜访赞上人——杜甫有一个明确目的，希望在西枝村一带寻找可以久居的隐逸之地。

　　九月十八日左右，杜甫一大早就出了秦州城，兴致勃勃地向东南而来，那是一条小路，到处生长着荆榛，路边溪水弯弯——大概就是颖川河。由于溪流忽左忽右，他几次涉水通过。这些情景，杜甫都记在诗中："出郭眄细岑，披榛得微路。溪行一流水，曲折方屡渡。"

　　到大云寺见到赞上人并讲明来意后，二人手挽着手走了很长的路。有的地方，他们攀着藤萝登上高处，回过头看时，由于太高而感到头晕目眩。行走山中，背阴的地方很冷，向阳的地方，则暖和得多。一路上，每当看到老藤或古树，二人就要坐下来歇一歇，徘徊沉吟。一直到太阳下山，草叶上开始凝结露珠时，他们才返回。一会儿，天黑了，倦鸟归巢，明月在天，他们终于回到了赞上人居住的土室。这时候，月光透过门窗照进屋子，门外松树的影子斑驳杂乱。两人引火煮茗，作竟夕之谈。杜甫感叹说："大师京国旧，德业天机秉。从来支许游，兴趣江湖迥。数奇谪关塞，道广存箕颍。何知戎马间，复接尘事屏。"意思是说，赞上人是京中高僧大德，也是我交往多年的老朋友。我和他的交情，就像东晋时的高僧支道林与好游山水的许询一样深厚。谁知道他的命运不好，被贬谪到了这关塞之地，但他泰然处之。那是因为他道行深广，像许由那样有隐逸之志。我是何等幸运，在这兵火战乱的年代，还能与这样高尚的人相亲相近。

　　寻访隐居之地，看起来更像一次兴致勃勃的秋游，结果却没找到满意的地方。

　　看得出，杜甫到秦州，是真的动了在这里久居之意。他既想造屋，还想买点土地，像他的侄子杜佐那样，做一个自给自足的小地主。这一点，他给赞上人的诗中说得很明确："茅屋买兼土，斯焉心所求。"是故，西枝村没找到合适的地方，他听人说西枝更西的西谷不错，"重冈北面起，竟日阳光留"，"亭午颇和暖，石田又足收"。于是，他寄诗赞上人，希望他再陪自己去西谷看看，如果顺利的话，就在那里买地置屋，"与子成二老，来往亦风流"。但不知为什么，寻访西谷似未成行。

西枝村未找到理想居所，杜甫还有另一个希望，那就是杜佐居住的东柯村。

发源于鸟鼠山的渭河是黄河最大支流，东柯河则是渭河众多支流中名不见经传的一条。从东柯河与渭河交汇附近的潘家寨村出发，我沿东柯大道溯流而上。车行约十公里，便是街亭古镇。

街亭这个名字，因京剧经典《失空斩》而众所周知。不过，另一说认为，三国时的街亭在今秦安县陇城镇。——即便此街亭非三国街亭，但它是大唐街亭、杜甫街亭——杜甫名讳比比皆是：杜甫草堂、子美阁、子美村、子美小学、子美农家乐、草堂人家农家乐，还有据说杜甫亲手栽种的古槐。

原来，杜甫的侄儿杜佐就住在这里，这也是杜甫在秦州期间暂住过的地方之一。唐时，包括今天街亭及附近的潘集寨、吴家寺、子美村在内的地方，统称东柯谷。——事实上，我从潘家寨溯流而上到达街亭所经行的二十里路途，其实就是纵贯了东柯谷。杜甫眼中，东柯谷无疑是一个风景殊胜的宜居之地，他一再在诗中写到这个只有几十户人家的小村庄："东柯好崖谷，不与众峰群。""满谷山云起，侵篱涧水悬。""对门藤盖瓦，映竹水穿沙。瘦地翻宜粟，阳坡可种瓜。"

当地朋友告诉我，为了纪念杜甫在东柯的短暂居留，这里曾建有全国最早的草堂之一，惜乎已毁。草堂遗址旁，后来建起一所子美小学。一眼原名白水涧的泉水，更名为子美泉。子美小学，原先的名字叫东柯小学。有意思的是，我在查阅资料时发现，著名房地产开发商潘石屹就是东柯小学毕业的。受其父被打倒之牵连，他在东柯生活到了十四岁，才随父平反去了天水。

杜佐是杜甫的从子，也就是侄儿，具体血缘情况，有待考证。杜佐与岑参有交往，关系还不错。杜佐在天宝十二载（753）应进士落第后，岑参有诗赠他，劝他："还须及秋赋，莫即隐嵩莱。"岑参比杜甫小三岁，杜佐与之游，如年龄相仿或稍小的话，则他与杜甫之间相差不过十来岁，辈分上晚一辈，年龄上为同代人。

杜佐源出襄阳杜氏，在偃师陆浑庄有产业，不知是否为避安史之乱，寓居秦州。他在秦州寓居时间也无法考证，但在东柯有草堂，有竹林，有土地，小日子过得蛮不错。

之前，杜甫住在秦州城里，杜佐前去看望他。杜甫颇觉温暖，"多病秋风落，君来慰眼前"。杜佐向杜甫讲起他在城外的草堂和庄园，那里的茅屋与竹林，菜畦与果园，山云与涧水，都令杜甫怦然心动，进而夸奖杜佐，"嗣宗诸子侄，早觉仲容贤"——我的诸多子侄中，我早就认为你是最贤能的。

杜佐回去不久，杜甫又迫不及待地写了三首诗给他：第一首说杜佐走的那天天色已晚，他一直担心杜佐迷路；末了，又表示，自己生性疏懒，想在秦州隐居，还得仰仗杜佐帮助。第二首希望杜佐给他送米。九月收获黄粱，杜佐此前拜访杜甫时，说起自家地里种有黄粱，并许诺给杜甫送一些。过了段时间没有动静，杜甫忍不住写诗去催。第三首要求杜佐给他送薤白。薤白，我老家川南称为藠头，因其状如鹅腿，又称鹅腿藠，是乡间普遍种植的蔬菜。

陈贻焮认为，秦州之行，杜甫一直没有去过东柯，所有关于东柯的诗作都是想象之词。此观点我难以认同。窃以为，综合诸种材料，推及人情世故，杜甫到秦州后，先是居于城里，至少两度访赞上人，并留宿赞上人处。其间，杜佐来城里探望杜甫，讲起东柯诸种好处，杜甫兴致勃勃地来到东柯并小住时日。

可以说，东柯给杜甫留下了极为美好的印象，显然是亲身所历，而非想象之词：

> 东柯好崖谷，不与众峰群。
> 落日邀双鸟，晴天养片云。
> 野人矜险绝，水竹会平分。
> 采药吾将老，儿童未遣闻。

采药之谓，并非杜甫真到东柯采药，而是化用庞德公隐居鹿门山采药为生的典故。"儿童未遣闻"，则他卜居东柯的打算，他的孩子们还不太清楚。

出人意料的是，尽管东柯如此美好，侄子有侍弄庄园的成功典范，杜甫又有选择东柯终老的强烈意愿，但最终，杜甫并未能像想象过的那样结庐东柯，过他的隐居生活。

在秦州三个多月后，他不得不离开，不得不前往秦州以南的同谷。

离开的原因，千百年来有各种揣测——比如，有论者认为，杜佐对杜甫表现得比较冷淡敷衍，没有真正帮杜甫。这一说，也算其来有自：杜甫曾写诗向杜佐索要蒜头。与此相比，杜甫到秦州后新交的朋友阮昉却主动送蒜头三十束，装了满满一筐。杜甫诗里说："盈筐承露薤，不待致书求"——自己的侄子，需写信索求才送，而新认识的外人，却不求而送。言语之间，隐约透露出对杜佐的不满。这也反过来证明，杜佐对这位潦倒的族叔多半口惠而实不至。

秦州期间，杜甫诗中出现的居住在本地的可考人物共三个，即他曾想依靠的赞上人、族侄杜佐和新朋友阮昉。杜甫离开秦州前夕，有诗赠别赞上人，但对侄子杜佐却阙如。这个意味深长的举动，更表明了杜佐如何对待杜甫以及杜甫的反应。

当然，最真实最深刻，也最让人尴尬的原因其实永远只有一个：贫穷。

随杜甫前往秦州的，除夫人外，尚有两个儿子、两个女儿和弟弟杜占，以及家人杜安。一家数口，坐吃山空，何况杜甫本身宦囊不丰。至于他原想依靠的侄儿杜佐以及旧交赞公和尚，再加上新朋友阮昉等人，他们除了给杜甫送些菜蔬瓜果外，也没有能力做更有力的救济。

杜甫忧心忡忡地写道：

> 翠柏苦犹食，晨霞高可餐。
> 世人共卤莽，吾道属艰难。
> 不爨井晨冻，无衣床夜寒。
> 囊空恐羞涩，留得一钱看。

就在忧贫畏老之际，一个陌生人突然来信了。杜甫没有记下陌生人的名字，只在诗里称他佳主人："邑有佳主人，情如已会面。来书语绝妙，远客惊深眷。"

这个神秘的佳主人到底是谁，历来颇多猜测。总之，他是杜甫的超级粉丝，虽然素未谋面，却热情邀请杜甫去他所在的同谷。

杜甫欣喜若狂，甚至迫切到连夜就要出发。

可以说，这个陌生人的来信改变了杜甫的后半生。倘不是陌生的人来信，秦州虽不尽如人意，杜甫多半还会继续坚守。

但是，既然距离秦州不远就有一个比秦州诸公更可依托的人，诗人天性的杜甫易于轻信，易于幻想，于是，带着家人匆匆前往同谷。

亲朋的消息时有所闻，尤其是那些本在官场的朋友，他们的近况，杜甫都能获知。

杜甫获知消息的渠道，在于他多半能在秦州官府看到邸报。萌芽于汉代的邸报到了唐朝，基本成形。作为朝廷的"机关报"，邸报由专业人员邸吏传发，故得名邸报；又称邸抄、朝报、杂报、条报、报状。当时的邸报由几十张分散的单页资料构成，"系日条事，不立首末"，按日期记事，各条之间没有连贯。邸报的一大内容为敕目，即任免官员名单——正是通过它，杜甫知道朋友们的仕途沉浮。

秦州期间，杜甫得悉，薛据任司议郎，毕曜任监察御史；稍早，岑参任虢州长史，高适任彭州刺史。对朋友们的升迁，杜甫一方面作诗称贺；另一方面，沉舟侧畔，病树前头，祝贺之余，内心未免愈加失落。

人在天涯，杜甫也更为思念那些失散的没有消息的朋友，尤其是李白和郑虔。两年前，李白因入永王李璘幕，受李璘谋反牵连，系狱，面临不测之祸。一年前，因多方活动，终于从轻处分，流放夜郎。今年二月，当杜甫闲居老家偃师时，行至三峡的李白遇赦东还。到杜甫客寓秦州，已过大半年，但音问隔绝，杜甫还不知道李白近况，还在为李白担忧——杜甫就是这种人，哪怕自己命运难测，前途未卜，仍然会固执地担心国家，担心黎庶，担心朋友和亲人。诗圣之圣，除了圣在高明的文字外，更圣在这种悲悯的圣人心。

杜甫一连三夜梦见李白，心中惴惴，写下了《梦李白二首》；其后，又分别写有《天末怀李白》和《寄李十二白二十韵》。

郑虔被贬到大海之滨的台州，年老体衰而远适异地他乡，兼之天性清高，为时所恶，杜甫担心他凶多吉少，想象他生活的地方环境恶劣："山鬼独一脚，蝮蛇长如树。"可怜的老友无依无靠，"呼号傍孤城，岁月谁与度"？然而，相去万里，书信都难通达，也只有徒劳地遥寄祝福与思念罢了。

白露是中国人发明的二十四节气之一，它意味着仲秋的开始，意味着天气渐渐转凉。白露那晚，明月的清辉笼罩着秦州，戍鼓声声，从城楼上散开。街上已经没有了行人，沉闷的鼓声中，偶尔夹杂着一两声清脆的雁鸣。杜甫不由得怀念他的弟弟们——四个弟弟，除了小弟跟随身边，另外三个，已经很久没有他们的消息了——彼时的中原，正是血流成河的战场：

> 戍鼓断人行，边秋一雁声。
> 露从今夜白，月是故乡明。
> 有弟皆分散，无家问死生。
> 寄书长不达，况乃未休兵。

秦州的落日鸟啼，夕烽羌笛，以及秋后雪白的蒹葭与悲鸣的促织，这一切既陌生又似曾相识的事物，随着渐渐变冷的天气，让曾经对秦州满怀热忱的杜甫心灰意冷。文人本就对秋天特别敏感，自屈宋以来就有悲秋的传统，更何况像杜甫这样举家漂泊，衣食无靠，深陷于北国的肃杀之秋呢？

4

同谷即今甘肃成县，属陇南市。唐初，置西康州，同谷为其下辖县。后，改西康州为成州，隶陇右道。天宝元年（742），改成州为同谷郡；乾元元年（758），复名成州，治同谷县。

从天水秦州区到成县有两条路，近一些的是国道316，远一些的是十天高速，但最远也就一百七十公里，驾车仅需两个多小时。

这一百多公里，杜甫一家走了整整一个月。最重要的原因有两个。一是刚出发不久，拉车的马就在渡河时骨折了："水寒长冰横，我马骨正折。"杜甫没说马骨折后怎么办，但既然人在荒野，估计再买一匹马的可能性很小，不得不人拉——身强力壮的弟弟杜占和忠心耿耿的家人杜安，只能由他们来肩负这一重任了。二是路途难行。秦州和同谷之间，横亘着西秦岭的千山万壑，驿路只能沿着河谷迂回前行。不仅路程远比今天更遥远，艰险难行恐怕百倍于今。

离开秦州前往同谷，是乾元二年（759）农历十月底，地处北方的陇右地区已经非常寒冷了，山间的小河，早晚结上了一层薄冰。

一千二百多年后的又一个深秋，我驾车从天水市区南下。在天水镇附近，我把车停下来，爬上了公路旁一匹枯叶摇落的小山。极目眺望，一条又瘦又浅的河流缓缓淌过，不少地方露出补丁般的滩涂。河边，白色的芦花在风中舞动。这条河叫西汉水，那一年，杜甫家的马就是涉过西汉水时骨折的。这个地方，杜甫在他的诗里有明确记载：铁堂峡。

铁堂峡因两岸富含铁矿，岩壁呈铁青色而得名。两列山峰平行远去，两山之间夹着的便是绳索般的西汉水。

西汉水是嘉陵江的支流，虽然本身并不宽也不长，历史上却曾相当重要。秦始皇的先祖就是从西汉水流域起家并一步步向东发展，最终消灭六国，一统天下的。至于《诗经》里脍炙人口的诗句"蒹葭苍苍，白露为霜。所谓伊人，在水一方"，也诞生于西汉水。

凭高眺望，铁堂峡四周山峦起伏。草木摇落的秋季，大地裸露出褐黄的肌肤。一级级的山路，让一个个山峦如同一个个巨大的花卷。

穿过铁堂峡，顺着西汉水奔往嘉陵江的方向而行，不到二十公里——对杜甫一家来说，这二十公里足以让他们奔波大半天乃至一整天——就是另一个曾经赫赫有名的地方：盐官。

抵达盐官前，我多次想象过杜甫行经此地时，他诗中描绘过的场景："卤中草木白，青者官盐烟。官作既有程，煮盐烟在川。汲井岁搰搰，出车日连连。"

天水境内的西汉水，杜甫前往成都时经行

礼县盐官镇盐神庙一角

但我没看到过杜甫时代汲卤煮盐的盛况。既没看到煮盐的青烟，也没看到被卤气熏得发白的草木，更没看到汲卤的工匠和运盐的马车。我只看到一座普通的、零乱的西北镇子。

盐官这个名字，顾名思义，和盐以及管理盐政的机构有关。盐官原名卤城，因这里有高浓度的卤水从地下涌出。《水经注》称它"卤水与岸齐"，出产的食盐"味与海盐同"。

在甘肃诗人包苞带领下，我走进了一座古色古香的庭院，那就是盐井祠。院内，有一口雕栏围绕的古井。据记载，早在两千多年前的东周，这里就拉开了煮卤制盐的序幕。盐井祠正在大面积修复，院子里到处堆放着沙子和青砖之类的建材，几辆手推车横七竖八，几个工人在写有"安全生产，人人有责"的标语牌前忙碌，看样子是要打造成新的旅游景点。正殿大门紧闭，深褐色的木门和上面褪色的彩绘，暗示木门年代久远。门柱上的对联，上下联都掉了一部分，变得无法断句。出得门来，门侧围墙下，停了一辆废弃的白色桑塔纳轿车，玻璃窗全没了，变成几个大窟窿，像是正在喘息的嘴巴。轿车旁边，胡乱堆放着一些废铁，废铁之上，是一株掉光了叶子的枯树。这一切，恰好与废弃的轿车暗相呼应。

陇右一带是秦国龙兴之地。从最初嬴非子为周王牧马获封附庸，到秦襄公护送周平王东迁，得以晋身诸侯之列，再到秦最终一统天下，盐官的盐曾起过重要作用。

科技落后、交通闭塞的古代，食盐对一个国家和地区有着举足轻重的战略意义。我国的食盐资源东部有海盐，西北有湖盐，四川有井盐，但放眼关中和陇右大片区域，生产食盐的地方只有两个，一个是甘肃漳县，一个就是盐官。

盐官丰富的盐卤为秦人的兴旺发达提供了两个得天独厚的条件。其一，与秦人相邻的其他方国或部落，绝大多数都不掌握食盐资源，但食盐又是生活必需品，得用粮食或其他东西交换，秦人因此致富。其二，盐官有大量从地下涌出的卤水，史料记载其中一口卤池时说："广阔十余丈，池水浩瀚，色碧味咸，四时不涸不溢。饮马于此立见肥壮。"像人一样，骡马也需要食盐，养出的骡马才膘肥体壮。历史上，盐官骡马就以膘色好、个头高、力气大、性情温和著称。直到二十多年前，盐官仍是西北地区最大的骡马交易市场。交易者除甘肃本地人外，更有从四川、陕西、宁夏、青海远道而来的。这里的骡马交易，按方志的说法，可以远溯到秦人。

我们找到了作为骡马交易市场的一片空地。天气太冷，市场空无一人，只有一些塑料袋被风吹到了树上和墙头，发出呜呜呜的怪叫，像一些走夜路的孩子在惊呼。一群脏兮兮的绵羊在风中低下头，锲而不舍地寻找垃圾与垃圾之间冒出来的枯黄杂草——乍眼一看，它们也如同一只只白色塑料袋，只是无法随风飘飞。镇外横过一列树木稀疏的荒山，山上积着薄雪。比山更高的是天空，铁色的乌云低低地压下来，乌云与乌云之间，敞露出一块块灰白的天空，如同一条条垂死的鱼的白肚皮。

交易市场另一侧是大街，卖卤肉的铺子前，一口大锅里盛满了热气腾腾的卤肉，香气源源不断地喧哗上升。卤肉铺旁边是大饼铺，一只黑色的箱子，整齐地码放着几十只酥黄的大饼，大得像一面面伤痕累累的铜锣。相邻的关帝庙，门槛上坐着两个面色忧郁的老汉，一边抽着鼻子用力嗅着旁边飘来的肉香饼香，一边用我听不懂的方言有一句没一句地说闲话。

天气寒冷，包苞把我们带进了一家挂着厚厚门帘的小店。真的是小店，小到只有两张摇摇欲坠的小桌子，出售的食物有且只有一种：扁食。我想起门前的招牌：羊肉扁食、牛肉扁食。扁食是啥？原来就是馄饨，而我老家四川，把它称为抄手；江浙一带，称为云吞。包苞用方言向老板作了安排，旋又起身去街上。一会儿工夫，他带着一身寒意挤进屋，手里提着一大袋油旺旺的卤肉。——想想那两个坐在关帝庙门前用力抽鼻子的老汉，我们很幸福。如果再想想一千二百多年前在寒雨中饿着肚子赶路却心忧天下的杜甫，我们更幸福。

就在盐官附近，杜甫还路过了另一处著名的古迹，并与他平生最崇敬的偶像邂逅。

"六出祁山，九伐中原"，《三国演义》的说法深入民间，也使得祁山大名在外。真实的历史是，诸葛亮只有五次北伐，其中两次攻打祁山。不过，在陇右的天水、礼县一带，三国遗迹比比皆是：比如收服姜维的天水关，比如被马谡丢失的街亭，比如射杀曹魏名将张郃的木门道。

沿十天高速南下，从盐官到西和县长道镇，二十多公里路途中，窗外，近处是几乎干涸的西汉水，远处是沉沉的祁山。山脚，西汉水冲积成一个狭长的坝子，一座黄褐色的山峰状若城堡，兀立河畔。这就是昔年诸葛亮屯兵的祁山堡。

沿石阶而上，山顶是祭祀诸葛亮的武侯祠，始建于南北朝。那就是说，当杜甫沿着西汉水河谷前往同谷时，他既然遥遥地望见了高高在上的祁山堡，多半会停车暂息，慢慢步入武侯祠。

诸葛大名垂宇宙。一生中，杜甫都对诸葛亮抱着充分的敬仰与羡慕。同为文人，诸葛亮开府持节，统率三军，号令天下；自己却为了一口热饭、一件寒衣而拖家带口地奔走乞食。想必，面对诸葛亮神情严峻的塑像，杜甫心中会泛起一丝丝苦涩与惆怅。

从秦州到同谷，从同谷到成都，杜甫一共写了二十四首纪行诗。我们今天也才得以对他的入蜀之路了如指掌。耐人寻味的是，关于祁山堡和武侯祠，他没有留下只言片语。

也许，有一些沉重和难堪，远非笔墨能表达。

非常巧的是，我和杜甫到达同谷的季节一样，都是严寒的冬月初。

如前所述，唐代同谷，即今陇南市所辖成县。

一大早出城后，我顺着山谷来到距城区三四公里的凤凰山麓。山谷里，青泥河斗折蛇行，河面结着薄冰。一个苗条的村妇在河边浣衣，布衣荆钗，却有着娇好的容颜，唯独手指冻得像粗短的红萝卜。河畔一侧，即是始建于北宋的杜公祠——又称成县杜甫草堂或杜少陵祠。

入祠，除了一个烤着火打瞌睡的工作人员外，只有三五只雪后出来觅食的乌鸦，落在满面风霜的杜甫像前。杜甫像所在的亭子背后，是拔地而起的山峰，危岩壁立，上有四个红色大字：草堂遗迹。

那一年，杜甫也是冒着风寒来到这里的。他原本带着希望而来，甚至，可以想象的是，当旅途艰难时，他会很自信地安慰妻儿和兄弟：忍一忍吧，到了同谷就好了。那里良田万顷，盛产山药，山上的蜂蜜也很多，就连冬天也有鲜笋。更何况，好心的佳主人还会大力资助我们呢。

很快，杜甫就从希望的巅峰跌落到绝望的深谷。那位没有留下名字的

成县杜甫草堂一角

所谓佳主人，不知出于什么原因——我猜多半是口惠而实不至，他写信给杜甫时，只想过过嘴瘾，表现一下自己的大方，没想到天真的诗人居然信以为真，真的拖家带口前来投奔他了——佳主人要么根本没露面，要么略微敷衍一下就消失了。

翻脸如翻书的佳主人，一下子把杜甫一家推入了绝境。在秦州虽然也艰难，毕竟那时还多少有些积蓄，且实在面临冻饿之虞，杜佐、赞公和尚和阮昉总不成看着他一家惨死吧？而人生地不熟的同谷，却让老杜呼天不应，叫地不灵。

同谷的绝望生活将近一个月。尽管杜甫毕生苦难无尽，然最惨者无过于同谷。要是评比中国十大苦难诗人，杜甫必定榜上有名，而同谷就是他苦难岁月的极点。

同谷期间，杜甫写下了他一生中最重要的作品之一《同谷七歌》。朱东润称之为千古少有的诗篇，冯至称之为响彻云霄的悲歌。它既是奇崛雄浑的绝唱，也是长歌当哭的最好注解。

　　杜甫在凤凰山麓的飞龙峡口搭建了简陋的茅屋以避风雨，还不到五十岁的杜甫此时已是鹤发鸡皮，老态龙钟，"白头乱发垂过耳"。家中无食，他只得随一个养猴子的老人到山里捡橡栗。橡栗又叫橡实、橡子，是壳斗科栎属和青冈属植物的果实，富含淀粉，可食用，唐诗中时见于篇咏，是穷苦人家的果腹之物。

　　天寒日暮，北风呼啸，衣不蔽体的杜甫在陡峭的山坡上四处寻找橡栗，他的手脚都长了冻疮，脸也被山风吹得皲裂，像一枚皱巴巴的山核桃。杜甫哀叹："呜呼一歌兮歌已哀，悲风为我从天来。"

　　除了橡栗，一种叫黄独的植物也被杜甫一家用来充饥。黄独本是药材，它的根茎蒸熟后可食用。杜甫扛着一把白木杆的小锄到山上挖黄独，大雪封山后，根本找不到黄独的苗叶，自然也无法挖到黄独根。当又累又饿的杜甫拖着沉重的病体回到家，山谷清寂，他听到从四壁漏风的茅屋里，隐隐传来孩子们因饥饿而发出的呻吟与哀号。杜甫一家的窘境甚至让新认识的邻居也为他们担忧，害怕他们一家饿死在山里。

　　一天，杜甫邂逅了旧交李衔。可是，都是穷人，谁也没法从自己的嘴里分他人一杯羹。两人谈起过去的好时光，瞬间泪湿双眼——"山中儒生旧相识，但话宿昔伤怀抱。"

　　更令人唏嘘的是，再过十二年，也就是杜甫生命的最后一年，当杜甫有家不能归，不得不漂泊潭州时，他与李衔又一次不期而遇。两人的两次相遇，就像四川话说的那样：发财不见面，倒霉大团圆。

　　绝望陷阱中的杜甫更加思念天各一方的亲人。

　　三个多年未见的兄弟，此时正漂泊于河南和山东。如同杜甫一样，他们也时运不济，为了苦难的生活而迹若转蓬。其时中原兵火，诸弟音讯断绝。杜甫在《同谷七歌》之三里感叹："有弟有弟在远方，三人各瘦何人强？生别展转不相见，胡尘暗天道路长。"他看到溪畔向东飞翔的野鹅、秃鹜和鸧鸹，不禁幻想骑上它们向东而去，飞到诸弟身旁与他们相见。当然，他也知道这只是一时幻想，故而马上坠入了更深的愁绪，那就是才念生离，又恐死别："呜呼三歌兮歌三发，汝归何处收兄骨？"

　　杜甫还有一个妹妹，嫁与钟离韦氏，丈夫早死，寡居多年，儿子年幼，杜甫和她已经十几年没见面了。虽然也曾设想有机会去看看她，但干戈遍地，行路艰难，这设想根本就不切实际……悲叹之际，草屋后面的林子里，传来一阵阵猿猴的悲啼，如同为杜甫的愁肠打上了一个又一个解不开的死结："呜呼四歌兮歌四奏，林猿为我啼清昼。"

　　杜甫寓居的孤村，没有几户人家。严冬时节，风多云急，雨雪晦暝，狐狸公然跑进村子，大模大样地蹿高伏低，嘴里发出凄凉怪异的尖叫。村边有一眼深潭，岸上古木腐朽，枝叶摇落入水，形似可怕的蛇虫。中宵梦回，耿耿难寐，杜甫倚榻长坐，不由问自己："我生何为在穷谷？"然而，回答他的，只有屋顶刮过的大风和窗外潺潺流淌的青泥河的冰凉雪水……

5

　　就像海明威借老渔夫之口说出的那样："一个人并不是生来要给打败的。"同理，杜甫也绝不会眼睁睁地看着一家老小在同谷城外冻饿而死。每一个生命既然来到世间，就有活下去的权利。

　　杜甫又一次想到了远行，想到了通过远行跳出这个名叫同谷的陷阱。

　　这一次，他的目的地是成都。

　　首先，成都乃天府之国，水旱从人，不知饥馑。不论秦州还是同谷，都无法望其项背。

　　其次，成都远离兵火，是大唐帝国安全而稳定的后花园。不仅玄宗奔蜀，以后，还会有僖宗奔蜀。

　　最后，更为重要的是，杜甫有不少老朋友在成都及周边做官。比如早年一起剧饮漫游的高适，时任彭州刺史；比如早年有交往的裴冕，时任成都府尹。他们都是实任地方官，其经济实力远在杜佐和赞上人之上。

　　绝望中打定主意后，杜甫心中重又燃烧起希望之火。人生，大约就是在希望—失望—再希望—再失望中循环往复的。杜甫如此，其他人也差不多。

　　腊月初一，当同谷的富室们都在准备年货热热闹闹地过新年时，杜甫一家悄然踏上了南行的山路。往事不堪回首，对同谷这个伤心之地，杜甫在他的诗里，甚至没有留下任何一个人的名字。

这是一次狼狈的逃离，也是一次为了不坐以待毙的艰难挣扎。

2015年冬天，我在天水、西和、礼县、成县、徽县、略阳、汉中、广元和剑阁诸地行走，寻访杜甫足迹。这条历时两三千年的入蜀之路，大部分地段穿行于西秦岭中。绵延达一千六百公里的秦岭纵横数省，到了甘肃境内，山势相对较低，且有不少垭口和沟谷可以相通。后来修建的陇海高速、十天高速和成兰铁路的不少路段就与古蜀道重合或结伴而行。

那时，沟通十堰和天水的十天高速刚刚通车。习惯了四川和南方高速上车流不息的喧嚣与繁华后，十天高速的陇南段，它的落寞与寂静让我惊讶。一个偌大的服务区里，常常只有我的一辆车；而服务区出售的食物，只有最简单的泡面。成县至成都大约六百公里，自驾也就五个多小时。可对杜甫来说，这路途仍然迢遥，尤其是还要一步一步翻越横亘在路上的无数座巍峨大山。

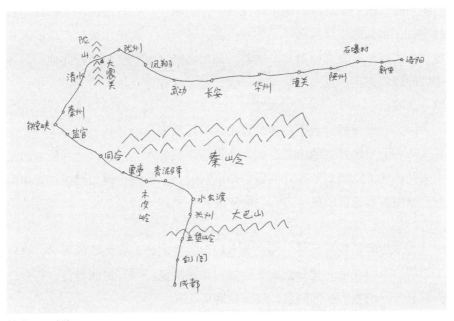

杜甫入蜀路线

　　秦岭既是中国南北方的分界线，也是黄河与长江的分水岭。苍山如海的秦岭中，发源了无数条大大小小的河流。困居同谷凤凰村时，杜甫草屋前是青泥河。当他离开凤凰村向成都进发，二三十里外，渡过了洛河。洛河与青泥河一样，都是嘉陵江支流。渡过洛河，山更高了，林更茂了。横在入蜀之路上的，是一座名为木皮岭的大山。翻越木皮岭前，杜甫在山下的栗亭待了几天。杜诗说："首路栗亭西，尚想凤凰村。"

　　栗亭于北魏设县，元时撤销，如今叫栗川，属于与同谷毗邻的徽县。到了栗亭，杜甫算是彻底告别了让他几乎陷入不测的同谷。回想起同谷的种种遭遇，恍似一场噩梦。栗川镇外，洛河支流潺潺而过。栗亭镇下属村子中，有一个名叫杜公村。村里，明代所建的杜公祠遗址依然可寻，只是已改为民居。相距不远的木皮岭山麓，洛河岸边的石壁上镌刻着"宛在中央，少陵钓台"八个大字。当地人坚信，杜甫在这里钓过鱼。鸟儿飞过，天空不留痕迹；诗圣经过，留下雪泥鸿爪。

　　自成县出发，驶过十天高速徽县服务区后，山势愈加高大，嘉陵江支流洛河穿行于峡谷，水声隐约可闻。前方，便是杜甫一家离开同谷后翻越的第一座大山：木皮岭。这个有几分古怪的名字，得自于山岭上四处生长的木兰。木兰之皮可入药，治食积气滞，即厚朴。起伏于徽县西南的木皮岭，自古就是从陇南的徽县、成县入蜀的必经之地。杜甫经行此地一百多年后的唐朝末年，黄巢之乱时，唐僖宗部下王铎曾在木皮岭上设关布兵，拱卫陇右。

　　因为时间短暂，我不能步行登山，只好放慢车速并找地方停下来。但我无法看清层层叠叠的山上，如今是否还生长着木兰。我只能看到盘山路一头扎进林子，当它从远处的垭口钻出来时，已经细小得如同挂在青山上的一条随时可能被山风吹进云端的灰线。

　　与木皮岭相接的是另一座更著名的山：青泥岭。青泥岭的著名，得自于李白。李白在他的《蜀道难》里描写青泥岭说："青泥何盘盘，百步九折萦岩峦。扪参历井仰胁息，以手抚膺坐长叹。"

　　究其实质，李白虽然生长于蜀道上的江油，但他并不曾沿着蜀道深入陇秦，他肯定也没到过青泥岭和木皮岭。他对蜀道难的描写，来自纸上的阅读和天才的想象，而非杜甫那样一步一步的亲身经历。这似乎也是一种暗示：李白依赖幻想，杜甫扎根现实。

不知道艰难行走于木皮岭的杜甫是否会想起李白和他的诗篇，纵然想起，恐怕也只是一闪而过。因为，木皮岭不仅高峻险要——大冬天里，杜甫爬了一会儿，就已满身大汗；更要命的是，他还听到从远处林子里，间或传来虎豹的啸声。战战栗栗之际，杜甫的感受是："对此欲何适？默伤垂老魂。"

千辛万苦翻过崇山峻岭后，杜甫一行再次来到了洛河河谷，并从白沙渡过河。渡口位于绝壁下，天色已黄昏，一家人小心翼翼地依次上船。那匹驮着行李的老马向着北方也就是同谷的方向高声长嘶，马的叫声，立即引来山林里一阵猿猴的哀鸣。

多年漂泊，杜甫积累了足够多的旅行经验。尽管天快黑了，但他没有停下来寻找住宿。一方面，可能山中本就没地方住；另一方面，他计算过日程，当天必须渡过另一个渡口，这样才能保证以后每一天的旅程都在合理掌控中。这就是他诗中说的"山行有常程"。

过了白沙渡，还来不及喘一口气，一家人又继续跋涉在山路上。这是农历腊月初八的晚上，天上有一轮淡淡的上弦月，清冷的光辉照耀着急急如丧家犬的夜行人，冷眼旁观他们为了有一条活路而星夜兼程。

如果说杜甫和他的弟弟及杜安，甚至杨氏都还能咬牙坚持，在又困又饿的夜里冒险走山路的话，那么杜甫的几个孩子，大的不过十来岁，小的只有五六岁，放在今天，都还是向父母撒娇，需要父母悉心照顾的小学生。他们稚嫩的生命，又如何经受得起这样的艰难之旅呢？

次日拂晓，一家人终于赶到了嘉陵江上游的水会渡。上弦月早就落了，昏暗中，杜甫听到哗哗哗的水声，却看不清江面到底有多宽。忐忑中，经验丰富的船夫一边在黑暗中整理船桨，一边笑着唱起了山歌。这歌声和笑声让杜甫稍微感到了一丝踏实。

渡过嘉陵江后，杜甫舍舟登岸。晨光熹微，山风凛冽，他看到船上和岸边的石头上，都笼上了一层白霜。爬到山腰，杜甫回头再看时，渡口不见了，只见一些星星闪烁在低垂的天幕。既遥远，又邻近；既模糊，又明亮。

水会渡的具体位置历来有两说，一说即嘉陵江与泉街水、八渡水交汇的虞关渡，一说为嘉陵江与永宁河、田家河交汇附近的黄沙渡。不论哪一说为确，总之，水会渡都在徽县南部。渡过水会渡，折而向南，便抵达了今略阳东面的飞仙岭。

飞仙岭上有飞仙阁，乃是先秦时代沟通蜀中与陕、甘的通道，因为山高谷深，无路可行，只得在悬崖绝壁上凿出孔洞，横以木头架成凌空的桥梁，称为栈道。今天的川、陕、甘交界处的古驿道上，当年凿出的孔洞比比皆是。

尽管已经在秦州和同谷，以及同谷至水会渡一带的大山间行走过，但飞仙阁的高峻仍然让杜甫胆寒。他写诗说，"出门山行窄，微径缘秋毫"——细小的山路竟然像是鸟儿秋天长出的细毛，"栈云栏干峻，梯石结构牢"——虽然他也相信，栈道修得很牢固，栏杆也很密集，但这种高耸入云的路，还是让人心惊肉跳。更何况，时值初冬，山上阴风怒号，虽有太阳，却只发出清冷的光，反而增加了寒意。当他好不容易走到栈道底部停下来歇口气时，望望刚刚走过的栈道，再看看歇息的地方，简直如同在地底。

渡过水会渡，杜甫便离开了陇右，秦州远了，同谷也远了。他沿着古老的蜀道从今天的陕西略阳向四川广元前行。三四天后，抵达了五盘。

杜甫笔下的五盘，就是如今川陕交界处的七盘关，又名棋盘关。七盘关自古以来就是蜀中北上的交通枢纽，号称西秦第一关。但是，由于种种原因，七盘关有过多次迁移。其大体位置，不出广元与宁强之间。如今，由陕入蜀，从陕南的宁强穿过一条幽长的隧道后，便是四川广元。

杜甫经行五盘时，抬头，他看到刚刚绕行而下的细长栈道；低头，他看到清澈的江流倒映着葱茏林木，甚至还能看到游鱼。鸟儿在树上歌唱，当地人住在鸟巢般简陋的屋子里。种种与他此前生活已有相当差异的事物，让杜甫突然生出一种劫后余生的淡淡喜悦。

这喜悦，随着成都的越来越近而越加浓厚。

6

发源于甘南的白龙江是嘉陵江的另一条重要支流，全长近六百公里，于广元昭化以东注入嘉陵江。两江汇合处，从战国以来便是一个渡口，名曰桔柏渡，乃沟通蜀中与北方的金牛古道上的要津。

昭化同样是一座历史悠久的城池。春秋时期，这里是苴侯国都城。后来又成为中国最早推行郡县制的县治地之一，名为葭萌。三国时，诸葛亮赞其志虑忠纯的费祎开府于此，并在一次酒宴后被魏国降将刺死，其墓地至今保存于城外。

对杜甫来说，更能触发他无限感慨的还不是费祎或三国旧事，而是创造过开元全盛日的唐玄宗，他在安史之乱后逃往成都时，也是从桔柏渡渡过嘉陵江并经昭化南下的。既亲历了小邑犹藏万家室的盛世，又见证了盛世的创造者狼狈逃窜涉过的渡口，当杜甫行走在用竹子建造的索桥上，严冬的江风把他的衣袂吹得上下翻飞时，他对于时代和自我的命运，想必会更多一些深刻而恒久的觉悟。

从地理上说，四川是一个闭塞之地。东南西北四个方向，要么是大山，要么是高原。从北方南下的杜甫进入盆地的必经之地，是连绵不断的大剑山中的一道"山门"，即剑门。穿过剑门后，大山才会降得低缓，并次第化为高丘和低山，直到化为一马平川的平原。

剑门天下险。从远处望去，连绵的绝壁忽然中断，两崖相对，"如门之辟，如剑之植"，故称剑门。大凡从剑门入蜀的旅人，无不惊叹于山川险壮；骚人墨客，莫不作诗以纪。此前，唐玄宗幸蜀，逃亡之际过剑门，犹不忘作诗一首。至于杜甫的陇蜀纪行，《剑门》当然不可或缺。

与大多数描写剑门险壮的诗作不同，杜甫这个正在经历安史之乱的诗人，他由剑门的险壮联想到了军阀割据与纷争。他在诗里浪漫地写道，如果有可能的话，他不惜得罪造物主，也要把这些阻隔天下，以致地方坐大、威胁中央的层峦叠嶂一一削平。

当个人与家人的生命不再面临时刻可能来袭的死亡威胁时，杜甫又开

古蜀道德阳段

始忧国忧民了。尽管唐王朝从不曾给过他青云直上的机会，他却毕生死心塌地地爱着日渐衰败的王朝。直到赴蜀十一年后，当他困居湖湘，大病将死，在漂荡的客船上写下最后的诗篇时，仍然为唐王朝担忧得一往情深：

> 公孙仍恃险，侯景未生擒。
> 书信中原阔，干戈北斗深。

德阳罗江县境内的白马关景区里，有一条三四米宽的古道，我顺着几百米长的古道走了一个来回。我看到，古道两旁的山坡上，全是松树和柏树。这是两种秋时虽不落叶，却显得异常肃穆的树种，古人喜欢把它们种在陵墓旁。所以，古人认为人世最无常的事，大抵就是"古墓犁为田，松柏摧为薪"。古道由大大小小的石块铺砌，细看，坚硬的石板上有两道或浅或深的车辙印。在古道的某一段，岩壁上镶了一块石碑，黑底白字，甚为醒目，道是：

> 秦蜀金牛古道
> 公元前三世纪，古蜀国开明王朝，命五丁开山所筑，北至长安（今西安市）九百一十公里，南至益州（今成都市）九十公里。蜀道难至此始，亦此终。越秦岭南下至此为坦途，自成都北上至此路途险巇。

这段文字至少有两处不严谨的地方。第一，五丁开山乃民间传说，不足为信；第二，古蜀时尚无益州之谓。

不过，它说的另一点却没错，那就是这里既是蜀道难之始，也是蜀道难之终。自南而北，平原已尽，此后沿途大山深谷；自北而南，群山已在身后，前面是平坦的成都平原。

横亘于成都平原北部的第一座山，名鹿头山。鹿头山上，汉时设有绵竹关，唐时设有鹿头关。它既是刘备手下谋士庞统入蜀时中阵亡的地方，也是三国末年邓艾伐蜀时诸葛亮之子、孙战死的地方。至今，山上犹有保存完好的庞统墓与庞统祠。

十多天的旅程后，杜甫一路南来，终于抵达了鹿头山。"鹿头何亭亭，是日慰饥渴。"鹿头山很高，爬上去很吃力，但是，当杜甫看到"连山西南断，俯见千里豁"的景象时，他明白艰难的山路已抛在了身后，前面，是一马平川的平原了，心情为之大好，不由忘了饥渴。他站在山上，面南而望，连绵的山峰化作了平原，他浮想联翩——想到了蜀中最知名的文人扬雄、司马相如，想到了成都的富庶繁华。不过，更重要的是，他要在这首诗里，赞美一位旧交。因为，他是冲着他来的，他有能力决定杜甫一家人以后的命运：

> 杖钺非老臣，宣风岂专达？
> 冀公柱石姿，论道邦国活。
> 斯人亦何幸，公镇逾岁月。

——手持黄钺统率剑南者，若不是您这种德高望重的老臣，那就没法宣扬朝廷的风气教化。您乃国家柱石，论道经邦极其灵活。这里的人民是多么幸运啊，您镇守这里已经有一段时间了。

这位被杜甫称为国家柱石的官员，就是裴冕。

7

腊月底，一年中最隆重、最热烈的春节即将到来之际，经过二十多天跋涉后，杜甫终于从同谷来到了成都。他疲倦的双眼，望见了一座与他此前生活过或游历过的地方都迥然不同的城市。杜甫看惯了流离失所和饥寒交迫的眼睛，惊讶于成都的繁华与安详了。为此，他的成都岁月创作的第一首诗，就写下了这种淡淡的惊讶：

> 曾城填华屋，季冬树木苍。
> 喧然名都会，吹箫间笙簧。

当杜甫坐在冬日的阳光下，看着远远近近的树木依然苍翠，花朵依然娇艳时，他痛定思痛地梳理着这一年的记忆。这是百感交集的一年，狼狈不堪的一年，艰难与愁苦深入骨髓没齿难忘的一年。"奈何迫物累，一岁四行役"，这一年，为了生存，杜甫自东都而华州，自华州而秦州，自秦州而同谷，自同谷而成都。

如今，浮萍般的漂泊终于可以暂告一个段落了。

对不到六十岁就去世的杜甫来说，四十八岁是他一生中最艰难的一年。但按冯至的说法，这也是他创作成就最高的一年。朱东润则说："乾元二年是一座大关，在这年以前杜甫的诗还没有超过唐代其他的诗人；在这年以后，唐代的诗人便很少有超过杜甫的了。"

这一年，短暂的河南故里之行，杜甫更多地看到了底层的苦难，从而写下了"三吏"与"三别"。及至乞食秦州与同谷，及至带着家小辗转于西秦岭的千山万壑并多次面临举家冻饿而死的窘境时，他已从低级官员沦为草根一员。他对底层的苦难、对命运的多舛也就有了切肤的感同身受。从那以后，哪怕是生活在相对稳定的年代里，杜甫依然对底层始终抱有一种深切的悲悯。这悲悯，是自挽，是自觉，是自救。

多年来，我无数次徘徊于杜甫留在成都的草堂。那座与唐时的杜家茅屋面目全非的园子，让我产生了重走杜甫之路的念头。为了纪念这位以诗作史的逝者，我为他和他的园子写下一首诗：

> 一个老人在秋风中聆听。一座巨大的园子
> 一些林木和鸟儿，秋天的风在越过这座城市
> 但没有人能比秋风飞得更高
> 也没有人能比老人的秋天更老
>
> 烽火向南，大路朝西
> 一个老人和他的毛驴、草堂
> 以及鲜花，以及疾病
> 他咳嗽的声音穿越了唐代
> 花园里，蜜蜂追逐着花香包围的过去

在浣花溪边散步、皱眉
用狼毫书写家书、秋兴
遗嘱和借据
秋天的风呵，它要比秋天更加深入人心
这座园子，这座埋葬着诗歌和秋风的园子
它为何表情全无，内心阴冷

一个逝者和一座废园有什么关系
一个唐代的老人和一群当代的游人有什么关系
多少年来，我们热爱着这样的遗址
想想唐代，那是多么遥远的路程
围墙之外，市声升起
旧时的太阳和今天的太阳升起
而我们，我们是一些来不及删改的病句

第九章　剑南（上）

花近高楼伤客心，万方多难此登临。

——杜甫

每个人或多或少都经历着两种力量的斗争：对独处的渴望和走出去的冲动。

——纳博科夫

1

十多年前，为了写一部小书，我多次出没于那方草木葳蕤的园子。那时还没有无人机，我却多次想象过从高空俯拍的情景：四面高楼的包围中，青黛的林表漫不经心，古色古香的楼阁像浮在绿海中的岛屿。当然还有点缀其间的一口口池塘，它们总是倒映着无限生机：睡莲，菖蒲，斑竹，朴树，以及看风景的人和被当成风景看的人。

经历了一千二百多年时光，荒郊野岭的几间茅屋，终于被后人用敬仰和缅怀，蝶化成这方游人如织的园子。

它，就是成都杜甫草堂。

自乾元二年（759）冬抵达成都，到永泰元年（765）五月离开，这是杜甫的蜀中岁月。其间，除因战乱移居梓州（治今三台）、阆州（治今阆中）近两年外，大多时候，他都居于成都草堂。

这是诗人苦难一生中难得的优游岁月。尽管贫穷的警报从未彻底解除，由治而乱的现实也从未如想象中安稳，但是，无论如何，这是相对平静的几年，杜甫枯瘦的双手终于触摸到了久违的幸福。成都的诗酒酬酢外，他常作一些短途旅行，从而在蜀中留下了星星点点的屐痕和永垂不朽的辞章。

　　这一章的标题叫《剑南》而不叫《四川》，这是有原因的。我得从四川的来历说起。

　　几年前，我为某电视台写一部关于苏东坡的纪录片解说词。制片人非常推崇一个台湾作家写的苏东坡，快递给我，一定要我仔细研读。

　　结果，打开书，发现他的第一句话就犯了一个不可原谅的错。他说，苏东坡的老家四川，这个名字，来源于四条河流。

　　四川，四条河流，偏偏地处长江上游的四川，的确有不少知名的大江大河，如金沙江、岷江、沱江、嘉陵江，难道它不是因四条河而得名的吗？

　　恰恰不是。

　　考察今天的四川，《禹贡》九州中属梁州，先秦时，境内有蜀国和巴国。其中蜀国以今成都为中心，巴国以今重庆为中心，后来四川简称巴、蜀，合称巴蜀，即源自此。秦灭巴、蜀二国后，设巴郡、蜀郡。著名水利

成都杜甫草堂地标

专家、都江堰的修建者李冰，其职务即为蜀郡守。汉高祖时，巴、蜀二郡外，又增设汉中和广汉二郡。汉武帝开发西南夷，今四川西南及云南、贵州各一部均纳入中央王朝版图，于是新置益州。州治设成都。这是四川被称为益州的来历——我家门前那条十几公里长的大街，就叫益州大道。

到了唐朝，四川的一级行政机构名称屡变，先后称为益州总管府、西南道行台、益州大都督府、益州都督府、蜀郡大都督府、剑南道、剑南西川道和剑南东川道。唐朝的地方行政机构，原本以州、县为主，后来增加了作为监察机构的道。太宗时全国分为十道，玄宗时增为十五道，原本为临时指派的监察官员，渐渐成为常设地方长官。尤其安史之乱后，地方坐大，节度使与监察官往往合二为一，道的地位日益彰显，终于从州、县两级制演变为道、州、县三级制。

州这一级的情况也很复杂。普通地区设州，重要地方，尤其是政治、经济中心设府，比如成都因玄宗驻跸，后来便由蜀郡改为成都府，府的长官级别比州更高；府又有大都督府、都督府和都护府之分。其中，首都长安所在的京兆府和东都洛阳所在的河南府，以及各大都督府和大都护府，其主官均由亲王担任。不过，亲王不会真的前去赴任，而是挂名遥领，实际工作由府尹和长史、副大都护主持。

具体到杜甫时代的四川，或分为剑南西川道与剑南东川道——另有川东和川北部分地区属山南东道和山南西道——奉节、云阳、万州、丰都等地属山南东道，阆中、广元、巴中、重庆等地属山南西道；或合为剑南道——合西川道与东川道于一体的，正是杜甫的好友和晚年的重要依靠对象严武。所以，杜甫时代有两川之说而无四川之谓。

逮至宋朝，太祖乾德三年（965），灭后蜀，在后蜀所据地区，设西川路和峡西路，简称川峡二路。到宋真宗咸平四年（1001），分西川路为益州路、利州路，分峡西路为梓州路、夔州路，总称川峡四路，简称四川路。到了南宋，在川峡四路之上设四川制置使和宣抚使等职，统率四路军政及财税，从此有了四川一词。到了元朝，设四川行中书省，四川省正式出炉。

至于四川省会成都，唐时先后设益州、蜀郡和成都府。杜甫入蜀时，成都府下辖十县，即成都、华阳（成都与华阳治所均在成都府城内，这种

县称为附廓县）、灵池、广都、双流、温江、郫、犀浦、新繁、新都。十
县里面，一半今已合并废除，即华阳、灵池、广都、犀浦和新繁。

其时的四川，偏居西陲，虽然也有南诏及吐蕃犯边，但总体来说还算
风平浪静，与战乱的中原相比，无疑安宁如世外桃源。首府成都尤以繁盛
著称，当时成都已升为南京，有户十六万多，口近九十三万。

蜀中长大的诗人李白，去蜀后再也没有归来。玄宗幸蜀后，他写了一
组十首的《上皇西巡南京歌》，其中，他依据自己青少年时代的成都印象，
描绘了他记忆中的成都：

> 九天开出一成都，万户千门入画图。
> 草树云山如锦绣，秦川得及此间无。

初到成都，杜甫一家暂寓草堂寺。草堂寺是草堂东侧的一座古庙。
二十多年前初游草堂时，我曾以为草堂寺是借了草堂的名。其实，草堂寺
的历史远比草堂更悠久。早在杜甫结庐水滨前几百年的西晋，草堂寺就梵
音缭绕了。

杜甫时代的草堂寺地处郊外，香火不盛，他在写给时任彭州刺史的早
年知交高适的诗中说："古寺僧牢落，空房客寓居。"斯时，高适听说杜
甫来川，借住在草堂寺，猜测杜甫是依靠和尚生活，所谓"僧饭屡过门"。
为此，杜甫回诗纠正："故人供禄米，邻舍与园蔬。"这个供禄米的故人，
就是裴冕。

裴冕系河中府河东人，出身于冠族世家，荫补渭南尉。王鉷为京畿采
访使时，表署为判官。史称，裴冕"少学术"，然"明锐，果于事，众号
称职"。王鉷因受其弟谋反牵连，被玄宗赐死，他的手下都非常害怕，纷
纷与王鉷划清界限。唯独裴冕为其殡葬，由是闻名天下。天宝十二载（753）
河西节度使哥舒翰任其为行军司马——其时，高适亦在哥舒翰幕，两人为
同僚。以后，裴冕升职颇快，不久就做到了司局级的郎中。玄宗幸蜀后，
太子李亨为天下兵马元帅，裴冕被派到其身边，任御史中丞兼左庶子，辅
助太子。肃宗即位后，他以定策之功，迁中书侍郎、同中书门下平章事，
成了宰相之一。肃宗"倚以为政"。

　　裴冕为解决财政匮乏，向肃宗建议卖官鬻爵，并出售僧道度牒，以收入补充军饷。这种做法在古代虽是惯例，但由于"取偿既贱，众不为宜"。

　　行在凤翔时，裴冕罢政事，拜尚书右仆射。尚书仆射乃是从二品级高官，本是尚书省首长尚书令的副手，自从尚书令废缺以后，尚书左右仆射即为宰相。不过，按唐初以来习惯，凡是仆射，必加"同中书门下平章事"或"参知政事"等名，才是真正的宰相。裴冕虽然由中书侍郎升为尚书右仆射，却没有加"同中书门下平章事"或"参知政事"，相当于升了他的品级，却除了他的实权。两京收复后，裴冕加封翼国公，食邑五百户。乾元二年（759）六月——杜甫从华州司功参军任上离职时，裴冕加御史大夫、成都尹，充剑南西川节度使。

　　《旧唐书·裴冕传》说："冕以忠勤自将，然不知宰相大体。性豪侈，既素贵，舆服食饮皆光丽珍丰。"他府中的马厩里，名马满槽，价值数百金一匹的就有好几十匹——想想杜甫无马可骑，只好写诗向李嗣业借马的往事吧。他在府中大宴宾客，席上水陆杂陈，佳肴满席，许多东西，客人连名字都没听说过。

　　裴冕似乎也是唐朝时尚达人，他自创了一种非常精致的头巾，引得人争效仿，称为仆射巾。本身职务外，裴冕还兼了多个其他职务，各种职务薪俸加在一起，每个月多达两千缗。手下小吏把薪俸给他领回来时，他看着大把大把的银钱，不由得笑逐颜开，时人对他的好利颇为鄙夷。——前面我们计算过杜闲的收入。现在用同样的标准算一下裴冕的收入：一缗即一千文。两千缗就是两百万文。每斗米值十文，两百万文可买米二十万斗，折合今一百五十八万公斤，价值相当于今天一千五百多万元——杜闲的年收入正好和裴冕的月收入相当。也就是说，裴冕的年薪竟然相当于今天两千多万人民币。

　　杜甫与裴冕有旧，而裴冕既是雄镇一方的封疆大吏，又如此豪奢多金，只要从他手指缝里随便漏一点出来，就足够杜甫一家人过上富裕平安的日子了。这也难怪还在距成都一百多里外的鹿头山，杜甫就忙着为他献上赞美诗。

　　诗圣为了生存，四处献诗，想想确也可悲。不过，他与裴冕有旧，而整个社会又有这种献诗的风气，还称不上屈辱。

何况，裴冕真的帮了他。

2

自从李冰修建都江堰后，成都平原渐渐成为不知饥馑的天府之国。沃野千里的平原上，河流密如血管，从高寒雪山滚滚而下的流水长久地滋润着大地。诸多河流中，就长度、水量而言，浣花溪微不足道。然而，这却是一条注定要被中国文学史铭记的小河。

杜甫到成都次年春天，在裴冕支持下，于浣花溪畔营建草堂。他写诗说："浣花溪水水西头，主人为卜林塘幽。"这主人，便是裴冕——草堂占地不小，既有居所，还有菜园和药圃，这么大一片地，虽是在唐代，普通人恐怕一时半会也拿不到手。

修建草堂的费用，不是裴冕一人所出，王十五等人多有贡献。

王十五名不详，是杜甫的表弟，当时在成都府任司马，是裴冕部下。得知杜甫选定了地方要建草堂后，王十五备了钱，亲自送到草堂，"忧我营茅栋，携钱过野桥"。杜甫感叹："他乡惟表弟，还往莫辞遥。"

如同燕子筑巢一样，杜甫精心打造他的草堂。草堂落成前后，他以诗作笺，向多位朋友索要树苗、竹子以及碗盏。

萧实，排行第八，时为成都县令，杜甫称他萧八明府。他向萧八明府索要桃栽——桃树苗——一百棵，并希望他在春节前派人送到浣花村来。

韦续，排行第二，时为县令，杜甫称他韦二明府。韦续任县令之地，《杜甫全集校注》认为是利州绵谷县（今广元）。不确。应为汉州绵竹县。杜甫索要的是一种叫绵竹的竹子，而绵竹县就因盛产此竹而得名——一千二百多年后，在绵竹境内，还能看到这种诗圣希望引种的竹子。杜甫酒业的杜甫塑像一侧，就有一丛生长得青翠可人。

何邕，排行第十一，时任绵谷县尉，杜甫称他何十一少府。他向何邕索要桤木苗。桤木是一种高大乔木，生长迅速，属桦木科，叶似桑，果似桑葚，成都平原上随处可见——岷江支流南河有一条支流就叫桤木河，因河岸有众多桤木林而得名。

那么，有一个问题是，何邕任职的绵谷，距成都足有六百多里，且大半路程都是艰苦难行的山路，杜甫为什么要舍近求远，请他提供成都平原到处都能找到的桤木苗呢？我猜测，个中缘由，杜甫并非只想得到桤木苗，而是想以索桤木苗的方式，向这位昔年的朋友知会一声：我来蜀中了。这样，如果以后需要他帮助的话，不致太唐突。

韦班，时任梓州涪城尉，杜甫称他韦少府。杜甫向韦班索要了一些松树苗。此外，他听说大邑的瓷器不错，而韦班家里收藏颇多，又向他求了一些白色瓷碗。

徐知道，排行第九，资助杜甫建草堂的诸人中，裴冕而外，数徐知道级别最高，时为侍御史兼成都少尹，相当于以中纪委司局级干部的身份兼成都副市长，前者品级为从六品，后者品级为从四品，就高不就低，妥妥的高干。杜甫大约和他不是太熟，很客气地称他徐卿。他向徐卿索要了一批果树，"草堂少花今欲栽，不问绿李与黄梅"。徐知道的府邸在石笋街——石笋街今日犹存，在成都老城区，属于内环线以内的一条小街。唐时，石笋街在成都西门附近，杜甫的草堂则在西门外的郊野上，他进出成都，西门是必经之地。

经过这种近乎百衲衣般的苦心经营，乾元三年（760），四十九岁的杜甫终于在成都西郊浣花溪畔建成了他的草堂。《杜诗详注》引陶开虞语说："子美……初营成都草堂，有裴、严二中丞，高使君为之主；有徐卿、萧、何、韦三明府为之圃；有王录事、王十五司马为之营修。大官遣骑，亲朋展力，客居正复不寂寥也。"

杜甫用一首《堂成》表达了斯时的情感——在苦不堪言的漂泊之后，他终于有了一个环境清幽的居所，多年来少有的愉悦油然而生：

> 背郭堂成荫白茅，缘江路熟俯青郊。
> 桤林碍日吟风叶，笼竹和烟滴露梢。
> 暂止飞乌将数子，频来语燕定新巢。
> 旁人错比扬雄宅，懒堕无心作解嘲。

今天的杜甫草堂博物馆在成都西二环内侧，与浣花溪公园和四川博物馆等文博单位相邻。古木阴郁，花草繁盛。附近几个楼盘，乃成都价格最昂贵的高尚住宅区。草堂南面，浣花溪与更南的清水河相伴而流，两条河形成了一个巨型凹字，凹字中间的缺陷处，便是草堂所在。凹字向西倾斜，这也与古人所说的杜甫草堂"在浣花溪水西岸江流曲处"相吻合。

看得出，经历了多年的漂泊与折腾，杜甫对浣花村的安居是满意的。

春天很快过去了，四月，下起了淅淅沥沥的梅雨，满眼草木湿润而嫩，水中圆荷冒出了新叶。远处农田里，小麦扬穗。近处的溪水清澈透明，环绕着草堂流过，而草堂院子前的柴门，正好对着一条芳草萋萋的古道。草堂内外，柳枝依依，枇杷快要成熟了，发出淡淡的清香。打鱼人驾着小船从草堂前经过，船头的鸬鹚迎着太阳，像要把被水打湿的翅膀晒干。站在草堂门前，往城里望去，草木迷离，看不到几里外的繁华市井。向城外望去，西边天际，矗立着寒光闪闪的西岭雪山。

杜甫粗通医术，有采药、种药、卖药的经历和经验。旅食京华的十年，卖药曾是家用的补贴。故此，他的草堂里，辟有专门的药圃，这从他的诗里可以找到明确证据，如"种药扶衰病""药条药甲润青青""近根开药圃"。

草堂最初只有一亩，后来不断扩展，"诛茅初一亩，广地方连延"。成形后，除了居住的茅屋外，有药圃，有上百株桃树，有大片的竹林和桤木林，有李子、枇杷、枣子、橘子、梅子、橙子等果树，有花椒、芝麻、甘蔗、亚麻等经济作物，还有一片不小的菜园。如此众多的东西所需要的土地，至少也有好几亩。

对于农事，杜甫颇不陌生。这可能和他筑室首阳山时的耕读生活有关，当然也可能和他寄食京华时，居于少陵原有关。诸种农事中，杜甫擅长和热爱的是种菜。古人常以种菜为风雅，但就杜甫而言，种菜固有风雅成分，更多却是实用考虑。

早在四十岁左右，杜甫就患有肺病，他在《进封西岳赋表》中说："臣常有肺气之疾。"在唐代，肺病无法治愈，杜甫的肺病也就时好时坏。有一天，他肺病稍好，扛着小锄在菜园里松土，大概劳作得累了，热了，头巾也散了。这时，有客人来访，他便呼叫儿子为他戴好头巾，并热情挽留客人吃饭："自锄稀菜甲，小摘为情亲。"——是什么稀罕菜，老杜卖了个关子，没讲。不过，这种稀罕菜才种下去不久，正是成长阶段，本不该摘来吃，但来客与杜甫关系亲密，杜甫便小摘了一些给客人尝新。

"城中十万户，此地两三家""锦里烟尘外，江村八九家"，杜甫在他的诗里，多次写到了草堂所在的浣花村。这个唐时村落，不管杜甫说的两三家还是八九家，其实都是虚数，都是概指，并非人口普查。"地偏相识尽，鸡犬亦忘归"，总之，这是锦官城外的一座小村庄。村子太小，居民不多，杜甫很快和所有的邻居都认识了，熟悉了，并和其中一些人成了交情不一的朋友。

南邻有两位，一位是朱山人。山人即隐居不仕者。杜甫有时称他朱老，有时称他锦里先生，似比杜甫年长。朱山人戴着象征隐士的黑色头巾，他的田园里种满芋头和板栗之类的农作物，家境还过得去，老杜羡慕他"不全贫"。由于长期串门，朱家的小孩都认得这位清瘦的老夫子了。朱家庭院里的鸟雀，见了客人也不羞涩地飞走。秋日的一天，老杜和朱山人划着小船，沿着浣花溪饱看美景，直到月上竹梢，才把船泊了分手道别。老杜的七律《南邻》就是证词：

> 锦里先生乌角巾，园收芋粟不全贫。
> 惯看宾客儿童喜，得食阶除鸟雀驯。
> 秋水才深四五尺，野航恰受两三人。
> 白沙翠竹江村暮，相送柴门月色新。

关于朱山人，老杜还有一首五律，说的是朱山人家里的水亭——居家而有水亭，和老杜草堂有水槛一样，都是文化人的风雅玩意儿。朱山人家的水亭周围栽满竹子，竹林太深，有人经过也很难发现。有花草，有曲曲折折的水沟通往园中的池子。老杜和朱山人就在这样的环境里喝酒吟诗。这对多年来饱经风霜却食不果腹的老杜来讲，生活质量一下子提高了好几个层次。于是，老杜写了一首很温暖的诗——这位惯于寒冷的诗人，他的一生罕有这样的温暖：

相近竹参差，相过人不知。

幽花欹满树，小水细通池。

归客村非远，残樽席更移。

看君多道气，从此数追随。

另一位南邻叫斛斯融。斛斯融排行老六，终生未仕，死了才被朝廷授为校书郎。天宝二载（743），一入长安的李白路过终南山，造访了一位旧交，两人喝了一台大酒，"我醉君复乐，陶然共忘机"。这位酒量看起来似乎比李白还大的朋友，李白称为斛斯山人。斛斯一姓甚少，且处于同一时代，同为隐士，故有论者认为，后来做了杜甫邻居的斛斯融，就是与李白也有交情的斛斯山人。若是，则斛斯融虽然没有留下一首诗，却与李、杜二位大师都有交往，且二位大师都为他写过诗，他亦足以流传千秋。

杜甫自注说，斛斯融是他的酒徒，也就是酒友。斛斯融爱酒，爱到疯狂的地步。这年春日的一天，花红柳绿，莺歌燕舞，杜甫信步出门，前往斛斯融家，打算趁着大好春光，两人好好喝一杯。到了斛斯家才知道，这家伙出门去喝酒，已经十来天没回家了："走觅南邻爱酒伴，经旬出饮独空床。"

斛斯融偶尔为人写碑文，以此赚些外快。为了讨要碑文钱，斛斯融到南郡去了，拿到钱之后在外面饮酒不回家，家中无钱无米，陷入了严重的生存困境。相比杜甫对妻儿的关心和照顾，斛斯融的做派令杜甫很难过，他写诗讽喻斛斯融："老罢休无赖，归来省醉眠。"

不过，斛斯融并没有听进去。不久，他就在贫病交加中去世。当杜甫再次路过斛斯家宅院时，这个曾经的家已经不复存在了——斛斯融死后，他的妻儿外出另谋生计。物是人非，杜甫十分伤感："妻子寄他食，园林非昔游。空余穗帷在，淅淅野风秋。"——对斛斯融悲剧命运的哀叹，庶几也是杜甫对自己的哀叹。他担心，有朝一日——这有朝一日，因为疾病在身，并不会太遥远——自己也像斛斯融那样死去，自己的妻儿，是否也将如同斛斯融的妻儿那儿无依无靠，寄食他乡？

北邻没留下姓名，杜甫称他为明府，表明他是一位致仕的县令。这个曾经的官场人物，退休后隐居于此，是个诗歌爱好者。他经常前来拜访杜甫，免不了喝喝酒，谈谈诗。两人曾经的行政级别差不多，加上诗和酒，大概应该谈得比较投机。

除了上面这三位有明确方位的近邻外，浣花村还住着另一些人家。

有喜欢种花的黄四娘，通往她家的小路上，千朵万朵的鲜花引来了一群群蝴蝶；有为人爽快的田父，社日那天，一定要请杜甫去饮春酒；有一道篱墙之隔的邻翁；有卖酒的小店，人熟了，喊儿子去赊酒也没问题。

杜甫与邻居们相处得很愉快，也很随意。邻居们请他喝酒，他也请邻居们喝酒。邻居们送他鱼鳖之类的水产，他回之以各种小礼物。他家的药圃里种有各种药材，邻居们有什么头痛脑热，只管来采就是。

3

草堂既成，当老婆孩子暂时没有冻饿之虞时，杜甫的政治理想又在心灵深处潜滋暗长。只是，经历了太多挫折，看惯了太多官场险恶的杜甫年近半百，已是不折不扣的老人。他不再对现实抱有不切实际的幻想。他只把他的心事借助对古人的缅怀作了隐忍的倾诉。这古人，就是中国人视为智慧化身的诸葛亮。

杜甫草堂与武侯祠是成都最重要的文化地标，直线距离只有两公里。今天，无论草堂还是武侯祠，都处于车马喧嚣的中心城区。但在杜甫时代，锦江南岸的武侯祠，已是人烟稀少的郊外。

乾元三年（760）春天，四十九岁的杜甫第一次踩着满阶青草，走进了柏木森森的武侯祠。大半生中，他怀着"致君尧舜上，再使风俗淳"的政治理想，奔走于长安权贵之间，"朝扣富儿门，暮随肥马尘"，这一切屈辱和辛酸，原本都是为了求得一展政治抱负的机会。但最终，可怜的老杜沉沦下僚，甚至在左拾遗任上还差点下狱。当他面对武侯祠里肃穆庄严的诸葛亮塑像，遥想同是文人的诸葛亮的赫赫功名时，不由感慨万千，写下了名篇《蜀相》：

丞相祠堂何处寻？锦官城外柏森森。

映阶碧草自春色，隔叶黄鹂空好音。

三顾频烦天下计，两朝开济老臣心。

出师未捷身先死，长使英雄泪满襟。

秋天来了，杜甫划着小船，绕着浣花村作了一次环村游。那是一个有太阳的下午。自古及今，深陷盆地的四川，秋冬时节难见太阳，乃至有蜀犬吠日的夸张说法。秋冬之日而有太阳的话，对四川人来说，如同节日一样喜气洋洋——一首四川民歌就唱道：太阳出来了喂，喜洋洋哦啷咯。那天下午，秋阳艳红，"落景下高堂，进舟泛回溪"。浣花村一带的确偏僻，秋色也更加凄迷。遥看西边，远处的山岭上堆着终年不化的积雪，天空挂着彩色的虹霓。孩子们在溪岸上，有的用网捕鱼，有的用箭射鸟，有的下到水边采菱。他们热情地为杜甫指路，反而让杜甫迷失了方向。造化之美景与村童之纯朴，令杜甫流连忘返。当他站在小船上，遥望着远处的浣花村在苍茫暮色中只剩一个模糊的轮廓时，新月已经升起来吊在树梢上。杜甫慢慢回家——他想起前不久酿的米酒，今天应该可以喝了。那就赶快回去和老妻喝一杯吧。

坐上小船，绕着浣花村随意看看，于杜甫，是一种休闲方式。有时是他一个人，有时还带上妻子杨氏。带上杨氏那次，天气尚有几分炎热，尽管时间已是芙蓉花开的秋季。"昼引老妻乘小艇，晴看稚子浴清江。"如果不是天气还有几分炎热，孩子们不可能跳进浣花溪里戏水。

杜甫和杨氏坐在小船上——这种只能承载两三个人的小船，想必杜甫已经会操作了，要不就是杜安荡桨。他们看到蛱蝶飞过，芙蓉盛开——过上一百多年，后蜀主孟昶下令在成都广植芙蓉，从此成都又称蓉城。为解暑热，杨氏还细心地带上了一些用甘蔗榨成的蔗汁。

关于蔗汁，不妨多写几句。唐人把蔗汁称为蔗浆，他们普遍有喝蔗浆的习惯。唐人认为，蔗浆凉性，具有去热的功效。在吃了包括樱桃等据说燥热的东西后，讲究人家，一定会再饮一杯蔗浆。王维参加了一次樱桃宴，兴奋地作诗说："饱食不须愁内热，大官还有蔗浆寒。"

直接饮用外，蔗浆还是制作另一种风味食品必不可少的原料。

李贤是武则天次子，其兄李弘猝死后，册立为太子。但在残酷的政治

成都武侯祠一角

斗争中，李贤贬死巴州。二十多年后，追谥章怀太子。

章怀太子墓里，考古工作者发现了一幅壁画，画上的仕女，手捧一种称为酥山的食物。

究其实质，酥山就是唐代的冰淇淋。即把奶酪加热融化后，加入蔗浆，放入冰块，使其凝固，加工成山的形状，再浇上冰水，就成了酥山。

杨氏出身名门，杜甫也在首都待过十余年，出席过不少宴会，一定品尝过大唐冰淇淋。现在流落蜀中，夏秋无处找到冰块，酥山吃不上，那就喝一杯蔗浆吧。

柴门，顾名思义，是指用散碎的木材或树木枝丫做成的极为简陋的门。在中国，它是贫苦、清寒的象征。杜甫在他的诗里便经常提到柴门，如"野老篱前江岸回，柴门不正逐江开"。寓居夔州时，他有一首诗的题目就叫《柴门》。

如果让我想象一下杜甫家的柴门的话，它或许是这样的：茅屋前有一圈用篱笆扎成的矮墙，矮墙正对堂屋门的地方，有一个小小的缺口，仅容两人并肩而行。一扇胡乱用几根好像一旦插进春天的地里还会发芽的木棍绑成的门立在那里——它的装饰性大过了实用性，不要说身强力壮的男人，就是体弱力小的妇孺，只要用力一推，也能轻易地把关着的柴门推开。

在今天的成都杜甫草堂景区，也有一座柴门。这是一座让人意外和失望的所谓"柴门"——青瓦覆顶，几根油着红漆的木柱支撑起的不是一座简陋的柴门，而是一座类似于过厅的华美建筑。今人理解的柴门和古人理解的柴门如此大相径庭，令人发笑。与此相类的，还有一家以柴门命名的餐馆。如果望文生义，以为柴门是农家乐或平民餐馆，那就大错特错——它高昂的价格，远非真正出自柴门的人消费得起。

柴门不仅是一道具象的门，更是一种抽象的信念和生活方式。中国传统文化语境下，柴门隐喻着清流、操守、贞节和安贫乐道这样一些令人需要仰视才得见的品质。与柴门相对的是朱门，那是淫荡、奢侈、阴谋和罪恶的代名词。老杜曾经愤怒地批判过："朱门酒肉臭，路有冻死骨。"朱门是一种不祥之物，尤其是对老杜这种贫病一生的诗人而言。

杜甫的性格很有意思，表面看，他出生于"奉儒守官，未坠素业"的官宦世家，具备一个中下级官员子弟的谦虚和礼仪。他的待人接物和处世方式，与李白大相径庭。如果说李白是使酒任性、豪爽耿直的哥哥，那么杜甫就是哥哥身后不苟言笑、表情严谨的弟弟。然而，这只是表象。骨子里，几乎和李白一样，杜甫也有着文人一脉相承的清高与自负。

怀才不遇是文人一生中喋喋不休的主题，它像一个反复降临的梦，一次又一次笼罩着文人的命运，直到这些命运的主人们辛酸委屈的泪水，把一部历史都弄得潮湿而咸涩。

当生命进入暮年的老杜终于在漂泊的西南天地间筑起了小小的草堂时，当生活终于变得稍微安静时，他一定会伫立在柴门前，懒看那些认真开放的野草闲花。只是，他内心还残存的壮志，他少年时许下过的金属般的诺言，比邻而居的酒友不会懂得，画纸为棋局的老妻不会懂得，敲针作钓钩的稚子也不会懂得。命中注定，绝大多数的心灵都不会被另外的心灵——哪怕只一颗——所理解。这是一些无限延伸的平行线，它们虽然同属一个平面，却永远没有相交的可能。

所以，怅望柴门的老杜很感慨。感慨之余，他借一位官员的来访写了一首诗，诗中有著名的两句："岂有文章惊海内，漫劳车马驻江干。"意思是说，我又没有文章名扬天下，何必劳烦您的车马到这溪边来看我？表面看是谦虚，骨子里却是难以自禁的郁闷和自负。

很多年过去了，到了明朝，一个叫何宇度的文人来到草堂。他想起了柴门的寂寥，于是化用杜诗，拟了一副对联，这副对联至今还挂在柴门左右：

万丈光芒，信有文章惊海内；
千年艳慕，犹劳车马驻江干。

明朝还有一位文人，对柴门表现出了超乎寻常的兴趣。这个人是画家，叫周臣。他为柴门画了一幅高一米二，宽半米有奇的画。画面上，一棵古松郁郁苍苍；松下，一道柴门——和我设想过的一样，是用木棍绑制的；柴门边，杜甫打着拱，和柴门外的客人告别。古人总是礼貌地打拱，嘴里说些好听的之乎者也，这是后人对他们的印象。但是，在他们的礼貌和恭谦后面，到底深藏了多少不得志的悲愤，我们不得而知。我们只看到了他们的快乐，至于痛苦，被我们整体遗忘或忽略了。

当重墙深院的朱门沉沉地闭上，那道立在民间的柴门就慢慢打开了。

透过柴门，我看到了一个时代的才华和疾病。

4

日子在平淡与悠闲中慢慢过去，如同雨水滑过青色的苔藓。

如果可能，杜甫虽然心有不甘，但也大抵愿意就这样过下去，就这样在宁静的岁月里，打发余生。

变化却总是比计划更快。上元元年（760）秋天，就在杜甫荡舟秋游后不久，一个意外的消息传来：裴冕调回长安。裴冕的离去，意味着杜甫失去了供禄米的故人。他马上想到了另一个朋友：高适。于是以诗作笺，渴望老友施以援手："百年已过半，秋至转饥寒。为问彭州牧，何时救急难？"

　　也许是两年前在同谷孤苦无依、啼饥号寒留下的后遗症，杜甫不仅给高适写诗，还亲自赶往彭州。但高适还没来得及帮助他，就调任蜀州（治今崇州）了。于是，杜甫又追到蜀州，并在高适的刺史府小住。

　　崇州市区有一座风光旖旎的园子，亭台楼阁，天光云影，收在一池深碧的寒水中。这就是罨画池。史料载，罨画池在唐代就是官署园林，当时设有驿站，称为东亭。唐以来，杜甫、陆游、杨慎等名家都在这里留下了诗文。

　　高适既是蜀州最高长官，杜甫又在蜀州盘桓多日，他们流连于东亭便是意料中事。杜甫写诗称赞老朋友："当代论才子，如公复几人。"并感叹"行色秋将晚，交情老更亲"。杜甫告别高适回草堂后，冬天的蜡梅开了，同样任职于蜀州的另一位友人裴迪在东亭宴客，想起秋天时与杜甫的聚会，便写了一首诗寄给杜甫。杜甫回诗写道："江边一树垂垂发，朝夕催人自白头。"明人王世贞将此诗推为"古今咏梅第一"。

　　值得一提的是，与杜甫唱和的裴迪，也是王维至交。早年，他隐居终南山，王维称他裴秀才，说他"复值接舆醉，狂歌五柳前"，是一个佯狂遁世之人。然而，年华流逝，马齿徒长，栖身林泉的隐者竟不得不为了五斗米宦游蜀中。

　　就在杜甫与裴迪唱和次年，王维与世长辞。

　　令志忐中的杜甫稍感踏实的是，朝廷新任命的裴冕的继任者，与杜甫有表亲关系。

　　此人叫李若幽，又名李国贞。他是淮安郡王李神通的玄孙，李神通则是唐高祖李渊的堂弟。前文说过，杜甫的外公的母亲是舒王的女儿，舒王则是李渊的儿子；外婆是义阳王李琮的女儿，义阳王则是李渊的曾孙。所以，若以杜甫的外公一方算，李若幽比杜甫长一辈；若以杜甫的外婆一方算，李若幽比杜甫长两辈。当然，血缘其实很疏远，已经出了五服——要上推七八代，才有共同祖先，即李渊的祖父李虎。

　　但再疏远的关系，仍然攀得上亲戚。所以，杜甫对李若幽出任蜀中一号首长，自然充满期待。并且，李若幽似乎对这位当时已颇有名气的诗人远亲还算友好。上元二年（761）早春，新年刚过，李若幽写了一首诗，杜甫读后，立即和了一首。诗题里，他尊称李若幽为都督表丈。

不过，李若幽在任时间很短，还不到一年，恐怕很难给予杜甫什么实质性帮助。

同在这年早春，正月初七，按传统习俗，是为人日。这天，杜甫收到了高适寄来的诗《人日寄杜二拾遗》：

> 人日题诗寄草堂，遥怜故人思故乡。
> 柳条弄色不忍见，梅花满枝空断肠！
> 身在南蕃无所预，心怀百忧复千虑。
> 今年人日空相忆，明年人日知何处？
> 一卧东山三十春，岂知书剑老风尘。
> 龙钟还忝二千石，愧尔东西南北人！

不知道为什么，杜甫没有回赠，或者有回赠却没保存下来。约十年后，老病孤舟的杜甫走到了生命尽头，这一年，流落湖湘的他有一天偶然翻检文书，突然翻出高适赠诗。想起高适赠诗已十年，作故也已六七年，而自己老病之躯，余生可数。点检其时还活在世上的故旧，已然寥寥无几。杜甫感伤不已，作了一首《追酬故高蜀州人日见寄》：

> 自蒙蜀州人日作，不意清诗久零落。
> 今晨散帙眼忽开，进泪幽吟事如昨。
> 呜呼壮士多慷慨，合沓高名动寥廓。
> ……

西河和金马河从崇州境内斜斜划过，流向成都南边的一个重要枢纽：新津。在新津城区五津镇，岷江的几条支流次第交汇。一个阴雨的冬日，我小心翼翼地踩着糊满青苔的石阶，爬上江畔一匹草木阴郁的小山。山顶是一块杂草过腰的平地。极目远眺，远处的新津城、近处的金马河以及建于唐朝开元年间的通济堰尽收眼底。这座山，名叫修觉山，杜甫的脚印，也曾印在了修觉山上。

　　杜甫两次到新津，其中一次是上元二年（761）春天。成都平原的春天常常寒风习习，以阴以雨，但风定日暖后，迎春、海棠、桃李以及油菜花竞相开放，热烈的花事足以把春寒烘干。这个春天，大约是得到了高适救济，杜甫心情不错。他写下了脍炙人口的《春夜喜雨》。复又在游览修觉山时，因"野寺江天豁，山扉花竹幽"的景象而生出诗人的骄傲："诗应有神助，吾得及春游。"

　　杜诗载，修觉山上有一座寺庙，就叫修觉寺。但我寻了大半匹山，寺庙始终了无踪影。途中，我看见接近山顶的坳上，有一户人家，门前挂着警示牌：内有大狗，闲人免进。若被咬伤，概不负责。

5

　　就在杜甫从新津回来并写下《春夜喜雨》不久，一向平静的蜀中忽然

从修觉山远眺新津

出了大乱子：梓州刺史段子璋造反了。

原来，段子璋骁勇善战，玄宗奔蜀时，曾立大功。他的顶头上司即剑南东川节度使李奂，出身皇室，袭封济北郡王，曾做过史思明俘虏。段子璋一向很看不起这个官二代上司，认为他不过是会投胎才跻身高位的，不比自己一刀一枪打拼出位。李奂当然容不得部下如此桀骜不驯，便向朝廷请示，撤换段子璋。

段子璋闻讯，勃然大怒。一怒之下，起兵造反。段子璋突袭绵州，李奂大败，逃往成都。段子璋获胜后，自封梁王，改元黄龙，将绵州改称龙安府，设立了文武百官，很快又攻陷相邻的剑州等地。

其时，杜甫的远亲李若幽已调回长安，接任剑南西川节度使兼成都尹的是崔光远。崔光远与李奂、高适合力攻打绵州，五月中旬，绵州城破，段子璋被杀，叛乱平息。

没想到的是，一波刚平，一波又起。

攻打绵州最得力的战将是崔光远部下，即西川牙将花惊定。如同段子璋一样，花惊定也是一员猛将。

攻下绵州城后，花惊定自恃有战功，纵兵抢劫，"妇女有金银臂钏，兵士皆断其腕以取之。乱杀数千人"。朝廷官军，军纪比叛军更坏，对民众的伤害比叛军还严重，而作为节度使的崔光远却不能禁止。事为朝廷所知，肃宗大怒，"天子怒光远不能戢军，乃罢之"。崔光远受部将牵连罢官后，朝廷还派监军追究治罪，他忧恚成疾，当年就去世了。

花惊定这位赳赳武夫，杜甫与他也有往来——杜甫既然和前后数任节度使有交往，且多蒙这些封疆大吏关照，他们的手下，出于种种考虑，或附庸风雅，或趋随官长，纷纷和杜甫来往，也是情理中事。

杜甫全集中，有两首诗写给花惊定。不过，与杜甫的绝大多数酬酢诗不同，这两首诗，一首标明了是戏作，明显有讽刺之意；另一首虽然题中无戏作字样，但味其内容，历代学者以为，仍是志在警喻。

前者，得知花惊定暴行后，杜甫在《戏作花卿歌》里写道："成都猛将有花卿，学语小儿知姓名。"小儿知猛将姓名，大有因猛将嗜杀而民间畏惧，用其名字吓唬小儿，小儿不敢夜哭之意。接着，在形象描绘了花惊定如何冲锋打仗后，杜甫反问："人道我卿绝世无。既称绝世无，天子何不唤取守京都？"——有人认为花卿你的勇敢绝世无双，既然称得上绝世无双，那天子为什么没有把你调去守卫京城呢？

花惊定纵兵骚扰民间，导致上司被撤职查办，如此将军，纵然勇敢，又怎么可能调去把守京城？杜甫是以反问作讽刺。

另一首是杜甫参加了花惊定府上的一次宴会，席上，有伶人奏乐，杜甫写道：

> 锦城丝管日纷纷，半入江风半入云。
> 此曲只应天上有，人间能得几回闻。

表面看，这首七绝写音乐之美妙。但明代学者杨慎认为，这不是赞美音乐美妙，而是讽刺花惊定僭用天子礼乐。

安史之乱后，唐朝中央集权控制减弱，皇帝权威受到挑战，拥兵自重的军阀们虽不敢公开割据称王，但不把朝廷放在眼里的却绝非个案。比如此后几年的大历元年（766），华州刺史周智光骄横不法，竟将鄜坊节度使杜冕一家老小八十一口悉数活埋，又抢劫、焚烧坊州民户三千家，杀死陕州监军张志斌，朝廷拿他毫无办法。他宣称：我这里离长安只有百十里地，我晚上睡觉都不敢放心伸脚，怕一不小心就把长安城踢破了。又说，"至于挟天子令诸侯，惟周智光能之"。

以周智光更过分的举动观之，花惊定僭用天子礼乐，简直就是小巫见大巫。然而在忠君爱国的杜甫眼里，仍是大逆不道之举。不过，面对花惊定这种杀人不眨眼的武夫，杜甫只能曲笔讥讽。

花惊定的故事，现代作家施蛰存演义为小说，题为《将军底头》。花惊定虽然导致了他的长官崔光远下台，但他似乎并未受到处分，或是来不及处分，就已经横死——一种说法是，他在追击段子璋残部时中伏死；一种说法是，他随后调去与吐蕃交战，战死。

《将军底头》里，施蛰存把花惊定描写成一个具有吐蕃血统的唐军将领。他英勇善战，但在出征吐蕃时，因其血统与职守之间的特殊，陷入了两难。其间，他的部下调戏民女，被他斩首。然而，意想不到的是，他自己也被这个民女所诱惑。矛盾与纠葛中，花惊定战死沙场。他的头被敌人砍下了，身子却骑在马上，奔去寻找那个民女。民女正在溪边洗衣，失去了头的花惊定下马蹲身，摸索着溪水，像要洗手。民女不觉失笑说："喂，打了败仗了吗？头也给人家砍掉了，还要洗什么呢？还不快快的死了，想干什么呢？"花惊定的身子于是闻声倒地，而远在战场上，他那颗被吐蕃人砍下的头，"却流着眼泪了"。

据杨慎考证，花惊定是四川丹棱东馆人，此地现属眉山东坡区东馆村。宋时，东馆村尚有花惊定墓，今则湮没难寻也。

6

一场突如其来的暴风雨后，杜甫写下一首长诗。因为这首长诗，人们在说到杜甫和杜甫草堂时，总是很自然地联想起一种在中国业已消失的建筑：茅屋。

所谓茅屋，就是用稻草、芦苇等苫盖屋顶的简陋房子。这种房子，屋顶覆盖的是稻草或芦苇，墙壁或是版筑的泥墙，即前文说过的赞上人土室那种；或是用木头竖起来，中间用竹条编成网状，再糊上泥土。在中国广大农村，尤其南方农村，四五十年前，茅屋比比皆是。走进村落，看看房屋就知道贫富——住瓦房的，家境肯定要比住茅屋的好一些。

杜甫那首长诗题为《茅屋为秋风所破歌》。

上元二年（761），也就是杜甫五十岁那年八月，初秋，成都先是大风，继以大雨。"八月秋高风怒号，卷我屋上三重茅。"茅草苫盖屋顶，是一项技术活，从事这种活的匠人，我老家称为泥水匠。苫盖有许多讲究，必须盖三四重之多，不然一定会漏雨。郭沫若曾经据此诗批判杜甫，说他是地主，奢侈讲究，茅草都要盖三重。郭沫若出身富家，所居当然不是茅屋，是以根本不知道，盖三重四重茅，地主固然如此，农户也一样。

风实在太大，把老杜屋顶的茅草卷起，一直吹飞到浣花溪对岸才缓缓落下，有的挂在树梢上，有的沉落水塘中。对面那个村庄，杜甫称为南村。村里的儿童看到从天而降的茅草，纷纷拾起抱回家。这种盖过房的茅草，点火即燃，可作燃料。杜甫向来与人为善，但儿童们不听他的高声叫喊，自顾抱了茅草而去。杜甫大为光火，有些言过其实地骂他们是盗贼："南村群童欺我老无力，忍能对面为盗贼。"

杜甫的园子里，有一株两百多岁的桢楠树，这是一种十分珍稀的树种。杜甫自陈，当初把草堂选址于此，很大原因便是为了这棵桢楠。没想到，大风竟然把它也吹折了。

晚上，风停了，天空中堆积着黑如浓墨的云朵，"秋天漠漠向昏黑"；气温骤降，粗布制作的被子盖在身上，冰冷如铁；儿子睡相不好，梦中胡乱踢脚，把被子内里踢破了。更要命的是，大风把屋顶的茅草大量刮走后，入夜，大雨倾盆，屋漏不止，"床床屋漏无干处，雨脚如麻未断绝"。自从安史之乱以来，杜甫一直颠沛流离，历尽艰辛。在成都稍微安宁，不想又为风雨所苦，"自经丧乱少睡眠，长夜沾湿何由彻"。

杜甫被后人称诗圣，成为中国文人良心与良知的代表和象征，就在于他在自身遭遇种种不堪时，却心怀善念，推己及人，希望他人安好。甚至，为了他人安好，宁愿自己受苦受难——

　　安得广厦千万间，大庇天下寒士俱欢颜，风雨不动安如山。呜呼！何时眼前突兀见此屋，吾庐独破受冻死亦足。

所以，在后人观察杜甫的视界里，茅屋不仅是一种稻草和泥土垒起的简单居室，茅屋更是一种清洁的思想，博爱的精神，它的本质是体悟了众生皆苦后的强烈悲悯。

所以，在后人兴建的诸多纪念杜甫的场所，多半会有茅屋。大到成都杜甫草堂，小到绵竹杜甫酒业，我都看到了一座熟悉而亲切的茅屋。

当我站在茅屋前端详着屋里熟悉的陈设时，恍惚间，我感到，只要一直这样注视，这样凝望，一会儿工夫，就会有一个老者带着微笑走出来，向我打拱，寒暄。

从修觉山下来，我前往一个叫江源的小镇。人烟稠密的成都平原，大

成都杜甫草堂里仿建的茅屋

凡不过十公里，必然有场镇，江源就是无数小镇中极为寻常的一个。与其他小镇不同的是，在唐朝，江源是唐兴县治。

茅屋为秋风所破那年秋天，杜甫游历了青城山后来到唐兴，为县令王潜写《唐兴会馆记》。这是杜甫为数不多的散文之一。这种相当于应用文的碑记，主要用于歌颂。歌颂王潜的初衷，在于杜甫生计艰难，希望得到王潜资助。关于王潜，有一种说法认为，他致仕后，也隐居于浣花村，是杜甫的北邻，即杜诗里所说的王明府。

如今，江源镇和唐朝有关的痕迹只余下了唐兴这个地名：一是唐兴西街，一是唐兴社区。岷江支流金马河从江源镇外流过。这里地处成都平原腹地，镇外都是肥沃的耕地。春天，大片大片的油菜花在阳光下发出酥黄的光芒，映衬着竹林深处的白色农舍，恬静而自足，像一个酒足饭饱，无所用心的闲人。

大约就在茅屋为秋风所破的八月前后，村甫写了一首七言古诗，题目即可窥知他斯时的恶劣心情：《百忧集行》。

诗中，他回顾了自己无忧无虑、健壮精神的少年时代。十五岁了，心智还像个孩子，如同小黄牛那样强壮，"忆年十五心尚孩，健如黄犊走复来"。倏忽之间，居然年过半百，身体早就被生活击垮了，"坐卧只多少行立"；家境贫穷，连供养家人都成问题，不懂事的儿子饿了，"叫怒索饭啼门东"；比这更令他痛心的是，"强将笑语供主人，悲见生涯百忧集"。

这个杜甫必须强将笑语去侍奉的主人到底指谁，历来有不同说法。有说裴冕的，有说崔光远的，有说李若幽的，也有说高适的。

那么，到底是哪个主人让杜甫觉得难堪，有着如此强烈的寄人篱下之感呢？

杜甫写此诗时，裴冕已经调走，恐怕与他无关；李若幽也于年初离任，与他似也无关；崔光远虽在任，但杜诗中看不出二人有什么交往，他凭什么去埋怨别人呢？那么，高适嫌疑最大。难道是高适这位昔年的布衣之交，做了高官后给老朋友冷脸，让老朋友难堪？

这种事情可以说屡见不鲜，无论什么时代都可能发生。但我以为，如果把主人坐实为高适，或恐有厚诬古人之嫌。

我猜测，杜甫所抱怨的主人，并非实指，而是虚指或者说泛指。

杜甫自旅食京华以后的漫长岁月，不论适秦州还是之蜀中，以及其后的居夔州，游荆湘，说白了，大抵依靠他人为生，都是寄人篱下。所不同者，不过从这道篱跳到那道篱而已。从这种意义上讲，他投靠过、依靠过的那些官员，都可以说是主人。

这一年，杜甫五十岁了，五十而知天命，在人均寿命短暂的唐代，五十岁还没能在政治上混出个名堂，显然，这一生已经定型了。是故，五十岁的杜甫反思平生，感慨于自己远本深怀远大理想，不料命运多艰，竟然沦落到了看人脸色，"强将笑语供主人"，以便换得仨瓜俩枣养活妻儿的地步。这主人，自然不是指裴冕，也不是指李若幽、崔光远，更不是高适。

何况，作为一个反证，杜甫从唐兴回成都不久，高适就来草堂了。

高适之所以在杜甫居成都近两年后方来拜访，也是有原因的：上一年，杜甫春时修筑草堂，秋时在彭州和蜀州与高适相见；下一年，年初高适有诗慰问。以情理度之，当在之后来访。不想，四月段子璋叛乱，崔光远与李奂平叛时，高适也领兵上了前线——《旧唐书》称赞高适"以诗人为戎帅，险难之际，名节不亏"。高适多次率军作战，其军事素养，应来自早年在哥舒翰帐下为幕僚的经历。

平定段子璋后，又是花惊定为祸，朝廷震怒，将崔光远免职，令高适暂摄节度使。就是说，段子璋叛乱以及花惊定为祸之后的烂摊子，都要高适负责去收拾。作为一个省级行政区的军政首长，高适的忙乱与操劳可想而知。这种前提下，高适没有前来拜访杜甫，也是人之常情，完全扯不上当了大官就忘记旧友。

上元二年（761）冬天，高适突然造访草堂，杜甫颇为惊喜。

高适造访，其间还有一段插曲。当时，一个叫王抡的御史——排行十七，杜甫称他王十七御史，他向杜甫表示，要带些好酒到草堂与杜甫共饮。王抡曾任监察御史，在京城时就与杜甫有交情。后来，王抡入严武幕，一度还出任过彭州刺史。王抡一时没来，杜甫便写诗去催，并要求王抡把高适一并约来，可见王抡与高适也交厚，杜甫才会有此要求。

接到杜甫的诗后，王抡和高适真的来了——可以想象，二人在公务之余，取出杜甫的诗，一定会边看边笑，然后约定：明天就去杜二家吧。

杜甫早就说过，他隐居浣花村，条件不好，"盘飧市远无兼味，樽酒家贫只旧醅"。王抡带来了好酒，菜却需杜甫准备。他客气地向客人表示歉意："自愧无鲑菜，空烦卸马鞍。"其实，老友相逢，有酒足矣，菜之好坏，何足道哉。

果然，这场剧饮非常愉快。高适原本比杜甫年长，但他们共游梁宋时，大约高适面相看起来比杜甫年轻，便常和杜甫开玩笑说：汝年几小，且不必小于我。杜甫想起二人年轻时的调笑，于是以此劝高适说：虽然你比我小，但也不算年轻了。我劝你还是多喝几杯暖和暖和身子吧，像你这种白发老头最怕受风寒——"移樽劝山简，头白恐风寒。"言行如此亲密，哪像后人猜测的二人有隙，高适看不起杜甫呢？

岷江是长江上游的重要支流，发源于川西高原的岷山南麓——成都市区西北六十多公里外的都江堰，自从两千多年前蜀守李冰天才地深淘滩、低作堰之后，岷江就被鱼嘴分成内江与外江。内江是人工引水渠，主要用于灌溉，川西得以水旱从人。外江是岷江正流，它从鱼嘴流至彭山境内的江口镇接纳府河（即锦江），这一段称金马河，又名皂江。

高适出任刺史的蜀州，就位于金马河西岸。今天的金马河，河面开阔，水流不大，很多地方都是浅滩或沙洲。沙洲上，生长着旺盛的蒹葭。浅滩处，布满挖取沙石后形成的坑洞。由于从人烟稠密的平原流过，金马河两岸修建了非常多的桥梁。

在与高适和王抡欢聚后不久，杜甫应邀前往蜀州当了一次观礼嘉宾——他见证了金马河上，如何神速地建成一座桥梁。建桥所用时间，杜诗也有两说：一说即日成，即一天；一说三天。依我理解，可能主体工程当天完工，但加上准备及收尾工作，则用了三天。不论一天还是三天，都称得上神速。

邀请杜甫的人姓李，排行老七，名不详，是高适手下的司马。

以一天（或三天）时间造一座桥，即便今天也不可能。唐时却可能。原因无它，那是一座非常简陋的、用竹子架成的简易桥梁。桥址选在一处浅滩上，无桥时，两岸民众涉水往来，足见水浅。桥成后，往来之人免于冬寒下水，当然是造福民众的善举。故此，李司马请杜甫前往参观。桥成当晚，还在游船上举办了庆祝宴。那天，白日天高云淡，入夜月朗星稀，风物可赏。杜甫很感激李司马的屡次相邀——李司马是高适部属，若高适对杜甫不屑，他岂会一再邀请杜甫？

巧的是，就在竹桥落成次日，高适从成都回了蜀州——其时，朝廷已任命严武为剑南西川节度使兼成都尹，高适也就结束了代理生涯，回归他的本职工作：蜀州刺史。

于是，杜甫又写了一首诗记录此事，顺带在诗里恰到好处地表扬高适：

> 向来江上手纷纷，三日成功事出群。
> 已传童子骑青竹，总拟桥东待使君。

杜甫读书万卷，运用典故总是得心应手，恰到好处：他前往蜀州看竹桥，由竹桥想到竹马，而竹马正好有一个典故和刺史有关——东汉时，郭伋为并州刺史。一次，他到属下美稷县视察，有数百名儿童骑着竹马立于道旁拜迎。郭伋问其故，儿童们说：听说使君要来，我们很高兴，特意来迎接。

杜甫化用这个典故，把高适比作郭伋，而郭伋不仅敏于政事，官运亨通，且得享八十六岁高寿。

7

这年冬天，最令杜甫兴奋的，莫过于严武调任剑南西川节度使兼成都尹。

朋友类似于镜子。不过，与镜子里照射出的是自身形象不同，朋友身上反射出的，却是自己不具备或缺少的某些东西。比如，从李白身上，杜甫照见了飘然思不群的狂放不羁；在高适身上，杜甫照见了诗歌与事功之间从容操持的游刃有余。那么，在平生最重要的老朋友严武身上，杜甫照见的又是什么呢？是父荫可资，少年得志的出身？还是性本狂荡，多率胸臆的个性？抑或持节寄疆，威福自专的权势？或许都是，或许都不是。

从本质上说，严武不仅与杜甫迥然相异，即便是与同样做过高官的高适、房琯比较，也是泾渭分明。

杜甫把严武看得很重，其中，既有生存需要，更多的，或许还是认可与期待。至于严武，虽然性格粗暴专横，他手下的中下级官员，往往因一点小事不如其意，就被他乱棍打死，但他对曾经犯颜的杜甫，却保持了非常难得的克制和礼遇。

个中原因，一方面，固然与杜甫是他的父执辈，与他的父亲严挺之是朋友有关；更重要者或在于，严武既是封疆大吏，同时还是一个执着的诗歌爱好者。他对杜甫的克制与礼遇，便多少带有粉丝对明星的偏爱和容忍，以及喜爱文艺的贵人对文艺人才的垂怜。

房琯早年也是严武的上级，而且举荐过严武。但房琯被贬为严武属下刺史时，严武却摆出领导架子，"略无朝礼"。不久，房犯了点小错，他深知严武凶暴无常，翻脸不认人，竟然忧吓成疾。

严武为人早熟，不仅早熟，简直早熟得可怕。新旧《唐书》对此都没忘了专门写上一笔。旧《唐书》称，严武"神气隽爽，敏于闻见，幼有成人风"。

新《唐书》则对严武可怕的早熟有更详尽的记载。该书讲，严武的父亲严挺之，不喜欢严武的母亲裴氏，独独钟爱一个叫英的小妾。严武八岁时，看出父母不和，他感到奇怪，问母亲原因。其母就将原委讲给严武听。严武听后，趁英妾睡觉之机，用铁锤将她的脑袋打得血肉模糊。

左右人吓坏了，向严挺之汇报说：公子戏耍的时候，不小心把英妾杀了。严武却不领左右开托之情，他严肃正告他的父亲：天底下哪有大臣厚待小妾而怠慢妻子的？我就是为了这个缘故，故意把她杀了。

严挺之的反应也很出人意表，他不为冤死的英妾伤心倒也罢了，反倒称赞严武说："你这家伙，真是我严挺之的种啊！"

在男权社会，女人的命并不比草芥更值钱。走上仕途之前，死在严武手下的年轻女性，除了父亲的爱妾外，还有另一个更倒霉的女子。这个女子的全部错误，仅在于错误地爱上了心狠手辣的负心郎。

严武家与一位军使是邻居，军使家有一个女儿，姿容美艳。严武买通军使家仆人，将此女诱至其家。如果仅仅军使家的仆人帮忙，估计美女不一定上当；必要的前提是，美女也对严武有意思。

过了些时候，严武怕军使发现，就带着美女逃出京城，一路向东而去。军使发现后，告发到官府，一直惊动到皇帝那里。皇帝令万年县负责追捕。严武听说后，担心人赃俱获，遂心生一计：他将军使之女灌醉，半夜用琵琶弦勒死沉尸于河。第二天官府追至，严查严武，但一无所获。

严挺之最高时做到中书侍郎，是正四品上的高官，严武得以在年轻时就以父荫入仕，一辈子官运亨通。安史之乱前，严武在哥舒翰手下做判官。安史之乱时，严武随太子西奔，参加了灵武起兵，是拥戴肃宗的功臣之一。

至德三载（758），严武出任绵州刺史，迁东川节度使。这是其第一次镇蜀。不久，调回长安，任京兆尹——诗人韩愈多年后也曾任此职。上元二年（761），改任成都府尹兼御史大夫，充剑南节度使，敕令节制东西两川。这是严武第二次镇蜀。就是在看金马河造竹桥后不久，杜甫获悉严武调来成都了。

上元二年（761）在诸多意想不到的事件中过去了。杜甫一家在成都度过了第二个春节。

开春后，初到成都的严武大约政事理顺了，有闲暇和老友叙旧谈诗了。他写了首诗给杜甫，邀请杜甫进城去节度使府做客：

> 漫向江头把钓竿，懒眠沙草爱风湍。
> 莫倚善题鹦鹉赋，何须不著鵔鸃冠。
> 腹中书籍幽时晒，肘后医方静处看。
> 兴发会能驰骏马，终当直到使君滩。

——你经常在江边钓鱼，还慵懒地躺在草地上欣赏湍急的水流。不要仗着你有祢衡即席题写《鹦鹉赋》的才华，就不出来做官。你满腹诗书，大概也像郝隆那样在悠闲时晒上一晒吧？葛洪的《肘后急要方》之类的医书，也是你常在僻静处揣摩的。要是你一时兴起，就骑上马到我这里来看看吧。

惹得后人争议的是第二联，"莫倚善题鹦鹉赋，何须不著鵔鸃冠"。严武把杜甫比作祢衡，祢衡才华横溢，却不知进退，以狂著称，终至惹来杀身大祸。严武劝杜甫不要学祢衡，不要以腹藏锦绣而孤傲。这到底是曾系旧交现为封疆的老友的真心劝慰，还是喜爱文艺的首长居高临下的教诲呢？

有意思的是，杜甫接到严武的诗后，并没有像许多人想象的那样，屁颠屁颠地跑到节度使府去晋见——按理，既然严武已先寄诗来，杜甫依嘱拜访，不算失格丢人。但杜甫没去，杜甫给严武回了一首诗，反客为主，邀请严武到草堂做客：

> 拾遗曾奏数行书，懒性从来水竹居。
> 奉引滥骑沙苑马，幽栖真钓锦江鱼。
> 谢安不倦登临费，阮籍焉知礼法疏？
> 枉沐旌麾出城府，草茅无径欲教锄。

——我并不是不想做朝廷的官，我以前就和你同事做过左拾遗，只为上书救房琯被免职；加之生性疏懒，从此安心隐居于水竹之间。想当年我也随从皇上，骑着沙苑马，而今的确在锦江边垂钓。您像谢安那样最爱登山临水，我如阮籍一般不懂礼法。如果您能屈尊枉驾草堂，我一定马上把茅草丛生的草堂门前铲出一条路。

收到杜诗几天后，严武真的带着一小队随从，枉驾来草堂拜访杜甫——所以，"莫倚善题鹦鹉赋，何须不著鹔鹴冠"，不是严武仗着官势教训杜甫，而是老友无所不谈的提醒。对自视甚高的严武来说，杜甫始终在他心中有一席之地。

可以肯定的是，假如送诗来请的不是严武，而是崔光远或裴冕或李若幽，杜甫一定会遵嘱登门。因为他们和杜甫的关系，远不如严武和杜甫那样亲密。亲密便意味着随意，随意便意味着不仅交流时有更多心里话，交往时也无须繁文缛节。

此次草堂之行后，严武与杜甫交往频繁。严武出身世家大族，从小就不知节俭为何物，他"穷极奢靡，赏赐无度，或由一言赏至百万"。可以肯定，在经济方面，他给予了杜甫相当大的照顾，使得杜甫一家衣食无忧。

秀才人情纸半张，杜甫回报严武的，唯有一首首因感激而不无夸张的诗作。严武也很享受来自著名诗人的吹捧。他虽是武人，却雅好诗歌，发为新声，杜甫多半要唱和。因此，严武也成了杜甫赠诗最多的人——多达三十首。

这些诗，一部分是酬和，一部分是帮闲。酬和之作暂且不表，单说帮闲之作，最具代表性的当数《遭田父泥饮美严中丞》。

这首诗写杜甫被一个相熟的老农拉到家里喝酒，老农喝高了，不住口地称赞新到的府尹——也就是上一年履新的严武。"酒酣夸新尹，畜眼未见有"——老农说他长了眼睛以来，就没见过严武这样的好官。

老农的证据是，严府尹把他原本当弓弩手的儿子放回家，老农不用再像以前那么辛苦地种田了。为此，老农甚至表示，哪怕政府的苛捐杂税把他给逼死，他也不会搬到别处去。

总而言之，这个我们现在看来二得有些不像话的老农，不论确有其人，

金华山上的石碑，传说系杜甫手迹

还是老杜精心虚构，他都作为广大群众的代表被塑造成了典型。这个典型如此热爱与民休息的严府尹，反过来，正好说明严府尹是可昭日月的民之父母。

我敢打赌，除了严武本人，恐怕其他任何读者，都有戏过了的感觉。但是，千穿万穿，马屁不穿，被著名诗人拍了马屁的严武，欣然笑纳高帽子一顶。

杜诗被称为诗史，"三吏""三别"触目惊心地喊出了人民的疼痛与煎熬。严武治蜀，因其奢侈与残暴，百姓同样困顿流离，民不聊生，但杜甫的作品不仅没有一丝一毫的讽谏，反而多的是像《遭田父泥饮美严中丞》这种借民众之口来对严武进行美化与吹捧。诗圣的选择性闭嘴，正是吃人嘴软拿人手短的真实写照。

为了生存，有时候，诗圣也未能免俗。

宝应元年（762），杜甫五十一岁。这年四月，上皇玄宗及今上肃宗父子俩相继去世，大权在握的宦官李辅国立肃宗长子李豫为帝，是为代宗。尽管擅权的李辅国后来为代宗所杀，但自代宗始直到唐亡，除最后一任哀帝外，其余皇帝俱为宦官所立。宦官专权与藩镇割据成为中晚唐时期的两大政治毒瘤。

代宗立后，严武调回长安，充任为二圣建陵的桥道使。不久，改吏部侍郎，又迁黄门侍郎。

严武的调任，对杜甫是一个噩耗。当严武奉旨离蜀，杜甫的伤感与彷徨真切而实在，"江村独归处，寂寞养残生"，两句诗让人看到了愁苦的老杜失去依靠后如何孤立无助。

四月，二圣崩。五月，严武再访草堂。不知道此时朝廷调令是否下达，如已下达，则有向杜甫辞行之意。七月，严武离成都北上，杜甫前往送行——这一送，一直送到了三百多里外的奉济驿，并戏剧性地改变了杜甫此后两年的生活。

绵州即今绵阳，是为四川省第二大城市，因长虹电器和中国工程物理研究院而闻名。唐时，绵州一度系剑南东川节度使驻地，当年被段子璋打得满地找牙的李奂即开府于此。

绵阳城区东北郊，有一个叫仙海的风景区。仙海，原名沉抗水库。沉抗水库的得名，是其坐落于沉抗镇境内。而沉抗这个地名，则是由沉香铺和抗香铺两个古驿站取首字而成。

沉香铺，既是杜甫入蜀时的经行地，也是他送严武回京并与严武告别的地方。不过，唐时不叫沉香铺，叫奉济驿。

奉济驿那个夜晚，杜甫与严武月下同行，散步谈心。次日天明，挥泪而别，严武向北，杜甫朝南：

> 远送从此别，青山空复情。
> 几时杯重把？昨夜月同行。
> 列郡讴歌惜，三朝出入荣。
> 江村独归处，寂寞养残生。

第十章　剑南（下）

锦江春色来天地，玉垒浮云变古今。

——杜甫

即使在把眼睛盯着大地的时候，那超群的目光仍然保持着凝视太阳的能力。

——雨果

1

涪江从绵阳流过，将市区剖为东西两部分。东岸，在芙蓉溪即将汇入涪江的地方，一座山拔地而起，是为素有绵州第一山之谓的富乐山。富乐山原名东山，又名旗山。东汉建安十六年（211），刘备入蜀，刘璋在山上为他设宴接风。酒至半酣，刘备欢然曰：富哉，今日之乐乎。东山遂得名富乐山。富乐山前，有一座小广场，立着三尊巨型雕像：刘备、关羽、张飞。下有大字：桃园三结义。为了与桃园相吻合，旁边，应景地种了几株桃树。

雕像对面，是一座红漆刺眼的仿古建筑，照壁大书：巴西第一胜景。此即李杜祠。东汉末年，巴郡分为巴西、巴东二郡，治阆中，后绵州一度为巴西郡辖地。入内，几进园子，花木扶疏，几间展厅，无非一些照片和文字。其中一间，李白与杜甫塑像并排而坐，头上有四个红色大字：日月同辉。

李杜祠最里进，有一座牌坊，门额篆书：东津。

牌坊旁的一间展厅里，有一块已经斑驳不堪的石碑，石碑上的图案依稀可辨，似是一个老者和一个童子。老者，自然是杜甫。碑左有大字：杜工部东津观打鱼处。

东津，乃李杜祠西门外芙蓉溪上的一个古渡口。如今渡口不复存，一座横跨溪上的大桥继承了东津这个名字，叫东津大桥。

从李杜祠门前到汇入涪江，这一段芙蓉溪只有大约一公里半，河道呈C形。岸边，靠里是公路，靠外是抬高的人行道。宽阔的人行道上，隔几米便有一棵粗大的柳树。柳丝飞扬，映入河中。河水却很浅，略微泛黄。没有人打鱼，杜甫时代的痕迹可能只余下这个地名和这条河了。

杜甫没有想到的是，他和严武在奉济驿分手后独自回草堂，途经绵州时，成都少尹徐知道造反了。

杜甫与徐知道有过不少往来。当初营建草堂，他曾写诗向徐知道索求果树苗。此外，杜甫还为徐知道的两个儿子写了一首诗，杜甫在诗里称赞说："大儿九龄色清澈，秋水为神玉为骨。小儿五岁气食牛，满堂宾客皆回头。吾知徐公百不忧，积善衮衮生公侯。丈夫生儿有如此二雏者，名位岂肯卑微休？"

杜甫对徐知道的两个黄口小儿也很了解，说明他曾在徐家登堂入室，往来频繁；徐知道也曾到草堂拜访过杜甫——一种说法是，杜诗里"岂有文章惊海内，漫劳车马驻江干"所说的这位"车马驻江干"的拜访者就是徐知道。

徐知道造反，其下属把守了各条路口，严武被阻在巴山，杜甫被阻在绵州。回长安不得，回成都也不得。

唐时，东津有一所类似于后世政府招待所的机构，名为左绵公馆。杜甫便寓居于此。为客无聊，他信步走到公馆外的芙蓉津畔，观看渔人打鱼——杜甫是极爱吃鱼的，看到渔人撒网，他已经联想到了厨子如何用快刀把鱼儿片成鱼鲙了。然而，严武走了，绵州也没有热情的姜少府，不知道杜甫有没有吃上一顿芙蓉溪的鲜鱼。古人说，一饮一啄，皆有前定。诚不我欺也。

今天的李杜祠里，绿化庭院的多是栀子、银杏和石榴。杜甫时代，院子里却有一棵海外引进的稀罕植物：海棕。

海棕即生长于中东地区的椰枣，又称伊拉克蜜枣。唐时气候更为温暖，四川盆地不像现在这样阴冷湿润，喜干旱的椰枣故能生长。杜甫为这棵流离异乡的海棕写了一首诗。诗里，他以不为人知的海棕自比，其弦外之意不外乎为怀才不遇鸣不平。南宋时，陆游入蜀，专门去寻过那株海棕，但"今已不存"。

杜甫刚陪严武到绵州时，遇到了前往梓州就任刺史的李某，杜甫尊称他李使君。对萍水相逢的李刺史，杜甫以诗相赠，请求他到了梓州后，替自己到其治下的射洪县，凭吊长眠在那里的另一位诗人。

那诗人便是祖父杜审言的朋友陈子昂。陈子昂与杜审言颇有交情，二人同为初唐诗坛之举大纛者。杜审言贬吉州司马，陈子昂参与了同道为他举办的饯行宴，并作《送吉州杜司户审言序》。文中，陈子昂对"有重名于天下，而独秀于朝端"的杜审言不幸被贬颇为愤愤不平，把它与贾谊被贬于长沙，崔骃被贬于辽海相提并论。这次饯行宴，据陈子昂记载，一共有四十五人参加。

世事难料，两三个月后，杜甫来到了射洪，亲自凭吊陈子昂。

2

幽深的庭院里，回廊曲曲折折，掩映在葱郁的古树下。我站在回廊尽头，透过枝丫缝隙，眺望两三百米开外的大河。正值汛期，河水微黄，恰好与绿的树和青的山形成鲜明对比。河中央，是一座纺锤状小岛。岛上，整齐地种植着玉米和高粱，一排房屋顺着江流方向一字排开。

小岛是典型的沙洲。水流减缓后，上游裹挟而来的泥沙在这里沉淀。缓慢而持久的沉淀，终于生长出一座生活着数十户人家的岛屿。我猜测，按沙洲沉积速度，很有可能，唐朝时，当杜甫站在我站立的位置，他的视野里并没有生机勃勃的沙洲，而是更为浩大的水流和更为宽阔的江面。

这条河叫涪江。涪江是嘉陵江的支流，自然也是长江的二级支流。四川西部，雪山巍峨，众多江河从这里迈出第一步。涪江即其一。从地图上看，涪江与它汇入的嘉陵江都是自西北向东南流淌，二者形成了一个巨大的 V 字。V 字之间，是四川盆地的膏腴之地：绵阳、遂宁、南充。

　　与之相比，金华是一座微不足道的小镇——如果没有从这里走出去的陈子昂的话。

　　金华隶属县级射洪市。在射洪，到处都能看到与陈子昂相关的东西：子昂路、子昂广场、子昂花园、子昂酒店，甚至，子昂夜啤酒、子昂鱼庄……

　　北出金华镇不到半里，小小的平坝到了尽头，一座披绿戴翠的小山拔地而起，树荫中隐隐漏出红墙黄瓦，那就是金华山。金华山的前山是一座道观：金华观。后山，则是陈子昂年轻时的读书台。

　　距读书台数百米的西侧，现地名西山坪。在唐代，称作西山。史料记载，陈子昂辞官回乡后，在西山修造了数十间茅屋，过着种树采药、读书饮酒的隐逸生活。

　　陈子昂去世十二年后，杜甫在千里之外的河南降生。

　　陈子昂去世六十二年后，杜甫来到了陈子昂的桑梓之地。他登上金华山，瞻仰了陈子昂读书台，复又来到陈子昂故宅凭吊，并各写一诗作纪念。

涪江遂宁段

杜甫是坐船来到金华山的，他将小船系在绝壁之下，拄着拐杖艰难地顺着小路爬上山。他看到读书台里，人迹稀少，石柱上长满青苔。萧条异代不同时，杜甫感叹"悲风为我起，激烈伤雄才"。在陈子昂故宅，杜甫称颂陈子昂"公生扬马后，名与日月悬"。陈子昂坎坷的人生与毕生未能施展的襟抱，一定让老杜联想到了自己。在对陈子昂的追怀中，杜甫事实上也在自叹自怜。

杜甫离开绵州，是他听说老朋友汉中王李瑀到梓州了。李瑀出身高贵，乃是唐睿宗之孙，让皇帝李宪之子，唐玄宗的侄子。始封陇西公，后封汉中王，任山南西道防御史。乾元二年（759），肃宗下令诏收群臣所养马匹助战，李瑀与魏少游等人极力反对，肃宗怒，贬为蓬州长史。蓬州治所，先在营山，后移仪陇。营山和仪陇均在梓州治所（治今三台）以东，距离只有两百多里。

陈子昂读书台

　　杜甫与李瑀已有五年未见，得知李瑀在梓州后，急忙赶去相见——绵州距梓州只有一百余里。由绵州到梓州的路线，陈贻焮认为是陆行经光禄坂，并定光禄坂在中江境，杜甫的《光禄坂行》一诗，即在其时而作。窃以为此说不确。盖绵州与梓州，二者均位于涪江之滨，俱是涪江上的重要码头，杜甫当是从水路由绵州至梓州的。且即便陆行，也不必绕中江。《光禄坂行》一诗，当是后来从阆州返梓州时所作。光禄坂的地望，不在中江，而在盐亭。

　　梓州期间，杜甫与李瑀多次相聚，但李瑀不知为何戒了酒。旧说李瑀生病，故戒酒，但从杜甫随后的反应看，很可疑。杜甫见李瑀戒酒，一连写了三首诗和他开玩笑，拿他不喝酒说事，若李瑀真的因病戒酒，杜甫断不可能如此开玩笑。

　　杜甫戏谑李瑀"忍断杯中物，只看座右铭"；又用蜀地美酒佳肴诱惑他，希望他开戒："蜀酒浓无敌，江鱼美可求。"

　　自古以来，蜀中产美酒，写蜀酒之诗篇亦浩如烟海，杜甫只用了五个简单明了的汉字，就道出了蜀酒本质。——当我在陈子昂读书台前，倒出两杯杜甫酒，一杯敬献陈子昂，一杯敬献杜甫时，涪江从脚下滚滚而过，"蜀酒浓无敌，江鱼美可求"的诗句，可以说得到了最精准的诠释。

　　不久，李瑀辞梓回蓬，两人惜别，从此再也没见过面——几年后，杜甫寄寓夔州时，李瑀归京，曾有手札寄杜甫。李瑀走后的一个秋夜，月色很好，杜甫在月下徘徊，开始想念刚刚离去的李瑀。——在通信极其落后的古代，思念显然比今天更沉重。今天有网络有手机，千里万里，瞬时可听其音，可观其容。而在杜甫的唐代，思念唯有化作诗篇——郁闷的是，你为对方写下的诗篇，对方可能要等到数月数年以后才能看到，甚至，永远看不到：

　　　　　　夜深露气清，江月满江城。

　　　　　　浮客转危坐，归舟应独行。

　　　　　　关山同一照，乌鹊自多惊。

　　　　　　欲得淮王术，风吹晕已生。

三台杜甫草堂

逗留梓州期间，杜甫获悉，徐知道叛乱后，老友高适以蜀州刺史身份率军参与平叛。八月底，徐知道被其部将李忠厚所杀，叛乱渐渐消弭。杜甫闻讯，异常兴奋，写诗寄给高适，表达了想尽快回成都的意思。

出人意料的是，此后杜甫不仅没有及时回成都，反而于秋末将家小接到梓州，辗转东川各地，直到严武再度镇蜀才得返。据此，有论者认为，高适对杜甫很冷淡，没有答应杜甫回草堂并加以照顾的请求。

我以为，这种说法或与真实历史不符。徐知道之乱平息后，高适曾向朝廷上表，其中言及徐知道事件对蜀中造成的巨大创伤，以此可知高适善后工作之重，无暇旁及他事。更为重要的是，高适长杜甫八岁，其时已经六十高龄。他在蜀中已有相当岁月，两度平叛，大量琐屑工作令他不胜其扰，加之精力不济，高适一直希望调回长安，做一个清闲的京官。这有他的《请入奏表》为证："伏以二陵攀号，臣未修壤奠；万方有主，臣未睹天颜。犬马之诚，不胜恳款。候士卒稍练，蕃夷渐宁，特望圣恩，许臣入奏。"

既然高适自己都在想方设法调离成都，杜甫再回成都干什么？

不料，朝廷不仅没有同意高适调回首都，反而于广德元年（763）春天，任命他为剑南节度使兼成都尹。此时，杜甫正游历东川各地。

与汉中王李瑀在梓州分手不久，宝应元年（762）冬，杜甫买舟南下，首先到射洪拜谒了陈子昂读书台和陈子昂墓所在的金华镇。

作为涪江上昔年重要的水陆大码头和货物集散地，金华曾是一个大镇。今天，诸多过往遗存无声无息地表明了这一点。比如，小小的镇上，有两家古寺。并且，杜甫都光临过。

过境公路两旁，多是新建的楼房，甚至还有两栋二三十层的电梯公寓，这在四川乡镇极为少见。与过境公路平行的涪江边，保留有不长的一段老街。兜率寺就坐落于老街十字路口。

兜率寺始建于南朝梁武帝天监年间（502—519），杜甫走进它的红墙之内时，它已经两百多岁了。如今，我看到的自然不是杜甫看到过的了——尽管庙宇还在同一个地方，但现在的建筑主体，系康熙十六年（1677）重建。最古老的是观音殿，建于明代。

这是一座地道的小庙，虽然香火不旺，却显得安静而整洁。三进院落，其中一进，卧有一只石缸，系明代文物。

我们走进寺庙时，正逢午饭，正殿和侧殿都空无一人，空气中飘着若有若无的香烛味儿。路过侧殿旁的耳房，我看到五六个出家人坐在桌前吃饭。很简单，一盘豇豆，一盘藤藤菜——古人称为蕹菜。他们无声无息地吃饭，直到我走近门口，一个女尼才站起来和我打招呼。在听说我从成都过来且是专程寻访杜甫行踪时，她把我领到了饭厅隔壁一个像办公室的房间，指给我看墙上挂的几幅字。

一幅抄录杜诗——当年，杜甫自金华山放舟而下，在舟上望见河滨的兜率寺，遂作《望兜率寺》：

> 树密当山径，江深隔寺门。
> 霏霏云气重，闪闪浪花翻。
> 不复知天大，空余见佛尊。
> 时应清盥罢，随喜给孤园。

看题款可知，是为兜率寺1988年劫后重光时，成都铁像寺送的贺礼。

另一幅也是诗，不过，不是古人之作，而是今人作品：

> 远闻兜率寺，慈氏法王宫。
> 旧咏留鸾凤，新人集象龙。
> 复兴逢盛世，永祀绍宗风。
> 引领怀高浊，云山路几重？

题款是：射洪兜率寺诗圣留题地欣闻恢复开放志喜，一九八八年三月廿七日于成都城南尼学院，隆莲。

隆莲法师我是知道的，她俗名游永康，乃蜀中有名的高僧大德，曾任中国佛协副会长及四川省佛协会长，已于2006年圆寂。传隆莲法师能诗，以此诗看，确实。

那位带我参观的女尼，询问之后，方知她是兜率寺住持。与她一起吃饭的几个出家人中，有一个行动很迟缓的长者。主持告诉我，长者乃觉融法师，本地人，十余岁时出家于此，至今已逾百年——今年春天，刚做过一百一十四岁生日。

后来，在向庙里略微布施以示谢意后，住持追上来，送给我三只碗。四川民间有一习俗，逢老人过大寿，如八十、九十、一百，亲人一定烧一些碗，送给亲朋作纪念。这种碗称为寿碗，分得寿碗的人，不仅可以沾染喜气，且会长寿。

过境公路的另一侧是一列小山，山前直立的岩壁下，依山就势建有几栋漆成红色的建筑。这便是杜甫拜谒过的金华镇另一古刹：上方寺。

兜率寺已经够破败了，上方寺更甚。过境公路在一处斜坡上分出一支，两旁是民居，前行百十米左转，是两三尺宽的小径；小径旁，两株黄桷树如同两张巨伞。伞下，是小块的玉米地和菜地。仔细看，这些高低分布的玉米地和菜地，有几方，有着青石砌成的整齐的堡坎——很显然，它们是从前的建筑台基。

台基更高处，绿树丛中漏出黄褐色的石壁，石壁上，开凿出一些不大的洞穴，有的洞穴里，藏着保存不全的菩萨。过石壁，山岩凹进处，掩着两层的寺庙，飞檐重举，一层题曰慈航普度，二层题曰灵霄宝殿。廊下，有几尊石像，头都不翼而飞。一个面目愁苦的中年人默然站在石像前。从装束看，不是出家人。

杜甫时代的上方寺远比今日庞大、兴盛，这座山峦间的古寺，各种建筑层叠分布，掩映于高大的乔木间："野寺隐乔木，山僧高下居。"他登上寺庙高处眺望，山脚下是鳞次栉比的街市，烟树迷茫："俯视万家邑，烟尘对阶除。"

涪江自陈子昂读书台下昼夜奔流，过金华镇，其东南，是射洪市区；射洪市区以南，江流迂回，形成了一道略近于反 C 形的河曲。水流缓慢，冲积成一片五六平方公里的平坝。这里，人称通泉坝。

通泉坝，是唐时通泉县治所在地。

作为一个县级行政机构，通泉县已经不复存在七百多年了。通泉的设置相当早——南朝梁时设县，属西宕渠郡；西魏恭帝（554—556）时，改西宕渠郡为涌泉郡，通泉县改为涌泉县，为郡治所在。隋开皇三年（583），又改回通泉县。元朝入主中原期间，战事频仍，巴蜀被创尤深。元世祖至元二十年（1283），存在了七百多年的通泉县因人烟稀少而撤销，其辖地并入相邻的射洪。今天，老一辈射洪人常说上半县、下半县，上半县指北部的射洪，下半县指南部的通泉。

至于射洪，设置始于北周时期。得名由来，《元和郡县图志》称："县有梓潼水，与涪江合流，急如箭，奔射涪江口，蜀人谓水口曰'洪'，因名射洪。"梓潼水汇入或者说射入涪江的地方，在金华镇与射洪市区之间的涪江东岸。那一带，山峰起伏，近江的一座，便是陈子昂的长眠之地。

通泉坝现属柳树镇。柳树镇因是著名白酒沱牌所在地，已于20世纪末更名为沱牌镇。通泉县撤销后，曾有过通泉乡。不过，撤区并乡后，通泉乡并入柳树镇，即今沱牌镇，与古老的通泉县还有残存关系的，便是通泉村和通泉坝了。

沱牌镇是一座繁荣而杂乱的镇子。其规模，因沱牌关系，要比川中许多小镇更大，房屋更多。一座新建的沱牌文化园，已是AAAA级景区。路旁，到处可见和沱牌有关的标识。自南向北——也就是溯着涪江的流向——穿过镇子几公里后，右转进入一条机耕道，再行约两公里，翻过一匹树木苍翠，松柏尤多的山梁——这匹山梁，可能就是通泉山，山梁下方，夹着一片平坦的冲积平原。在四川，这种小型冲积平原称为坝子。这个坝子，即通泉坝。当年的通泉县治，就在通泉坝。

坝子上，大片大片的农田之间，分布着白色的农舍，几辆拖拉车停在一处农舍前，一群蜻蜓飞来飞去，一番犹豫和试探后，终于稳稳地落在了拖拉机的方向盘上。一座靠近公路的农舍，开了一家杂货店，门前的围墙上挂着红底白字的标语：新冠防控要科学，接种疫苗……后面的字，围墙拐弯，标语也跟着拐弯，不见了。一个七八十岁的老婆婆坐在院子里，用心清洗一大堆衣服。

事实上，尽管史料上说通泉县城旧址就在通泉坝，但这么大一方小平原，我根本不可能看得出唐朝的蛛丝马迹，也没有任何考古发掘指明县城的确切地址。总之，它就在我面前这片庄稼地与村庄之间。只是，就像诗人感叹的"只在此山中，云深不知处"一样，只在此坝上，年深不知处。

通泉坝一侧是涪江，一侧是像城墙一样突起的低山。这些山中，有一座应该叫东山。东山上，曾建有亭子。亭子里，曾有过一场欢饮。

那位带着美酒同高适一起造访草堂的侍御王抡，此时因公干正好在通泉县。通泉县令姓姚，连日做东邀请王抡，而王抡与杜甫乃旧交，杜甫亦应邀出席。

东山上的酒宴是从中午开始的，高山流水，绿树苍烟，杜甫与王抡均自首都而来，未免谈及京华旧事，慨叹人生无常。

受了姚县令多次宴请，不久，王抡做东，回请姚县令，杜甫当然也是嘉宾。酒宴设在涪江中的一条游船上，除了宾主双方及杜甫这个陪客外，另有官伎歌舞助兴。比起前日山亭野饮，别是一番风味。夜宴直到三更还未结束，其时，满天星光映入河水，船桨击破水面，一声欸乃，半河碎光。

一千二百多年后，当我在一个初夏的午后，顶着蝉声与烈日徘徊于通泉坝尽头的涪江之滨时，江水依旧碧绿深沉，但那一场夜宴，那一场夜宴的歌声笑声觥筹声早已消散。玉米和高粱疯长的膏腴之地，远方的云朵与炊烟一同上升。江山如舞台，走马灯般变幻着主角配角，走马灯般送走似水流年。

我想起多年前写下的诗句——

> 除了此刻，没有什么可以叫作永远
> 除了命运，没有什么可以叫作今生
> ……

3

深冬的四川盆地，连日阴雨，阳光比金子还珍贵。偏偏那天阳光灿烂。下午，我爬上了牛首山。如今，它叫梓州公园。牛首山顶的小广场上，高大的杜甫塑像屹立在温暖的阳光下。在他脚边，摆放整齐的菊花开出了明亮的花朵，轻风吹过，像是一朵朵跳动的火焰。塑像旁边的一座仿古建筑，是后人为纪念杜甫的梓州岁月而建的梓州草堂。

在梓州，杜甫的主要依靠是他的发小、时任梓州从事兼监察御史的路六以及梓州刺史、东川留后章彝。宝应二年（763），杜甫五十二岁了。彼时，长达八年的安史之乱已近尾声。春天，官军收复河南河北的捷报传来，杜甫欣喜若狂。骨子里充满浪漫情怀的诗人开始想象，他即将结束托身异乡的颠沛流离的生活，回到念兹在兹的老家河南。由是，他写下了生平第一快诗，也就是收入中学课本的《闻官军收河南河北》。

然而，大道多歧，世事难料。杜甫写下这首热情洋溢的诗篇时，完全没有预料到此后的人生还将更加艰难，命运还会更加难以捉摸。而他，这个毕生怀念故乡的人，终将死在远离故乡的他乡。

三台是唐时东川节度使驻地和梓州州治。作为历史悠久的古城，三台县城至今还保留着一段城墙和东门城楼。只不过，有些地段的城墙被扒去了一大截，矮矮的，像地主家的围墙。至于东门城楼，变成了生意清淡的茶园。城门前的全国重点文物保护碑前，有两个农妇在卖菜。看到我走近，她们一齐期盼地问：买青菜吗？新鲜的。至于杜甫留在这里的屐痕，早已被时间之河溅起的浪花冲得一干二净。

第一次去三台时，游罢梓州公园，看罢老城墙，天色已晚，我和田勇决定在县城住一宿。晚饭后，我们沿着涪江边的绿道散步。临江草坪上，回荡着热烈的音乐，一群中老年妇女在跳广场舞。远处，一座巍峨的廊桥连接起涪江两岸，灯光将它衬托得十分壮观。

梓州公园所在的牛首山，是三台城区西侧的一座孤峰。牛首山以北，与之遥遥相望的，是另一座绵延得更广的孤峰，即凤凰山。我穿过城区几条街巷，来到凤凰山东麓。公路在山坡下变得极为狭窄。舍车步行，我沿着浓荫密布的山路爬了十多分钟。山路左侧崖壁上，有两处摩崖石刻，一处是：琴泉胜境。一处是琴泉——后面应该还有字，但山崖从泉字旁边断裂，后面的文字便被删除了。又拐两个弯，路旁立着一块石碑：琴泉寺，碑上布满苔藓。石碑之上一百米处，山凹相对平坦，坐落着一片红墙黄瓦的建筑，是一座寺庙，也就是石碑所说的琴泉寺。站在琴泉寺正殿前的台阶上，透过林木缝隙，大半个三台县城尽收眼底。

琴泉寺，唐代称惠义寺。宝应二年（763），官军收复河南河北那个春天，

三台古城楼

杜甫有过一次惠义寺之游。那天，梓州李刺史——杜甫与他在绵州认识——邀请了邻近三个州的刺史同游惠义寺，杜甫亦受邀作陪。李刺史而外，其余三个刺史分别是阆州王刺史、遂州苏刺史和果州李刺史。

杜甫看到的惠义寺，"莺花随世界，楼阁寄山巅"。我到琴泉寺时，春天早过，莺与花都不见了，山巅的楼阁，显得颇为破落。一对像谈恋爱的男女，从山门口拾级而上，拉扯嬉笑，让这座荒寺多少有了一些人间的生意。

唐人习俗，政府有官伎，官员宴饮游乐，她们在一旁唱曲弹琴，歌舞助兴。早年，杜甫在与官员交往中，对这种红粉罗列的香艳，虽谈不上十分征逐，倒也乐在其中。随着老之将至，他对这种香艳却生出几分反感——与官府的美酒佳人相对应的，是"国步犹艰难，兵革未衰息。万方哀嗷嗷，十载供军食"的艰危时局与惨痛现实。故此，当梓州李刺史几次邀请他载酒游江，而船上满载女乐优伶时，杜甫便写诗劝谏："使君自有妇，莫学野鸳鸯。"

4

浪迹川东北的一年多，杜甫先后安家梓州和阆州，其间，还游历了多个地方，有时为送别，有时为探友，有时为游山玩水。

以三星堆而闻名的广汉，唐时称汉州。这是成都平原腹地一座宁静的小城。小城里，有一座看上去与浣花池颇为相似的园子。一样的古木苍藤，一样的深池碧水。如今，园子是供市民休憩的公园。坝坝舞的歌声，川剧座唱的琴声混杂在一起，散发出人间烟火的喧嚣，俗气又温暖。唐时，它的名字叫房公西湖。现在，则叫房湖公园。宝应二年（763）春天，当杜甫来到房公西湖与友人泛舟时，他的内心深处一定会有无数感慨如同春草一样潜滋暗长。

因为，西湖的疏浚者房琯，不仅是杜甫的老友，也是杜甫政治生命急转直下的诱因。上疏营救房琯，杜甫得罪肃宗，若非张镐援手，生死难卜。最终，他贬往华州，从此远离政治中心，也渐渐断绝了仕途念想。至于房琯，他在早年的得意后，也经历了多次贬谪。疏浚并重建汉州西湖，是他任汉州刺史期间。不过，"人生不相见，动如参与商"。当杜甫来到汉州时，房琯前脚刚走。房琯的接任者王某热情接待了杜甫，他们共同享用了房琯喂养在湖中的鹅。

方志记载，房湖公园中部那方狭长的水面即唐时房公西湖，一座半岛形的土山将它分为东西两部。湖西，后人建有纪念房琯的琯园，里面陈列着一块心形红砂石，命名房公石，据说是房琯开凿西湖时留下的。

从高空鸟瞰，嘉陵江以 U 字形将阆中城三面包围成为半岛，半岛看起来如同游动在水中的鲇鱼。鲇鱼头部，是阆中古城。

杜甫在阆中有过三次停留——第一次纯游历，第三次取道，只有第二次小住了三个月。

在梓州与王刺史相识后，王刺史邀请他到阆中做客。不久，杜甫便经盐亭到达阆州。对这座山环水绕的古城，杜甫感叹"阆中城南天下稀"。

　　隔江相望，古城对面是一列青翠的山峰，名为锦屏山。山上，一座红墙黄瓦的建筑掩映于树林深处，这就是杜少陵祠堂。

　　嘉陵江从锦屏山下流过，折而北上，复又急转南下，形成一个拱形，将锦屏山东面的一座山峰围成了半岛，山上绿树成荫，空气清爽，已建成灵山风景区。

　　灵山风景区对面，东河汇入嘉陵江处，另一座小山孤峰突入江中，那里，其实才是灵山。

　　一个炎热的夏日午后，我喘着粗气，沿着山间小路好不容易登上山。在大半山的台地和山顶，分布着许多发掘坑。据介绍，考古工作者在这里出土了大量石器和陶器，从而将阆中的人类活动史从距今三千年推到了距今四千五百年。

　　关于灵山，当地人早就有各种传言，比如认为蜀王鳖灵曾登此山，故名灵山。考古中还发现了燎祭遗迹，说明它可能是古蜀人祭天的圣地。

　　当然，杜甫不知道这座濒江的山峰，居然有着如此这般的过去。他只观察到城池东面的山上总是飘浮着一朵朵白云。他写诗说："阆州城东灵山白，阆州城北玉台碧。"

　　绕城而过的嘉陵江，给杜甫留下了深刻印象，他写了一首《阆水歌》。在他笔下，嘉陵江水的颜色如同黛色的石墨与碧色的玉石相接交错，红日从水天尽头喷涌而出，伴随春天一起归来："嘉陵江色何所似，石黛碧玉相因依。正怜日破浪花出，更复春从沙际归。"

　　杜甫第二次到阆中，是在汉州游湖几个月后。其时，房琯病逝——之前，杜甫去汉州欲访时任汉州刺史的房琯而不遇，是因朝廷将房琯调回京城，任刑部尚书。没想到，从汉州前往长安路上，房琯就一病不起。他借住于阆州一家寺庙，并死于庙里。关于房琯的命运，唐人段成式的《酉阳杂俎》记载了一个神乎其神的故事：

　　玄宗时，有一个擅长道术的方士，叫邢和璞，人称邢神仙。邢神仙与房琯素来交好，那时，房琯还没出任宰相。一次，他与邢神仙同游，经过一座废弃的佛寺。他们坐在一株大松树下歇息时，邢神仙令随行童子用锄头挖地。一会儿，从地下挖出一个瓮。瓮中，有一些书信，全是几十年前一个叫娄师德的官员写给一个叫永禅师的和尚的。

邢神仙让房琯看了这些信，问他："你想起前世的事情了吗？"房琯很迷茫，觉得这个地方似乎来过，一草一木都很熟悉。在邢神仙诱导下，他终于回想起一些前世的事。原来，他的前世就是永禅师。

后来，房琯的官越做越大，终于成为一人之下万人之上的宰相。有一天，房琯请邢神仙给他算命。邢神仙摆弄了一会儿竹签说："你的相位不会太长久。之后，你在从东南往西北去的时候，你的命就到头了。你去世的地方，不是驿馆，不是寺院，不是官署，也不是路上。你的病从吃鱼开始，死后将用来自龟兹国的木板做棺材。"

房琯听了，并没有太放在心上。然而，事情就像邢神仙预言的那样，不久，他就罢了相，贬官到汉州。到汉州后，又接到旨意回长安。汉州本在长安西南方，但是，从汉州往长安，房琯拟东行，经阆州，顺嘉陵江入长江，再穿三峡到荆襄北上，便成了从东南往西北。

这天，房琯路过阆州，住在紫极宫道观里，他看到几个木匠正在道观院里劳作，剖一张宽大的木板。这木板的纹理十分特殊，他以前从未见过。于是，房琯就向木匠询问，木匠告诉他："这是从龟兹国运来的木板，是几个胡商捐给道观的。"

房琯一下子联想起邢神仙的预言，不由暗地一惊。就在这时，阆州刺史派人来请他到刺史府吃饭，并特意告诉房琯，阆州有几条大河，河鱼非常鲜美，专门为房琯准备了全鱼宴。

房琯听了，呆了半晌，感叹说："邢神仙真是未卜先知啊。"他把邢神仙的预言告诉刺史，并请求刺史，他死后，一定用龟兹板为棺。吃完鱼之后，房琯就一病不起，不久病逝于阆州。

闻知房琯死讯，杜甫前往阆州吊祭。这一次，杜甫住了三个月，直到夫人捎信来说女儿生病了，他才回到梓州。

广德元年（763）深冬，杜甫第三次也是最后一次来阆州。这一次，他带着家小，打算从这里离蜀。

杜甫在阆州的三次居留都很短，估计不可能修房造屋。因此，阆中没有草堂，只有祠堂。草堂为诗人遮风避雨，像蜗牛的壳一样为他提供一个小小的、异乡的家，而祠堂，则是诗人业已跃升为煌煌星斗时，后人用以寄托敬仰的缅怀之地。

阆州最高首长王刺史，虽然与杜甫结识时间很短，却很投机，王刺史对杜甫的关照也可以说是无微不至。比如，杜甫的远房舅舅中，有一个是崔二十四舅，他自京赴蜀，出任青城县令。途经阆州时，王刺史看在杜甫份儿上，为崔明府大摆宴席。之后不久，崔十一舅前往青城探望二十四舅，也途经阆州，照例由王刺史设宴款待。杜甫有诗记录：

> 万壑树声满，千崖秋气高。
> 浮舟出郡郭，别酒寄江涛。
> 良会不复久，此生何太劳。
> 穷愁但有骨，群盗尚如毛。
> 吾舅惜分手，使君寒赠袍。
> 沙头暮黄鹤，失侣亦哀号。

阆州城外，河道交错，山光水色，风景如画。王刺史安排的这次筵席设在游船上，从船上望出去，峰崖之间秋光无限。天气转寒，王刺史还贴心地向崔十一舅赠送了寒袍。

对王刺史的深情厚谊，杜甫也想方设法予以回报。一方面，固然是赠诗，在诗中表达对王刺史的感佩与赞赏。另一方面，他还为王刺史捉刀，撰写了一份上报朝廷的重要公文，这就是收在《杜甫全集》里的《为阆州王使君进论巴蜀安危表》。

此表针对当时剑南的军政形势，向朝廷提出了若干建议，从中也可管窥杜甫的政治水平。

杜甫认为，巴蜀物产丰富，足以供王命，但近来奸臣贼子作乱，巴蜀之人，横被烦费。尤其巴蜀与吐蕃相邻，"窃恐蛮夷得恣屠割耳"。

杜甫提出了两条建议：其一，让亲王封藩镇守，所谓"必以亲王委之节钺，此古之维城磐石之计明矣。陛下何疑哉"？——此策与当年房琯向玄宗提出的诸王分镇如出一辙，房琯因之遭肃宗疏远乃至怨怒。这么多年过去了，杜甫仍然坚持此论。

其二，任命德高望重的重臣为蜀中首长，才能扶泥涂于已坠。当时，高适为剑南节度使兼成都尹。显然，杜甫认为高适做得不好，不是重臣旧德，不能达到理想中的"智略经久，举事允惬"。又或者，此前高适曾上表希望调回京城，杜甫担心朝廷会派一个不恰当的人选接替他。

后来，朝廷终于将高适调离，派严武三度镇蜀。严武显然是杜甫心目中的重臣旧德。至于朝廷的这一人事安排，到底是不是听了杜甫以王刺史之名所提的建议，则无从知晓。

杜甫这道公文，还记录了唐朝一桩颇有意思的间谍案，相当于唐代版的《潜伏》：

王刺史的哥哥叫王承训，曾经也是唐朝官员，大概供职于军方或是唐蕃边境，比如川西。有一年，王承训被吐蕃俘虏。王承训假意投降，并取得了包括赞普在内的吐蕃高层信任。王承训把与他一起伪降吐蕃的唐朝官员暗中组织起来，打算适当时候采取行动。每有唐使回朝或吐蕃使入朝，他总要托他们带家书给王刺史。这些看起来普普通通的家书，其实都是用隐语写成的情报。王刺史得到隐语家书，"翻译"后提供给朝廷。王刺史说，他之所以长期在蜀地做官没调走，就是希望保持与兄长的联系。

对王氏兄弟来说，这是一件绝密之事，但王刺史坦然告诉了杜甫，说明他对杜甫充分信任。

广德二年（764）春节，杜甫一家是在阆州度过的。

大年初一这天，王刺史主持了一场聚会，杜甫自然是与会主宾。宾主之外，另有官伎相随。他们坐着画舫游江，饮酒作乐之后登临黄家亭子。

黄家亭子因黄氏所建得名，其故址，在今锦屏山与灵山景区之间的嘉陵江畔。如今，这里是一片林木幽深、小桥流水的园林。园林中临江的石崖上，有一尊高约十米的释迦牟尼佛像。文献记载，大约就在杜甫旅次阆州前后，一个叫何寿松的居士开始凿像，一直花了二十多年，直到唐德宗时期才竣工。

过完年，就在杜甫即将从阆州出发去蜀之际，朝廷颁布了一项重要人事任命：黄门侍郎严武任成都尹，充剑南节度使。

随即，一封书信更让杜甫喜出望外：严武邀他回成都。杜甫写诗感叹：
"殊方又喜故人来，重镇还须济世才。"并表示："不成向南国，复作游西川。"

行前，他来到房琯墓前，向这位长眠他乡的故交告别。房琯的客死多
半让敏感的诗人联想到了自身浮萍般的命运：

> 他乡复行役，驻马别孤坟。
>
> 近泪无干土，低空有断云。
>
> 对棋陪谢傅，把剑觅徐君。
>
> 唯见林花落，莺啼送客闻。

5

广德二年（764）二月，五十三岁的杜甫带着家小从阆州返成都。两
地相距五百多里，即使有马骑，但考虑到妻弱子娇，再加上沿途经过的盐
亭、梓州等地都有新朋旧友，不免应酬一番，杜甫返回草堂可能要花费十
多天。

一路上，他将次第渡过嘉陵江、西河、梓潼江、涪江、凯江和沱江等
大大小小的河流。这年的春汛来得特别早，几场大雨过后，河水开阔而汹
涌。杜甫归心似箭，冒着风险渡河："春江不可渡，二月已风涛。"由于
风急浪高，他乘坐的渡船船身歪斜，如同浮在水面的一片落叶。水位上涨，
看不到水里的鱼虾，江心洲上刚开放的小花，仿佛织在锦上，而青色的小
草，和他身上青袍的颜色非常接近。

不断地渡过大小河流外，更多时候，杜甫一家行走于山间驿道。从阆
中至成都，一直要过了今天的金堂，也就是距成都市区只有三四十公里的
地方，山峦才会变成平原。所以，杜甫的长路，大抵是迂回曲折的山间小
径，山虽不高，却蹿高伏低，崎岖难行。

有时候，一大早走进山中，林深蔽日，空山积翠，衣服被山岚打湿了，
如淋小雨。马儿饥饿，一边吃草，一边长嘶。有的地方，为了避开倾斜的
山石，不得不架木为路；有的地方，小溪上的桥被冲毁了，只得寻找可以

蹚水而过的浅滩；有时候，经过一些荒凉的地方，人烟稀少，鲜有村落。山路急上急下，一会儿听到仆夫们在前面的竹林里说话，一会儿又听到孩子们在云雾中高呼。踩翻的石头滚落低处，会不会惊动幽居的山鬼？仆夫手里的弹弓响起，狨和䶉之类的小动物应声而落。如此漫长艰难的旅途，他们仿佛是要找些开心的事来安慰老杜这个日暮途穷的老人。

旅途中，杜甫一连写了好几首诗寄赠严武。其中一首，杜甫怀想了久违的草堂之后，又感叹这一年多来流寓东川各地，历尽艰辛，只余下了一副空皮骨，才真正认识到了人间行路之难。他向严武提出，今后一家人的生计只能依靠您了，而我已年迈体衰，只希望在平安的隐逸中终老：

> 常苦沙崩损药栏，也从江槛落风湍。
> 新松恨不高千尺，恶竹应须斩万竿。
> 生理只凭黄阁老，衰颜欲付紫金丹。
> 三年奔走空皮骨，信有人间行路难。

大概就在杜甫由阆州奔赴成都期间，曾经大力资助过杜甫的一个朋友突然被刚刚履新的严武处死了。

此人便是章彝。杜甫离开阆州赴成都前，曾写了两首诗赠送章彝，盖时任东川留后的章彝要回京述职，并安排新职务。前往长安前，章彝先到成都拜见严武。

杜甫在梓州期间，最主要的依靠之一就是章彝。尽管杜甫在梓州的时间并不长，但从杜诗可以看出，章彝对他优礼有加，经常邀请他出席各种宴会。杜甫写给章彝的诗多达十三首，也是他们过从密切的证据。杜甫决定经阆州东下回河南前，章彝为他举办了盛大的饯行宴，并馈赠了丰厚的盘缠——这才有杜甫在改变主意不回河南而是回成都时，需要雇佣好几个仆夫充当搬运的后话。要知道，当初杜甫送严武到奉济驿时，只是孤零零的一人一骑。只消一年多时间，就有了蔚为可观的家产，虽不能说全是章彝所赐，但章彝肯定占了大头。所以，闻一多考证后说："按公蓄意出蜀，三年于兹，（《草堂》'贱子且奔走，三年望东吴'）踌躇至是，始果行，想行旅所资，出于章留后之助居多。"

正因为章彝对自己不薄，虽然杜甫对章彝的政治水平和执政能力多不敢苟同，但在赠给他的诗里，却慷慨地极尽赞美：

> 淮海维扬一俊人，金章紫绶照青春。
> 指麾能事回天地，训练强兵动鬼神。
> 湘西不得归关羽，河内犹宜借寇恂。
> 朝觐从容问幽仄，勿云江汉有垂纶。

章彝是扬州人，时任东川留后兼梓州刺史，人还年轻，故首联先叙其郡望，又赞其年纪轻轻就做到刺史高位。颔联称颂章彝的才能，指麾能事，虽天地也可挽回；训练强兵，纵鬼神也能惊动。颈联用东汉名将关羽、名臣寇恂来比喻章彝充任留后和刺史。尾联言章彝即将赴长安朝觐，叮嘱章彝，若朝廷问起江湖隐逸之才，不要提起我老杜——其用意，有二解：其一，章彝可能以前许诺要向朝廷推荐杜甫，未见行动，老杜在这里正话反说，提醒他一下；其二，也有可能是对章彝的口惠而实不至略加讥讽。两相比较，似前一种可能性为大。毕竟，杜甫如此真诚地赞美章彝，若又在赞美之后加以讥讽，以老杜对人情世故的洞悉练达，当不会如此矛盾。

章彝到了成都，却被严武处死。

处死原因，史书记载很模糊，只称："梓州刺史章彝初为武判官，及是小不副意，赴成都杖杀之，由是威震一方。"也就是说，章彝并没犯什么大错，只是某件小事情没让严武满意，严武竟然将其残暴地杖杀了。严武固然级别比章彝高，是章彝的顶头上司，但如此草菅人命，足见贯穿其一生的暴戾。

事实上，就连严武的母亲也认为，严武如此任性妄为，早晚会为家族招来大祸。严武暴死后，他母亲的第一反应居然是长叹一声：我现在终于不会沦为官婢了——唐制，罪犯家属往往罚做官婢。

一个好朋友杀死了另一个好朋友，一座靠山推倒了另一座靠山。

杜甫保持沉默。

他也只能保持沉默。

6

回到阔别的草堂——一年多来，杜甫曾派弟弟杜占回来照看过，草堂仍是一片破败：推开门，野鼠成群；打开案上书卷，里面掉出一些虫子。令杜甫欣慰的是，他当年亲手种的几株松树，即他在回成都路上仍不断念叨的恨不高千尺的新松，它们长势良好。初栽时只有三尺左右，现在已经一人多高了。

令杜甫伤感的是，他的酒友、邻居斛斯融去世了，妻儿老小也不知搬到哪里去了，只留下一座荒芜的旧宅。

杜甫和家人把久无人居的草堂清理打扫一番，他脱下客袍，换上家居的粗服小帽，怡然自得地独酌老酒。

此后的整个春天和半个夏天，杜甫在草堂里接待了一些来访的朋友，并有过几次出游。

来访者中，比较特殊的有三个。

一个是任华。任华与杜甫、李白、高适等人均有交往。此人性格狂放，天宝年间，任秘书省校书郎，累迁至监察御史。包括严武、贾至、杜济等在内的高官，都曾遭到他不留情面的批评。大约为个性所累，他干脆辞官隐居，"销宦情于浮云，掷世事于流水"。他的隐居之地，选在了距成都不远的绵州涪城。

任华虽狂放，对杜甫倒十分推崇。他说自己听人诵诗，听后觉得奇特，一问，方知是杜甫作品。他称道杜诗："势攫虎豹，气腾蛟螭。沧海无风似鼓荡，华岳平地欲奔驰。"在杜甫的才华面前，"曹刘俯仰惭大敌，沈谢逡巡称小儿"。

众所周知，杜甫有两个儿子，宗文和宗武。但关于他们的生平，不仅史料甚少，而且相互抵牾居多。清朝初年，曾任过江苏巡抚的山东德州学者、藏书家田雯发现，收在《文苑英华》中的任华的一篇文章《送杜正字暂赴江陵拜觐叔父序》，记载了一些关于宗武的非常珍贵的史料：杜甫死后，孤儿寡母，漂泊湖湘。不久，宗文早逝。之后，宗武被任华称之为陇西公的杜甫旧友收留。这个陇西公，极有可能是曾封为陇西县男，出任过桂管观察使的李昌夒。杜甫生前，与李往来颇多，也有诗相赠。如在夔州时，李时任剑州牙将，杜甫作《将赴荆南寄别李剑州》："使君高义驱今古，寥落三年坐剑州。但见文翁能化俗，焉知李广未封侯。路经滟滪双蓬鬓，天入沧浪一钓舟。戎马相逢更何日，春风回首仲宣楼。"

李昌夒开府岭表时，任华被其聘为从事，故而对李昌夒收养杜宗武一事十分清楚。宗武成年后，授秘书省正字。这一芝麻大的职位，多半系李以封疆大吏的身份争取的。按理，秘书省正字当在京城供职，但宗武并未到京，所以他的这个正字，就像他父亲的检校工部员外郎一样，是一个虚衔。

任华为杜宗武写序的背景，是杜宗武由桂林前往江陵探望叔父。杜甫与弟弟杜观，曾有定居江陵的想法，后来杜甫未能如愿，杜观似乎办到了。

任华在文章中说，宗武八岁时，他就曾经见过，"吾见骥子龆龀之时，爱其神清，知其才清，今果尔也"。宗武生于天宝十三载（754），八岁，则是上元二年（761）到宝应元年（762）间，其时，杜甫正好居成都浣花村。

也就是说，当杜甫从梓州回到成都，任华即前来拜访，这至少是他第二次到草堂做客。

一个是唐诚。唐诚也是杜甫在长安时的朋友，不知何时到了蜀中。这年春，他拟赴东都洛阳参加朝廷守选。其时，负责守选的主要官员之一是礼部侍郎贾至。贾至与杜甫既曾是同事，也是诗友。于是，杜甫将唐诚引荐给贾至，并请唐向贾代致问候："为吾谢贾公，病肺卧江沱。"

此事及之前在梓州为王刺史撰写给朝廷的公文，隐约说明一点，那就是随着诗名广泛传扬，随着昔年相交的一批朋友政治地位上升，杜甫虽然是在野之身，其实还是拥有一定的话语权的，还能够以自己的名气、交情去影响他人。

一个是王侍御。王侍御名契，字佐卿，原是京兆人，因事流寓蜀中。王契在灌县租了一处园子，房舍宽大，他邀请杜甫前去小住。杜甫欣然前往。在王家住了十几天后，他们又一同骑马自灌县到成都。灌县即今都江堰市，在成都市区以西，故杜甫与王契在西门一带游观了先主庙、后主祠，寻访了石镜和琴台等遗迹。

之后，他们复又登上成都西门城楼，登临纵目，锦江奔来眼底，远山横卧天边。灌县以西，是与吐蕃交界的边陲。其时，吐蕃屡次内寇，甚至就连长安也一度被攻陷。风景不殊，时势变幻；感时伤遇，悲从中来。这次登楼，杜甫留下了杜诗中的名篇《登楼》：

> 花近高楼伤客心，万方多难此登临。
> 锦江春色来天地，玉垒浮云变古今。
> 北极朝廷终不改，西山寇盗莫相侵。
> 可怜后主还祠庙，日暮聊为梁父吟。

7

转眼夏天到了，杜甫开始了短暂的新生活——广德二年（764）六月，严武向朝廷推荐杜甫为检校工部员外郎。检校官是唐代地方军政长官向朝廷表除或状荐的一种特殊官衔，与散官、勋官、爵号一样，是与使职相对的虚衔。工部员外郎，相当于今天建设部的副司长；但前面加了检校二字，便成了有名无实的虚衔。实际上，杜甫的真正职务是节度使参谋，也就是严武的幕僚。唐时规矩，幕僚均居住于主官府内。垂暮之年，为报答严武的信任与帮衬，杜甫从草堂搬到节度使府，听鼓应差，赞襄参谋。

刚入职，杜甫就随严武参加了新的军旗启用仪式并阅兵：江风吹拂的夏日，使府肃静。将士们都换上了新军装，他们列阵于校场上。紧接着，六名骑兵护送新军旗入场，并由高大的健卒把军旗高高扬起。杜甫看到，那军旗在回转时如飞盖偃仰，飘飞时如流星迸散，乍来似狂风之急，忽去若山岳之倾。

其时，吐蕃与唐朝战事不断。与吐蕃大面积接壤的剑南，出首府成都两三百里便是前线。更要命的是，几个月前，吐蕃一举攻克了唐朝视为要塞的松州（治今松潘）、维州（治今理县东北）和保州（治今理县西北）。

严武的确是一个雷厉风行的人，他下车伊始，立即整军经武。在杜甫心目中，严武就是他以王刺史的名义向朝廷提出的重臣旧德。他自然对严武寄予了厚望。阅兵场上，他就联想到严公如此精于练兵，一定三州可复，剑南将重归宁静，他不用像王粲那样，为了避乱而"委身适荆蛮"。

尽管杜甫以诗名世，但在他心中，"诗是吾家事"，并没有什么值得特别夸耀的。他一向自负的，是自身的政治才能，他也乐于展示自身的政治才能。比如之前为王刺史撰写给朝廷的公文。在严武幕期间，他又精心撰写了《东西两川说》，为严武出谋划策。他提出：

一、蜀中汉兵和邛雅子弟足以抵抗吐蕃；

二、之所以三州失守，罪在职司，非兵之过也，粮不足故也。——不是官军仗打得不好，是后勤工作太差，没饭吃；

三、待新兵马使到任后，应将边疆地区的松、维、雅、黎等八州的兵马全部交其统辖，不能再让土司领兵；

四、对时叛时降的獠人，应以安抚为上；

五、安抚流民百姓，抑制豪强兼并。

杜甫的《东西两川说》充分显现了他对剑南形势的深刻洞察，所提建议，切实可行。这也从另一个侧面证明：杜甫自认有政治才干，并非虚妄之言。

是年九月，严武令官军出击，大破吐蕃，攻占了唐蕃之间的战略要塞：当狗城——其地在今理县境内。

严武前番镇蜀时，手下有一员猛将叫崔旰。崔旰曾随李宓出征南诏，后来在成都西川节度使手下做牙将，为杜甫修筑草堂谋地的裴冕，曾是他的上司。不久，崔旰调往长安，担任折冲郎将。严武素知他的才能，推荐他出任利州刺史。利州即今广元，不属剑南道，而属山南西道。利州盗贼蜂起，道路不通。崔旰到任后，一一讨平。等到严武三度镇蜀，他想把崔旰挖到手下。崔旰说，我的上司山南西道节度使张献诚一直忌妒我，他不会轻易放我走。不过，他贪财好货，如果送重礼给他，他或许就答应了。骄傲的严武为了这个人才，不惜向张行贿，并索要崔旰。张献诚果然答应了，让崔旰称病辞职。

崔旰辞去利州刺史后，严武很快上奏任命他为汉州刺史，并令他率兵击吐蕃。崔旰果然不负厚望，"连拔其数城，攘地数百里"。

就在崔旰率军上前线时，严武也亲临西山，并写下一首气势雄壮的七绝：

> 昨夜秋风入汉关，朔云边月满西山。
> 更催飞将追骄虏，莫遣沙场匹马还。

杜甫在幕府拜读后，立即和了一首：

> 秋风袅袅动高旌，玉帐分弓射房营。
> 已收滴博云间戍，欲夺蓬婆雪外城。

坦白地说，两相对比，严武在老杜之上。诗圣也不是每一首诗都无懈可击，他的全集中，也有不少心不在焉的应酬之作。这是人之常情。诗圣亦在所难免。

即便是游览过成都杜甫草堂的游客，有好多走马观花者也不一定发现，这座纪念诗圣的园子里，居然另有一座祠堂。祠堂纪念的不是诗圣，而是一个女人，一个与诗圣素昧平生的女人。

花径中部，围墙突然向后退了两步，一道大门破墙而开，门上悬了匾，匾上的文字是：浣花祠。左右有对联，曰："褰裙逐马有如此，翠羽明珰尚俨然。"褰裙就是提起裙子，至于翠羽明珰，都是古代女子头上的饰物。

进得门来，是一进小小的四合院，院里有两株还不太大的银杏树，倒也枝繁叶茂，想必秋深时，也会在院里铺一地金黄。正厅，供着一个丰腴的女子塑像，发髻高绾，宽袍大袖，正是唐时装束。正厅门前的廊柱上，有一长联，是概括供奉的那位唐时女子行状的：

> 新旧书不详冀国崇封，但传奋臂一呼，为夫子守城，代小郎破贼；
> 三四月历数成都盛事，且先遨头大会，以流觞佳节，作设悦良辰。

宋人任政一的《游浣花记》说，唐代，浣花溪畔有一户人家姓任，家中有一个美丽的女儿任氏。任氏常在溪里浣衣。有一天，一个浑身长满恶疮的和尚要求溪边洗衣服的妇女们给他洗洗那件污秽不堪、沾满脓血的僧袍。一同洗衣的妇女都不肯，只有任氏欣然应允。当任氏把那件僧袍放进溪水搓洗时，奇迹发生了——只见她每一漂衣，便有一朵莲花随手而出，渐渐漂满小溪。惊讶不已的人们于是把小溪命名为浣花溪；任氏洗衣之处，命名为百花潭。

这当然只是一个民间故事。不过，任氏确有其人，乃是崔宁之妾。崔宁是谁呢？

崔宁就是严武十分依仗的崔旰。后来崔旰累次升迁，做到了西川节度使，朝廷赐名宁。大历三年（768），即杜甫离开成都后第三个年头，崔宁奉召入朝，留其弟崔宽守城。与崔宁向来不和的泸州刺史杨子琳趁机发动叛乱，兵袭成都。崔宽率兵抵抗，但不能取胜，成都危在旦夕。此时，任氏拿出十万家财，一夜之间招募了千余死士，"设部队将校"，亲自披挂上阵——看来这位洗衣出身的唐代美女，练就了一身武功。榜样的力量是无穷的，何况榜样还是年轻漂亮的女子。在任氏指挥下，杨子琳被击溃，成都保住了，朝廷封任氏为冀国夫人。老杜的朋友岑参获知此事，作《冀国夫人歌辞七首》以记之。

任氏与杜甫的关系在于，杜甫离开成都后，他留下的草堂归了任氏，任氏把它改为别墅，春秋之际偶尔前来小住。任氏信奉佛教，是虔诚的佛教徒，后来舍宅为寺。任氏故后，人们就在草堂隔壁修建了冀国夫人祠，民间却众口一词地把它称作浣花祠。唐宋以来的浣花祠，早在明季兵火中毁掉，今天的浣花祠乃清代重建。

其实，任氏对成都人生活的影响，不仅是一座小小的纪念祠那么简单。她甚至为成都人留下了一个节日，只是这个节日现在已经没人过了——任氏的生日为农历四月十九，这一天曾被称为浣花日。是日，全城男女老少纷纷换上新衣服，出南门到浣花祠拜祭任氏，然后再游一墙之隔的草堂，并泛舟浣花溪。夕阳箫鼓，画船仕女，想起来也觉温润可人。宋人任政一在他的《游浣花记》中记录了浣花日盛况，他说：

都人士女，丽服靓妆，南出锦官门，稍折而东，行十里，入梵安寺，罗拜冀国夫人祠下，退游杜子美故宅，遂泛舟浣花溪之百花潭，因以名其游与其日。凡为是游者，驾舟如屋，饰以缯彩，连樯衔尾，荡漾波间；箫鼓弦歌之声，喧哄而作。其不能具舟者，依岸结棚，上下数里，以阅舟之往来。成都之人于他游观或不能皆出，至浣花则倾城而往，里巷阒然。

好个倾城而往，里巷阒然！其情其景，让人想起张岱笔下的《西湖七月半》。这是一次以拜访浣花夫人为名的集体狂欢。只是，这个节日已经不复存在，不知何年何月戛然而止。窃以为，现在各地都在搞些文化搭台，经济唱戏的节，诸如梨花节、葡萄节、豆花节，与其人为地新造一个似是而非的伪节，不如重续像浣花日这种有悠久历史的古节。

浣花祠两侧的耳房，均辟作了因陋就简的小店，不外乎卖些千篇一律的旅游纪念品。不到五点半，小店工作人员纷纷关门，连那道红漆的浣花祠正门也吱呀一声关上了。一束黄昏的夕光透过竹林，殷勤地落在斑驳的木门上。细长的花径空无一人，甚至也听不到一声鸟叫。

8

杜甫入严武幕后，两人由朋友变成上下级。不过，仍然保持着朋友间的交情。严武大抵还是把杜甫看作客人。公余，他们把酒临风或是泛舟湖上，常有诗作唱和。

成都老城区中心有一座广场，叫天府广场。广场北侧，立着一尊毛泽东挥手的塑像。毛泽东塑像背后，以前是展览馆，现在是科技馆。如果再往前推的话，在清代，它是考棚；在明代，它是蜀王府。从前的蜀王府内，曾有一座碧波荡漾的湖泊。只是，这座湖泊在存在了一千四百多年后，于1914年填平做了演武场。后来，又在此修建了体育馆。

这座消失的湖泊叫摩诃池。

隋朝时，益州刺史杨秀为修筑成都子城，取土留下一个大坑。他将大坑加以修整，并使其与流经市区的河流相通，成为一座风光秀丽的城中湖，即摩诃池。有唐一代，摩诃池是成都最知名也最具人气的旅游胜地。

崔旰大败吐蕃这年深秋，严武兴致勃勃地坐船游湖，船上自然备有酒食，包括杜甫在内的与会者分韵作诗。杜甫检得溪字，于是即席赋诗：

> 湍驶风醒酒，船回雾起堤。
> 高城秋自落，杂树晚相迷。
> 坐触鸳鸯起，巢倾翡翠低。
> 莫须惊白鹭，为伴宿青溪。

"莫须惊白鹭，为伴宿青溪"，意思是说，我看到湖中这些白鹭，不愿惊动它们，因为它们很可能就是从前在浣花溪住宿过的那几只。

有学者认为，这两句诗透露出了杜甫的心事：虽然才短短四五个月，他已经厌倦了幕府生活。他在委婉地向严武请求，让我回去吧。

不管此诗主旨是否如此，杜甫的确只在严武幕中干了半年便辞职回了草堂。

这一天，是永泰元年（765）正月初三，杜甫五十四岁。他特意写了一首诗记录此事，并叹息："白头趋幕府，深觉负平生。"

什么原因使杜甫离开幕府并永别官场呢？有人认为他在幕府遭到了年轻同僚的妒忌；有人认为他不甘心做一个地位低下的幕僚——尽管严武为他争取到了工部员外郎的虚衔。其实，还有一种可能是，诗人杜甫与军阀严武是完全不同的两类人。严武骄横粗暴却热爱诗歌，杜甫表面稳重实则不乏诗人的狂狷与放浪。两个人做朋友可以，做上下级难免日渐生隙——有一种传说是，在严武这个庇护者面前，杜甫酒后放狂，直呼严武父名。严武十分生气，以致想杀他。

千年后的猜测或许难以贴近当时当日，但杜甫任幕僚期间的一首描写值夜班的诗，隐隐流露出了诗人不快乐：

> 清秋幕府井梧寒，独宿江城蜡炬残。
> 永夜角声悲自语，中天月色好谁看。

风尘荏苒音书绝，关塞萧条行路难。

已忍伶俜十年事，强移栖息一枝安。

诗人总是敏感的。秋夜的月光，庭院井边的梧桐，值班室闪烁的蜡炬，隐隐传来的城楼鼓角声，这些事物都让诗人心生悲凉。想起音书断绝的亲人，想起关山阻隔的故乡，想起已然遥不可及的政治理想。当然更有自安史之乱以来，十年飞逝，却只能暂时安身幕府的窘迫。这一切，都使杜甫意绪难平。才下眉头，却上心头。

不愉快的幕僚生涯终结后，杜甫和严武又从上下级变成诗友、酒友。杜甫写诗请他来草堂做客。严武似乎没有再来——当成都平原杂花生树的暮春临近时，四十岁的严武暴病身亡。

由于草堂修建已六年，中间既被秋风所破，又有一年多无人居住，杜甫对草堂进行了一次大修。当初，杜甫在堂前栽种了不少竹子。竹子滥贱易长，至今成都平原农舍前后，仍是大片大片的竹林。六年前栽种的竹子，早就"笼竹和烟滴露梢"了。这时终于派上用场：那个春天的早晨，杜甫请人一气砍了上千竿竹子。一则竹林太厚，草堂光线不好，阴沉得让人"甚疑鬼物凭"；当然，更重要的是要用竹子做修葺草堂的材料。孰料，草堂修葺一新，杜甫就不得不永远告别——当严武去世的噩耗传来，杜甫意识到，偌大的蜀中，已经没有人能够再一次庇护他、救助他，让他在艰难苦恨的日子里，营造一方可供诗意驻留的小天地了。

广德二年（764）的春天大概来得比较早，这从老杜的诗中可以找到证据："农务村村急，春流岸岸深。"不过，早春给老杜带来的却是剪不断理还乱的忧伤，像窗前以西岭雪山为背景飘动的流云。

这是老杜在成都和草堂度过的最后一个春天，他将最后一次看到"两个黄鹂鸣翠柳，一行白鹭上青天"的安宁景象。这样的景象，以后，只有在回忆中重现了。

他结束了短期的严武幕府生活，成为一个完全的野老闲夫。当他坐在草堂里打发艳阳高照的春天的慵懒与无奈时，他发现，从前种下的竹子已长得如此繁茂，栽下的桃树已开出鲜花——"种竹交加翠，栽桃烂漫红"。

正是从竹翠与桃红之间，他发出了"迢递来三蜀，蹉跎有六年"的感慨。

然而，幽居的感慨话音刚落，严武就暴病死亡。老杜对蜀中生活彻底绝望了。他需要一个坚实的靠山，现在靠山倒下，诗人余下的日子将是泪别草堂，泪别松竹。

有一些更大的苦难等着他，像张开的罗网等待业已折翅的鸟儿。

他也终于明白，天下没有不散的宴席。六年相对安稳的蜀中岁月，就此一刀两断。为了生存，他只能离开。当他离开时，原属异乡的剑南，已跃升为眷恋的第二故乡。

古人说，世间难堪之事，莫过于英雄末路，美人迟暮。其实，依我看，还得加一条：诗人落魄。彼时，诗人已老，身多疾病。向后看，以往的辛酸凝成往事和泪水；向前看，世事茫茫，未来的路渺不可知。"万事已黄发，残生随白鸥"，诗人唯有告别成都，继续漂泊。谁也无从知道，命运的潮水，将把浮萍般的诗人卷向哪一个角落……

第十一章 黯乡

即从巴峡穿巫峡，便下襄阳向洛阳。

——杜甫

诗人的天职是还乡，还乡使故土成为亲近本源之处。

——海德格尔

1

后人一直认为，六载客蜀，乃是杜甫一生中最安稳的幸福岁月。但从杜甫辞别成都之际写就的《去蜀》却不难看出，梁园虽好，终是他乡；锦城虽乐，无以忘乡——在成都和梓州等地的闲适生活中，他仍然无比渴望回到北方。北方既是京师所在，也是桑梓所属。是故，杜甫去蜀东下，向荆楚而行，其初心乃是北返——关中或河南。

然而，人不可能第二次踏进同一条河流，人也不可能第二次回到同样的故乡。怀念故乡的人，终将死在遥远的他乡。

两年前，史思明绝望自缢，官军收复河南河北的捷报传至梓州，杜甫曾欣喜若狂，"白日放歌须纵酒，青春作伴好还乡"。狂喜之情溢于言表，恨不得马上就踏上回家的路，以便"即从巴峡穿巫峡，便下襄阳向洛阳"。然而，仅仅两年后，当还乡之旅变成现实，杜甫表现出的，却完全不是当年的狂喜，而是五味杂陈的复杂、伤感和沉重。

"五载客蜀郡，一年居梓州。"东川西川之间，就这样悲欣交集地度过了六年。"如何关塞阻，转作潇湘游。"关山阻隔——更多的，是对吐蕃入寇的担忧——难返长安，只好改变路线东下潇湘绕行。"万事已黄发，残生随白鸥。"头发由白转黄，人至暮年，万事皆休，余下的残生，就交给水上的白鸥吧。"安危大臣在，不必泪长流。"国家的安危自有那些肉食者考虑，我不在其位，又何必泪水长流？

"窗含西岭千秋雪，门泊东吴万里船。"浣花溪畔的客船，曾让杜甫想象过它们的行踪：顺着玉带般绕过成都的锦江，于彭山入岷江，自岷江而下，在戎州（今宜宾）进长江，从而出三峡，抵荆楚，直达江南。

杜甫的客船就沿着这条路线由北往南，再自西向东。

成都人习惯把锦江称为府南河。府河与南河上游为走马河，走马河乃是都江堰将岷江分成内外两江后的内江干流。到了成都城区西北，走马河分为府河与南河。府河与南河，一条自西—北—东而流，一条自西—南—东而流，复又于城区东南的合江亭下交汇，称为府南河或锦江。

杜甫草堂前的浣花溪，属于南河支流。从草堂顺浣花溪而下数百米，浣花溪注入南河。沿着南河东行两公里，有一座大桥，如今称为老南门大桥。史载，蜀守李冰在成都城内建了七座桥，七桥之首即为老南门大桥。当时，它的名字叫长星桥，又因桥下有一眼泉，泉名笃泉，故得名笃泉桥。三国时，蜀国派费祎出使东吴，诸葛亮在此为他饯行，并说：万里之行，始于此矣。从那以后，长星桥改名万里桥。

漫长的历史年代，万里桥不仅是成都南下的陆路要道，也是锦江上的第一码头。杜甫的出川之旅，大概就是从万里桥下的某条客船开始的。

由成都城区南下一百余里，锦江与金马河在一个叫江口的镇子脚下交汇，复称岷江。清朝初年，农民军首领张献忠率上千只战船逃离成都，在江口遭遇明朝将领杨展伏击，张献忠大败逃回，大量载有财物的战船沉没。此后三百多年间，经常有人从这一带江中打捞出金银珠宝。

杜甫的客船也经过了这里，当他从锦江进入岷江时，他看到的是一条比锦江更宽阔也更凶猛的大河。

江口镇属于其南边的彭山区。彭山古称武阳，这里，是李密的故乡。三国、西晋间的李密，仕于蜀汉。蜀汉亡后，晋武帝征召他到洛阳做官，他不愿意。又怕遭清算，于是写下一篇原本带有公文性质的《陈情表》，不意成为中国文学史上最优秀的散文名篇之一。饱读诗书的杜甫肯定知道李密和《陈情表》，但他的客船只能从武阳城下追逐着浪花与水花，飞驰而过。

彭山下游是另一个古老县邑：青神。

青神是一座小县，杜甫多半不会对它有什么印象。不过，之所以特别说起青神，乃是杜甫身后，青神和他发生了另一种勾连。

宋时，青神出了一个学者型官员，叫杜莘老，是黄庭坚的孙女婿。杜莘老曾任御史，以骨鲠敢言著称，后转任遂州知府，任上多行惠政。晚年致仕，迁居江津。

杜莘老与杜甫有什么关系呢？

杜莘老系杜甫十三世孙。其墓志称：

> 先生之子曰宗文、宗武，宗文之子居蜀之青神，号东山翁。东山翁生礼，僖宗时为谏官。礼生详，详生晏，景福中为侍御史。公，侍御史八世孙也。又以谏显，为宋名臣，于少陵有光矣……宕渠守石翼以师礼致之，遂自眉徙焉，家恭之江津。

就是说，杜莘老是杜甫长子宗文的后裔。宗文生于天宝九载（750），杜甫去世时，他虚岁二十一。古人婚姻甚早，这年龄极有可能已结婚。故宗文夭亡时，已有子息。其中，有一个是儿子，以后自号东山翁。

查阅《杜御史莘老行状》曰：

> 公讳莘老，字起莘，姓杜氏，其先京兆杜陵人。唐工部郎甫自蜀如衡湘，其子宗文、宗武实从。宗文子复还蜀，居眉之青神，自号东山翁。

东山翁到底是幼年还蜀还是成年后还蜀，史料语焉不详。倘是幼年还蜀，从情理上讲，当由其母带领。其母之所以还蜀，最大可能是其母系蜀人，并且就是青神人。

"千秋万岁名，寂寞身后事"，当杜甫坐在客船上，顺着岷江经过满眼竹树的青神时，他自然不会想到，在他身后，他的孙辈还将溯流而上，回到青神，回到温暖潮湿的剑南，并在这里生根发芽，把他的滚滚血脉延续至千秋万载。

嘉州（治今乐山）是杜甫行经的第一座重镇。嘉州向以山水著称，宋人邵博说："天下山水之观在蜀，蜀之胜曰嘉州，州之胜曰凌云寺。"这个独步川中的凌云寺即乐山大佛所在的大佛寺。不过，杜甫没看到过高达七十余米的大佛——尽管凌云寺比杜甫还老一岁，且大佛也于他出生前一年就开始开凿，但一直要到他死后三十多年才竣工。是故，嘉州给杜甫的最深印象不是大佛，而是老夫聊发少年狂式的剧饮——在那里，他与堂兄相遇了。

堂兄排行老四，比杜甫长一岁，杜甫称他四兄。从杜甫赠堂兄的《狂歌行赠四兄》推断，四兄是一位淡泊名利的隐士。杜甫在诗中回顾自己昔年在京城，为了一官半职而奔走不休，哪怕一连下了十天的雨，道路泥泞不堪，仍然要出去拜访达官贵人，"公卿朱门未开锁，我曹已到肩相齐"——达官贵人府第的大门还没打开，门前求见的人已经肩膀挤肩膀了，这中间，便有杜甫。他的堂兄却一觉睡到自然醒，才慢腾腾地起床。杜甫的自黑，不仅是为了衬托四兄的悠游从容，更是宣泄内心的抑郁不满。

这是一次极为愉快的相聚，前后数天。其间，两家妻儿老小均见了面，所谓"女拜弟妻男拜弟"。杜甫与四兄在一座花木环绕的酒楼喝酒，喝得太尽兴，以至于"楼头吃酒楼下卧，长歌短咏还相酬"。

发源于凉山腹地的马边河是岷江第三大支流，于清溪镇注入岷江。作为进出凉山的水陆码头，清溪是一座历史悠久的古镇。我站在古镇中心一栋四层楼的楼顶远眺，淅沥的春雨把一片片厚重的青瓦屋顶打湿了，若有若无的阳光洒在上面，有一种青铜般的反光。

那个月色纯净的夏夜，杜甫的客船就泊在清溪镇外。很显然，一千多年前，清溪还是极为荒凉的边远之地。杜甫泊舟的地方，尽管邻近市镇，却因山深林茂，竟有老虎出没，"月明游子静，畏虎不得语"。不能说话，月色又明亮撩人，杜甫只好枯坐中宵，憧憬着与亲人相聚于荆楚的美好时光。

因为与堂哥欢聚，杜甫在嘉州待了好些天，直到六月初，他才抵达距嘉州三百多里的戎州（治今宜宾）。

宜宾三江口，岷江与金沙江相汇，始称长江。三江口下游数里的南岸大溪口公园内，有一座唐式建筑，名为东楼。历史上，西距东楼五公里的岷江南岸，曾有一座始建于唐初的楼台，亦名东楼。唐代东楼屡建屡毁，只留下了东楼街这个小地名。大溪口公园内的东楼，这座钢筋水泥的高大建筑，正是为了纪念唐代东楼。而唐代东楼之所以值得纪念，是因为杜甫参加了东楼上的一次宴会并赋诗。

戎州居留期间，杜甫受刺史杨某邀请，出席了东楼之会。席间，歌伎成行，管弦齐发。令杜甫惊喜的是，宴会上有两种东西令他念念不忘。其一是荔枝，其二是重碧酒。

现代物流与保鲜技术阙如的古代，产自热带和亚热带，且"一日而色变，二日而香变，三日而味变"的荔枝，对遥远的北方而言，是一种用重金也难以买到的奢侈品。只有杨贵妃这种集万千宠爱于一身的金枝玉叶，才能调动国家机器得以一饱口福。

今天的宜宾已不产荔枝，即便其下辖的高县等地偶有种植，也大多酸涩难食——朋友老范的哥们儿王二娃在高县有一座数千亩的庄园，园中种植了荔枝，我曾吃过，与闽粤出产者相比，不值一提。唐时，中国大陆年平均气温比今天高两度左右，宜宾和相邻的泸州便以产荔枝知名。时值六月，正是荔枝成熟时节，杜甫在东楼吃到了淡红色的荔枝。

重碧酒用四种粮食酿制而成，颜色深碧。"重碧拈春酒，轻红擘荔枝。"很多年后，宋代诗人黄庭坚流落戎州时，他也吃到了荔枝，喝到了重碧酒——他一定想起了当年的老杜，于是将老杜的五言化为七言："试倾一杯重碧色，快剥千颗轻红肌。"

戎州之后是泸州。在泸州，沱江汇入长江。再下游是渝州（治今重庆）。很有意思的是，杜甫晚年的出川路线，与李白年轻时的出川路线相重合。李白诗云"夜发清溪向三峡，思君不见下渝州"。杜甫则说，"万事已黄发，残生随白鸥"。其间的落差，不仅是诗仙的飘逸与诗圣的凝重相区别，更是心怀天下的少年游与心如止水的暮年返乡的万千迥异。

长江流入重庆下游的涪陵、万州一带后，山势渐次雄伟，江面愈发狭窄。"收帆下急水，卷幔逐回滩"，岷江和长江上游平缓地段的舒适写意不见了，杜甫的客船被滚滚野水一鼓作气地送到了忠州（治今忠县）。

　　由于三峡蓄水，长江回流，忠县老城三分之二以上已被淹没，新县城只好靠后重建。依山傍水的小城，从城里望出去，宽阔的长江平静如湖，杜甫担心畏惧的险滩早已沉入黑暗的江底。

　　杜甫族侄杜某时任忠州刺史。按理，他应该对风尘仆仆的族叔予以热情关照。但是，杜诗的只言片语却透露出一个辛酸的秘密：族侄虽然也请杜甫喝酒吃饭，还在席间令人吟唱他的诗，但这一切都是礼貌的冷淡，得体的疏远。杜甫一家甚至不得不栖身于破败的寺庙。

　　寺名龙兴寺。方志说，又叫治平寺，位于老城东门外。如同老城一样，如今也是一片荡漾的碧波。

　　群山之间的忠州是一座小城，尽管辖方圆五个县，但五个县的总人口也才六千七百户，还不如现在一个镇。市场小，供应不足，外地运来的米甫一上市，市民就争相购买，去晚了便买不到。治安不靖，城门早早关闭。住在年久失修的庙舍里，夜半醒来，杜甫常听到远处林子里传来一阵阵老虎的咆哮。

　　其情其景，杜甫心情抑郁。雪上加霜的是，小住忠州期间，他又遇到两桩伤心事。

　　严武死后，他的灵柩取道岷江、长江，拟由荆楚运回长安。在忠州，杜甫与之不期而遇。终其一生，严武是待杜甫最厚的至交兼庇护者。他的灵柩路过，杜甫自然前往祭奠。令他感慨的是，严母依然像从前那样和蔼可亲，严武的部下却换了一副面孔。人情冷暖，如鱼饮水。杜甫伤心地哭了一场：

> 素慢随流水，归舟返旧京。
> 老亲如宿昔，部曲异平生。
> 风送蛟龙雨，天长骠骑营。
> 一哀三峡暮，遗后见君情。

　　考杜甫与严武的交往，他们既曾是为时不长的同僚，又曾是为时更短的上下级，而幕僚与府主之间的这种上下级，往往染上了一层宾客与主人的温情。更为漫长的时间里，他们是诗酒唱和的朋友。虽然杜甫不一定把严武的诗歌才华放在眼里，正如严武不一定认可杜甫的政治能力一样，但严武对诗歌的热爱和杜甫在诗坛的成就与名声，却成为他们交往中最有力的黏合剂。严武之于杜甫，无论生活还是仕途，都有过真实有力的帮助。因此，当杜甫目送严武的灵柩从忠州经过时，那种追怀与伤感水到渠成——以后，再也没有人像严武那样帮助他了。

仍然在忠州，另一个噩耗传来：高适去世了。

唐代诗人中，高适仕途通达，出任过节度使和刑部侍郎之类的要职，并加封渤海县侯。《旧唐书》称："有唐以来，诗人之达者，唯适而已。"与毕生沉沦下僚的杜甫相比，无疑霄壤之别。

然而，两人青年时即订交，诗酒酬酢几十年，如今生死忽别，幽明异路，这于老病的杜甫无疑是一次沉重打击。当他在群山围困的小城，追忆与高适、李白漫游汴州时酒酣登吹台、慷慨悲歌、临风怀古的青春风雅，再对照如今家山万里、残躯老病的窘迫难堪，他又一次体悟到了生命的无常与人世的荒诞。

告别了忠州，杜甫的客船继续东下。

自忠县顺流三百里，是长江边的另一座小城：云阳。杜甫时代，它叫云安。三百里水路，虽是顺水，至少也需两天。中途，杜甫的客船停泊在长江的某一处平缓港湾。岸边，细草在微风中晃动，船上是高高的风樯。风樯之上，星空烂漫，闪闪的星斗铺向远方，像是垂落在荒芜的原野上，江流仿佛裹着月光一同奔跑。静穆的夜晚，寒凉的野水，它们带来的既是宁静，也是宁静中的思索："名岂文章著，官应老病休。"——杜甫的名声正是文章带来的，而他退出官场，却与老病无关。如此正话反说，更见满腔悲愤及落拓。事到如今，大势已去，"飘飘何所似，天地一沙鸥"——如此这般漂泊于天地之间，我就像那一只无家可归的沙鸥啊。

如同忠县老城被淹没一样，云阳老城也沉入了江底。新城依山而建，错落有致。我沿着崭新空荡的大街，拐两个弯，穿过一条隧道，再经过一座雄伟的大桥，便来到了长江南岸。翠黛的山崖下，排着一些古色古香的建筑。建筑前的广场上，一尊高大的雕像面江而立，乃是蜀汉名将张飞。这些建筑，即异地迁来复建的张飞庙。在中国，三国故事深入人心，张飞更是妇孺皆知的名人。云阳张飞庙，据说始建于蜀汉末期，原在下游三十公里的江畔。

纪念猛将的祠庙里，后人也给了文弱书生杜甫一席之地。这一席之地就是张飞庙里的一座亭子。杜甫九月到云安，于此度过了秋冬。其时，他居住在严县令提供的一座临江的房子，杜甫称为江阁、水阁，估计就是西南地区多见的吊脚楼。

云安期间，杜甫听说蜀中战乱又起，既怀念"万里桥西宅，百花潭北庄"的浣花草堂，又希望早日放舟出峡。然而，那年天气寒冷，云安不时下雪，杜甫沉疴在身，滞留难行。年后，天气和暖，野花铺满江岸，杜甫听到了一阵熟悉的鸟叫。他知道，春天来了。那鸟，便是蜀地乡间每年春天都会飞到高枝上昼夜长鸣的杜鹃。相传，杜鹃乃望帝魂灵所化，啼声凄凉，一直要啼到嘴中出血。李商隐有诗说："庄生晓梦迷蝴蝶，望帝春心托杜鹃。"

为了纪念杜甫的云安岁月，后人修建了杜鹃亭。如同整座张飞庙一样，杜鹃亭也掩映在山崖下的绿荫中。亭里，竖一尊杜甫雕像：头部上扬，胡须略翘，手握书卷，清瘦的身子似风中苦竹。凄凉哀愁的杜甫，恰好与横眉怒目的张飞形成鲜明对比。

有意思的是，这座既供奉张飞也供杜甫的张飞庙里，还供奉了另一个喜闻乐见的神祇：财神。财神显然更有人气。正门上悬着一副黑底白字的对联："来我面前便拜有求必应，走你之后即验赐福加官。"殿中，众多簇拥的红绸下面，是一尊着红袍的财神像，脚下有四个大字：金玉满堂。赐福加官，金玉满堂，有谁能抵挡这样的诱惑呢？更何况，财神已经表明了态度：有求必应。

也活该诗圣被冷落在小小的亭子里，凄寒地和刻写在木板上的那些不合时宜的诗句为伴了。

2

杜鹃乱啼的暮春，杜甫终于离开了小住半年有余的云安，继续他的东去之旅。

今天，由于三峡大坝建成并蓄水，原本切割极深，落差很大的长江，已不再像从前那样如同深藏于山谷的一条青色小蛇。江面变得开阔、平静，真的已是高峡出平湖。不过，即便如此，从沿江公路往下看，大多数地段，长江依然在几百米以下，若是我那个在山东平原上活了半辈子，因而极度害怕崎岖山路的朋友臧胖子坐在车上，一定会两手紧紧握住扶手，额头上渗出细密的汗珠。

杜甫时代，航行于三峡是一件不无风险的事。小小的木船，漂荡于布满礁石且水流极为湍急的江峡中，稍有不慎，就有船毁人亡的可能。1911年，德国领事弗瑞兹·魏司夫妇用镜头也用文字记录了他们的长江之行。尽管距杜甫的大唐过去了一千一百多年，但他们乘坐的同样是木船——只要是木船，且又是行驶于长江上游的木船，唐代与清代，差别不会太大，尤其是长江的面貌差别更不会太大。

黑白照片上，两岸均是深色山峰，高耸入云；中间是滔滔江水，打着漩涡，狭长的木船顶着高高的风帆——杜甫所说的危樯。魏司写道："我们的船缓缓前行，逆流而上，两岸的悬崖峭壁就像舞台上的布景一样徐徐分开，眼前的画面一幕比一幕壮观美丽。两岸的群山高耸入云，将瑰丽的画卷一一展开，让我们惊叹不已，目不暇接。我们的小船在夹缝中蠕动，显得如此的渺小，只得听凭一股无名力量的摆布。江水千万年在崇山峻岭中奔腾而过，主宰、统治着一切，而人类只能无奈地将生命寄托于它。耳边江水的轰鸣，让人开始相信江底潜伏着充满力量的巨龙，江风的呼啸又让人疑有魔鬼在嬉闹。"

我在草堂镇下了沪蓉高速，顺着一条泥泞土路沿江而行。路在半山腰，与路相伴的是三三两两的农舍，比路更高的是果园和林地，比路更低的是浑浊的长江。行驶十多公里后，峰回路转，我终于看到了著名的白帝城。

尽管早有思想准备，但眼前的白帝城还是让我略感吃惊。因为，在杜甫之前数百年和杜甫之后上千年，白帝城都是一座雄踞山巅的壮丽城堡。李白说它在彩云之间，杜甫也极言其高，"白帝城上云出门，白帝城下雨翻盆"。我看到的，却是江心一座由廊桥连接的孤岛。与夹岸山峰相比，恍如一个微不足道的土馒头。

——面目全非的这一切，都源于三峡大坝截流后的高峡出平湖。

白帝城另一侧，便是三峡入口，即"众水会涪万，瞿塘争一门"的夔门。尚在成都时，杜甫就多次想象过，他的回乡之路将是"即从巴峡穿巫峡，便下襄阳向洛阳"，而夔门所在的瞿塘峡，乃三峡第一峡。

今天的奉节是重庆下辖县，县城在三峡蓄水前迁建，位于长江边的台地上。地形狭窄，只好因陋就简，街道如同螺旋一样，从近江的滨江路往山上一层层地盘上去。下一条街的七八楼，可能相当于上一条街的底楼。与长江并行的滨江路稍宽一些，大量运沙石和建材的卡车呼啸而过，给人一种焦躁不安和忙碌不停之感。

至于曾经的奉节老县城，还在新县城下游几里处，已被浊黄的江水埋葬。其具体位置，就在新县城与白帝城之间。

相当长时间里，奉节除了是一个县外，还充当过府、州和都督府治所。以唐朝而言，唐初沿袭隋制，在此设信州。后因高祖之母乃独孤信之女，避独孤信之讳，改称夔州，属山南道。改夔州后不久，又设置了夔州总管府，复又改为夔州都督府。一度，这座江峡深处的小城，是都督府、夔州和奉节县三级政权驻地。天宝时，夔州曾改名云安郡，乾元初复故。

在诗里，杜甫描绘了他所看到的奉节："瀼东瀼西一万家，江北江南春冬花。"按《新唐书·地理志》载，夔州辖奉节、云安、巫山和大昌四县，计有户一万五千六百二十，口七万五千。奉节人口再密集，也不至于占了四县总数的三分之二，这是诗人的夸张之词。

天宝十三载（754），全国有户九百零六万，口五千二百八十八万，此为唐代最高数。然而，令人触目惊心的是，由于安史之乱，到广德二年（764），短短十年间，人口锐减，有户二百九十二万，口一千六百九十二万。由近五千三百万减少到不足一千七百万，相当于近七

从白帝城遥望夔门

成的人死于非命。

　　至于奉节，由于地处群山之间，仅有湍急的长江和崎岖的山路与外界沟通，原本偏僻的地理位置，战乱时代却成为远离烽火的宁静之地。故此，目睹了安史之乱带来的毁灭和萧条的杜甫，要为江峡中这座繁华的小城感到惊讶了。

　　老杜恐怕没有预计到，他将在奉节一住就是一年又十个月。当他第二次看到菊花怒放时，忍不住为漫长的返乡之路凄然泪下："丛菊两开他日泪，孤舟一系故园心。"

　　四百年后，陆游溯江入蜀，顺道在夔州探访杜甫居留的遗迹。陆游认为，杜甫在这里居住近两年，是"爱其山川不忍去"。事实上，综合更多情况来看，陆游是在为他热爱的诗圣作装点语——杜甫并非爱其山川不忍去，而是为时局和生计所迫，不能去，不敢去。其时，一方面吐蕃、回纥连番内犯，京师危急，关中震动。另一方面，自从云安染疾，杜甫一直在病中。至于经济上，夔州刺史柏贞节对他非常照顾，频分月俸，使得杜甫衣食无忧。杜甫在夔州居住近两年，既为养病，也为积攒钱财——不仅是回家的盘缠，还包括尽可能多地积累财富，作为养老之用。

3

杜甫在夔州不到两年，夔州首长换了三任。

杜甫刚到时，夔州刺史为王崟。王崟系太原祁县人，曾在多地做过地方官，包括杜甫曾任职的华州。不过不在同一时段。王崟与岑参、独孤及等文人官员均有交情，与杜甫则不知是旧识还是新知。总之，他对杜甫还不错。不过，杜甫暮春到夔州，王崟夏天就调走了。临行，杜甫照例有诗相送。

王崟调走后，接任者为柏贞节。柏贞节原名柏茂琳，又作柏茂林。蜀郡人。早年任过邛州兵马使、邛州刺史、剑南防御使及邛南招讨使等职。就是说，他曾是严武的部属，杜甫与他应该早就熟识。

约在大历元年（766）八月，柏贞节被朝廷任命为夔州刺史，兼御史中丞，充夔、忠、万、归、涪等州都防御使。御史中丞是他在朝廷里挂的一个虚衔，以示朝廷对他的恩宠；夔州刺史是夔州一地的最高首长；防御使则是包括夔州在内的附近几个州的军事总指挥。所以，虽然当时夔州都督府已撤销，柏贞节并没做过都督，杜甫仍然尊称他为柏都督。

杜甫赠柏贞节诗六首，此外还为他捉刀写过给朝廷的表文。在诗中，杜甫称赞柏贞节是贤府主，而自己"常荷地主恩"，这既是客气，也是实指。在夔州的近两年里，柏贞节给予了杜甫无微不至的照顾——有意思的是，对杜甫最好的两个竟然都是武人，一个严武，一个柏贞节。这些手握重兵的军阀，偏偏对一个不合时宜的诗人表现出极大的兴趣与热情，实在是一件匪夷所思的事情。

约在大历二年（767）秋，柏贞节调离夔州。继任者姓崔，名不详，乃杜甫舅氏——远房舅舅之一。此舅排行老二，杜甫尊称他崔卿翁、二卿翁。

崔卿翁本是荆南节度使，驻地在江陵。

江陵在隋朝时为南郡，唐初改为荆州，领七县。后置大总管府、大都督府。天宝元年（742），再改江陵郡。乾元元年（758），复改荆州大都督府。自至德以后，"中原多故，襄邓百姓，两京衣冠，尽投江湘，故荆南井邑，十倍其初"。于是，朝廷乃于江陵设荆南节度使，升江陵为府，辖包括夔州在内的八个州。

夔州刺史一时未到任，崔卿翁便以荆南节度使身份兼任夔州刺史。他从江陵来到夔州，杜甫与之相见，先后写有两首和他有关的诗。

一首是请求崔卿翁重修白帝城里的诸葛亮塑像。杜甫游白帝城时，见祠内的诸葛亮塑像损毁严重，"尚有西郊诸葛庙，卧龙无首对江濆"，遂有是请。这对崔卿翁来说，小事一桩，很乐意地照办了。

崔卿翁代理时间不长，大概起自秋天而止于冬天。崔卿翁离开夔州顺水东下回江陵，杜甫前往送别，诗云"寒空巫峡曙"，推知是冬季。不久，杜甫也离开了夔州。这是后话。

4

夔州治所，秦朝时称为鱼复，唐朝贞观年间改名奉节。奉节，或者说鱼复古城，原本修筑于赤甲山上。东汉初年，公孙述据蜀，将治所从赤甲山移到白帝山，并修筑了白帝城。今天，白帝城不过江水中一座狭小的孤岛，过去，它却是一座周长达七里的坚固城池。

夔州既有三峡之险，又有白帝之坚，是以顾祖禹认为它"府控带二川，限隔五溪，据荆楚之上游，为巴蜀之喉吭"。三国时，刘备伐吴，大败而归，退至夔州，改奉节为永安，并在永安宫向诸葛亮托孤，尔后驾崩。

对同为文人却出将入相，建立了不世功勋的诸葛亮，杜甫一直怀有一种复杂情感。这情感，包含了艳羡、敬佩和失落，以及在此基础上的自怜自伤。居成都时，他的草堂与武侯祠比邻，那座柏木森森的祠庙是他经常徘徊的地方。如今，当他困于夔州，又与诸葛亮君臣的祠庙近在咫尺，诸葛亮便成为他一再歌咏的对象——他在赞美诸葛亮"三分割据纡筹策"的同时，也感慨"运移汉祚终难复"。敬天畏命的背后，隐隐透露出杜甫对自身襟抱未开的自我辩解，自我宽慰。

在夔州，杜甫先后居住了四个地方。第一个地方即他诗中说的西阁。他在西阁住了好几个月，到次年，即大历二年（767）春天，搬到赤甲。西阁具体在什么地方，已无考。

从孤岛白帝城坐船渡过长江支流草堂河，便到了瞿塘关。瞿塘关所依附的山，便是赤甲山。与赤甲山隔着长江对峙的，是杜诗中提到过的白盐山。如今，两座山看起来并不算高峻，但在杜甫时代，却是"赤甲白盐俱刺天，闾阎缭绕接山巅"。

瀼西是杜甫在夔州的第三个居所。瀼的意思，陆游解释说："土人谓山间之流通江者曰瀼。"就是说，川东一带方言里，把从山上流下来注入江中的溪涧称为瀼。在夔州，有东瀼水和西瀼水。考证可知，东瀼水即草堂河。如今的草堂河水量丰盈，江面宽阔，但那是长江回流倒灌之故。没有三峡大坝前，它只是一条深陷山谷中的小溪。与之相比，距其几公里的西瀼水（今梅溪河）则稍宽。杜甫在赤甲居住一段时间后，搬到瀼西。他在那里修了几间房子，人称瀼西草堂。

移居瀼西，是为了照料果园。到夔州一年后的大历二年（767）暮春，杜甫在瀼西买下四十亩果园。果园与草堂一溪之隔，杜甫前往果园劳作时，须得摇船而过，所谓"碧溪摇艇阔"——小溪很窄，以至小艇都显得太大。

杜甫的草堂在瀼水西岸，大概位置在今天的梅溪河与奉节新县城之间的某一座山的半山腰。草堂所在的村子很小，只有几家人，比成都浣花村还要幽静，还要偏僻。人烟稀少，路上长满了年代久远的青苔，透过幽暗的竹林，隐约看到稀疏的野花自开自谢。

杜甫家的院子里，有两株成年橘树。月光如水的秋夜，杜甫常搬一张胡床，安然坐在树下。低垂的树枝垂下来，累累果实散发出酸甜的清香。杜甫在橘树下坐了很久，一直到夜露打湿了树叶，才取了胡床回屋睡觉。

今天，奉节以产柑橘知名，当我行驶于临江的盘山公路上时，窗外不断出现高低错落的果园，尚未成熟的柑橘挤满枝头。追溯历史，奉节柑橘的种植可以推到汉朝。杜甫的果园里，也有大量柑橘，他赞美自家柑橘"园枯长成时，三寸如黄金"。柑橘之外，尚有桃子、李子、花椒，以及松树、栀子和藤萝，加在一起足有上千株。

东屯是杜甫在夔州的第四个居所。原本只是一条山涧的东瀼水，三峡蓄水后，河面宽阔，当地人又把它称为草堂湖。白帝镇像一座伸入湖中的半岛，一条喧嚣杂乱的街道沿湖而建。拥挤的房屋中间，有一道宽大的铁门，里面是草堂中学。

一种说法认为，东屯旧址就在草堂中学内。据说，校园里原有杜甫祠，还有一块断为三截的清朝末年立的重建草堂碑。然而，疫情期间，学校放假，铁门紧闭，门前排满三轮车，我只得打消了进入校园凭吊的念头。隔着铁门，我把杜甫酒小心地洒进门内。

另一种说法却认为，东屯旧址其实不在草堂中学，而是在沿草堂河上溯两三公里的一个叫上坝的地方。

白帝镇上的草堂中学

访问白帝镇时，刚好下了一场秋雨。穿镇而过的公路也是镇子主街，街道一片泥泞，来往大车喧嚣而过，将泥泞卷起，稍不注意，便溅你一身。镇子坎下的草堂河，河面宽阔如湖，唯独水色浑浊，偶尔翻起一个漩涡，如有鱼龙潜行，甚是怕人。

杜甫移居东屯，缘于对他关照有加的柏贞节把位于东屯的一百顷公田交由他管理，以此解决杜甫一家衣食。这片公田，最早由白帝城的修筑者、东汉初年据蜀的军阀公孙述开垦。杜甫描写说："东屯大江北，百顷平若案。六月青稻多，千畦碧泉乱。"夔州一带，群山连绵，难得有一片较为平整而肥沃的土地，并且，山上清泉不断，正是水稻所需的最佳水源。杜甫又说："东屯复瀼西，一种住青溪。来往皆茅屋，淹留为稻畦。"意指他在瀼西和东屯，都有茅屋居住，为了管理公田，他移居东屯。

年迈的杜甫就像一个辛勤的小地主那样，带着一众仆役——他诗里称为隶人，往来于瀼西和东屯之间，种植水稻，打理果树，管理菜园，采摘草药，砍伐树木……周而复始的农事，让人想起南山种豆的陶渊明，或是黄州垦荒的苏东坡——这三位中国最优秀的诗人，同时也是三位称职的农夫。白天，他们在大地上劳作；夜晚，他们在诗笺上耕耘。

5

成都时期，杜甫也种菜、种药，以及养鸡鸭等；但那时候，更多还是作为一种消遣与家用的补贴。家中的劳动力，主要是家人杜安和弟弟杜占。到了夔州，情况有了很大变化。瀼西草堂之外，还有多达四十亩的果园；果园而外，还有菜地。菜地所产蔬菜，除了自食，还拿到市场上出售。此后，随着柏贞节把东屯稻田交他管理——这部分官田本身有行官张望等人经营，但杜甫并不放心。故此，前前后后，杜甫家里请了多名仆役。

唐代是一个等级社会，全社会所有人，大体划分为两大类：良民和贱民——又称良人和贱人。良民包括帝王将相及各级官员，以及普通的编户齐民。贱民又可分为私贱民和官贱民。私贱民包括奴婢、部曲和客女等；官贱民包括杂户、工户、乐户和官奴婢等。

根据唐朝法律，良民和贱民属于截然不同的两个世界。比如，以私贱民和良民之间的关系而言，若奴婢有罪，其主人不告官而杀死他，杖一百；即便是无罪而杀，也只需徒一年。贱民不能告发主人，除非主人犯有谋反、谋叛和谋大逆之类的大罪；否则，贱民将被处以绞刑。反过来，主人即使诬告奴婢，也无罪责。此外，贱民与良民之间不得通婚，良民也不得过继贱民为子嗣。主人对贱民可以自由赠送、买卖。

在夔州之前，杜诗里偶尔提到仆、仆夫，未见提到奴婢、隶人之类的贱民，这说明，他家在相当长的时间里，只有杜安一个仆人。但杜安的身份是良民，不是贱民。到了夔州，杜甫家中才有了多名属于贱民性质的仆人——一方面，包括果园、稻田在内的繁重农活，需要更多人手；另一方面，杜甫出蜀前，在西川和东川多年积累，经济条件较此前宽裕。仅见于杜诗中的仆人，就有阿段、阿稽、伯夷、辛秀、信行等多人。

说来让人难以置信，尽管不论云安还是夔州都处于大江之滨，但两地竟然都饮水困难。乱石峥嵘，大江深切峡中，要想从江中取水，十分不便，而民俗不打井，又无泉水可资，乃至于"云安酤水奴仆悲"。夔州的情况好些，虽然山脚下的江水仍然无法取用，城里城外也无水井，幸而山中有泉水。为了把泉水引到聚落，当地人将竹子一剖为二，打通竹节，首尾相连，制成简易的渡槽，长的可达数百丈。长长的竹管蜿蜒山间，如同一条条青色长龙，看起来颇为壮观，但也很容易出问题——杜诗里，就记载了两次引水事故：

一天黄昏，竹管里的水越来越细，越来越少。入夜，邻居们为了争夺残存的泉水而争吵起来。这时，杜甫家里一个叫阿段的少年奴仆，不声不响地沿着竹管去察看。到了三更时分，杜甫因患有消渴疾，即糖尿病，司马相如亦罹此疾——需要不断喝水，竹管里的水却断流了。他很焦躁，一直没睡，来回走动。正在不安之际，突然听到了哗哗的水声，"传声一注湿青云"。原来，阿段已经独自上山把损毁的竹管修好了。

阿段是个未成年人，按唐朝规矩，贱民所生子女，同样属于主人私有财产，相当于马驴产驹。是以可以判定，阿段的父母也是贱民。杜甫为阿段的能干特作七律一首，他在尾联写道："曾惊陶侃胡奴异，怪尔常穿虎豹群。"——陶侃有一个胡奴，擅长游泳，最终却因蛟龙而死；阿段半夜穿行在虎豹成群的大山，杜甫担心他的安全。

杜甫此诗题为《示獠奴阿段》。獠人是中国的一个古老民族，分布于我国西南及两广地区，是许多南方民族的祖先。今天，作为一个民族，獠人已不复存在。不过，他们的一些独特生活方式，不仅载于史乘，而且流布现代。如唐朝张鷟在《朝野佥载》中记载："岭南獠民好为蜜唧，即鼠胎未瞬、通身赤蠕者，饲之以蜜，钉之筵上，喂喂而行。以箸挟取，咬之，唧唧作声，故曰蜜唧。"

夔州地处山区，山上多石头，引水的竹管依山就势，常因塌方而被倒塌或是飞落的石头砸碎。

杜甫家有一个仆人叫信行。他长年吃素，为人安静，做事沉稳。有一天，竹管又坏了。其时正值暑热，信行翻山越岭，前去修理。来回路程长达四十里——这一数字或许有些夸张，但二三十里总是有的。虽然竹管只有几百丈，但竹管走的是直线，而山路却一会儿下到沟谷，一会儿跃上山岭。日落时分，信行回到家，脸庞被太阳烤得发红，饭也没吃。杜甫十分感动，又有些过意不去，急忙把自己最喜欢吃的瓜和饼拿出来分给他——对"律比畜产"的贱民，杜甫依然如此仁厚，足见其内心的善良与人性的光辉。

杜甫的四处居所，除了最早寓居的西阁外，其余三处均不在城里，而是僻于山间。如今的奉节城四围，山峰高插，山腰台地上，稍宽一些的地方都有人居住，白色或红色的房子，悬挂在青色的山岩前。杜甫时代，山上人烟极为稀少，乃是兽类世界——诸种兽类中，居然出没着百兽之王老虎。为了防虎，当地人家在庭院四周，竖起一根根木头，再用竹篱笆在木头与木头之间编织为墙，并抹上泥土。

到夔州第二年初夏，杜甫已移居瀼西。趁着农闲时节，杜甫安排仆人们到山上伐木，以便修筑防虎墙。一大早，杜甫就让仆人们吃得饱饱的。他给仆人们约定：每人每天砍回四根木头。伐木的白谷在北边山上，距家十里——如果砍一根扛回家再接着砍，那一天就得走八十里，显然非常繁重。但仆人们中午时分就完工了。这可能因为，他们是一次性把四根木头扛回来的。这就说明，他们伐的并非粗壮的大树，而是一些小树。尽管工作量不算大，杜甫仍认为仆人们冒着暑气工作，非常辛苦，许诺说："秋光近青岑，季月当泛菊。报之以微寒，共给酒一斛。"——要不了多久，秋光就将降临青葱的山岭，重九登高理应饮菊花酒。届时，我要慰劳你们，送你们一斛酒供你们抗风寒。

这年天气热得出人意料。从春末夏初到七月初，长达百余天里，不仅气温日高，且一直不下雨，"闭目逾十旬，大江不止渴"。杜甫一生最惧暑热，早年在华州时就深为炎夏所苦。在那个"飞鸟苦热死，池鱼涸其泥""永日不可暮，炎蒸毒我肠"的苦夏，杜甫乃至于有些失态，"束带发狂欲大叫"。夔州这年的干旱与暑热，比华州有过之而无不及，"大旱山岳焦，密云复无雨""楚山经月火"。当地百姓眼巴巴地盼着下雨，还不仅是为了天气转凉，而是地里的庄稼大多枯死了。当地人按古老习俗求雨，或请巫师跳舞，或抬菩萨出游，或烧草龙祭天——立秋这天，即七月初三午后，终于下了一场久违的大雨。天气转凉，杜甫舒服地睡了一觉。

暮春，杜甫抵达夔州时，即有久居之意。

按中医观点，乌鸡肉能治风疾，而风疾是晚年最困扰杜甫的疾病之一。于是，他养了一些乌鸡。鸡生蛋，蛋生鸡，到夏天，已有数十只之多。倘不准备久居，断不可能养如此之多的鸡。鸡多起来后，带来一个烦恼：它们成群结队，咯咯咯地叫着到处觅食，所经之处，不仅遍地鸡屎，还把家中搞得一片狼藉。杜甫草堂东侧有一大片空地。他觉得，可以用竹子竖立为墙，围起来养鸡。

"树鸡栅"这件事，他交给了长子宗文去办。宗文大概一时没动手，杜甫忍不住专门写了一首诗：《催宗文树鸡栅》。

秋天终于姗姗来临后，杜甫又迫不及待地种菜。种菜，杜甫是有经验的。在成都，他有菜园子。更早的时候在长安和洛阳，是否也有菜园，也种菜，其诗无证。但推测应该有。杜甫对他种菜的手艺颇为自信："畦蔬绕茅屋，自足媚盘餐。""嘉蔬既不一，名数颇具陈。"不仅种的菜长得好，足以供盘餐之需，而且品种还相当丰富。

杜甫在夔州的菜地，大概就位于宗文"树鸡栅"的房屋东侧。一场雨后，杜甫往地里撒了许多莴苣种子——莴苣原产地中海沿岸，隋朝时经丝绸之路上的胡商传入中土。据说，为了得到莴苣种子，最初的引种者为此耗费千金，所以莴苣另有一个名字：千金菜。

令杜甫意外而郁闷的是，种子撒下去二十多天了，按理，早就该有一片绿油油的莴苣苗从泥土里探出头来，但他的菜地却毫无动静——莴苣一株没发，野草倒是长得欣欣向荣。

于是，杜甫写了长诗《种莴苣〈并序〉》。

有论者认为，《催宗文树鸡栅》和《种莴苣〈并序〉》两诗，意在言外，都有隐喻和寄托。这种观点，自然不无道理。但于我而言，我更愿意把它们仅仅理解为字面所表述的意思，仅仅认为它们是杜甫对他真实生活的记录。在杜甫以前和以后，都鲜有诗人把如此琐碎的小事入诗，但杜甫入诗了，并且入得津津有味。这倒不一定是杜甫水平超越其他诗人，而是这种琐碎平淡的生活，才是人生的真谛。就像那些生活在历史记录看起来平淡如水的年代的人是幸福的人一样，催儿子"树鸡栅"和种莴苣时的杜甫，他也是幸福的——如果与他经历过的"入门闻号咷，幼子饥已卒"或是"岁拾橡栗随狙公，天寒日暮山谷里"相比，这幸福更是如此珍贵，也如此艰难。

相对平静，也相对不那么为衣食而忧心忡忡的岁月，杜甫努力寻找，努力营造属于他的小确幸。

一盏酒，一份寻常食物，一次重逢，一些新知，一场久旱后的雨水，一阵黄昏时的炊烟……这些细小而生动的事物，总能唤起正在老去的杜甫心中的美好和感动。

回报岁月的，是杜甫激昂的诗情。他迎来了毕生创作的巅峰——既是量的巅峰，也是质的巅峰。可以说，如果没有夔州诗，杜甫仍然是一流诗人；但有了夔州诗，杜甫便是超一流诗人。

6

杜甫口味清淡，这从他喜欢的几种作为主食的食物可窥一斑。它们是：

青精饭、雕胡饭和槐叶冷淘。

　　青精饭系道家发明，在修炼时作为进补之物。它用乌饭树的茎叶榨汁后染黑稻米，再用这种黑米做饭，故又称乌饭、黑饭。乌饭树分布于我国南方地区，别名南烛、黑饭草、乌饭草，是一种一两米高的灌木，其茎叶有药用功能。

　　除了乌饭树汁是必需的外，青精饭还要加入一些名贵药材，制作精细，价格不菲。故此，杜甫虽然爱吃青精饭，却常常难以遂愿。他在诗中感叹："岂无青精饭，使我颜色好。苦乏大药资，山林迹如扫。"

　　雕胡饭，就是用菰米做的饭——江南把菰称为茭白，菰米就是茭白的籽。如今，菰米是一种中药材，几乎没人当饭吃，但中国人把菰米当饭吃起源于周朝，已有两三千年历史。宋玉赋中有云："为臣炊雕胡之饭，烹露葵之羹，来劝臣食。"

　　槐叶冷淘，即把槐树的嫩叶摘下来，捣成汁水，用以和面，做成面条。面条煮好后放入凉汤，加以佐料后食用。这种烹饪方法，与今天的凉面十分类似。

　　在夔州期间，青精饭和雕胡饭的原材料都不易得，唯槐叶冷淘却很方便。并且，长夏炎炎，槐叶冷淘就是理想的消暑食品。"青青高槐叶，采掇付中厨。新面来近市，汁滓宛相俱。"刚刚采下来的槐树嫩叶，以及今年新收的麦子磨成的面粉，食材新鲜，乃是上乘滋味的保证。"经齿冷于雪，劝人投比珠。"夹一筷子槐叶冷淘入口，面条经过齿间，简直如同雪一样凉爽。劝客人吃这种槐叶冷淘，简直等于是以明珠相赠。

　　意外的是，这么一首写消夏小吃的诗歌，诗人竟然也联想起了他无日不担忧不关心的圣上："君王纳凉晚，此味亦时须。"——这种暑天里，皇上纳凉晚了，腹中饥饿，也应该有一碗槐叶冷淘吃才行。这就是苏东坡说杜甫"终身不用，而一饭未尝忘君也欤"的证据。

　　尽管后人对唐玄宗的评价毁誉参半，对唐肃宗的评价更不甚高。但对生活于玄、肃二宗时代并亲眼见证了开元盛世的杜甫来说，在他心中，玄宗是显而易见的明君、圣君；肃宗平定安史之乱，挽狂澜于既倒，扶大厦之将倾，对社稷有再造之功。至于玄、肃二宗所犯的错误和过失，显然都是一时间奸臣蒙蔽圣聪，浮云遮日而已。

　　事实上，不仅是杜甫，举凡中国史上以忠君著称的文人，他们内心必须有一个坚定信念，即他们所尽忠的君王是明君、圣君，纵有过失，也不过是日之有食罢了。唯其如此，他们的忠诚才有意义，才有价值。否则，如果是对昏君、暴君的忠诚，那就是可怕的笑话。

　　一天，杜甫忽然惊喜地发现，与他相距不远的邻居，竟然是他的老朋友。老朋友姓王，未详名字，排行十五，杜甫称他王十五。
　　查杜诗，杜甫与王家的两个老十五有交往。一个是王十五司马，也就是曾出钱资助他修建成都草堂的表弟；另一个是王十五判官。王十五判官是黔中人，曾在蜀为官。广德元年（763），奉母还乡，杜甫参加了为他举行的饯行宴，分韵作诗，拈到开字，杜甫称"艰危深仗济时才"。
　　那么，在夔州不期而遇这位，到底是王十五司马还是王十五判官呢？
　　很遗憾，老杜这一次写诗时，只写了王十五，后人无法判断到底是王司马还是王判官，王表弟还是王朋友。
　　不过，不管是王十五司马还是王十五判官，这次异乡邂逅，都让他欣喜。过了几天，王十五备了酒，写了请柬派人送上门，请杜甫做客。杜甫正在病中，王十五听说后，又叫人用肩舆来抬他。盛情难却，杜甫抱病前往。王府的一道大菜，正是杜甫毕生最爱：鱼脍。看到人家捕鱼都要联想起鱼脍并口舌生津的吃货，在姜少府席上，一口气吃了一大条黄河鲤鱼。今天，在王十五家又重见佳肴，按理，杜甫自当大吃特吃。
　　不幸的是，杜甫病得有点重，重得连鱼脍都没胃口吃。临行时，王十五将鱼脍打包，让杜甫带回家去。对这一番热情，杜甫很感动：

> 楚岸收新雨，春台引细风。
> 情人来石上，鲜鲙出江中。
> 邻舍烦书札，肩舆强老翁。
> 病身虚俊味，何幸饫儿童。

　　柏贞节对杜甫的照顾很真诚，也很细心。频分的月俸是杜甫居夔期间的重要收入；尔后，他又让杜甫管理东屯公田，解决杜甫一家的吃饭问题并颇有节余。平日里，他还令园官给杜甫送菜蔬。园官是管理公家园圃的小吏。俗话说，阎王好见，小鬼难缠。园官即是一个势利小人。对柏贞节的吩咐，他自然不敢违背。但在送菜时，专选些野生苦荬苣充数，杜甫相当不悦。

东屯的一百顷公田，原本有一个管理人员，叫张望。柏贞节把东屯交给杜甫管理后，他就成了张望的上司。水稻种下不久，张望去检查稻田灌溉情况，回来向杜甫汇报。由是，杜甫眼前浮现出那片开垦于崇山峻岭间的稻田。古老的稻田，从公孙述到杜甫，已经有五百多年了。尽管水稻才栽下，杜甫已经想到了丰收，想到了富足，想到了收割时多掉些谷穗，以便让周边那些无地可种的穷人都来捡一点。

过了一段时间，该薅秧了。大概之前受过园官的气，杜甫对张望很不放心，他派阿稽和阿段两个仆人前往东屯，看看张望的薅秧工作到底干得怎么样。到了秋天，水稻即将收割。杜甫更是放心不下。他干脆暂时移居到了东屯——多达百顷的官田，当然会有几间管理用房吧。杜甫不是一个人前往，而是带着全家老小以及几个仆人一起去的。这样，他就把瀼西草堂交给一个他称为吴郎的年轻人居住。施鸿保及日本学者古川末喜均认为，吴郎是杜甫的女婿。似可信。

瀼西草堂前栽有枣树，邻近一个贫苦老妇，经常过来打枣子充饥。以前，杜甫都是听之任之。没想到吴郎却编了一道篱笆墙把枣树围起来，那个老妇人自此不敢再来了。杜甫闻讯，急忙写诗提醒吴郎：

"堂前扑枣任西邻，无食无儿一妇人。"堂前的枣子，就任由西邻那位老妇扑打吧，她是一个无儿无女穷得吃不起饭的可怜人。"不为困穷宁有此？只缘恐惧转须亲。"不是因为穷困，她哪里会这么做？我以前怕她疑惧，所以对她更亲切。"即防远客虽多事，使插疏篱却甚真。"即便她因你是远来的陌生客而不敢扑枣乃是不必要之举，但你编篱为墙却使她误以为你讨厌她，不让她来。"已诉征求贫到骨，正思戎马泪盈巾。"横征暴敛之下，到处都是像她这种穷得一无所有的人啊，每当想起烽火不熄，天下困顿，我就不由得热泪沾巾。

不久，重阳节前一天，吴郎到东屯看望杜甫，杜甫很高兴，请他明天过来饮菊花酒。然而，吴郎却爽约了。

　　杜甫只好独自把酒。酒后，他信步走出草堂，来到江边的高台上凭栏远眺。酒意引燃了思念，眺望催生了惆怅，一如渐渐深起来的秋天，高天滚过乌云，而江水变得清寒：

> 重阳独酌杯中酒，抱病起登江上台。
>
> 竹叶于人既无分，菊花从此不须开。
>
> 殊方日落玄猿哭，旧国霜前白雁来。
>
> 弟妹萧条各何在，干戈衰谢两相催。

　　重阳佳节，原当与亲人相聚，少年王维在异乡时也会发出"独在异乡为异客，每逢佳节倍思亲"的叹息，何况杜甫这种风烛残年、来日无多的老人？独酌漫饮，抱病登台，耳畔但闻猿啼，眼前又见征雁，而干戈不息，海内未宁，弟妹遥远……秋天本就是一个敏感季节，何况悲秋之上还要叠加战乱、老病、田园将芜胡不归……

7

　　移居东屯前后，命运之锤又一次重击杜甫：他的耳朵聋了。

> 生年鹖冠子，叹世鹿皮翁。
>
> 眼复几时暗，耳从前月聋。
>
> 猿鸣秋泪缺，雀噪晚愁空。
>
> 黄落惊山树，呼儿问朔风。

　　鹖冠子，战国时楚国人，有贤才而不出仕，隐居山中，以鹖鸟羽为冠。鹿皮翁，民间传说的仙人，身着鹿皮衣，食芝草饮神泉，不问世事。杜甫以鹖冠子和鹿皮翁自喻，用他们的避世无听来比喻耳聋。

　　早在天宝十三载（754），杜甫就自称"头白眼暗坐有胝"——那时，他的眼睛就老花了。"眼复几时暗，耳从前月聋"——我本来就希望眼不能见耳不能听，以便对世事不闻不问。眼睛倒是很早就昏花了，但不知要到什么时候才瞎。耳朵呢，是前月开始聋的。"猿鸣秋泪缺，雀噪晚愁空"——耳聋了，听不到悲凉的猿啼，也就不再因之落泪；耳聋了，听不到鸟雀的晚噪，也就不再引发愁思。"黄落惊山树，呼儿问朔风"——只是，惊见黄叶从树上纷纷飘落，叫儿子过来问他是不是刮北风了。

前人评论此诗，大抵称道杜甫"刻划自趣，不病其巧"，甚至认为他"一扫苦闷沉郁之风"。窃以为，这些颇为拔高的评价，有站着说话不腰痛之嫌。对五十多岁，身患多种疾病的杜甫而言，突然间耳朵也听不见了，该是何等悲痛——不幸中的万幸是，"君不见夔子之国杜陵翁，牙齿半落左耳聋"，他只是左耳聋了。耳聋带来的不便和痛苦，诗人虽在诗中不无自黑，但那只是不得不面对既定现实的无可奈何。

我读杜诗，每每惊讶于作者隔三岔五的啼饥号寒，叹病忧疾。这些诗用典准确，对仗工稳，甚至，会让人觉得穷病也被他写得充满机趣，让人神往。然而，这只是才华造成的错觉。才华掩盖了贫病对诗人锥心噬骨的打击。正如明人张潮说过的那样："境有言之极雅，而实难堪者，贫病也。"

才华掩盖了的贫病也是贫病，他人或后人站在局外，固然可以欣赏其诗句，感叹其才华。但身处其中的当事人，却如鱼饮水，冷暖自知。如"雨昏陋巷灯无焰，风过贫家壁有声""可怜最是牵衣女，哭说邻家午饭香""全家都在秋风里，九月衣裳未剪裁"，以文辞来说，无不才华横溢，且有一种难诉的风雅。然而，若真的处于昏灯一盏，垣墙破漏，爨火难续，寒衣无着的穷困中，纵有风雅，也是强作的风雅，实则是凄寒到骨的悲与愁。

以杜甫来说，除了年轻时有父亲这座靠山，生活也曾鲜衣怒马外，自中年入长安后，境况多艰，几度陷于绝境。蜀中和夔州，算是相对稳定的幸福岁月。所以，此两时期，他叹贫哭穷的作品不多。困扰他的，是疾病。自两川到夔州再到湖湘，杜甫生命的最后十年，沉疴在身，疾病像阳光下的影子，亦步亦趋，不离左右。

据研究者统计，杜甫一千四百多首现存诗作中，涉及疾病的多达二百零五首。四十岁那年，杜甫在写给郑审的诗中，自称"多病休儒服"。可见，还在壮年时期，曾经健如黄犊的杜甫就是多愁多病之身。此后，"多病也身轻""多病所须唯药物"之类的诗句俯拾即是。夔州期间，杜甫至少患有如下疾病：耳聋、眼花、肺疾、消渴病、风疾，以及不时发作的疟疾。尽管才五十多岁，杜甫就已头发全白，牙齿掉了一半，完全是一个风烛残年的老人了。

长年疾病对人的心理当然会产生严重影响，对敏感的诗人尤其如此。一方面，疾病让人油然产生虚无感与幻灭感，但同时也可能让人对生死更为达观，即所谓看破红尘。另一方面，疾病让人缠绵病榻，疏于社会活动，孤独之后变得愈加敏感——对故人、故事、故土，对业已消失的好时光的敏感。

8

大历二年（767）十月十九日，秋高气爽，杜甫到夔州别驾元持府中做客。别驾是别驾从事史的省称。汉时始置，为刺史下属，因级别高于其他佐官，出巡时别乘一车跟于刺史之后，故名别驾。后世改称长史。宋代各州的通判，因其职似别驾，也沿用古名称之。元持和杜甫是老乡，肃宗时，他得权宦李辅国之助，与其兄并入中枢。李辅国倒台后，元持贬夔州别驾。

元别驾的家宴弄得很有情调，其中，最让客人们惊艳的是剑器舞。表演剑器舞的是一个女子，叫李十二娘。李十二娘的精彩表演让杜甫陷入了悠远的回忆。他想起六岁那年，观看过另一个女子的剑器舞。那个女子人称公孙大娘。一问之下，杜甫得知，眼前的李十二娘，正是记忆中的公孙大娘的弟子。

"昔有佳人公孙氏，一舞剑器动四方。观者如山色沮丧，天地为之久低昂。"杜甫在诗序里回忆，玄宗在位时期，高手云集的宫廷里，为皇室服务的内外艺人达数千之多，精通剑器舞的却只有公孙大娘一个。公孙大娘擅长多种剑器舞，最令观众紧张、兴奋的是她抛剑的绝招：她在舞剑时突然将剑向高空抛去，长剑冲上十余丈，在"色沮丧"的观众们的惊呼中，宝剑飞速落下，公孙大娘手持剑鞘迎上去，宝剑不偏不斜，正好插入鞘中。据说，大书法家张旭曾观看公孙大娘舞剑，并从中得到启发，"自此草书长进"。

前一次观看剑器舞，舞剑的是年轻佳人公孙氏；再一次观看剑器舞，距上一次已五十年，舞剑的是曾经的年轻佳人公孙氏的弟子李十二娘。并且，李十二娘也不再年轻。公孙氏的剑器可以通过弟子流传下来，但"五十年间似反掌"的岁月之后，玄宗开创的盛世却一去不复返。甚至，盛世的开创者已死去数年，墓木早拱。至于相隔半个世纪的两场剑器舞的观众，时间已将杜甫由一个天真烂漫的孩童变成一个行将就木的垂垂老者。

从剑器舞表演者的前后相替，到个人生活的今昔迥异，折射出的是时代沧海桑田的变迁。经历了安史之乱，国家不复盛唐气象，而诗人也无法重返从前的人生好境。

元府的宴会散了，夜长更深，杜甫辞别主人回家。家在城外山岭上，他独自行走于细细的山径。月色朦胧，带着晚秋的寒凉，夜风扑脸，像一些冰凉的手在抚摸。

那样的夜晚，杜甫多半有泪。

夔州岁月，杜甫总是陷入深深的回忆。仿佛只要坚持回忆，人生就可以昨日重现。那些逝去的欢笑与放荡，适意和骄傲，就会重临秋风遍地的峡江孤城。

于是，我们今天看到，杜甫在夔州，写下了如此之多自述平生与追怀故人的诗篇。

这一点，程千帆指出："当我们仔细检点这些最能代表杜甫晚年诗歌创作成就的作品时，就会发现，它们笼罩着一种浓厚的怀旧情绪，同时也就体现着由现在回溯到过去的反省。"

青春岁月，意气飞扬，总是对未来充满美好遐想；迟暮衰年，意兴阑珊，总是陷于对过往的追思与缅怀。仿佛只有在追思与缅怀中，老病孤苦的日子才会榨出一点点生机和亮色。

夔州期间，杜甫的诗笔更像是撒进记忆之海的渔网，尽力打捞那些陈年旧事——陈年旧事有如陈年老酒，能带来短暂的安慰与迷醉。然后，庶几可以用来抵挡日益不堪的流年。于是，我们看到了《壮游》《昔游》《遣怀》这些总结平生，有若自传的长诗。

然而，无论怎样追怀，无论怎样留恋，个人而言，"放荡齐赵间，裘马颇清狂"的快意绝不会重来；国家而言，"是时仓廪实，洞达寰区开"的盛况已成过往。于是，回忆带来的短暂愉悦后，杜甫又陷入了更深的忧思。

　　杜甫不仅用诗为自己立传，更为他人立传。这便是《八哀诗》。八个与杜甫同时或稍早的著名人物，杜甫与之或为至交，或曾谋面，或仅闻名。他们有一个共同点：都是大唐帝国由盛转衰之际的亲历者、见证者、参与者。程千帆认为："杜甫对这八位历史人物的回忆，是还有他独特的体验的。这表现在，他不仅注意了他们才干的卓越和事业的辉煌，而且，还注意了他们的才智不被了解和事业难以发展的悲哀，这也就是杜甫将这组诗题为《八哀》的原因。举凡李光弼的忠而见谤，郑虔的时乖运蹇，李邕的被杖横死，张九龄的才高见嫉，正如古人所说的那样：'哀八公，非独哀其亡逝，大半皆有惜其不能尽用于时之戚。'"

　　每一个时代，即便政治清明、进退有序的盛世，也总有无数才华横溢者被遮蔽、被埋没。杜甫所写的八个人，可以说每一个人的政治地位、家庭出身都远比他高，但是，就连他们也不能尽用于时，何况杜甫呢？在对八公的哀挽之中，隐然有杜甫潜意识的自慰。

　　如果说《八哀诗》立足于当世，为当世已逝者立传，并隐约表露自己心迹的话，那么，同样在夔州写就的《咏怀古迹五首》，则把笔伸向了历史人物。夔州古迹众多，与之相关的历史人物亦不少，杜甫选择了五个：庾信、宋玉、王昭君、刘备和诸葛亮。

　　五人中，庾信并没有到过夔州，夔州自然也无其遗迹。但庾信曾避侯景之乱逃往江陵，而江陵正是杜甫拟告别夔州后前往的地方，由是想起庾信，也在情理中。此外，第一首虽涉及庾信，更多的却是陈说诗人自身遭遇："支离东北风尘际，漂泊西南天地间。"庾信毕生为命运所驱，也曾颠沛流离，诚如其《哀江南赋》所称："信年始二毛，即逢丧乱，狼狈流离，至于没齿。""庾信平生最萧瑟，暮年诗赋动江关。"其时，杜甫也是暮年，可以肯定，杜甫虽然不见重于当时，但他的诗名还是颇大的，而内心深处，他更是对身后诗名的流传心知肚明。所以，他以庾信自比。

　　宋玉以悲秋著称。他出身低微，虽曾接近楚王，惜未见用，所以杜甫把他引为异代知己。王昭君本是绝代佳人，因不愿贿赂画师毛延寿而被故意画得很丑，多年冷落宫中，不得不出塞和亲。王昭君的埋没，也让杜甫看到了自己襟抱未开。三位古人就是三面镜子，他们照见了镜中的杜甫：在怀才不遇中渐入暮年，而希望不再有。

至于刘备和诸葛亮，此两人在夔州留下了颇多遗迹。尤其重要的是，刘备与诸葛亮的君臣关系，一直被后人视为可遇不可求的典范。杜甫毕生敬重、羡慕诸葛亮。诸葛亮能出将入相，建功立业，个人才干之外，刘备的信任是另一个重要条件。

杜甫以诸葛自喻，可是，他永远没有遇到刘备。

9

秋天来了，夔州一带的长江两岸，风寒林肃，常有猿猴在高处悲鸣，如泣如诉，众山皆响。如同郦道元记录的渔歌："巴东三峡巫峡长，猿鸣三声泪沾裳。"八年前，李白也听到过三峡的猿声。猿声同样凄苦，李白却快活无比，因为他遇上大赦免去了流放夜郎的处罚，故而"两岸猿声啼不住，轻舟已过万重山"——与此同时，杜甫从华州去官回家，带着家小流寓秦州。狼狈不堪的杜甫一直为李白担忧，一连三天晚上都梦见他。

与李白相反，八年后，同样的猿啼，带给杜甫的却是满腔悲愁与哀怨。斯时的杜甫老病在身，壮志未酬，生计日拙，不得不依靠柏贞节这样的小军阀混饭吃。更兼战乱不休，国事蜩螗，北望长安，家山难返。于是乎，猿猴的悲啼触动了诗人敏感而自尊的神经，故而下泪，故而掩袂，故而不断写到猿啼："风急天高猿啸哀""听猿实下三声泪"……

如今，三峡水位上涨，礁石与风浪密布的峡江已成一潭死水，两岸壁立的群峰因之平缓。公路盘旋入山，人家村落，比比皆是，猿猴只好逃往更深的大山。在一个喧嚣的时代，猿啼也不再从容。沿途，我看到两家办丧事的农户，面目相似的嵌有白瓷砖的农舍前，一些人点燃纸钱，一些人吹响唢呐，一些人围桌打牌。曾经的猿啼，化为乌有。

秋天催生了杜诗的巅峰之作：《秋兴八首》。

正如题目表明的那样，《秋兴八首》是一组由八首诗构成的组诗。无论从内容还是从结构来说，它们都是一个不可分割的整体。明人王嗣奭在《杜臆》中说："《秋兴八首》以第一首起兴，而后七首俱发中怀，或承上，或起下，或互相发，或遥相应，总是一篇文字，拆去一章不得，单选一章不得。"今人萧涤非认为："《秋兴八首》乃是首尾相衔，有一定次第，不能移易，八首只如一首。全诗以第四首为过渡，分为前后两部分。前三首由夔州思及长安，后五首由思长而归结到夔州。全诗将故国之思与个人身世之叹融为一体，而又以前者为重。"

这是大历元年（766）秋天，暮春时由云安至夔州的杜甫在这座小城生活半年多了。去年，他到云安时是秋天，菊花遍地怒放，而现在，又一年的菊花开放了。丛菊两开，意味着时间在流逝。对一个五十多岁的多病老人而言，生命离坟墓又近了两步。杜甫出峡，原本是为了还乡，但是，丛菊两开，他还寄食殊方，孤舟一系。季节变换，峡江波浪直涌接天，夔州城楼风云变幻。诗人伫立徘徊之际，耳畔传来一阵阵制作寒衣的捣衣声：

> 玉露凋伤枫树林，巫山巫峡气萧森。
> 江间波浪兼天涌，塞上风云接地阴。
> 丛菊两开他日泪，孤舟一系故园心。
> 寒衣处处催刀尺，白帝城高急暮砧。

那时候，杜甫尚未接手东屯稻田，果园也没买，至多趁着天凉种种莴苣，而秋深之后，这些农事都停止了。客居无聊，思乡情切，杜甫常常站在孤城之上，遥看落日西坠。当夜色笼罩大地，秋后的天空明净如洗，亮闪闪的星子密密麻麻。杜甫抬起头，寻找北斗星，然后顺着北斗星的方向长时间地怅望——那个方向，便是他日夜思念的京华。京华记录了他"朝扣富儿门，暮随肥马尘"的狼狈与辛酸，但也记录了他"集贤学士如堵墙，观我落笔中书堂"的光彩和荣耀。尤其重要的是，长安是帝国的中心，是神圣的首都，他远大的政治理想，只有在那里，才有实现的可能。

怅望之际，山上传来阵阵猿猴的悲鸣。杜甫回想自己曾打算随严武一起还朝，却因严武暴死而成空；至于像从前那样到台省值班，更成画饼。

恍惚间，远处女墙上，有人在吹笛，乐声传来，杜甫从沉思中回过神，他看到藤萝梢头的月亮，已经移照到了沙洲前的荻花上了。夜，深了，凉了。

> 夔府孤城落日斜，每依北斗望京华。
> 听猿实下三声泪，奉使虚随八月槎。
> 画省香炉违伏枕，山楼粉堞隐悲笳。
> 请看石上藤萝月，已映洲前芦荻花。

老杜的一生，很多时候都不合时宜。他固执坚守自己的理想与操守，不愿与他人同流合污。然而，挠挠者易折，皎皎者易污。当年的同学少年，肥马轻裘，他却故园万里，老病孤舟，其间的落差，让杜甫很是不甘，也很是怨怒——他大概忘了，他也曾经肥马轻裘。然此一时也彼一时也，秋景清寒，晚境孤苦，老去的杜甫变得更加孤傲。

夔州西阁城楼，是杜甫经常登临的地方。这年秋天，他几乎每天都要前往。在那里，可以看到这座千户人家的山城，安静地沐浴在朝阳下；而他天天登楼，呆坐在翠微的山色中。城楼下，江上信宿的渔人终于划船离去；城楼上，即将南飞的秋燕，故意在眼前飞来飞去，如在告别。杜甫联想到了汉时上疏的匡衡与传经的刘向，他们曾是自己的榜样。然而，事与愿违，终至理想成灰。当年那些同学少年，他们大多发迹了，住在长安附近的五陵，衣轻裘，骑肥马，哪里还会想到我呢？不过，他们虽然肥富，而无人以天下苍生为念，我其实根本看不起他们啊：

> 千家山郭静朝晖，日日江楼坐翠微。
> 信宿渔人还泛泛，清秋燕子故飞飞。
> 匡衡抗疏功名薄，刘向传经心事违。
> 同学少年多不贱，五陵衣马自轻肥。

第四首，杜甫由此时身处的夔州，想到了欲归而不得的长安。整个《秋兴八首》从第四首开始转换，接下来的四首均主要落笔长安。

闻道长安似弈棋，百年世事不胜悲。

王侯第宅皆新主，文武衣冠异昔时。

直北关山金鼓震，征西车马羽书驰。

鱼龙寂寞秋江冷，故国平居有所思。

——我听说长安政局多变，像下棋一样难以捉摸。人生百年，世事不胜悲哀。听说王侯将相的宅第都换了主人，朝中的文武官员也不是从前那一批了。京师正北的关山一带金鼓震天，羽檄奔驰，与吐蕃和回纥的战争持续不断。在这鱼龙寂寞秋江寒冷的孤城，我不禁想起过去在长安的种种经历。

诸家都认为，此诗是承下启下的一首，就在于最后一句：故国平居有所思。接下来四首，果然都是诗人回忆昔日在长安的所见所闻所感。

杜甫离开生活了十余年的长安八年了，尽管他年已五十五，贫病交加，但内心深处，他还是渴望或者说梦想有朝一日再回长安——不仅是在长安生活，更是在长安重走中断了的仕途。哀莫大于心不死，暮年的杜甫在失意与潦倒中犹自渴望为国家效力、为君王效忠的幻想即如是。

短暂的左拾遗生涯，是杜甫一生中最难磨灭的辉煌。所以，他"故国平居有所思"时，首先想起的就是担任左拾遗时的早朝盛况：

蓬莱宫阙对南山，承露金茎霄汉间。

西望瑶池降王母，东来紫气满函关。

云移雉尾开宫扇，日绕龙鳞识圣颜。

一卧沧江惊岁晚，几回青琐点朝班。

首联和颔联写记忆中早朝的大明宫（即蓬莱宫）的地理位置及景象：巍峨的大明宫正对着终南山，承露仙人高耸入云。向西望，可以看到西王母降临的瑶池；向东看，可以眺望老子骑青牛经过的紫气飘浮的函谷关。事实上，大明宫不可能看到瑶池，也不可能望见函谷关，唐宫中也没有汉宫才有的承露仙盘。杜甫用这种夸张的手法，不过是为了极写宫廷的庄严堂皇。当然，也有人说他是借此批评玄宗晚年沉溺道教。

前两联是远景，接下来的颈联则是近景，镜头不断推近：圣上落座后，云彩一样的宫扇缓缓移开，我看到了近在咫尺的圣上，如同太阳照耀龙身上的鳞片一样光华夺目。

尾联是无尽的感慨——抚今追昔，昔年的荣耀随风飘逝，空余回忆以及回忆带来的惆怅：如今，我卧病沧桑的江边小城，惊叹岁月流逝，年华老去，只能徒劳地回忆那时在长安上朝的往事。

夔州瞿塘峡和长安曲江，两者相距千里，好像没有什么关联。不过，在杜甫眼里，它们却能连接在一起。

连接之物便是秋天，秋天的万里风烟。

第六首，杜甫远眺峡口而思曲江，回忆起十多年前曲江游乐盛况，反思玄宗耽于享乐终至天下大乱。盛世这只昂贵的杯子被他亲手制造出来，又亲手摔得粉碎。

> 瞿塘峡口曲江头，万里风烟接素秋。
> 花萼夹城通御气，芙蓉小苑入边愁。
> 珠帘绣柱围黄鹄，锦缆牙樯起白鸥。
> 回首可怜歌舞地，秦中自古帝王州。

远眺瞿塘峡口，让我联想起了曲江头。万里风烟将两地的秋天连接在了一起。当年玄宗修筑了一道夹城，从花萼楼通往曲江，以便前去游赏。没想到安史之乱长安沦陷，芙蓉苑竟然也陷入边愁。在我的记忆中，曲江江头宫殿密布，珠帘绣柱高高矗立，连高飞的黄鹄也被包围了。曲江上，画舫往来，白鸥一次次地惊飞。如今，我在偏远的夔州回首曲江，哀叹秦中自古就是帝王建都之地、享乐之所，实在是可怜至极。

西安西南的绕城高速外侧，沣河与潏河之间，曾有一座周长达四十里的人工湖。那就是汉武帝开凿的昆明池。系汉武帝为训练水军，也为解决长安水源问题而兴建。到十六国时，渐渐干涸。北魏时，进行了大规模修整。所以，杜甫看到的昆明池，是一座波光接天的大湖。湖边，有两块石头，像是传说中的牛郎织女，称为牛郎石和织女石。此外，还用石头雕刻成鲸鱼安放在水边。今天，昔年的大湖荡然无存，只有一个称为昆明池七夕公园的景点。景点内，有一汪周长不过五六里的小湖，名为七夕湖。

杜甫在长安超过十年，长安城里城外的景点，可以肯定，他大多数都去过，而且，有些地方还不止去过一次。当他流落夔州，追忆往事，昔日的游踪与景象自然而然地跃上心头。昆明湖亦如此：

> 昆明池水汉时功，武帝旌旗在眼中。
> 织女机丝虚夜月，石鲸鳞甲动秋风。
> 波漂菰米沉云黑，露冷莲房坠粉红。
> 关塞极天唯鸟道，江湖满地一渔翁。

昆明池是汉朝时开凿的，汉武帝训练水军的军旗仿佛还飘扬在我眼中。岸边的织女石，她织布的机丝空负了明月；岸边的石鲸，它的鳞甲仿佛在秋风中闪动。波浪飘来了沉甸甸的菰米，如同下沉的黑云；露水打湿了莲蓬，残红坠落，如同红粉凋零。当我回想起这些盛景时，我身在夔州。关塞极天，只有鸟儿才能飞回长安。而我浪迹江湖，像一个无家可归的老渔翁。

《秋兴八首》之八，追忆当年渼陂之游——前文已述及，此处不赘。总之，无论是忆昆明池还是渼陂，抑或曲江，其主旨都不外乎忆昔游而叹衰老。

然而，过去种种美好，已随昨日而逝；今日种种不堪，将随今日俱来。

不论气质禀赋、个人旨趣还是人生追求，杜甫与他同时代的那些大诗人都迥然相异。如果说李白与王维选择了逍遥，那杜甫就选择了拯救；如果说高适、岑参倾向于事功，那杜甫就倾向于立言——这选择也许并非他的初衷，而是时代潮流与个人命运合力的结果。

作为中国有史以来最伟大的诗歌之集大成者，杜甫承受了一个文人难以承受的生命之重。他的悲苦、磨难，人生的诸般愁恨不遂，没有让他逃避或沉沦，而是付之以惊人的宽容和忍耐。儒家的温柔敦厚与道家的太上忘情如此对立又如此统一。

　　我们读李白或其他诗人的诗集，难以还原或比较难以还原他们的真实生活及真实心路历程。但杜甫不同，他的诗歌同他的生活以及他的"最好的时代、最坏的时代"水乳交融，难分彼此。因之，唐人孟棨才在《本事诗》中说："杜逢禄山之难，流离陇蜀，毕陈于诗，推见至隐，殆无遗事，故当时号为诗史。"

　　打开杜甫全集，那一千四百多首长长短短的诗作，既是一个儒家知识分子一生命运的真实写照，也是一个由盛转衰，由治而乱的大时代的悲壮长歌。

　　国家不幸诗家幸，诗家不幸后人幸。

10

　　有了柏贞节照料，应该说，杜甫一家的生活水平在中产以上。但是，对杜甫来讲，夔州仍是不宜久居的异乡。并且，与成都相比，还有更多不如人意处。

　　第一，夔州天气炎热。比如他到夔州的永泰二年（766），夔州一带春旱连夏旱，数月未雨，江水枯竭，水中无行舟。杜甫本是北人，从未经历过南方暑热，他烦闷不已，晚上点根蜡烛也觉热不可挡，束根腰带竟有如芒刺。

　　令人感动的是，当杜甫困于暑热时，他却念及征夫戍子，感叹他们在烈日下劳作，更加酷热难当——其情其理，依然是《茅屋为秋风所破歌》所传达的浓烈的仁者情怀。

　　第二，当地的生活习俗也令他颇感不适。夔州期间，长江中的一种鱼给杜甫留下了深刻印象。这就是黄鱼。他在《戏作俳谐体遣闷二首》中说夔州"家家养乌鬼，顿顿食黄鱼"。此外，他还有一首诗专写黄鱼，题目就叫《黄鱼》：

> 日见巴东峡，黄鱼出浪新。
> 脂膏兼饲犬，长大不容身。

> 筒桶相沿久，风雷肯为神。
>
> 泥沙卷涎沫，回首怪龙鳞。

黄鱼是什么鱼呢？当然不是产自海洋的大黄鱼小黄鱼。《尔雅》郭璞注解说："鳣，大鱼……肉黄，大者长二三丈，今江东呼为黄鱼。"

那么，鳣鱼又是什么鱼呢？《古代汉语词典》解释说：鲟一类的鱼。

由此可以确定，杜甫笔下的黄鱼，其实就是中华鲟。

奉节县秦汉时名为鱼复县，蜀汉时改名永安，以后两晋南北朝仍名鱼复，直到唐朝贞观年间才改名奉节。

鱼复这个名字的来历，源于梅溪河东岸八阵图下面的沙洲。据说，下游洞庭湖一带的黄鱼每年溯游到此产卵，然后复返洞庭，故名鱼复。

中华鲟喜聚于河流入海口，每年秋季洄游，在江河上游的深潭或是水流湍急的岩石壅积处产卵。看来古人的记载诚不我欺。

今天已因稀少而列入一级保护动物名录的中华鲟，在一千多年前的唐代却是一种非常滥贱的东西。不仅生活在长江之滨的人们顿顿以之为食——从"家家养乌鬼，顿顿食黄鱼"的诗句中可以充分感受得到，杜甫对永远也吃不完的黄鱼颇为反胃。甚至，黄鱼实在太多——体长两三丈的黄鱼，几百上千斤，没有冰箱的年头，要想多保存几天也不可得，人又吃不完或是吃得生厌，只好用来喂狗。一方面，杜甫赞美夔州雄奇的山水；另一方面，又对恶劣的风俗深恶痛绝。他总结为："形胜有余风土恶。"

第三，夔州虽是川峡中最繁华的城市，但群山阻塞，仍然是远离京师的偏僻荒远之地。

第四，对杜甫优礼有加的柏贞节调离了夔州，舅氏崔卿翁暂摄州事仅三五个月，也离开了夔州。很可能，新任夔州刺史与杜甫并无交情，或是淡交，不再给予杜甫必要的照顾。

是故，虽然杜甫偶尔也有终老夔州的念头，但这念头总是一闪即逝。只要有机会，他还是想出峡，还是想回关中或河南。最不济，也要先顺流而下，到荆楚再做打算。

就在这时，许久未联系的弟弟杜观忽然来信了。

四个弟弟里，小弟杜占长期跟随他。杜甫出川时，有一种说法是，杜占并未同行，而是留在了草堂。后来成都华阳一带的杜姓，就是他的后裔。杜颖和杜观，多年流落山东；杜丰"独在江左，近三四载寂无消息"。

客居夔州期间，杜观忽然给杜甫来信，并随后赶到夔州。兄弟俩约定：杜观返回蓝田迎接家小，尔后在江陵与杜甫相会。江陵既地处长江之滨，又距长江支流汉水不远，是由荆楚通往关中的要津。因此，当关中又一次陷入战乱，而杜甫回关中的愿望无法实现时，他希望和弟弟一起，暂居江陵，一俟战乱平息，就可从荆襄大道北返。

杜甫与杜观约定暂住江陵，除了江陵地处荆襄大道，交通方便外，还有另一个重要原因，那就是杜甫的堂弟杜位，在荆南节度使兼江陵尹卫伯玉手下任行军司马。至于卫伯玉本人，也与杜甫系旧交。期望得到杜位和卫伯玉的照顾，乃是杜甫卜居江陵的题中之意。

大历三年（768）初，杜甫再次接到杜观来信。杜观告诉他，他已在江陵下辖的当阳县找到了居处，请他携家前往。

于是，杜甫决定在正月中旬出峡。杜甫把亲手打理的四十亩果园和草堂都送给了他称为南卿兄的一个朋友，并于大历三年（768）正月买舟东下。正是在前往江陵的客舟上，杜甫想象了他的晚岁生活：在江陵暂居一阵，待时局稳定，即返北方，与兄弟们团聚。从此，像隐居杜陵的蒋诩和隐居东陵的邵平那样，不问世事，唯与兄弟们杯酒相娱。

正月却没能成行，大约是颇多杂事需要处理。直到二月中旬，杜甫一家终于踏上了东去的客船。然而，临行之际，杜甫却"入舟翻不乐，解缆独长吁"——毕竟，夔府孤城，他生活了一年又九个月。瀼西的果园，东屯的稻田，以及几处草堂，都倾注了他无限心血。他在这座小城里，有过属于自己的悲愁与欢乐，更有过属于自己的杜鹃啼血般的吟哦。

据浦起龙《少陵编年诗目谱》统计，杜甫现存诗作，从创作时间来看，始于二十五岁，止于五十九岁，共计一千四百五十八首。夔州生活近两年，作诗四百三十二首。此数据表明，夔州的创作时间虽然只占诗人全部创作时间的约百分之六，却写出了占总数约百分之三十的作品。另据仇兆鳌统计，数字虽有小差别，比重仍然差不多。

　　并且，尤其重要的是，夔州期间不仅作品数量多，质量也高。可以说，经过多年历练，诗圣的诗艺已趋化境，炉火纯青。比如黄庭坚认为："观杜子美到夔州后诗，韩退之自潮州还朝后文章，皆不烦绳削而自合矣。"王十朋则说："夔州三百篇，高配风雅颂。"

第十二章

曲终

江汉思归客，乾坤一腐儒。

——杜甫

我们存在而又不存在。

——赫拉克利特

1

通过一条长长的风雨廊，我从白帝镇倚靠的子阳山麓走进业已成为孤岛的白帝城。我的左侧是草堂河，由于三峡蓄水，水位高涨，形同湖面；右侧是滚滚而来的长江。站在白帝城东侧眺望，便是 1995 年发行的十元人民币背面图案：夔门。

长江左岸的赤甲山上，邻江的水滨，是曾经的瞿塘关；长江右岸的白盐山，山腰台地上错落着白色、灰色的农舍。在两岸壁立千仞的危岩夹峙下，江面急剧收缩，最窄处不到五十米，望之如门，故曰夔门。急流奔涌，形成了杜诗所描绘的"众水会涪万，瞿塘争一门"的壮观景象。

从白帝城前顺江而下，两三公里的地方，江畔的大山变得愈加陡峭，褐色岩石直插蓝天。这里，是瞿塘峡的组成部分：风箱峡。峭壁上有几条石缝，其中一条石缝里，横放着一些长方形木匣。当地人相传，这是鲁班放在那儿的风箱——风箱峡这名字就是这么来的。

多年来，尽管江面上船来船往，人们对所谓鲁班的风箱到底是什么东西，并不曾进一步探索。因为，崖太陡，壁太险，根本上不去。

直到 20 世纪 70 年代，几个特别擅长攀爬的采药人，冒着掉进江中以及被头顶滚落的石头击中的危险，登上了风箱所在的石缝——他们发现，长方形木匣子，压根儿不是风箱，而是棺材。

　　原来，这就是曾经生活在三峡地区的巴人遗留的悬棺。后来，经过对棺材中带回的各种文物的鉴定，确认这些悬棺放置于战国或秦汉时期。也就是说，来往于三峡的公孙述、刘备、诸葛亮、李白和杜甫都见过它们，只不过不识庐山真面目而已。

　　自奉节东下，直线距离只四十公里处便是巫山，公路有沪蓉高速和国道348两条。我想找一条临江公路，以便近距离地观察长江。但是，由于三峡一带山势高峻，并没有哪怕一条乡村公路可以从奉节县城翻越峡谷两侧的大山直抵巫山县城。

　　无论高速公路还是国道，在经过了草堂河附近的互通枢纽后都进入了山区，长江被屏障般的山峰阻隔在了南边。当我再一次见到浩荡的江水时，巫山县城到了。

　　如同奉节一样，巫山县城也是决定修筑三峡大坝后搬迁新建的。因此，杜甫曾经停留饮酒的巫山老城，早就沉入了静水深流的江底。

　　杜甫的客船大概只要大半天时间，就能穿越夔门与瞿塘峡，从奉节来到巫山。杜甫抛锚系缆，是为了参加一场为他举行的饯别宴。

　　主人叫唐旻，乃中宗时宰相唐休璟的孙子，原任汾州刺史，前不久得罪朝廷，配流施州（治今恩施），因事路过巫山。

　　杜甫身体很差，拄着拐杖出席了宴会。席间，照例有歌舞助兴。不过，一旦联想到以老病之身行走万里江湖，歌声竟引得杜甫泪流满面。

　　比较好玩的是，唐十八（唐旻）姓唐，杜甫姓杜，但据说唐姓和杜姓都出自上古祁姓，杜甫便把唐十八称为族弟。杜甫，乃至唐人，都喜欢扯亲戚关系，一个姓的，多半要看看家谱、班辈，以确定称号；不是一个姓的，转弯抹角也能扯成兄弟。

　　我看过一些巫山老县城的照片。在长江北岸、大宁河西岸一片稍缓的坡地上，房屋如甲虫，高高低低地爬在斜坡上。其中，有不少是用细长的梁柱从低洼处支撑起的吊脚楼——这种吊脚楼，杜甫并不陌生，他在云安居住过的水阁和在夔州居住过的西阁当如是。

今天的巫山新县城，与老县城方位一致，均在大宁河汇入长江的西侧，只不过较老县城后退了许多。

回水上涨，原本深陷峡谷中的大宁河变得像湖面一样宽阔。从大宁河口起，到巴东县官渡口止，这一段九十里长的江面，是为三峡第二峡：巫峡。

大宁河是长江北岸的一条支流，全长只有两百多公里，发源于大巴山，在巫山县城东边注入长江。大宁河河口，也就是巫峡起点。就像长江有三峡一样，大宁河也有三峡，称为大宁河小三峡，简称小三峡。

小三峡由龙门峡、巴雾峡和滴翠峡组成，全长约一百里。大宁河水清天碧，两岸竹树掩映，有人认为它具有山奇雄、水奇清、峰奇秀、滩奇险、景奇幽和石奇美的特点。

名不见经传的马渡河是大宁河的支流，发源于神农架。非常奇妙的是，马渡河上也有三座峡谷，这三座峡谷全长三十里。河道两岸，山峰奇峻，倒吊着千奇百怪的石钟乳。

于是，在巫山，便形成了如同俄罗斯套娃一样的峡谷风景：从长江三峡沿大宁河进入大宁河小三峡，从大宁河小三峡再进入马渡河小小三峡。

巫峡以东是西陵峡。西起香溪口，东到南津关。

西陵峡既是三峡中最长的——全长超过一百二十里，也是一座由多个峡谷组成的大峡谷群。它以滩多水急著称，是令来往船夫谈虎色变的险恶之地。不过，与它的险恶相比，西陵峡雄奇的风光更令人陶醉。

初唐四杰之一的杨炯行经西陵峡时，在诗中说西陵峡"绝壁耸万仞，长波射千里"。唐宋八大家之一的欧阳修曾在宜昌做官，西陵峡是他多次出游的景点，他称道："西陵山水天下佳。"

从瞿塘峡口的白帝城到南津关，深流于高山峡谷间的长江终于渐渐流入了越来越广阔的平原。南津关口，两山相对，江面仅有数十丈宽，及至江流出峡，江面猛然扩展到十倍以上，给人一种"潮平两岸阔，风正一帆悬"的豁然开朗之感。

从秦州到同谷，从同谷到成都，杜甫均有非常详尽的纪行诗。但此次离夔出峡，却只有一首四十二句的长诗。从中，可以略窥其穿越三峡之所见所感：峡窄船转，时闻猿啼；客舟逐水，屡惊水鸟。逼仄之处，石头上的苔藓好像要碰到手中的拐杖。空山积翠，寒气侵人肌肤。峭壁排列如剑，气势森严。泉水从上面跌下来，水珠四溅。藤萝交织，山林变得十分幽暗。树木荣枯相继，呈现出深浅不一的色彩。杜甫记忆最深刻的是鹿角峡和狼头峡。其时，小船在跌宕的江水中颠簸，水声轰鸣如雷，船上装书的箱子跌落甲板，一些行李也被溅上来的江水濡湿了。杜甫很害怕，不过，他强作镇静，宣称："恶滩宁变色？高卧负微躯。"

2

荆州是一座历尽沧桑的古城。

行走在城墙上，尽管修复后的墙垛和地面已不复当年古意，但马道上的铭文砖却如同时间的探针，伸进了幽暗的历史洞穴。

从曾经的楚国都城，到后来的南方重镇，荆州发生过太多重大事件，也曾有过太多大人物光临。

无端地，我认为，与荆州有关的众多古人中，杜甫多半会对其中一个最为感同身受。因为，他俩都是不得意的异乡飘零客。

此人即王粲。

王粲字仲宣，建安七子之一。中原板荡，王粲南下荆州依刘表，但不为刘表所重。在荆州，他写下了名篇《登楼赋》。

为纪念王粲，在荆州、襄阳和当阳均建有仲宣楼。不过，原版的仲宣楼均化为灰烬。襄阳城东南的仲宣楼建于 20 世纪 90 年代，荆州城东南的仲宣楼只是一片台基遗址。

古人总是怀念更古的人。李商隐曾写下过"贾生年少虚垂泪，王粲春来更远游"的诗句，把王粲与贾谊相提并论。比李商隐更早的杜甫，则以王粲自喻。王粲流落荆州，登楼怅望，希望回到北方，他的诗作屡屡表达了这种情怀："荆蛮非我乡，何为久滞淫。复弃中国去，委身适荆蛮。"杜甫写于夔州的《一室》则说："巴蜀来多病，荆蛮去几年。"

与王粲相比，杜甫的命运更加糟糕——登楼怀乡的王粲，最终回到了北方，并深受曹操父子信赖。而以王粲自喻的杜甫，不仅没得到过任何大人物的重用，甚至，就连回北方也是镜花水月一场空。

大历三年（768）暮春的一场细雨里，杜甫一家冒雨走进了杜位宅邸——还有一种可能是，他先把家小送到了当阳，再只身前往荆州。

杜甫的主要投奔对象，或者说他预想中的靠山即从弟杜位和卫伯玉。卫伯玉是京兆三原人，幼习武艺，有勇力，早年在安西从军。肃宗即位后，他从安西回长安，领神策军兵马使，屡次大败史思明，以战功封芮国公，拜江陵尹兼御史大夫，充荆南节度使、观察使，乃是统辖一方，上马管军下马管民的封疆大吏。

关中因吐蕃入侵，肃宗一度打算巡幸江陵，卫伯玉的仕途再次进步：封城阳郡王，加检校工部尚书，开府仪同三司。可以说，在杜甫的朋友中，卫伯玉的政治地位是最高的。

卫伯玉封王时，杜甫尚在夔州，急忙写诗相贺。卫伯玉之母因卫之故加封邓国太夫人，杜甫又急忙写诗道喜。居夔州而思荆州，杜甫预先做了不少铺垫。当他舟次夷陵时，再次寄诗卫伯玉，称赞卫"玉门高德业，幕府盛才贤"。

接下来半年，《杜甫全集》隐约而真实地反映了诗圣的生活：那些看题目即知是应酬文字的诗作表明，因为卫伯玉，也因为杜位，江陵官场对做过左拾遗的著名诗人杜子美先生上请下迎，而杜甫也拖着老病之躯四处应酬。除了酒桌上推杯换盏，免不了还得写一些应景的奉迎文字。

入夏，作为封疆大吏，卫伯玉派幕僚向蕚前往长安，向朝廷进奉端午御衣。当年，杜甫在左拾遗任上，也曾享受过端午赐衣的恩宠。时过境迁，此一时也彼一时也，这不禁令杜甫感喟万千。然而，他也只能在诗里颂扬卫伯玉，把他和远祖杜预相提并论："尚书勋业超千古，雄镇荆州继吾祖。"末了，仍不免自感惆怅，于是告诉向蕚："卿到朝廷说老翁，漂零已是沧浪客"——老杜自作多情了，他这个十多年前的小京官，除了少数亲朋外，衮衮诸公，有几个还记得他，还把他放在心上？"冠盖满京华，斯人独憔悴"的时代，不得意者将被视为失败者淘汰出局。就像民间俗语说的那样："不信但看筵中酒，杯杯先敬富贵人。"至于流落江湖，孤苦无依的穷酸诗人，从来都是被轻看的、忽略的、遗忘的。

几个月后的深秋时节，杜甫又做出一个重大决定：他要离开此前心心念念，抛下夔州果园与草堂去投奔的江陵。

他的一首五律，透露了离开的原因：

> 羁旅知交态，淹留见俗情。
> 衰颜聊自哂，小吏最相轻。

诗人作客既久，长期寄人篱下，故而对人情世故特别敏感。他所依靠的权贵，或许出于礼节，或许出于其他原因，对诗人多少保持着一份或真或假的尊重。但权贵手下那些最会察言观色的小吏，却往往对诗人不恭不敬——显著例子就是前文说过的柏贞节手下的园官，专拣野生苦莴苣送杜甫。汪灏认为，"久客，无人不相轻，而小吏为最"，其间的尴尬与恼火，恰如杜甫另一首诗痛陈的那样：

> 苦摇求食尾，常曝报恩腮。
> 结舌防谗柄，探肠有祸胎。

那么，他打算去哪里呢？杜诗同样有透露："闻汝依山寺，杭州定越州……明年下春水，东尽白云求。""为问淮南米贵贱，老夫乘兴欲东游。"

他打算顺流而下，前往江南。一方面，江南是他年轻时的旧游之地，给他留下了美好而深刻的印象，他要故地重游；另一方面，他的弟弟杜丰，多年没有消息，听人说现居江南某地。因而，重游江南和探寻弟弟便可合二为一。在游览了江南后，再沿大运河北上，即可回到洛阳。

离开总是痛苦的，尤其是离开那些原本寄托了无限希望的人与城。

秋深了，杜甫从荆州府所在的江陵城——今荆州古城——前往长江边的南浦，从那里上船。他又一次想起了王粲，同时还想起了阮籍："苍茫步兵哭，展转仲宣哀。"自悲身世，自叹浮沉的老杜，唯有向死去多年的古代同行借一些力量：既然这些前贤也曾漂泊也曾迹若转蓬，既然这些前贤也曾怀才不遇，那么，我又何必为自己的漂泊与不遇而过分悲叹呢？就像一个重病的人，看到更多的人也身怀重病，他一方面同病相怜，一方面又以此自慰：既然我们生活在这样一个多病的时代，那也只好认命了。

3

自从有了遥感技术，人类就得以从渺远的高空俯瞰自己生息的大地。对这种从太空发回的照片，我有一种莫名的敬畏：原本辽阔的山河被浓缩到一张小小的照片上。地图虽然也可以缩地千里，却没有遥感照片来得真实，具体。

在一千公里高空，当卫星对着中国大地拍摄时，我看到了一片赭黄中夹杂着一些淡蓝，淡蓝中的一小部分，静静地淌在湖南北部。当卫星更靠近，这片淡蓝的小部分变大了，略似一只扭曲的葫芦。

这就是洞庭湖。

水网密布的湖北南部和湖南北部，河流密如藤蔓，湖泊便是藤蔓上结出的大大小小的果实。洞庭湖无疑就是这些果实中最硕大也最甜蜜的那一个。

古人云："四渎长江为长，五湖洞庭为宗。"意思是说长江、黄河、淮河、济水四水，数长江最长；洞庭、鄱阳、太湖、巢湖、洪泽湖五大淡水湖，以洞庭为首。这不仅是就洞庭湖当时面积最大而言，也与洞庭湖在文化史上的重要地位有关。这片浩荡的湖水是和屈原、孟浩然、李白、杜甫、白居易、刘禹锡、韩愈、李商隐、范仲淹等光照千秋的名字连在一起的。作为中国第二大淡水湖，即便在湖区不断缩减的今天，洞庭湖面积依然超过两千平方公里，相当于两个县的辖地。

岳阳是洞庭湖东北岸的一座城市，古称岳州。如果说这座城市的自然地标是洞庭湖的话，那么它的人文地标则是洞庭湖畔的岳阳楼。岳阳楼正对君山。君山本是湖中一座小岛，如今已与陆地相连，成为半岛。岳阳楼北上不到十公里，洞庭湖的浩浩大水归入长江。

所以，杜甫从江陵南下，经公安、石首等地，再溯洞庭而南，泊舟于岳阳楼下。

一个酷热的夏日午后，我和湖南作家贺学群兄又一次来到岳阳楼。尽管头顶烈日高悬，景区依然人头攒动。时值汛期，凭高凌远，但见碧波荡

岳阳楼

漾，衔远山、吞长江的气势如唐如宋。上一次到岳阳楼是数年前，时逢冬季，水落湖瘦，黄叶飞扬，断雁悲鸣西风。是另一番景象。

杜甫登临岳阳楼，也是冬季。那是一次百感交集的凭栏，杜甫吟成了他平生最优秀的作品之一《登岳阳楼》：

> 昔闻洞庭水，今上岳阳楼。
> 吴楚东南坼，乾坤日夜浮。
> 亲朋无一字，老病有孤舟。
> 戎马关山北，凭轩涕泗流。

如今的岳阳楼景区，与杜甫相关的，除了这首诗，还有湖畔一座小小的亭子，系 20 世纪 60 年代所建。亭上有匾额，题曰：怀甫亭。系朱德所书。左右廊柱上悬着一副对联，出自书法家吴丈蜀："舟系洞庭，世上疮痍空有泪；魂归洛水，人间改换已无诗。"亭里，用玻璃罩保护着一块石碑。正面，刻着杜甫像和《登岳阳楼》；背面，是关于杜甫的生平事迹。

石刻的碑文终会湮没，木石的亭子也必将倒塌，唯有方块字写就的诗篇，才能融进后来者的灵魂与血脉。

深冬到达岳州城下，杜甫在这里小住了两个月，直到春天才又启航。

为何耽搁如此之久？杜诗没有给出答案。原因可以猜测：很大可能，到底东下江南与否，杜甫有些犹豫。因为，与此同时，他还有另一个选择，那就是南下——杜甫把这称为南征。南下或南征的目的地是衡州（治今湖南衡阳）。

他最早的朋友之一韦之晋于大历二年（767）被朝廷任命为检校秘书监、衡州刺史，此外还兼湖南都团练使、守捉使和处置使等职，也是有名有实的主政一方的高级官员。

前文讲过，韦之晋赴任时曾途经杜甫寓居的夔州，两人相聚时一定有约定，即杜甫在必要时，可以前往衡州，韦之晋将提供援助。岳州城下，很可能，杜甫得到了韦之晋欢迎他前往衡州的确信。

这样，在"南征问悬榻"还是"东逝想乘桴"之间，杜甫心中的天平

岳阳楼侧的怀甫亭

偏向了南征。

岳州两个月期间，杜甫似乎一直居于客舟上。冬日的洞庭湖，大雪飘飞，严寒刺骨。有一天夜晚，邻近的一条船上，有人吹筚篥。筚篥是一种从西域传入中土的吹奏乐器，木制，其音悲凉，又称悲篥。杜佑《通典》说："筚篥，本名悲篥，出于胡中，其声悲。"

天寒地冻，雪花飘飞，湖水呜咽，这本身就是一种令人悲愁的景象，更何况孤灯夜泊，突然听到一阵阵悲凉的筚篥声呢。杜甫夜不能寐，万千心事，涌上心间：

> 积雪飞霜此夜寒，孤灯急管复风湍。
> 君知天地干戈满，不见江湖行路难。

小住期间，杜甫与岳州官员亦有交往。一日，大风不止，复又夹杂着雪花，杜甫枯坐孤舟，百无聊赖，很想饮酒。他以诗作笺，邀请一位姓郑的判官，一起到城里寻酒共饮。

初春，应岳州刺史裴某之邀，杜甫再次登上岳阳楼。雪后初霁，江岸的梅花已经开了，春天正在降临人间。也就在此时，杜甫决定南下衡州，投奔韦之晋：

> 湖阔兼云雾，楼孤属晚晴。
> 礼加徐孺子，诗接谢宣城。
> 雪岸丛梅发，春泥百草生。
> 敢违渔父问，从此更南征。

洞庭湖是湘江的终点。因此，杜甫离开岳州后的行踪，便与日夜北流的湘江纠结在一起。

湘江两岸，我一路寻访诗圣的漂泊之路。时光荏苒，一梦千年，大多数地方，不仅遗迹早就消失，甚至就连地名都已更改，至多留下地方志里的简略文字或是后人修造的纪念性建筑。

　　白沙驿是杜甫当年泊舟的地方，如今，它叫营田镇。湘江由南向北，从镇子西边流过。码头上，停靠着不少船只，以货船和挖沙船为主。杜甫的泊舟之处，大概就在左近。那是一个初春的黄昏，杜甫自洞庭湖、青草湖而来，连日不见人烟，荒郊野岭中的白沙驿，对他是一种淡淡的安慰。他看见湖边的大堤上野草初萌，月亮从东天升起，跳出烟波淡扫的水面。

　　不过，今天的白沙驿——或者说营田，已经找不到任何与杜甫相关的东西了。营田既是一个镇，又是岳阳下辖的屈原管理区机关驻地，所以，当地人常把营田叫作屈原。镇上，到处可见用屈原命名的机构：屈原中学、屈原小学、屈原法院、屈原医院——原来，营田位于湘江和汨罗江之间，而被余光中称为蓝墨水上游的汨罗江，众所周知，它是屈原跳水自尽处。距营田十多公里的江畔，建有纪念屈原的屈子祠。

　　杜诗中，有一首题为《祠南夕望》。有人认为，杜甫写的是湘夫人祠，也有人通过诗中提到了和屈原有关的山鬼，认为写的是屈原祠。不过，无论如何，我如今看到的屈子祠，都不是杜甫看到的那一座了。它们一建于汉，一建于清。当年，差不多穷途末路的诗圣行经屈子祠时，想想这位同样报国无门的先贤，他心里到底是多了一丝宽慰，还是添了一丝忧伤？

　　极为炎热的午后，我独自在偌大的屈原文化园游荡。这个 AAAA 景区，除了清代所建的屈子祠还保存较好外，其余景点均是近些年打造的。游道旁的池塘里，荷叶田田，下面蹲伏着青蛙，一动不动，像在纳凉。

　　作为核心的屈子祠，大门造型别致。高高的白墙，中间嵌入红色支柱，上顶黄色和绿色的琉璃。三道门，左右相对较矮，将正中那道紧紧拱卫。屈子祠所在的小山叫玉笥山，据说屈原放逐时曾居住于此，并在附近的汨罗江自尽。早在汉朝，屈子祠就出现了。不过，古代祠址无考，到了清朝乾隆年间，才移建到今天位置。

　　从景区出来，我在大门外的餐馆用餐时发了一条朋友圈。三分钟后，贺学群兄的电话来了——于是，便有了几个小时后的第二次岳阳楼之行。

　　萧条异代不同时，不论屈原还是杜甫，其实，他们的命运，屈原在《离骚》中早就有过预言："亦余心之所向兮，虽九死其犹未悔。"

　　屈原如是，杜甫如是，千百载之下，一切有担当有情怀者俱如是。

营田上游的乔口，比营田更小。不过，从杜甫的唐代到今天，它的名字从来没变，一直叫乔口——乔江在这里注入湘江，是以得名。

在一条名为古正街的老街上，我看到了杜甫客栈的店招。客栈有一副对联，道是："君来客栈怀诗圣，我到乔江觅旧踪。"如果不是天气太热，而我又急着赶路，颇想在小镇住上一晚。走进杜甫客栈附近的小巷，有一家杜甫茶座。过了杜甫茶座，小巷尽头是一座亭子，名曰杜甫亭。杜甫亭里，立了几块碑，连同亭基的石壁上，都刻着与乔口有关的诗——杜甫两首，范成大一首，一个叫杨瑞的清人一首。亭子外，长廊曲折；长廊下临水处，用木头搭建成迷你广场。骄阳似火，一个身着保安制服的老年人坐在长廊下打瞌睡，在他脚下，一只竹筛子盛满花生，正在接受烈日暴晒。长廊外，一池湖水清碧。湖东，便是杜甫泊舟的乔江。

到达乔口时，春色已深，树木开花，群蜂癫狂，燕子忙着啄泥筑巢，日落时却冷风萧萧。杜甫感慨自己本想回长安，谁知背道而驰，"漠漠旧京远，迟迟归路赊"。

杜甫亭附近的另一条巷子里，深藏着始建于宋朝的乔江书院。院中，附有小小的三贤祠。三尊像立于大堂，乃是：屈原、贾谊、杜甫。

书院张贴的介绍文字称，早在宋徽宗时，书院就立了屈原、贾谊和杜甫像，并命名为三贤堂。从元朝开始，乔江书院迁至三贤堂内。明初，毁于兵火，后又重建。至于我现在看到的书院和三贤堂，则是 2011 年出品。书院内设有讲堂、图书室、书画室、报刊阅览室和培训教室，功能相当齐全。唯一缺少的是人——书院空无一人，老旧的板壁散发出刺鼻的霉味，像一本尘封已久的线装书。

杜甫从岳州南下时，除了可能去过屈子祠外，泊舟乔口，他也会想起贾谊："贾生骨已朽，凄恻近长沙。"屈原忧国忧民，却不得不在国破之际自沉汨罗；贾谊心系汉室，却被贬窜长沙。

三位中国文化史上的著名人物，怀着相同的政治理想，理想却带给他们各不相同的灾难。我想，用杜甫的话来说，乃是"怅望千秋一洒泪，萧条异代不同时"。

我也非常赞同程千帆及其高足莫砺锋的论断："在屈骚和杜诗中所蕴含的忧患感和责任感是我国古代文学中最具有积极性的精神财富。从这个意义上说，杜甫乃是屈原精神的最好继承者。"

　　乔江在湘江西岸，乔口镇距湘江大约两里。在乔口夜宿后，天明，杜甫顺乔江进入湘江，再溯湘江南行。春天多风，只行了不到二十里水路，在一个叫铜官渚的地方，风越来越大，他只好停船避风。

　　铜官渚，如今的名字是铜官镇，位于湘江东岸。春秋战国时期，楚国盛产铜矿，铜官一带就是产地之一，楚国在这里设置管理机构，故得名铜官。

　　到了杜甫的唐代，铜官不再以产铜而是以产陶闻名。铜官窑又称望城窑、长沙窑，是釉下彩技术的发源地。尤为有意思的是，20 世纪 50 年代，在铜官镇出土了一批唐朝及五代陶瓷，陶瓷上，居然刻有一百多首唐诗。

乔江边的杜甫亭

今天的铜官镇，打造了铜官古镇和长沙铜官窑国家考古遗址公园，并且，还有不少陶瓷生产作坊，以及必不可少的出售陶瓷品的商店。

回首当年那个春天，杜甫在船上远远地看到镇上烧窑的烟火，误以为农民在烧荒："水耕先浸草，春火更烧山。"

这首诗的题目叫《铜官渚守风》。所谓守风，就是等候适合船只行驶的风势。铜官镇的一条小巷里，两堵屋墙之间，有一个长方形水池，水池上横着一条小船，船上方悬起的木板上，有五个黄色大字：守风亭遗址。就是说，为了纪念杜甫的铜官渚之行，后人在这里建了亭子。只是，时代久远，亭已不存。

乔口镇三贤祠，供奉着屈原、贾谊和杜甫

　　铜官渚下游便是荆湘重镇潭州，即今长沙。杜甫在这里短暂停留，他登岳麓山，访道林寺和麓山寺——至于今天已成长沙地标的岳麓书院，杜甫时代，它还在未来的母腹孕育。

　　如同三贤祠把屈原、贾谊和杜甫并列一样，很显然，当毕生不得志的杜甫漂泊湖湘大地时，他最容易想到的古人就是命运相似的屈原和贾谊。贾谊曾贬长沙，他在长沙的故居，据记载，自西汉到当代，已重修六十四次。

　　故居位于长沙的一条步行街，很不起眼地淹没在了房子与房子之间。青色的墙上是白色的门框和褐色的大门，唯有两个巨大的乳钉呈现刺目的金黄。去贾谊故居，已是十几年前。那同样是一个炎炎夏日，长沙气温高达 40℃。我和湖南诗人远人自东北漫游归来，在等待从长沙开往成都的火车期间，还有三五个小时的空闲，于是，我提议去了贾谊故居。印象中，故居很逼仄，站在庭院里，有一种坐井观天的错觉。除了我们，也没有其他游人。在故居里走了一圈，拍了几张照片，走出门时，身上的衣服已被汗水湿透了。

　　毫无悬念，杜甫也前往贾谊故居凭吊并作诗："贾傅才未有，褚公书绝伦。名高前后事，回首一伤神。"

　　古人总是怀念更古的人——与他们命运相近的人，遭遇相似的人，理想相仿的人——这种不绝如缕的怀念，既是一种苍凉的自励，也是吾道不孤的坚持和倔强。

4

　　大历四年（769）春天，五十八岁的杜甫在潭州短期停留后，复又起锚向南，继续他的前往衡州投奔韦之晋之旅。是时，湘江两岸，春花烂漫，客舟左右，燕子啁啾。宿酒醒来的杜甫坐在船头，在溯流而上的缓慢航行中，他又一次想起了才高遭嫉的贾谊，以及因言获罪的褚遂良——他们二人都被贬到了长沙：

夜醉长沙酒，晓行湘水春。
岸花飞送客，樯燕语留人。

贾傅才未有，褚公书绝伦。

名高前后事，回首一伤神。

　　从杜甫留下的纪行诗可知，出潭州后，他的小船迎着滔滔湘江水，一路向南而行，其间经过了凿石浦、津口、空灵岸、花石戍和晚洲等地——千年之后，湘江不改，而老杜曾泊舟曾路过的这些地方，有的只留下了一个地名，有的连地名也不再。

　　湘江基本呈南北流向，但它不可能是一条直线。在湘潭境内，它忽然由南北向转为东西向，近六十里后，再转为南北向。于是，江流便将株洲天元区围绕成一座半岛。这座半岛上一个叫凿石浦的地方，杜甫在那里宿了一夜，并留下了《宿凿石浦》。地方文献记载，为纪念杜甫在这里度过的一夜，宋代建有杜甫草堂，江边石壁上，曾刻有大书法家米芾所书"怀杜崖"三字；清代又建有杜甫像。时至今日，所有这一切都已消失。据丘良任在《杜甫湘江诗月谱》中说，他曾于1986年初寻访凿石浦遗迹，此地"湘水回曲，巨石矗立，正可避风"；并称："我们访问了当地的仇姓、王姓二位老人，都说石壁原有'怀杜崖'三大字，50年代初大兴水利，在此取石，被炸掉了。现河滩还有很多碎石。崖顶原有杜公亭，抗日战争时，村民还在此躲敌机，一九四九年前已倾圮了。"

　　而今，就连凿石浦的准确位置也难以厘清了。倒是天元区下属的栗雨街道，有不少冠以凿石的地名和单位：凿石村、凿石路、凿石小区、凿石小学、凿石幼儿园……

　　从凿石浦南行三十余里，湘江东岸，是杜诗里称为津口的地方——津口本名渌口，它既是株洲下辖的渌口区驻地，也是渌口区下辖的渌口镇。乔口位于乔江入湘江的河口，得名乔口；渌口位于渌水入湘江的河口，得名渌口。两江交汇的岸边，有一座庙宇，乃是纪念关羽的关圣殿。以常理度之，当年杜甫系舟的地方，应该就在关圣殿门前这片水域，而非更远处的渌口镇。

　　自渌口而南不远，湘江西岸出现了一列起伏的山峰，山崖面江矗立，宛如城墙，名为空灵岸。杜甫的小船从空灵岸前经过时，他看到红色的石

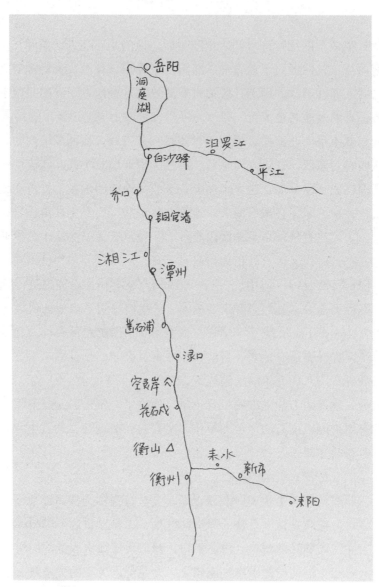

杜甫湖湘漂泊路线

头高耸，枫树和桧树茂密生长，遮掩了峭壁。暮春时节，丽日高悬，景色和美。就在这座幽静的山上，深藏着一处红墙黄瓦的庙宇，即建于南梁时期的空灵寺——至今，空灵寺依旧梵音缭绕。杜甫舍舟上岸，游观了好半天，中午时分才重又出发。

当天傍晚，他来到了空灵岸以南约八十里的花石戍，"午辞空灵岑，夕得花石戍"——这也为我们推断杜甫乃至唐时的水路旅行速度提供了证据：逆水，半天可行七十里，则一天可行一百四十里，速度不算慢。

行程愈往南方，天气愈加温暖，暮春时节已有初夏感觉："地蒸南风盛，春热西日暮。"夕阳返照时，杜甫信步来到岸上，策杖而行。沿途，杜甫看到河面开阔，两岸长满各种树木。经行的村落，却不见人烟。唯有菜园里，泉水汩汩流淌，房前屋后，摆放着农具，柴门却荒芜得像很久没开关过了。人都到哪里去了呢？杜甫一下子就联想到持续多年的战争与动乱，朝廷向人民征收重赋，人民不得不逃往深山。杜甫感慨："谁能叩君门，下令减征赋？"——有谁能把民间疾苦告知君主，以便君主下令减轻征赋呢？自古以来，天意高难问而肉食者鄙，杜甫的感叹只能是永远的天问。

花石戍上游，一百里左右即衡州，以杜甫的速度，最多一天，他就将抵达衡州城下并与老友韦之晋相见了。

命运对杜甫异常残酷。

当他千里迢迢赶到衡州才得知：韦之晋已调潭州——很可能，他们的客船就在湘江的某一方水域擦肩而过。杜甫怏怏不乐，只好滞留衡州。

不料，紧接着，更大的噩耗传来：韦之晋去世了。

噩耗带来震惊，更带来伤感和失落。

衡州境内的衡山，乃是中国最知名的山峰之一，称为南岳。五岳之中，东岳泰山杜甫青年时曾登临。西岳华山，在他出任司功参军的华州境内。华山过于险陡，估计他最多到过山麓而未登顶——多年以后，杜甫的异代知音韩愈登上华山，却因下不来而急得写下遗书，幸好当地官员想尽办法把他救了下来。中岳嵩山距杜甫老家近在咫尺，多半是他少时的旧游之地。北岳恒山在山西，他去过郇瑕，未到恒山。至于南岳衡山，杜甫只在远处眺望过——他的身体已经不允许他登山了。

长沙湘江畔的杜甫江阁

衡山中的回雁峰，被认为是七十二峰之首，称南岳第一峰。古人相信，北雁南来，飞翔至此，不再向南，度过冬天后就会趁着春暖往回飞，是以将其称为回雁峰。宋之问有诗云"阳月南飞雁，传闻至此回"。

杜甫当然熟知这些掌故和诗句。在他生命中的最后一个春天，他将想起前一年奔往衡州投韦之晋不遇，在衡州城外怅望回雁峰的那个初夏，他羡慕那些北飞的归雁——现在，老杜只想做一只鸟儿：

> 万里衡阳雁，今年又北归。
> 双双瞻客上，一一背人飞。
> 云里相呼疾，沙边自宿稀。
> 系书元浪语，愁寂故山薇。

5

杜甫从衡阳北返，再次系舟潭州。种种迹象表明，从大历四年（769）夏天到大历五年（770）四月，足足大半年时间里，杜甫一直寓居长沙。他的寓所，多数时候，就是那条泊于湘江的木船——少数时候，他租住江边的吊脚楼，即江阁。

他的诗作，既描写过从船上看到春花盛开，燕子飞来的良辰美景，也叹息过江畔桃花被风吹雨打的清寂苦寒。

有一天，突然有一个陌生的年轻人来船上拜访。这是一个充满传奇色彩的人物，此人即苏涣。

苏涣系蜀中眉山人，少时尚武，善用白弩，经常抢劫商旅。商人苦之，骂他是白跖——意为操白弩的强盗。后来，苏涣幡然醒悟，折节读书，中进士，任御史。大历四年（769），被湖南观察使崔瓘辟为从事。苏涣听说杜甫客居潭州后，就慕名来访。交谈中，杜甫听他背诵了近作，大为赞赏，称其"才力素壮，词句动人"。后来，杜甫写了一首诗赠给苏涣——这首诗的题目，是杜甫所有作品中最长的，竟有一百多字。

诗中，杜甫赞扬苏涣，认为他的作品超越了建安七子，足以与蜀地最著名的两个文人即扬雄和司马相如并驾齐驱。

后来，苏涣到岭南投奔哥舒晃，杜甫写给时在岭南的裴虬的诗中，要裴虬向苏涣致意，并对他寄托厚望："致君尧舜付公等，早据要路思捐躯。"但是，令人大跌眼镜的是，文武全才的苏涣，竟煽动哥舒晃造反，两人均被朝廷诛杀。当然，这是杜甫不知道的了。那时，他已物故数年。

农历八月初，潭州依然炎热。这年八月初五，杜甫写了两首诗，题为《千秋节有感》。

他怀念一个已然逝去的人和一个已然逝去的盛大节日。那就是唐玄宗和千秋节。

开元十七年（729），杜甫还是一个十八岁的青年，要等到次年，他才远游郇瑕。这年八月初五，是唐玄宗四十五岁生日。此时正值大唐帝国国力最强盛之际，所谓开元全盛日是也。当天，文武百官及多国使节，齐聚于长安花萼楼下，举行盛大的生日宴。以左、右丞相为首，百官们向玄宗上表，请求此后每年八月初五，设为举国欢庆的千秋节，"天下诸州咸令宴乐，休暇三日，仍编为令"。玄宗愉快地答应了。天宝七载（748），千秋节改名天长节。不过，包括杜甫在内，大多数人仍习惯性地称千秋节。直到宝应元年（762）玄宗去世，千秋节在历时三十多年后，终于画上句号。

那个举国欢腾并放假三天的盛大节日，当杜甫回忆并书写时，已经过去八年了。其时，"天下用兵不息，而离宫苑囿遂以荒堙"，但是，当年为庆祝千秋节而谱写的歌曲还留在人间，偶尔有人哼唱或演奏，"闻者为之悲凉感动"。

杜甫做过左拾遗，如在承平时代，当然有机会出席千秋节。但是，他的左拾遗为时太短。前一年千秋节，他还在凤翔行在；后一年千秋节前三个月，他已贬华州。因此，杜诗对千秋节的绘声绘色描写，乃是想象之词或是听人言说："御气云楼敞，含风彩仗高。仙人张内乐，王母献宫桃。罗袜红蕖艳，金羁白雪毛。舞阶衔寿酒，走索背秋毫。"唯有诗的最后四句，才是此刻最真实的感受："圣主他年贵，边心此日劳。"——玄宗一代圣主，骄奢淫逸，造成巨大隐患，以至后人到现在还在为此操劳。"桂江流向北，满眼送波涛。"——玄宗已驾崩，千秋节也成过往，眼前唯有北去的湘江波涛滚滚。

在潭州与杜甫相会的，除了苏涣这个新知，还有若干旧交。旧交中，有一个曾经的飞黄腾达者，即李龟年。

玄宗时代，李龟年及兄弟李彭年、李鹤年均系名擅一时的宫廷音乐家，深受玄宗赏识。《明皇杂录》说，李龟年"于东都起大宅，僭侈之制，逾于公侯"。然而，渔阳鼙鼓，天下大乱，"龟年流落江南，每遇良辰胜赏，为人歌数阕。座中闻之，莫不掩泣罢酒"。皇家首席歌唱家，竟然沦落到民间卖唱的地步。从前的荣华富贵，如今的世路艰难，霄壤迥异之间，呈现的正是由盛而衰的时代变奏。

在长安时，杜甫与李龟年有过交往。不成想，两位曾名噪京华的大师，竟在如此失意与彷徨中邂逅。杜甫写下的那首诗，也成为后人传诵的名篇：

> 岐王宅里寻常见，崔九堂前几度闻。
> 正是江南好风景，落花时节又逢君。

湘江北去，不舍昼夜。杜甫的客舟系在湘江东岸的潭州城下，一直到大历五年（770）清明之后。清明时节，南方春光明媚，杂花生树，群莺乱飞。这一天，长沙人纷纷出城，从湘江的各个码头渡江，前往湘江西岸的岳麓山和道林寺等地游玩。甚至，就连原本应该坚守岗位的军人，也解铠甲，脱战袍，加入到了游玩队伍。

身在异乡，人逢老病，杜甫更加敏感。当地人的阖家出游，让杜甫生出了更甚的漂泊和离愁。他感叹自己"弟侄虽存不得书，干戈未息苦离居"。

在别人的欢乐里，杜甫照见了自家的哀愁。可以想象，当他站在小小的客舟甲板上，遥看别人的幸福与团聚时，这个清明，尽管阳光明媚，但老杜眼中，依旧以阴以雨。

这个暮春是伤感的，也是离乱的。《旧唐书》载：大历五年（770）四月七日，湖南兵马使臧玠造反，杀害了湖南观察使崔瓘，并据潭州为乱。澧州刺史杨子琳、道州刺史裴虬、衡州刺史杨济等出军讨臧。这就是臧玠之乱。

潭州沦为兵火之地，杜甫唯有离开。

　　大概在初夏时节，杜甫一家又一次溯湘江南行——这一次，他想去郴州投奔他的远亲崔伟——杜甫的母亲崔氏，与崔伟是一个大家族的。算起来，杜甫要叫他舅舅。之前在梓州，杜甫接待过前往青城任县令的崔二十四舅，他与崔伟是兄弟；崔伟排行二十三，故杜甫称他崔二十三舅。几个月前，在潭州，杜甫曾与崔伟相聚，送崔伟前往郴州任录事参军，摄郴州事。

　　从潭州到郴州，必经衡州。也就是说，杜甫的客船又重复了去年的逆水之行，他又一次路过了凿石浦、渌口、空灵岸、花石戍……衡州城外，杜甫的客船由湘江进入耒水。今天的耒水东岸，有一座叫新市的古镇，曾是新城县治，已有一千五百年历史。大历五年（770）夏天——这是诗圣的最后一个夏天，他的生命行将进入终点——杜甫被一场突如其来的洪水困在了新市。那时，新市叫方田驿。

　　杜甫晚年的穷愁与潦倒，至此为极：洪水太大，船只无法行驶，周边没有买米购物的集镇或人家。全家人困在船上，饿着肚子，望着汹涌的洪水发愁、发呆、发昏。好些天后，耒阳聂县令闻讯，派人送来酒肉。因此，有一种说法是，饿了几天的诗圣大块吃肉，大碗喝酒，终至饫死——也就是暴饮暴食而暴死。包括新、旧《唐书》在内的一批史书都持此说。

　　但是，通过杜甫诗作和另一些史料，庶几可以断定：杜甫并没有死于耒阳，醉死或胀死均属子虚乌有。聂县令解围后，杜甫没有再去郴州，而是又折回了潭州——这是他第三次泊舟潭州城下。

　　杜甫走到耒阳而返的原因，他的《回棹》一首诗透露出了蛛丝马迹：杜甫发现，越往南走，天气越发炎热难耐。并且，耒阳浩大的洪水，也给了他当头一棒。他明白，以多病老衰的身子，根本适应不了南方的气候与环境。他急切想要返回，以便北上。他认为，哪怕不能回到河南或关中，能先到祖居的襄阳也不错：

> 清思汉水上，凉忆岘山巅。
> 顺浪翻堪倚，回帆又省牵。
> 吾家碑不昧，王氏井依然
> ……

今天，湘江从长沙流过，将城市一剖为二，河东为老城区，河西为新城区。老城区的湘江岸，耸立着一座四层的仿古建筑，这就是前些年为纪念杜甫流寓而建的江阁。高大冰冷的江阁下，湘江北去，开阔的水面船只来往。隔着绿水，可以远眺对岸的岳麓山和江心的橘子洲。江阁一侧，是一座依托江阁而建的园子，园子里，有一条曲折的长廊。长廊内外，一些老人在跳舞，一些老人在拉琴，他们陶醉于自己的歌声与琴声不能自拔。稍远处，却有一个老人躺在水泥长椅上呼呼大睡，歌声与琴声都与他无关。他陶醉于自己的睡眠。

第三次来潭州，杜甫系舟于离江阁不到两里的小西门附近，恰好与他曾拜访过的贾谊故居近在咫尺。长沙是著名火炉，夏天极为炎热。对病骨支离的杜甫来说，长年累月的船居，意味着还要因居所狭窄而更加难以忍受。他的病更重了。为了养病，他一度搬到岸上，租住于江边的一座阁楼。这座江边阁楼，据湖南诗人、学者李元洛考证，在南湖港。

顾名思义，南湖港是一座码头。唐代的南湖港又名东湖，是湘江东岸的一条小支流，古时在这里设船官，管理水运和造船。宋代以后，南湖港渐渐淤塞，清初疏浚，又恢复成港口。近现代以后，再次淤塞，终于退化为一个历史地名——而今，昔年的南湖港一带，街巷纵横，楼宇林立，时间带来了沧海桑田。唯有南湖路、南湖隧道之类的地名还能让人浮想联翩。

临江的阁楼或许比日晒水蒸且狭窄的客船要凉爽一些，但长沙的夏天，动辄三十八九度甚至四十度以上的高温，在空调和风扇都阙如的唐朝，对杜甫这个毕生最怕热的老人来讲，那是真正残酷难熬的苦夏。

病中的杜甫想吃一口他最喜欢的食品：雕胡饭。他病卧江阁，写诗给崔瓘和卢岳两位朋友：

> 客子庖厨薄，江楼枕席清。
> 衰年病只瘦，长夏想为情。
> 滑忆雕胡饭，香闻锦带羹。
> 溜匙兼暖腹，谁欲致杯罂？

前文已述，雕胡饭系用菰米烹饪，菰米产自南方水乡，而"生湖南者

最美"。湖南既盛产菰米，想必市上寻常可买，杜甫却只能写信给两位在
长沙做官的朋友，委婉地表达他想吃雕胡饭，希望他们赠送一些菰米——
也不知这两位朋友是否满足了杜甫可怜的心愿？

　　大历五年（770）秋冬之际，当潭州天气转凉时，杜甫却决定离开——
离开潭州，离开荆楚，离开南方。

　　动身之前，杜甫先行送别了一位旧友。这位旧友就是十二年前与他在
同谷相遇的李衔。十二年前，杜甫被所谓的佳主人所骗，在同谷身陷绝境，
面临举家冻饿而死的危险。但与十二年前相比，其时毕竟还算年轻，身体
还算相对结实。现在，身如蒲柳，心似槁木——如果用几百年后苏轼的话
来说，那是"心似已灰之木，身如不系之舟"。

　　可以推断，此时的他，已然万念俱灰，他只想回家，只想死在故乡的
土地上。因为，在安土重迁的古人眼里，客死异乡乃是人生最大的不幸，
甚至超过了不幸本身。

　　于是，杜甫又一次看到了烟波浩渺的洞庭湖。风急天高，水阔云低，
杜甫以一首五律作别湖南亲友。诗中，他再一次自怜、自伤、自挽：

> 水阔苍梧野，天高白帝秋。
> 途穷那免哭，身老不禁愁。
> 大府才能会，诸公德业优。
> 北归冲雨雪，谁悯敝貂裘。

　　斯时的杜甫已走到了油枯灯灭的最后时刻。小船上，他的风疾又一次
发作了。僵卧病榻，他知道大限已至。杜甫强自起身，写下了生命中的最
后一首诗：《风疾舟中，伏枕书怀三十六韵，奉呈湖南亲友》。

　　诗中，杜甫述病情，伤身世，忆平生，托家小，涕泗纵横，哀痛如潮。
然而，即便是即将撒手人寰之际，杜甫最担心的还是天下，还是动荡的时
局："公孙仍恃险，侯景未生擒。书信中原阔，干戈北斗深。"

　　个中情由，正如叶燮所说："千古诗人推杜甫，其诗随所遇之人、之
境、之事、之物，无处不发其思君王、忧祸乱、悲时日、念朋友、吊古人、

怀远道，凡欢愉、幽愁、离合、今昔之感，一一触类而起，因遇得题，因题显情，因情敷句，皆因甫有其胸襟以为基。"

然而，事到如今，关注苍生的双眼终将疲倦地合上，贴近时代的心脏终将无望地停止跳动。

也许过了数天，也许过了十天半月，洞庭湖靠近岳阳的某一片水域，老病无依的杜甫，终于归之永寂。从此，不再有疾病，不再有漂泊，不再有冷眼，不再有辛酸。无论是"致君尧舜上，再使风俗淳"的高蹈理想，还是"朝扣富儿门，暮随肥马尘"的残酷现实，都化作诗行浇铸的记忆。

这记忆，是一瞬，也是一生。

2021.7.30—2021.9.24，一稿

2021.9.25—2021.10.10，二稿

2021.10.19—2021.10.29，三稿

2022.2.17—2022.2.23，改定